书圣之道
王羲之传

王兆军 著

作家出版社

中国历史文化名人传

组委会名单

主任：李　冰
委员：何建明　葛笑政

编委会名单

主任：何建明
委员：何西来　李炳银　张　陵　张水舟　黄宾堂

文史组专家成员（按姓氏笔划为序）

王春瑜　王曾瑜　孙　郁　刘彦君　李　浩　何西来　郑欣淼
陶文鹏　党圣元　袁行霈　郭启宏　黄留珠　董乃斌

文学组专家成员（按姓氏笔划为序）

王必胜　白　烨　田珍颖　刘　茵　张　陵　张水舟　李炳银
贺绍俊　黄宾堂　程步涛

出版说明

　　中华民族五千年文明史中，涌现了一大批杰出的文化巨匠，他们如璀璨的群星，闪耀着思想和智慧的光芒。系统和本正地记录他们的人生轨迹与文化成就，无疑是一件十分有必要的事。为此，中国作家协会于2012年初作出决定，用五年左右时间，集中文学界和文化界的精兵强将，创作出版《中国历史文化名人传》大型丛书。这是一项重大的国家文化出版工程，它对形象化地诠释和反映中华民族文化的基本精神，继承发扬传统文化的精髓，对公民的历史文化普及和建设社会主义文化强国都具有重要而深远的意义。

　　这项原创的纪实体文学工程，预计出版120部左右。编委会与各方专家反复会商，遴选出在中国文化发展史上产生过重大影响的120余位历史文化名人。在作者选择上，我们采取专家推荐、主动约请及社会选拔的方式，选择有文史功底、有创作实绩并有较大社会影响，能胜任繁重的实地采访、文献查阅及长篇创作任务，擅长传记文学创作的作家。创作的总体要求是：必须在尊重史实基础上进行文学艺术创作，力求生动传神，追求本质的真实，塑造出饱满的人物形象，具有引人入胜的故事性和可读性；反对戏说、颠覆和凭空捏造，严禁抄袭；作家对传主要有客观的价值判断和对人物精神概括与提升的独到心得，要有新颖的艺术表现形式；新传水平应当高于已有同一人物的传记作品。

为了保证丛书的高品质，我们聘请了学有专长、卓有成就的史学和文学专家，对书稿的文史真伪、价值取向、人物刻画和文学表现等方面总体把关，并建立了严格的论证机制，从传主的选择、作者的认定、写作大纲论证、书稿专项审定直至编辑、出版等，层层论证把关，力图使丛书经得起时间的检验，从而达到传承中华文明和弘扬杰出文化人物精神之目的。丛书的封面设计，以中国历史长河为概念，取层层历史文化积淀与源远流长的宏大意象，采用各个历史时期最具代表性的文化符号与雅致温润的色条进行表达，意蕴深厚，庄重大气。内文的版式设计也尽可能做到精致、别具美感。

中华民族文化博大精深，这百位文化名人就是杰出代表。他们的灿烂人生就是中华文明历史的缩影；他们的思想智慧、精神气脉深深融入我们民族的血液中，成为代代相袭的中华魂魄。在实现"中国梦"的历史进程中，必定成为我们再出发的精神动力。

感谢关心、支持我们工作的中央有关部门和各级领导及专家们，更要感谢作者们呕心沥血的创作。由于该丛书工程浩大，人数众多，时间绵延较长，疏漏在所难免，期待各界有识之士提出宝贵的建设性意见，我们会努力做得更好。

《中国历史文化名人传》丛书编委会

2013 年 11 月

王羲之

義之頓首喪亂之極

先墓再離荼毒追

惟酷甚號慕摧絕

痛貫心肝痛當奈何

奈何雖即修復未獲

丧乱帖（局部）

於所遇暫得於己快然自足不
知老之將至及其所之既惓情
隨事遷感慨係之矣向之所
欣俛仰之間以為陳迹猶不
能不以之興懷況修短隨化終
期於盡古人云死生亦大矣豈
不痛哉每攬昔人興感之由
若合一契未嘗不臨文嗟悼不
能喻之於懷固知一死生為虛
誕齊彭殤為妄作後之視今
亦由今之視昔悲夫故列
敘時人錄其所述雖世殊事
異所以興懷其致一也後之攬
者亦將有感於斯文

永和九年歲在癸丑暮春之初會
于會稽山陰之蘭亭脩禊事
也羣賢畢至少長咸集此地
有崇山峻領茂林脩竹又有清流激
湍暎帶左右引以為流觴曲水
列坐其次雖無絲竹管弦之
盛一觴一詠亦足以暢敘幽情
是日也天朗氣清惠風和暢仰
觀宇宙之大俯察品類之盛
所以遊目騁懷足以極視聽之
娛信可樂也夫人之相與俯仰
一世或取諸懷抱悟言一室之內
或因寄所託放浪形骸之外雖

兰亭集序

十一月十三日羲之頓首頓首。頃遘姨母哀，痛摧剝情不自勝奈何奈何因反惨塞不次王羲之頓首頓首。

惠帝後從伯祖晉右軍將軍義之書

姨母帖

目录

第一章

乱世烽烟起萧墙

本书传主，乃国人传颂一千七百年的著名书法家王羲之。

王羲之不仅将汉字书法中的章草推向尽善尽美的高峰，而且创造了汉字的行书典范。在中国书法艺术史上，他是承接中古、开辟近古书法的奠基人。王羲之的影响悠远而深广，其历史地位至今无人可以替代。可以说，王羲之是中国书法史上拱顶石般的人物。有了这个拱顶石，汉字书法的殿堂显示出其伟大而精妙的艺术气韵。因为有了他的书法，中国文化平添了一份弥足珍贵的瑰宝，让全世界使用汉字的人奉若神明，很多人将之尊为书圣——汉字书法界的圣人——这份称誉，实不为过。

后人多有为这位先贤画像、塑像者，孰为上下，难断伯仲。中国写实绘画的代表人物是与王羲之同时代的顾长康（顾恺之，字长康，有《女史箴图》流传），但他和同时代的画家未曾为羲之留下肖像范本，后人的描绘大都出自揣度，今人的取舍也是据了各自心中的仰慕，大抵是尽量表现王羲之的优雅、博学、高贵、慈爱等内在气质，真实的音容笑貌如何，不得而知。

王羲之出身世族大家，一生坎坷颠沛，他在政治上、艺术上的追求却从来不曾止步。在他的精神世界中，有高贵的人格、纯正的心地、创新的胆识、达于精微的艺术追求和爱国、爱家、深切同情百姓疾苦的入世情怀，同时也有厌恶官场、崇尚自然、寄身世外的道家思想。这不仅构成了他的心灵世界，也体现了中国古典知识分子一贯秉持、奉为正宗的文化传统。今天，在尊崇王羲之书法的同时，我们更应通过那个时代的风貌以及王羲之一生的坎坷遭遇，深入理解他的内心世界并有所借鉴、有所领悟。这是本书所追求的目标。

羲之出生

公元三〇三年，西晋太安二年，王羲之出生于琅邪（后亦称琅琊，今山东临沂市）都乡南仁里。父王旷，母卫氏。

当时的中国，确切地说是中华民族，已经走过数千年的文明之路。尽管上古的传说半裸半藏，但已呈现出宏博广大、斑驳多彩的东方气象。信史记载的文字以历朝历代的钟鼎、丝帛、石器、陶器、庙堂、皇陵、玉器、绘画等等，一一作着证明。经秦、汉、三国至于魏晋，中国文化的本体已经具备了底蕴深厚、样式丰富、色彩绚丽、蔚为壮观的大成风范，此时应当产生、也足以产生让人叹为观止的文化巨人。如果说上古播下的是中华文化的种子，到春秋时已经形成草木葳蕤、品类繁复、不乏珍奇的园圃，至于两汉魏晋，就形成了万花争艳的局面。不仅文学（文字、散文、诗歌等）、艺术（绘画、书法、玉石、陶瓷、音乐等）都有了巅峰之作，科技（造纸、纺织、冶金等）也有了长足的发展，中华文化的积累已相当深厚。汉末社会动荡，儒家独尊的文化统制几近瓦解，纲常崩溃，佛道兴发，玄学茂盛，中华大地上再次出现思想上挣脱桎梏、艺术上推陈出新的局面，相对散乱的政治环境派生出另类自由，这有利于文化大树的繁衍生长。王羲之与魏晋时期的文学艺术就是基于这样一种大背景。

关于王羲之出生的时间，有几种说法，各有论据，而以晋惠帝太安二年，即公元三〇三年，最为可信。

关于王羲之的出生地，史料只写祖籍"琅邪国临沂都乡南仁里"，这一说法虽然具体，但又不很确指。琅邪，是当时朝廷封给诸侯的一个地方属国，幅员相当于州郡，但地位较一般郡国要高一些，和青、徐、雍、扬等州的地位差不多。现存临沂王羲之故居是琅邪王氏家族的旧府。永嘉南渡，王家不得不背井离乡，遂将其家宅捐给寺庙，是为后来的普照寺。一千七百多年的风风雨雨，王家辗转流离，兴衰颠簸，即使有些许记载，也难长存至今，故未见有关王羲之出生方面的更为详细的资料。

琅邪王氏的祖籍是都乡南仁里，这没有疑义。但王羲之本人的出生地未必就在距临沂城十多公里的南仁里村。当是时，王家已是琅邪一地最大的士族贵胄，临沂城里有其庄园大宅，故子女生育之事既有可能选在交通、医疗、饮食等较为方便的城里，也有可能选在风光秀丽、相对安静的南仁里。从时局看，当时社会动荡，战乱频仍，四处烽烟，许多曾经繁荣的城市都已沦为废墟（如三国时期长安城的居民曾降到不足三万人，因而不能担当首都的地位）。琅邪背靠齐鲁，面朝淮、扬，西邻徐、兖，东至海岱，向来是兵家必争之地，自三国至魏晋，这里一直被战乱所侵扰。王家选择相对安宁的乡村分娩生育，也有可能。

南仁里村，地处沂蒙山前麓、临郊苍平原的北沿。如果将沂蒙山看成一片殿宇或一处宅院，这里就是殿前的广场或宅前的禾场。南仁里四周山清水秀，土地肥沃，林木葱茏，是个幽静的村落。沂河从这里流过，清水泱泱，田地广阔，乡人过着自给自足的耕读生活。南仁里这个村名，起源应当早于秦汉。在过去的一千多年里，南仁里的村名几经改动，现名为孝友村，属临沂市兰山区白沙埠办事处管辖。至于"都乡"，可能有琅邪"国都附近乡村"之意，类似京畿、京郊的意味。

南仁里的村外有两个较大的池塘，所以，有一段时间这里改叫双湖村。南仁里的原始位置并非现在的孝友村。三国魏晋时，该村的实际位置在今孝友村以北大约一里外的一片平地上。唐末社会动荡，黄巢起义，烽火连天，加上灾荒，琅邪一带屡经战乱，尸横遍野，腐烂的尸体严重污染了当时的水源，传染病肆虐，瘟疫夺去王家许多生命。为生存计，王家抛弃了地势相对低洼的旧南仁里，整村搬迁到现在这个地势相对较高又靠近清洁水源的地方，这就是现在的孝友村之所在。

隋唐时，该村还叫南仁里。至于宋，当地人则称其为"双湖"，包括东双湖和西双湖两个村子。明嘉靖年间，皇帝巡幸琅邪临沂时询问此处的贤人名胜，臣僚向皇帝介绍了南仁里的王家事迹，主要是王祥、王览、王羲之等人的故事。经过历代的宣讲传播，王家已经拥有了孝圣、友圣、书圣的高尚名声，称誉遍及朝野，嘉靖皇帝听后大为感叹，遂将该村改名为孝友村。这个名字，一直沿用到今日。

至于今，当地人还有人以"双湖"称呼孝友村，是为了便利顺口，也符合这里的地理特点。原南仁里因为人口繁衍，规模陆续扩大，散居于两个大池塘的东西南北，所以有了东双湖和西双湖的分别。贯穿两个池塘的是一条小河，叫孝感河。孝感河的下游与柳青河交汇，最终流入沂河。沂河的那一边，是诸葛亮的祖籍地沂南县阳都。本书作者在琅邪王氏后人、八十三岁的王东山先生指导下瞻仰了王氏祠堂。王东山先生拿出厚厚一册《琅邪王氏族谱》，简述了这个大家族的传承脉络。王先生坚信，王羲之就出生在这个村，后来去了建邺，住在乌衣巷。

自秦汉以来，王家在其祖籍地的血脉从未中断过。一个延续两千多年的村庄，足以形成其文化传统和生活方式。这两个村子从地理上看是连接在一起的，西村较大，东村略小。可以推想，一千七百年前的南仁里村远不如现在的大，人均占有耕地也远比现在多，这有利于建立自给自足的农耕生活。王祥、王览时期的南仁里是个风景秀丽的北方村落，到处长满庄稼，林木连成一片，河湖里边鱼虾甚多。王祥发迹前，王家并非声名显赫的富贵大家。从王祥的后母驱使他照看村外的枣树，强逼王祥大冬天到河里逮鱼下饭，就能推想出王家当年的生活状况，钟鼎玉食的贵族大家是不会亲自去河湖里捞鱼摸虾的。

王祥、王览兄弟后来受到朝廷的器重，当了大官，情况就不同了。王家何时有了临沂城里的深宅大院，史无记载。合理的推想是：王祥、王览兄弟以孝悌、节俭、淳朴、友爱为家风并因此享誉当时，二人相继成为朝廷命官，政治地位提升的同时经济力量势必得到快速提升。除了朝廷规定的俸禄，应当还有大量的物质奖赏和土地封赠，王家因此而飞黄腾达，自不待说。由于公务活动的方便，兼及地位和名声，王家需要在城里有新的住处，祖籍的老屋也有翻新扩大的必要，不然不符合身份。但是，因为王氏兄弟是以道德楷模称誉于当时的，所以王家不可能一当了大官马上就兴建高门府邸。即使在临沂城置办了自己的家宅大院，乡下的简朴住房应当依然保存。魏晋时期，地租是大家族的主要经济收入之一，王家发迹以后应当有很多佃户，地租是其重要经济来源。史书上所称之部曲，主要是指王家的佃户。

王祥的仕途横跨魏晋两朝，前半截在魏，后半截在晋，可谓两朝元老。曹魏末期，司马氏专权，生杀随意，臣僚人人自危，祸福吉凶常在旦夕之间，王祥处事谨慎，遵规守制，为人低调而沉着，他在出仕的前期未必大兴土木建造府邸。王祥生平的后半期，晋武帝当政，极力倡导节俭，上行下效，一度成为风气，王家如在当时大造府邸炫示豪华，绝非明智之举。由此推想，临沂城里的王家府邸，应是在晋武帝司马炎当政后期所建造。那时奢靡之风盛行，豪门炫耀，王家建造一两处宅子，不会授人以柄。

王祥、王览兄弟为第一代，传至王含、王基、王政，是第二代，王导、王敦、王旷已是第三代。王羲之是王览的曾孙。此时王家不仅拥有位于祖籍地的宽大居所和众多田产，在城里也拥有规模很大的宅邸。因此，无论王羲之出生在南仁里还是临沂城，都会享受仕宦大家特有的优渥而精致的生活。即便生在乡村，条件也不会很差。这里山林幽美，池塘宽大，又有大小河流，水产丰富，而旷野之中良田无际，即使一般耕读人家，正常年头也不愁衣食，况王氏已是四代仕宦，自是锦衣玉食，出入车马，更有仆人侍候，官宦显荣，书香缥缈，非一般农家所能比。

因此，王羲之的婴幼时期，应是幸福的。

王氏后人深以先贤祖宗为自豪。王东山先生说，绍兴（即会稽，王羲之后期主要活动地）那边常有人来祭祖，两地交流颇多。在孝友村散步行走，瞻仰王家的深宅大院雕梁画栋，看香烟缭绕、斜阳草树，听车马人声，至今还能感到仕宦贵族那种世代累积、绵延层叠、盘根错节的血脉气息。对比古今，人们可以清晰地见到社会的进步，有些方面不可同日而语。动乱烽火早已湮灭，千年血腥都已化为土壤，如今这里是一片清平安宁的景象，人民过着丰衣足食的日子，再无须逃难颠沛，再无须倒悬于苛捐杂税、劳役抓丁。苦难的缺失让当代人很难切身体会王羲之当年的浩茫心事。

每个生命的降世大致是相同的：赤裸而来，伴随着痛苦、鲜血与哭喊。这痛苦一半来自母亲——十月妊娠自是不易，抚养和教育更是重负，连绵百年，无法推卸。当基因为其生发繁衍而兴奋时，新生命则须直面天命与无常。谁也不知道一个人的今生今世将走过怎样的道路，未来充满变数。大道看似循环，其实并非儿戏，这也是宿命的趣味和奥秘。羲之的父母没有留下关于新生儿的记载，我们只能在其生命的轨迹中去搜寻，并不可避免地要寄予合理的想象、今人的感叹和哲学的冥思。

这个生命如今有了名字，他叫王羲之，字逸少，号澹斋，乳名阿菟。名与字都很文气，这也是士族大家的血脉风范。按当地风俗，大人呼唤婴孩多以乳名，即使孩子入学以后，长辈仍有资格称呼小儿乳名。为什么给王羲之起名阿菟，史无记载。按字典解释，其义有三：一是菟丝，亦称菟丝子，药草名，盘于豆科植物或杂草茎叶上，吸收其养分生长，其子可入药；二是於菟，老虎的别称；三是菟裘，意思是某处不可居须另择营生之地。以上三义，作者以为最可取的是第二种，即小老虎。父母希望自己的孩子强壮威武，像一只小虎似的——其义颇佳。

若取第一种含义，亦不为非。乡村有古风，即小孩子的乳名越是不雅，这孩子的生命越是扎实安全，故农人多有给孩子起极俗小名的，如狗剩、腻歪、恶英、栓柱、铜锁，等等，全是为了"好养"。道家有阴阳两界之说，如果一个孩子有了粗陋的名字，鬼神在卯簿上可能找不到他们（这大概和早期汉文字不够丰足有关系），由此，当事人便可安全偷生，好像办了个山寨户口本。如果"阿菟"这个乳名中有追求普通、皮实、好生长的含义，也是有些意味的。众所周知，菟丝子是一种极易繁衍的寄生植物，生生不息，几乎任何地方都能生长。

名字是一个人的符号，和一二三四、甲乙丙丁没有太大的不同。但是，名字又被赋予了一定的社会影响和文化含义，其中包括了父母的愿望和祝福，涵蓄着长辈的价值观、文化教养和处事风格，当然也有意无意地迎合着时代的审美。"这个人"的名字实际上是"那些人"的共同寄托，并不能完全说明"这个"生命的自身诉求，也不能预言将来会如何。正因此，生命才具有了特别的、个人的、唯一的意义。他（或她）具备什么样的禀赋，将来是什么性格，在人世间会作出什么样的努力，环境将给予他（或她）怎样的机会，归宿如何，还要外界和本身去作综合的实际描述。生命的偶然性之所以被哲人视为无常，不仅因为内外两重的"不得已"，还有不可知的内在渴望和自我完成。

王羲之是幸运的。他出生于一个显贵之家，不是一般的显贵，而是魏晋时期中国的第一望族。西晋时，临沂属琅邪国。琅邪地广千里，望族大姓甚多，有王氏、诸葛氏、颜氏、符氏、刘氏、萧氏等，而王氏称"首望之家"。两晋时，琅邪王氏达到了鼎盛期。历史有论，君子之泽五世而斩，然而琅邪王家的血脉却延续千年而不衰。从东晋的"王与马共天下"到隋唐、两宋以至于明清，历代都有名人显要，可谓星辰满天、树大根深，皎然无愧于"第一大家"之称。这是一个家族的奇迹，其中有许多文化课题值得后人深思。

生于这样一个在政治上举足轻重、经济上宽裕优渥、文化上底蕴深厚的家族，相对于一般百姓，王羲之生来就拥有太多资源——不仅物质的，还有地位、名望、教育、文化积累、艺术氛围等诸方面的优越。这些条件，对于一个人的成长有着很大的影响。试想，一个从小浸淫于书法世家的孩童和一个每天和锄头镰刀打交道很少见到纸张笔墨、拓本法帖的孩子，其艺术发展空间能相同吗？所以有人说出生就是命运，即便禀赋相近，归宿也会大不相同，后天的努力就另说了。

另一方面，王羲之出生时的外部环境又是极其恶劣的。一个动荡的社会，一个充满惨烈厮杀的年代，大家族的日子并不比寻常人家更轻松。可以这么说，整个晋朝是中国封建社会中最为腐朽、最为专制、最为保守的政权之一。皇帝昏庸、官吏腐败、清谈盛行、战乱频仍、国势衰颓，人民处于连绵百年的水深火热之中。这种灾难深重的现实，自东汉末期至魏晋，未曾稍息。虽然后人因此写下脍炙人口的演义故事，但彼时彼地的黑暗、残暴、民不聊生，即使是统治者纂修的正史也无法掩饰。徐州一战，曹操杀死几十万人，而在号称清新质朴的建安文学中也只有悲歌一曲：千里无一人，白骨遍于野……

本章以下部分，将简述王羲之所处的那个时代的社会政治风貌。作为一本历史人物的传记，这种时空描述是必要的。笔者希望和读者一起暂时将视角离开传主本人，去粗略认识一千六百年前王羲之所处的时代，从而更客观地去理解主人公生活与生命中的那些扑朔迷离的、需要推敲的、耐人寻味的个性表现，尤其是那些深刻影响他的精神与心理层面的因素。为求深入细致，须得片刻饶舌。待完成全书阅读之后，读者自能会心。

王羲之所处的时代

公元二八〇年，西晋司马氏俘获吴国皇帝孙皓，结束了三国时代长达九十多年的混乱，建立了统一的国家。西晋初，国家暂得统一，社会相对安定，经济略见繁荣。这对于长期遭受动荡流离之苦的百姓来说，无疑是个恢复生产的好机会。向使西晋能如汉初那样轻徭薄赋，无为而治，给予社会一个休养生息的时间，上层又能节制贪欲，国家的根基庶几得到相当的发展，再创一个盛世也不是不可能。

但是，好景不长。首先，晋王朝是在曹魏政权的"腹中"由隐至显，一步一步孕育、发展、完成的。这个脱胎于上层权力网的新朝廷，其政治的影响力主要存在于官僚与豪强阶层，在民间几乎不具有名正言顺的合法性。曹操父子征战中国，在弱汉时期取得政权，美其名曰禅让，实则是政变。司马氏依靠手中掌握的军权，使用韬光养晦的手腕逐渐成为曹魏一朝举足轻重、一言九鼎的势力。司马懿的行藏一度引起朝廷猜疑，皇帝也曾派人去司马家中查看虚实，当时司马懿深知其尚不能一举拿下曹魏，于是当了皇家来使的面儿装病装死，连饭粒都吃到嘴巴外头去了——一副奄奄一息、行将就木、啥事也做不成的样子。这一出政治折子戏演得惟妙惟肖，某种程度上麻痹了曹氏及诸臣。然而不久，司马氏父子大权在握，依靠兵多将广，发动军事政变灭了曹爽，成为权倾朝野、颐指气使、无人敢于侧目的第一权贵势力。所谓"司马昭之心路人皆知"，说的就是这。

当是时，跟随曹魏创业的功臣们或战死，或病老，山中无老虎，猴子称大王，次等人物贾充、杨骏等就成了朝中重臣。当年鼎足而立的蜀国已走向衰亡，阿斗无能，出来进去就是姜维那几个人，经济和军力都不行。吴国的孙皓此时已失去先辈们"碧眼儿坐镇江东"的豪情壮志，政治上极端昏庸，行政残暴，腐败丛生，国家衰颓。司马氏抓住了收拾残局、统一江山的好机会，首先灭掉了蜀国，司马炎及时称帝，建都洛阳，是为晋武帝。

司马炎登基后，大封王室贵族，大赏文武群臣，以图建立广泛的政治联盟。西晋的天下是通过宫廷政变得到的，这一过程并不能名正言顺地获得广泛的政治支持，为了弥补政权合法性的缺陷，也为了防范类似的事件发生，司马炎极力培植皇族势力，将他们分封各地，试图以此建立可靠的统治系统（但他没想到这也为后来的权力斗争提供了条件）。另一方面，为了吸纳外姓贵族成为羽翼，司马氏大力奖赏那些有功的臣属、有才干的士人、有影响力的名流进入行政管理系统，委以重任，施以恩惠，封赏多多。

这一来，那些领受了司马氏恩宠的，自是忠诚顺从、谢主隆恩、努力追随。而那些没有受到封赏或对所封所赏不甚满意的，就找人向皇帝求情，希望多分一杯羹。委婉动听的表达，转弯抹角的举荐，加上大量的珠宝珍奇，让司马炎很是享受。司马炎一度这样想：反正就这么一个国家，我能掌控的也就这么大的地面，多封则诸侯小而弱，少封则诸侯大而强，何乐而不为？于是他采取了近乎有求必应的政策，一一满足王室和功臣们的要求，将许多人封为王侯将相，颇有点儿慷慨国家、不吝地权的风度。相应地，各级臣僚、各地豪强则竭力进贡珍奇财宝，以便从朝廷得到更高的地位和更多的好处。在地方官向朝廷贡献的礼物中，甚至还有数量众多的美女。司马炎曾经看中一位乖巧伶俐又懂风情的谢家女子，经一番玩弄之后，觉得少了趣味，随即将之作为性启蒙的工具送给他那痴呆儿子——太子司马衷（即后来的晋惠帝）。傻儿子别的事没学会，这方面倒还上道，不久就和谢妃生下小太子司马遹。

祖辈父辈打天下，司马炎坐享其成，福分可谓不浅。说起来，司马炎倒不失为一个厚道人，只是缺乏远大志向和政治才能。有两件事可以引例佐证他的大度。蜀国投降后，司马炎对蜀汉后主阿斗的照顾颇为周到，以至于阿斗因锦衣玉食而"乐不思蜀"；东吴的降主孙皓，曹魏末代皇帝曹髦，在物质生活方面都曾受到很好的照顾，就连他们带来的仆从奴婢，司马炎也尽量原职留用，上下未受什么侵害。

另有一件发生在太康三年的事，司马炎在南郊完成祭祀仪式，一时心情不错，问身边的司隶校尉刘毅：你看我跟汉朝的哪个皇帝比较相似？刘毅是个直言之士，当即说道：我看你跟桓帝、灵帝两个差不多！司马炎一听臣下将自己喻为两个昏庸无能的末世昏君，虽然不高兴，却也没发火，而是问：你为什么把我比成那两个人呢？众所周知，他们俩太差劲了，怎么说我也比他们强一些吧。刘毅满脸不屑地说：桓、灵二帝虽然昏庸，但还没到今日的程度。他们也曾卖官，但他们把卖官的所得都收到国库里去了，总算是正事正用。而你呢，把卖官的钱都弄到自己手里——论起来，你还不如他俩呢！司马炎笑着说：好，好，说得好。当时有人建议皇帝严厉处罚这个冒犯龙颜的刘毅。司马炎说：因为我能容得下批评，所以身边才有了这样敢言之人，我就是靠这个法宝取胜的啊。对比起来，后来的执政者既少晋武帝这样的雅量，也少刘毅那样的诤臣——没有言论宽容的专制社会因此而疾病丛生、万马齐喑，终至于一塌糊涂。

司马氏篡夺政权的方式不入正派，禅让的前怀后背都有淋漓的鲜血，其手腕之残忍、用心之阴鸷、行为之暴戾，可谓史无前例、骇人听闻。这种政治烙印已经成为那个时代的文化记忆，历经百年，不肯褪色，后代多有仿效者。司马懿的五世孙司马绍当政时，有一次曾问时任丞相的王导（王羲之的从伯父）："我晋朝何以得天下？"王导当场就将司马懿当年如何创业并掌握了兵权，司马昭如何残害魏帝曹髦等事一一直陈，其间的阴谋、丑恶、残忍，也大致说了说。王导这一席话竟让晋明帝羞得"以面覆床"，曰："如若公言，晋祚安得长远！"司马氏夺权的卑劣狠毒让他们的后代都羞到没脸见人，以至于发出"如此不正义的政权哪得长久"的感叹！

西晋刚站住脚，司马炎见天下无事，便开始放肆挥霍，享受那至高无上的权力，生活奢侈，挥霍无度，看到听到的全是歌舞升平。晋武帝后期怠于政事，喜欢游乐，经常乘坐山羊拉的小车在宫廷里到处跑，恣其所之，至便宴寝，大红灯笼每天晚上就挂在羊车止步处，来自皇帝的宠幸随时随地，好不快活。后宫嫔妃们为了吸引皇帝来与之共眠，纷纷托太监到外边收集新鲜树叶和青草拿进宫来，以便吸引为帝王驾车的羊。后来有人发现羊不光喜欢吃新鲜树叶，还喜吃盐，于是嫔妃们就在门口路径上撒了许多盐粒。这些办法果然奏效，皇帝随了羊的意志，随意春芳歇。

上有所好，下必甚之，骄奢淫逸之风从宫廷蔓延到整个统治阶级。豪华奢靡的生活是需要金钱的，晋朝官僚的俸禄不高，为了聚敛钱财，他们纷纷置地买田，大肆扩大庄园和佃户规模，违规增加田赋杂税，名目日益繁多，财富逐渐汇集到权势者手里，自耕农不堪负担濒于破产，贫富分化日趋严重。有权有钱的显贵们坐拥巨资，彼此夸富斗豪，炫耀财富以彰显风度和身份。《世说新语·汰侈》曰："石崇每要客燕集，常令美人行酒（跟现在喝花酒差不多），客饮酒不尽者，使黄门交斩美人。"有一次，丞相王导与大将军王敦（也是王羲之的从伯父）到石崇家里宴会。丞相王导不善饮酒，辄自勉强，至于沉醉。大将军王敦却拿了架子不喝酒，故意想看石崇那家伙到底怎样烧包弄景。不一会儿，石崇就以"劝酒不力"为罪杀了两个美女。此时王敦颜色如故，仍不肯饮。王导实在看不下去杀人劝酒的残酷场面，劝王敦：多少喝一点儿吧，你这样老是不喝，他石崇就老是杀人，这样下去可怎么得了啊！王敦却说：他杀自家人，跟咱有什么关系！

以杀人劝酒，这样的豪爽中裹挟着何等的残忍！

这场面足以叫人想象当年西晋贵族的奢靡无度、为所欲为、视人命如草芥的糜烂生活！

场景同上节：酒过数巡后，客人稍显疲惫，石崇便请他们洗澡沐浴，稍事休息以便解酒解乏，然后入席再饮。石崇家的盥洗用具多是用金子做的，处处金碧辉煌，远胜于现在的七星级宾馆。而且，每个进去洗澡的人都有一两名美女全程陪侍，随你有什么要求，都能得到满足。丞相王导进入浴室后，见此情景，很不好意思，惶遽以至于无所措手足。无论美女们怎样媚笑鼓励，这位大名士他都不肯脱衣解带。大将军王敦则不然，他虽然和王导同出一门，但个性风格全然不同。王敦谈笑自若，如入无人之境，该脱就脱，想怎么洗就怎么洗，随兴随心，全无拘束。王导于隔壁听见那些女子偷偷议论王敦：这个人将来一定能做强盗。美女们真是小看了王敦——他哪里只配做个强盗！后来王敦不满朝廷，举兵犯上，连皇帝都被他给逼死了！颐指气使，整个国家一度都在他的淫威笼罩之下！

晋武帝初登基时，尚有简朴之风。有一次，皇帝司马炎到大臣王济家去做客——西晋皇帝常到臣僚那里享受款待。有女子举着点心盘子让武帝品尝看馔，晋武帝尝了，很是纳闷，问这里的猪肉怎么这么好吃。王济的家人说，他家的猪是用独特的方法饲养的——每天都要喝人奶呢（现代人有用啤酒喂牛的，比古人稍逊）。晋武帝听了，以为过于奢侈，很不高兴，拂袖而去。有人将这消息传给石崇，暗喻"今上节俭"劝其不可挥霍，稍为收敛为好。石崇深知贵族的奢靡无法遏止，一副蛮不在乎的样子。在没有规矩法令约束的大财大富面前，集权者的所谓简朴节约不过是欺世与媚俗，做做样子罢了。

石崇也是个大贵族，他喜欢跟人斗富，且每次斗富都非争胜不可。石崇有个对手，叫王凯，王凯是个王室贵胄。武帝是王凯的外甥（司马昭的老婆是名儒王肃之女，武帝是司马昭的儿子），王凯和王肃论起来是兄弟。这些王姓贵族，几乎都来自琅邪王氏。王凯每有求，晋武帝常帮他实现，缺什么好东西就去宫廷里拿。即便如此，王凯有时还斗不过石崇呢。有一次王凯拿了一块两尺多高的珊瑚向石崇炫示，石崇看了，一脸的不屑，当场举起铁如意，一下就给打碎了。王凯以为石崇嫉妒他的宝物，窃笑，不以为怒。石崇说，明日我还你一个更像样的！于是他给王凯弄来一棵三四尺高、有六七个分枝的大珊瑚。王凯看了，颇觉失落。这一幕，足见当时的贵族生活是何等的骄奢无度！

朝廷的昏聩，宫廷的腐败，官僚的铺张，豪强的浮华，所用金银都是以剥削民众为前提的。日益繁重的税负直接伤害了初步恢复的社会生产，本来就很脆弱的小农经济很快濒于破产，人民苦不堪言。由于税负增加，小农难以为生，很多人沦为贵族庄园的佃户或奴仆。各地诸侯难以如数完成中央政府派给的税负份额，政令的执行日渐滞涩。各地王侯都不肯"先国家后自己"，他们将本来就很有限的国家赋税私入囊中，于是二心渐起。如果此时中央政权清明廉洁，钱财用在正地方，诸侯犹当权衡大义不敢轻易造次。汉武帝时也曾有过税负过重问题，但大汉朝廷将钱用在了开拓疆土、攻打匈奴、维护国家安全上，名正而言顺。尽管朝野对汉武帝的穷兵黩武不乏怨声，但朝廷尚有正当说辞，道义上未曾崩塌。晋初的情况则不同，从民间搜刮的钱财几乎都被皇室和士族挥霍了，金钱哗哗流入皇家金库，全未派为正用，诸侯不满，民怨沸腾，到处是待燃的干柴。那些诸侯国的封地都很狭小，经济拮据的诸侯不堪忍受皇室的财政压力，便借助了民心的向背，向中央政府的合法性提出挑战。

根基处一旦动摇，祸乱就不远了。

这是西晋经济和政治问题的基本面。

西晋还存在一个皇权继承问题——这也是所有封建王朝的老大难问题。晋武帝司马炎有子女多人，其中分封为王的分别为：一、镇守荆州的楚王司马玮；二、镇守许昌的汝南王司马亮；三、镇守雍州的赵王司马伦；四、齐王司马冏；五、长沙王司马乂；六、镇守邺城的成都王司马颖；七、镇守长安的河间王司马颙；八、驻守山东的东海王司马越等（以上也是八王之乱及其死亡的顺序）。由于司马氏取得政权的方法和曹魏篡汉如出一辙，因而对最高权力的合法性缺乏足够的底气，其统治手段一靠军事强力，二靠政治欺骗，统治阶级内部充满了猜疑、狡诈和窝里斗。

晋武帝儿子虽多，太子却只能立一个。立谁为太子，谁将成为下一位最高统治者，王子多有觊觎者。太子司马轨夭折后，司马炎对该立谁为太子，拿不定主意，众说纷纭，他对此也有些头痛。根据"立嫡以长不以贤"的原则，只能立司马衷为太子。封建制度在这里显示出其重要弊端之一：世袭制，接班不以才干为计。司马衷是个智残儿，武帝担心他担当不起未来的国家大事。大将军卫瓘的女儿聪明贤达，武帝有意将之立做太子妃，以便将来辅佐他那个愚蠢儿子处理政事。

但是晋武帝此时已经无力将他的意志贯彻到底。因为上上下下忙于权力的盛宴，正事荒疏，王朝的大权逐渐被杨骏和他的弟弟杨珧、杨济所把持。杨家先后有两位女子——杨艳和杨芷——成为皇后，一时权倾内外，炙手可热。晋武帝要设太子妃的事首先被皇后——权臣杨骏的女儿杨艳获悉，她听到这个消息后，焦灼万分。这个女人之所以能当上皇后，多亏大臣贾充的老婆郭槐从中帮助。杨皇后此时想起郭槐曾多次到宫中送礼——很重的礼——其目的就是想把一个女儿送到太子那边做妃。为了答复往昔的政治人情，杨皇后力劝晋武帝对立太子妃一事不要操之过急，说现在谢侍女还算优秀无须再给司马衷找个太子妃，云云。晋武帝就把这件大事暂时放下了。

杨皇后急忙找贾充、郭槐商量。对于立谁为太子妃这件事，贾家非常敏感，因为谁将成为武帝之后的皇后，对整个家族的存亡兴衰至关重要。贾充何许人也？他就是当年那个跟了司马懿一起发动政变杀害皇帝曹髦的人。当时叛乱三军见皇帝曹髦从宫内出来，因慑于皇威，军士不敢造次，而司马氏师出无名，也怕得个弑君之罪的恶名。两伙人对立，司马这边的队伍渐有溃散之势。贾充心狠手辣，当即问身边一位名叫成济的心腹军士：丞相平时对你怎样？关键时刻还不赶快表示忠心?！鲁莽愚忠、类似鹰犬的成济立即抖擞精神，径直向前，一枪刺死了皇帝。事后司马昭假惺惺杀了成济，但却记住了贾充在关键时刻所表现出来的忠诚和蛮勇。借了这样一份不光彩的"功勋"，贾充成为西晋王朝中一人之下、万人之上的权臣。

经过一番幕后活动，贾充如愿以偿地将女儿嫁给了惠帝司马衷。贾充有两个女儿：贾午和贾南风。在贾充眼里，贾午虽然也很丑，但勉为其难似乎可做太子妃的候选人。当时贾南风年纪还小，且长相极丑，史书称其"短不胜衣"，贾充实在不好意思拿出去现眼。然而，贾夫人郭槐与杨皇后的意思则是"小的好"——年幼者尚有驯化空间。得到了杨皇后的鼎力支持，贾充通过杨皇后的老爸——当朝重臣杨骏——将女儿弄到宫中，给傻太子司马衷当了老婆。从此，西晋宫廷不再安宁，因此引起的王子贵族间连绵不断的厮杀最终导致西晋的灭亡。

贾南风有非常强烈的权力欲和嫉妒心，且胆大鄙陋、任性妄为，出手极端残忍。进宫前，她的父母也曾教过她如何约束自己、少管闲事、不忘身份之类的话，可惜贾南风一句都不曾入心。贾充见此情景，一再给予训诫，贾南风都不能稍改，就连郭槐也感到无可奈何。郭槐得到杨皇后的消息后，虽然感激，但她有个感觉——这个女儿如果进了宫，将来很可能为祸贾家，故一度犹豫，希望丈夫能有个替代的方案。但是政治的选择往往不容分说，事急之下，贾充只能次品当成好货卖，将就了。

封建制度的另一个弊端——政由人出，无法可依——此时暴露无遗。最高权力层上，一个人的不正派、不贤良、不理性足以构成整个国家的灾祸。外臣叛逆，尚可征伐惩治，真不行可以发兵剿灭。而内臣的奸佞倾轧却完全没有规则，得益者往往不是君子而是小人。此次选妃事件的关键不是贾南风进宫，而是为什么贾南风能够进宫并成为皇后。暗箱操作，再聪明的皇帝都敌不过层层罗网、八方迷障。这里不存在什么"女人灾祸论"，灾祸大都是制度酿成的。

贾南风从小受宠，加上自以为出身豪门，养成了颐指气使的恶劣脾性，言行粗鄙暴烈，个性张扬疯狂，喜怒都在瞬间，手段也很是放得开。她一入皇宫就按捺不住火热的权力欲，耀武扬威，吆三喝四，除了杨皇后和皇帝外谁都不在她眼里。有一次，太子司马衷跟宫中一女子说话时把手搭在那宫女的肩上，贾南风见了，当场杀死了那宫女。还有一次，贾南风发现有个宫女怀上司马衷的孩子，盛怒之下，以铁戟刺穿那宫女的肚子，胎儿也惨遭杀害。晋武帝闻之大怒，要废掉这个凶残的媳妇，将之关进贵族监狱金墉城。皇后杨芷（前杨皇后杨艳死前恳请晋武帝娶其堂妹杨芷为皇后）觉得贾南风是其堂姐推荐进宫的，便在武帝面前大说好话，武帝最终还是饶了那个歹毒女人。贾南风不明就里，还以为杨芷在皇帝面前说了她的坏话，杨芷后来差点儿因此丧命。

虽然立了太子，晋武帝还是不放心晋朝的江山社稷，怕将来司马衷不能行使权力。有一次他把群臣弄到一起宴会，悄悄把一些关乎国家政务的奏章交给太子去批阅，以此测试他到底行不行。贾南风一听，大惊，私下里找了些老家伙，要他们代替太子批阅奏疏和公文。那些老家伙按照皇家行文的惯例逐一作了批示草稿，用词冠冕，文采堂皇，俨然出自一个贤明皇帝的手笔。有个叫张泓的闲差太监看了他们代批的奏章，说：这样的句子太过迂腐，完全不像太子的笔墨见识，倒不如因人而异就事论事，庶几还能符合太子的口气，免得圣上看出代人捉刀的马脚。于是他当场口述文句，半文半白，间杂少许率直粗陋之语，让太子抄写了并呈给晋武帝。武帝看了，以为太子的能力差强人意，虽然谈不上多么好，但比他想象的情况好多了，心中稍觉宽慰。武帝又把卷子拿给卫瓘，说：你也看看，太子的能力还可以嘛。卫瓘看了，倒也说不出什么来，以为自己低估了太子。贾南风因此推断，卫瓘必定在武帝前说过太子的坏话，不然的话武帝不会拿了"太子批阅的"卷子给他看，于是记恨在心，对太监张泓则充满了感激。

在这里，封建王朝再次显示了专制和欺骗共生的弊端。再聪明的皇帝也无法随时随地看穿那么多人精心结构的阴谋，再贤达的臣僚也无法对抗铺天盖地、无孔不入、动辄得罪的集权威胁。反过来，一大帮子人合谋蒙蔽一个人，那人即使有三头六臂，也不能跳出他们处心积虑编织的罗网。纵观历史，这样的故事各朝都有且如出一辙，绵延数千年，难以绝种。可悲也夫！

晋武帝病重，气息奄奄。这期间，杨骏执掌大权，玉玺总在他怀里揣着，不肯须臾放下。朝廷如须发布诏书，只消拟个草稿然后拿到皇帝那里打个招呼，说这事我已办好，盖上玉玺，就是圣旨诏书——这让杨骏大过了一番准皇帝瘾。那一阵子他封了很多的官，党羽浓密，权倾朝野。有些官是靠阿谀巴结上来的，不消细说。内中偶有一二能吏，但数量极少，也不足色。如，史称美男子的潘岳（亦称潘安），因治理河阳有功，政声颇嘉，被杨骏提为太傅主簿（相当于办公厅秘书长）。此人做事勤勉颇得内外好评，唯独贾南风看不惯他，因他老是跟在杨骏后面效劳，却不肯接受她的示好。一个极丑陋的太子妃向旷世美男子示好而不见桃李木瓜之报，即使平民村姑也会有些郁闷，况未来的皇后乎！

有一天，晋武帝回光返照，突然发现周围没有他认识的人了，便下诏叫汝南王司马亮来京辅佐朝政，以图有所匡正。杨骏得悉，大惊失色，生怕皇帝此举让他大权旁落，遂将这一重要诏书压下。不久杨骏借皇帝病重之际口授了一份帝旨，自己任命自己为尚书、侍中，都督中外诸军事——军政大权独揽，大有"加九锡"的派头。同时他伪造王命，催促汝南王改换封地，火速到许昌就任。诸侯国的首脑一旦离开固有的封地，其长期构建的行政系统和税赋来源都会因此失落。改换封地几乎等于暂时被剥夺了权力，王侯最为忌讳。

中央政府一旦玩起这等把戏，祸乱就快要临头了。

不久，晋武帝去世，惠帝继位，贾南风为皇后，杨芷为皇太后。杨骏依然独揽大权，生杀予夺都在随时的意念之中，别人不敢置喙。杨骏这人外刚而内怯，做事优柔，秉性多疑，好阴谋而少决断。他老是觉得有人要暗杀他，平时不敢回自己的府邸住宿，多数时间都是留宿于宫中，吃饭睡觉拉屎撒尿都要很多人守卫，满眼草木皆兵，整天如临大敌。那边汝南王还没离任出城呢，听说父王武帝去世请求来京告别，杨骏不准他进入洛阳城内。司马亮百思不得其解，稍有怨言，杨骏便以司马亮企图造反为名，派其外甥张邵出兵讨伐司马亮。张邵约请另一个军事首领石鉴一起出兵去征伐汝南王司马亮，石鉴不干。司马亮手下的人看出朝廷的不义来自奸臣擅权，劝其趁机举义讨伐杨骏。司马亮认为父亲刚去世不可大动杀伐引起干戈，含泪离开京城，去了许昌。

杨骏自此便觉天下无事，心下稍安，益发作威作福，滥加赏罚，同时张开兜子受贿，敛财无数。在其加封的行列中，甚至包括了并未驯服的匈奴将领刘渊。刘渊出身匈奴，此时在晋朝任职。这人粗鄙骁勇，个性豪爽，慷慨近乎无度，因见杨骏爱财，于是大肆行贿，不久就被加封为建威将军，驻扎关中地区。关中是大秦兴旺发祥之地，汉魏以来一直是朝廷的膏腴之地，将这片米粮仓交给匈奴人掌管，政治上真是糊涂透顶！后来此人叛变，成为杀害怀、愍二帝的凶手。此是后话。

此时的杨骏可谓羽翼丰满，大有颐指气使、喝令天下的淫威。为防贾南风坐大，他让外甥段广为散骑将军（等于皇家骑兵警察部队首领），另一外甥张邵为禁卫军首领（相当于中央警卫团）。凡国家大事无不自其口出，所谓朝廷诏书也只是在傻皇帝那里晃一晃走个过场罢了。而且，只有通过他，皇帝的诏书才能发出。

祸国殃民的八王之乱

此后，杨骏和贾南风开始明争暗斗。皇宫内有两个人常被杨骏轻慢，一个是孟观，一个是李肇。孟观（？—301），字叔时，渤海东光人。自幼嗜学，精通天文历法，晋惠帝即位后，任殿中中郎。是时，积弩将军李肇同为殿中中郎。这两人对杨骏的颐指气使心存不满，但是淫威之下，不敢发言。

贾南风暗中注意到他俩的处境不妙，于是想尽办法拉拢，两人渐渐成为贾的心腹。皇后让他俩去荆州联系楚王司马玮和镇守许昌的汝南王司马亮，动员那兄弟两个一起出兵讨伐杨骏。司马亮老成持重，虽然唯唯，到底不肯点燃第一把火。但是二十来岁、血气方刚的楚王司马玮却答应了。此前杨骏已经听到楚王不服的风声，本想下旨召他入朝以除之，只是没有名义，此时见其授人以柄自投罗网，正好下手，于是下诏叫司马玮和驻扎扬州的淮南王司马允一起进京。司马玮预知事情不妙，没有单独进京，而是带了大批部队，浩浩荡荡往都城而来，大有"讨个说法"的意味。

公元二九一年四月的一个晚上，晋惠帝司马衷正在睡觉，李肇、孟观两人冲进来，要其下诏逮捕叛贼杨骏。内廷掌管机要的段广对皇帝说：杨骏连后代都没有，哪里会有谋反之心呢！皇帝傻乎乎坐在那里，一言不发。段广急忙将这一突如其来的消息传到杨骏那边，杨骏的部下奉劝杨骏立即火烧云龙门，同时制造声势，只说"有人造反"，号召众将士尽力护驾并杀掉政敌。可是优柔寡断的杨骏此时却说：云龙门是魏明帝时才建起来的，富丽堂皇，烧了怪可惜的。段广一听这话，知道完了，众人于是一哄而散。外边等待命令的左军大将刘豫遇到追随皇后贾南风的右军将领裴欣，问他：杨骏哪里去了？裴欣照实说：太傅刚才乘了一辆小车，带三四人出城门逃走了。刘豫又问：我等何去何从？裴欣说：你最好去皇后那边自首，自首尚能保命，对抗死路一条。刘豫当即放弃了手边的精锐部队，径去自首。

皇太后得到这一消息较晚，因左右找不到救兵，情急之下写了个"救太傅有赏"的布条，从宫廷里射了出去，不料却被贾皇后的人给捡去了。禁卫军一鼓作气冲入太傅大宅，把躲在马厩里的大草包杨骏弄出来，孟观将其一枪刺死。杨骏的两个弟弟、外甥段广、张邵以及自首的大将军刘豫，无人能够幸免。皇太后上表儿媳自称"臣妾"，言辞中多有自辱，依然不得幸免。她被囚禁在监狱里，不得饮食，活活饿死。

潘岳属于杨骏提拔起来的人，也在死刑之列。事发之时他在外地办案，待其回京后，与杨氏同伙一起连坐。可巧，此时有个叫公孙弘的人，戏剧性地救了潘岳一命。公孙弘幼年家境贫寒，一家人在河阳租种一点儿土地，靠稼穑为生，就身份说，是个佃户。公孙弘聪慧好学，耕读之余，多有涉猎，尤善古琴，文章也写得好。潘岳任河阳县令时，发现他是个人才，经常屈尊拜访，一起饮酒弹琴，谈吐十分投机。后经潘岳推荐，公孙弘得以进入仕途，理所当然地将潘岳看成恩人。此时公孙弘正在楚王司马玮手下为长史（类似办公厅主任），专门负责此次事变中的生杀审判。看到潘岳的名字赫然列于乱党名单中，公孙弘将其一笔勾掉。公孙弘知道宫中内情，潘岳虽然不无逢迎，到底不在奸邪首恶之列，潘岳得以不死。

缺乏先进思想和进步力量的政治斗争，只能是换汤不换药的政变把戏，魏晋时代所有的宫廷戏剧都不过是死水微澜。经过这次事变，汝南王司马亮、楚王司马玮、东安王司马繇等人入朝掌了大权。他们都是缺乏远大志向和政治才能的贵族，下不知体恤百姓，上不知治国韬略，只晓得作威作福。这些得胜的王侯一方面肆意诛杀反对者，一方面大力封赏跟随者，几天内竟封赏了一千零八十一人。这等随意分封，对政治稳定十分不利。御史中丞傅咸说：你们这样做，跟杨骏有什么不同？可是忠言逆耳，司马玮听不进这话。大乱过后不到半月，司马亮就把东安王司马繇以"欲擅朝政"的名义贬到带方郡，新的分裂于是出现。

事变后，贾南风的亲族得到普遍的封赏，皇后成为这次政变的最大赢家，也因此更加肆无忌惮。贾充本是曹魏大臣，后来看司马氏得势，见风使舵投奔了司马氏，被司马昭视为心腹。司马昭临死前本想传位给司马攸的，贾充说司马攸不如司马炎更为宽厚聪明，于是司马炎最终当了皇帝。晋武帝上台后，加封贾充为车骑将军、散骑常侍、尚书仆射，相当于现在的五星上将、卫戍区司令、书记处书记。贾充自以为辅佐皇上有功，盛气凌人，不可一世。但是过于炫耀忠诚的人往往缺乏真才实学，朝内也有不吃他那一套的。有一次，贾充在皇帝大宴吴国降将时问孙皓：听说你从前曾经用过剥人面皮的刑罚，太残忍了！孙皓反唇相讥说：那种刑罚是专门对付那些弑君贼子的，你难道不明白？贾充知道孙皓话里有话，不好辩白，只得忍下一口气。还有一次，贾充在宴会上批评河南尹庾纯，庾纯不服，两人当众争吵起来。当贾充批评庾纯没在家守孝时，庾纯说：你也有资格说我不孝？还记得高贵乡公的事吗？曹髦虽为曹魏皇帝，但生前未有封号，死后被封高贵乡公。庾纯的意思是说：你这个连君主都敢随便杀害的家伙还有资格跟我说什么孝顺不孝顺！呸！

贾充前妻李氏的女儿嫁给齐王司马攸为妃，当今皇后贾南风是后妻郭槐所生。郭槐生过两个儿子，后来都死了。有一次，乳母抱着三岁的贾黎民，贾充下班后回府看见孩子很高兴，便走到乳母跟前逗孩子玩耍。郭槐见了，以为乳母跟男主人暗中有一腿，当场竟把乳母打死。不幸的是，三岁的孩子与乳母感情至深，乳母的惨死让孩子极度惊恐，当即就生了大病，且拒绝喝别人的奶，终于不治而死。郭槐后来又生过一个儿子，有一次郭槐看见贾充抚摸乳母怀抱中的儿子，以为该乳母在勾搭贾充，再次打死了乳母，小孩子因此吓死。贾充无子无后，便重用他的外孙贾谧。

贾充与侍中任恺不睦，任恺曾说服晋武帝，让贾充去做钦州和琼州的将领远放边疆。贾充深知自己一旦离开朝廷就会失去皇上的信任，很是着急。正好这时杨皇后说到武帝想废掉司马衷的事，贾充便紧锣密鼓地忙活了一阵子，最终将女儿贾南风弄到皇宫中（前节已有记述），他也因此免了被外派的政治危机。贾充的另一个女儿是贾午。贾午矮小而黑瘦，但面目尚可。她本应去做太子妃的，却被妹妹代替了，心中便存了许多怨愤。曾在魏国当过司徒的韩暨是贾充的老同事。韩暨死后，他的孙子韩授接受祖荫，在贾充属下做了司空椽。小伙子长得很帅气，常在贾充府第进出，不经意间被贾午给看上。贾午托自己的奴婢去说媒。那奴婢很会说话，把丑小姐吹得貌若天仙，小伙子根据婢女的暗示，深夜爬过大墙去跟贾午幽会，早早地演出了一部老版《西厢记》。因为是夜间黑黢黢的，姓韩的小子看不出贾午的丑俊来，摸黑儿做了之子于飞的快活事。贾午食髓知味，爽得不得了，送了许多宝玉、古玩、麝香给姓韩的帅哥。谁知那姓韩的小伙子口无遮拦，竟在人前大肆炫示以此为荣。此事传到贾府，贾充看了那些珍宝，确实都是皇上赏赐贾府的或别人行贿的上等珍奇，不好否认。贾充见平时总是郁郁寡欢的女儿近日里特别活泼特别高兴，畅悦之情异于常人，知道生米已经做成熟饭，于是顺水推舟把女儿嫁给了姓韩的那小子。从此，典故中便有了"窃玉偷香"这个词儿。

清除了异己，掌控了朝廷，贾南风如日中天，也荒淫到了极点。惠帝虽然智障，正事儿做不了，那事儿却是喜欢。怎奈宫廷内繁花似锦美女无数，智障皇帝又不懂自我约束（皇帝无须约束），身体很快就垮了。从小放纵惯了的贾南风，便经常找些面首解衣快乐。为了掩人耳目，她叫人夜里用大箱子把面首抬进宫来，云雨之后，凌晨送出去。有些被使用过的面首还能记得些当时的细节，出宫后便散布到市面上去，当时坊间流传着很多关于皇后的淫言秽语，宫廷内的色情放荡达到连最无耻的文人都难以为之辩护的程度。四海之内，王室子弟深以为耻。

司马玮因政变有功，不可一世，总是趾高气扬的，谁的话都不肯听，什么事都敢做。这首先得罪了他的哥哥司马亮。司马亮对太保卫瓘说：本王再也无法忍受楚王司马玮的骄横无礼了，不若夺了他的兵权，让他完蛋算了。卫瓘本来沉稳，因诸王近来过于嚣张，以为这样下去于国不利，便附和了说：其实京城里所有的藩王都应带了队伍回到各自领地去驻扎，这也是老规矩。卫瓘这话显然也包括了司马亮本人。司马亮听了，很不高兴。

司马玮的长史公孙弘（救过潘岳一命的那人），此时感觉风向不对，与楚王的舍人岐盛一起建议司马玮向贾后靠拢，不能让汝南王司马亮得逞。楚王赞同，便借助了皇后的心腹李肇到贾南风那里说司马亮和卫瓘想废掉惠帝拥立他人，云云。贾后对卫瓘早就怀恨在心，德高望重的司马亮也妨碍她专擅朝政，于是就让惠帝手发了个诏书给司马玮，说司马亮和卫瓘等人企图操纵废立之事，特派楚王司马玮、长沙王司马乂、成都王司马颖屯兵诸宫门专司护驾，同时免去司马亮和卫瓘的官职。深夜，小黄门（宦官）把诏书秘密传到楚王府里。司马玮看了，起初还有些犹豫，不知那诏书是真是伪。小黄门说：这事不好说得太明白啊！楚王您完全可以见机行事嘛，当断不断反受其乱啊，事不宜迟请君定夺吧。

楚王听命，大兵包围了司马亮的王府。司马亮不肯相信眼下的事变，执意要看诏书。他的部下纷纷要求抵抗杀他个你死我活，但司马亮只是不许。于是楚王的兵将冲了进去，逮捕了汝南王。此时司马亮还在那里说：我是忠心耿耿的老臣啊，怎么能无中生有说我想造反呢！其时正是中午，老百姓看这位王爷被押送刑场受戮，多有同情者，兵士悲愤，不敢正视，一时竟无人愿意上去行刑。司马玮听说此事，号令：谁杀死司马亮赏布千匹！怎奈乱兵贪婪，一阵子刀枪斧钺，就把王爷剁成了肉酱。

卫瓘是个狡诈多谋的人，现被楚王的兵士围困于府中，一点儿办法都没有。跟随清河王司马遐前来逮捕卫瓘的人叫荣晦，荣晦曾是卫瓘的手下，因被卫瓘训斥并解除职务而怀恨在心，此时正好泄愤报复，便亲手刺死了卫瓘及其儿子卫恒、卫岳等祖孙九人，两个孙子卫璪、卫玠在外地治病，免遭杀害。卫玠此人史上有名，他貌比潘岳，风度翩翩，且从来不发怒不生气，走到哪里都有人围观。永嘉六年，卫玠去世，享年只有二十七岁，因此后人多有说"看杀卫玠"的。试想，一个人因为长得帅、脾气好而到处受人围观，心理上也许多有郁闷，因此得了忧郁症也说不定。

司马玮杀掉司马亮和卫瓘后，部下岐盛说：贾后阴险毒辣，卧榻之下岂容我等酣睡，不如乘此机会杀掉他们以求一劳永逸万事大吉。司马玮觉得自己刚杀掉哥哥司马亮等，不便再生屠戮，犹豫了好半天。岐盛一再陈述利害，司马玮到底没有同意这个对他们来说非常重要也非常无道的建议。正是这一错误，导致了他的灭亡。

太子少傅张华进宫对贾南风说：楚王诛杀二公，天下威仪尽归之矣，人主何以自安？贾南风将这话听进心里去了，当即问计于张华。张华说：诏书只说免去二公官职，并没说夺他们的性命啊，皇后应问楚王专杀王侯之罪。贾后即派禁卫将军高举皇上的旗幡，宣布解散司马玮的军队，将司马玮押赴刑场问斩！事到此时，司马玮还不明就里，竟从怀里掏出几个时辰前皇上的诏书辩白说自己忠于王室未曾有过半点谋反之意。可是谁会听他的解释呢！可怜一个英俊勇武的王子就这样成了刀下鬼。他手下的岐盛、公孙弘等也因此被杀。很多人念及楚王乐善好施，悲而落泪，在其死后给他建了祠堂。

"八王之乱"的第一幕就这样谢幕了，两个王爷被杀。此后贾南风惧怕同类事情发生，大肆任用非皇族的人处理国家政务。为了调和此次事变造成的政治矛盾，在其外甥贾谧的建议下，贾后起用张华和裴颜，分别委任为侍中和中书令，掌管国家机密处理日常事务。两人忠心耿耿勤勉用心，各种政务处理得还算顺当。十年之间，京城没有太大的事件发生。这也是元康年号能够持续九年的原因。

这时期，也有头脑清醒的人，南阳人鲁褒是一个，太子洗马江统是一个。前者写了著名的《钱神论》，痛斥金钱万能所造成的道德沦丧、社会糜烂、精神堕落诸现象，有惊世骇俗之意。后者写了《徙戎论》，主张朝廷应认真对付边境安定问题，必须采取有力的军事、经济及移民措施。江统的论述虽能达于上听，但没人真当回事去做，很多人因此说他不识时务、杞人忧天、多管闲事。关内侯索靖（王羲之后来在叔叔王廙的指导下学习此人书法）非常赞赏江统的看法，希望上下能有所作为，可是世人大都说他们无聊无趣、越俎代庖。索靖指着洛阳皇宫门前的铜骆驼说：不久我将看见你躺在乱草丛中！十年不到，西晋的江山就分崩离析，很多事都被江统、索靖不幸言中。北部边境的朔州、太原、上党一带，匈奴、鲜卑、羯、氐、羌等部落不断侵扰。而西晋朝廷多年沉疴，上下腐败，挥霍无度，生活荒淫，军人不会打仗也不想打仗，人心涣散，武备上精神上都远非北方民族的对手，何能不败！

以上就是史称"八王之乱"的第一幕。

千秋罪愆

后来的七次祸乱，大同小异，无须一一描述。前文提到的八王，陆续折戟沉沙，成了冤魂厉鬼，只留下一座座荒丘坟冢，有的死无葬身之地。洛阳皇室在年复一年的动乱中不断更换皇帝，一个死去，一个上来，上台的如履薄冰，下台的饮恨黄泉，说不清谁是谁非。就性质而言，所有这些动乱都是王室贵胄之间的争权夺利。他们虽然同为皇室贵族，但彼此尔虞我诈、穷兵黩武、翻云覆雨，没什么正义可言。

"八王之乱"造成了极为严重的社会问题：皇室权力的合法化更加无从谈起，谁抢了王位谁就是老大；国家的经济状况急速恶化，百姓陷入深重的灾难之中，饿殍遍野，流民四起；中原的无道导致了少数民族反对晋朝的斗争以及后来的十六国割据。著名将领祖逖说："晋室之乱，由宗室争权，自相鱼肉，遂使夷狄乘隙，流毒中土。"此论可谓一针见血。后赵羯族首领石虎得势时曾对部下说："司马氏父子自相残杀，故使朕得至此。"内争外侵，严重削弱了西晋王朝的国力，经过武帝、惠帝、怀帝、愍帝四帝五十二年，西晋灭亡了。

王羲之出生时，"八王之乱"尚未结束，整个国家可谓满目疮痍。乱世烽烟，祸起萧墙，连年的动乱极大地破坏了本来就很脆弱的小农经济，人民遭受了难以言说的灾难。《新全球史》（作者杰利·本特利等，北京大学出版社）分析道：

"汉朝的衰落的主要原因，是统治者解决不了它内部的问题。一个问题是，统治者上层之间的内讧不断激化。皇室和贵族之间的联姻形成了多个利益集团，各个集团的成员在帝国政府内不断寻找更加重要的升职机会，同时极力排斥异己。这种氛围导致统治阶级内部不断争斗，互放暗箭，反过来降低了中央政府的效率。"

"更困难的问题是，如何处理长期存在的土地问题和公平分配问题。在汉朝统治者的最后两个世纪里，大土地所有者在政府那里获得了新的特权。他们减少自己应缴的税收，反而把负担转嫁到农民身上。为了本阶级的利益，他们甚至组建了自己的军队。"

这是问题的实质所在。汉末到三国到两晋，王室、贵族、地主，甚至于商人，都在极力侵占土地，并努力将自己变成不纳税或者少纳税的特权者。一方面，大土地拥有者不肯缴税，他们看似争权，实则为了夺利，即夺取更多的土地并游离于税收制度之外。另一方面，失地的农民更多地变成"上无片瓦下无立锥之地"的流民。严重的贫富不均加上地主之间争夺土地的欲望极高，地方诸侯建立军队保护自身利益的做法，就是自然而然的事了。如此，割据战争几近水到渠成。流民揭竿而起的，如汉末的黄巾军；统治者内部的战争，如"八王之乱"。

中原的动乱，造成北方民族的南下。这些来自原始部落的民族很快学会了中原的农耕技术，继而学习汉民的语言、文化、制度、文学、艺术，迅速汉化。这些迁移南下的民族迫切需要更多的土地、更大的地理幅员，以确保新殖民地的安全，所以不断入侵中原，加剧了社会的动荡。《新全球史》认为："汉朝灭亡后的几个世纪里，处处是混乱和无序的景象。王国不断更替，每一个统治的时间都不长。战争和游牧部落的侵袭使北方人口锐减。到公元五世纪中期，长安和洛阳——古典中国的中心地区——由于军队的大肆掠夺而遭受了全面的破坏。据记载，昔日汉朝的都城长安，当时不超过一百户人家，而洛阳与其说是个城市，不如说更像一个垃圾堆。"

由此可知，西晋初年司马氏之所以不在长安建都，盖出于此。不义的杀伐不仅充满了血腥与掠夺，也破坏了基本的社会生活。战火过处，村镇被毁，田园荒芜，商旅匿迹，尸横遍野，无论谁胜利，落下的都是个烂摊子。更为悲情的是，战争摧残了人们的安全感，上上下下惶惶不可终日，不知祸水哪一天冲到脚下，凶悍者肆意抢夺，懦弱者得过且过醉生梦死，士族、官僚、附庸、将官、士卒、农人，无不如此。一种普遍的、深入心灵的、朝不保夕的意识，成为社会文化的常态。这是一种万念俱灰的情绪，事实告诉人们世事无常，愚昧之人混一天了一日，有思想的人开始寻找新的意识形态，以求寄托，以求慰藉。

这种普遍的野火般的情绪助长了个人对于生命的虚无感。该时期的下层士族，内心充满了生命的危机感，生活难以为继，随时都会遭殃，谁也救不了谁。许多士族沦落为流民和佃户，下层人更难得到发达的机会，铤而走险的人越来越多。由于社会秩序的解体，传统儒家思想体系失去了它的可信性，这进一步打击了士族知识分子赖以安身的内在精神。他们充分体会到人生的无助和无奈，精神压抑，人人自危，价值观濒临崩塌。孔夫子为代表的儒家所提倡的那些仁爱、和平、礼义廉耻，已经摇摇欲坠，而丑恶之事常常是那些口称信奉儒学的统治者干的。士族知识分子在生灵涂炭、人民倒悬、民怨沸腾之时，深感走投无路。外族的不断入侵，社会的混乱无序，将中后期的西晋变成一个乌烟瘴气、乱七八糟、几近不可收拾的乱局。当是时，没谁能振臂一呼力挽狂澜，没谁能跳出那个大火坑，能纵酒狂歌、避乱竹林的人也不是等闲百姓。黑暗无边无际，到处是惨烈的悲剧，即便是王公贵族也难以幸免。生命无常的空气弥漫在中原大地，每个人都在寻找精神的洞穴，每个人都在寻找寄身的螺蛳壳，战战兢兢、如履薄冰，或醉生梦死、佯狂佯疯。

士族知识分子在社会动荡中大都难以保持自尊、自爱与人格，屈辱随时存在，难以躲避。相对于贵族和军阀，下层士族都是弱者。像潘岳、陆机、陆云、公孙弘、祖逖、卢志等，道路各有不同，下场却大体相似。安定和平之时，社会奢靡，这些人基于才情和虚荣，大多禁不住浮华的诱惑，往往成为贵族的座上客，成为潮流的俘虏，进而成为政治斗争的工具。封建社会的士族大多没有骨气，他们软硬都吃：既能臣服于淫威，也能拜倒于金钱——贪嘴者善于自贬，却不得不叹息下场。从这个意义上说，那个一心要回到江南大吃鲈鱼的季鹰倒是有点儿内力，至少他是清醒的。

王羲之恰恰就生长在这样一个时代。从他降临这片土地的那一天，面对的就是一个满目疮痍的国家，一个在动乱中飘摇的家族，一条前途未卜的人生之路。他行将明白，这个世界到处都是惨烈的杀伐，正义的喘息极为微弱。他也终将发出这样的感叹：生灵涂炭，生命如此短暂，空气中弥漫着无常，也许最好的道路就是逃避。

这种大环境，一直对他辐射着强大的影响。

王羲之将怎样走过自己的一生并创造出属于自己的荣耀呢？

让我们从他的童年开始描述吧。

第二章　祖荫宽大好乘凉

古琅邪国

两晋时期的琅邪，是个颇具特殊政治色彩的诸侯国。

两汉至于魏晋，凡重量级的王侯几乎都做过琅邪国的王。琅邪所辖范围并不大，但是地位重要，政治名分高贵。琅邪北依青州，南面徐州，西有兖州，都是当时的大郡望。琅邪治所在今临沂城北，而城南四十公里处就是郯城，郯城是当时的东海国的治所。琅邪国所管辖的主要是临沂以东的莒，更远至于胶州、海岱，即今之莒县、五莲、日照。向西至于费县、平邑、泗水。向北则至于阳都、蒙阴、沂源县。再向北，过了沂山就是临淄，那边属于老齐国青州管辖的地盘。

琅邪，一为春秋时期齐国的古邑之名，位于今山东省胶州市琅琊台西北，以山取名。《史记》《汉书》有记，越王勾践灭吴之后会盟诸侯，一度把越国的都城迁至琅琊台。此事史学界多有争论。当时越王之所以有此念头，极可能出于战略攻防之虑。本书所说的琅邪一地，是指山东南部的临沂，是古代的一个郡望。琅邪北依泰山、沂蒙山，东靠大海，向西是孔子故里、鲁国首都曲阜。东西五百里，南北三百里，其间沃野千里，水网纵横，自成地理体系，其战略腹地深广，易守难攻，且人口密集，兼得农、工、贸易之便，无论从经济上还是从军事上看，都是一个极为重要的地方。

琅邪的历史已久。秦时置琅邪郡，郡治设在琅邪县。东汉，琅邪郡改为琅邪国，治开阳（今临沂老城），辖开阳、缯、东武、东莞、琅邪、西海、莒、东安、阳都、即邱、姑幕等十三个县。琅邪临沂（琅琊国临沂县之简称）自此始称。三国魏时，实行州、郡（国）、县三级制，琅邪国治开阳。南朝宋时，琅邪郡移治即邱县，北魏因之。

春秋战国时代，这里是齐、鲁、楚三大国的交会处（中间还有过多个时存时亡的小国）。齐鲁楚三国在文化传统上有所不同。齐国重法，讲究功利刑名，崇尚思想智慧。齐人多以建功立业为荣，故名相、大将、能吏层出不穷，如姜子牙、管仲、晏子、齐桓公、孙子、韩信等，他们大率为齐人。鲁文化重名教，讲礼乐，尊秩序，崇尚道德文章，故有周公、孔子、孟子、颜回、荀子、诸葛亮、王祥、王览等贤人贤相。颜氏家族及其后人颜之推、颜真卿等，都是鲁国费县的名人。作为中华民族思想文化的重要源头之一，鲁国历来被学界奉为中国古代思想的重镇，西人称鲁国为"中国的希腊"。琅邪临沂作为鲁国的一部分，必然地继承了这种古风流韵。居住在这里的人们，尤其是士族，无不被这种氛围所浸淫。

文化底蕴是长期积累的结果，也是经济发展的必然。从上古史料可以看出，处于黄河下游的泰沂山区是大汶口文化的发祥地，有门类繁多的出土文物佐证。被收藏界奉为圭臬的黑陶、蛋壳陶，就出于此地。大汶口文化、仰韶文化，是新石器时代的表征。从上古起，东夷地区就具有经济和文化上的先进性，这也成为各部落争相兼并的目标。春秋之前，除齐鲁之间的争端，楚国一度占有这一地区。临沂一带出土的文物明显带有楚国的影响，如竹简、编钟、玉器等。由此可见，古代琅邪是齐鲁楚几大国的文化交会之地。沂南县出土的汉代画像石，生动地反映了两千多年前这一地区的经济和文化状况。银雀山汉墓出土的《孙子兵法》《孙膑兵法》则说明这里的人讲究藏书，且重视兵法。

山东省沂南县西八里的北寨村有个著名的文化遗址——汉墓画壁。一九五四年出土，史家将之定名为《百戏图》。该图从左至右可分为四部分：第一部分是表演"跳丸弄剑"和"载竿"的。载竿技巧高超，一人额顶十字长竿，上有三儿倒悬，翻转表演。顶竿者脚下尚有七个圆盘，技术指标可谓高难。表演者要瞻上顾下，力量和灵巧均需达到极高水平；第二部分是乐队，有磬、钟、建鼓、琴、埙、排箫等多种乐器，共十五人演奏，可见当时贵族娱乐之盛况；第三部分是"刀山走索"和"鱼龙曼衍"之戏。前者惊险绝伦，一人在高高的大索上拿顶倒立，那大索是用刀尖顶立着的。索之两端各有两人在索上相对表演，一似手挥流星，一似双手执戟。后者气魄雄伟，其形象似巨大鱼龙，又像装扮之大鸟；第四部分是"马戏"和"鼓车"表演，人在马上或做倒立或耍流星，人欢马跃，技巧高超；鼓车隆隆，如闻其声。节目中的手技、倒立、走索、顶竿、马上技艺、车上缘竿等，足见墓主人当年生活之讲究、之精致、之豪华。

位于琅邪国（后来亦称琅邪郡）城北的治所，大约在今日之兰山区白沙埠镇一带。该镇与上述汉画像石之出土地仅一河之隔。从这里过河就是沂南县，汉代画像石《百戏图》出土地离此不远。魏晋时期紧接东汉三国，琅邪的生活情境与此应当没有太大差别，从地理上看，画像石出土地距三国时蜀相诸葛亮的祖籍阳都很近，与南仁里也就一河之隔。春秋后期，楚国的势力曾达到琅邪一带，此地除受齐国重功利、鲁国重礼仪的影响之外，也吸收了楚文化的浪漫主义，追求精致，讲究趣味，崇尚享乐。

两汉数百年，鲁南琅邪一带得到一定程度的休养生息，经济一度出现过较长时间的兴旺景象，谷物产量可观，社会有所积累。在传统的小农经济社会中，耕读是主流生活方式。后经三国时代的混战，经济受到严重创伤，但相对于战火频仍的中原，这里并非"千里无鸡鸣"的杀戮中心。据《临沂县志》记载，该时期琅邪一带已经有了炼铁、陶瓷、开矿等小工业基础，谷物生产丰富，手工业有了普遍的发展。当时的罗庄一带有铁矿，白沙埠的芦席远销青、徐、兖州，朱陈镇的黑陶远销四方。

公元二六五年，西晋统一中国，结束了魏蜀吴三国分裂局面，社会一度安定和平。其后就是长达十六年的"八王之乱"，让西晋大伤元气，琅邪也遭受相当大的破坏。但是，国内各家族在动乱中的损失并不相等。王氏家族是一个多年积累的望族，动乱中虽有损失，却依然是当地的显贵，其生活方式没有受到根本的破坏。由于王祥、王览兄弟是因意识形态的模范而起家的，在政治风波中不具有尖锐强烈的派系色彩，又在魏晋权力转换中实现了优雅转身，所以免除了多次祸乱。从永嘉南迁王氏将其家宅捐为普照寺这一史料可以推想，当时王家的宅院一定相当豪华，不然不足以单独形成偌大一座寺庙。

王羲之出身于这样一个名门望族，自然也分享到祖荫的福祉。这些福祉，主要表现在：家族地位的优越，家族教育的完备，进入仕途相对容易，等等。可以说，王羲之的成长不仅和当地主流文化有关，也享受到望族大家的诸多好处。

王祥与王览

据《新唐书·宰相世系表》："王氏出自姬姓，周灵王（前571—前544）太子晋以直谏废为庶人。其子宗敬为司徒，时人号曰'王家'，因以为氏。"就是说，王家本姓姬，后来其中一支因言论罪被贬为庶人，老百姓就称他们是"王家人"，于是得姓王。《琅邪临沂王氏宗谱》的记载与此基本相同。其中有一句说明："晋，即王侨也。"由此可知，王侨是王氏的始祖（即羲之二十九代祖）。《宰相世系表》又云："王氏定著三房：一曰琅邪王氏，二曰太原王氏，三曰京兆王氏。"王祥、王览、王羲之等属于琅邪王氏。

羲之十代祖、汉谏议大夫王吉，于西汉宣帝（前73—前49）年间由皋虞（今山东即墨）迁居琅邪临沂都乡之南仁里，即今临沂市白沙埠镇孝友村，其地至今保存有王氏祠堂、祖坟等遗迹。羲之六代祖王仁，字少玄，东汉大将军掾。自汉代至于两晋，军曹、掾，相当于军队的参谋，属军内文职人员。《晋书·王祥传》云：王仁曾任青州刺史。王仁生四子：谊、睿、典、融。据清初重修《泰康王氏宗谱》云：王融字巨伟，博涉经史，公府辟（即举用），不就。王融先娶高平薛氏，生子王祥，续娶庐江朱氏，生子王览。从谱系看，王氏家族在汉魏时代虽世为官吏，但非高门贵族。从王祥开始，两晋王氏才开始走向煊赫。

王祥以"孝行"著称，史书记载其事迹不少。《世说·德行》记载：王祥事后母朱夫人甚谨。王家院墙外有一棵李子树，结子殊好，时令一到，常有邻人偷食。朱氏常指使王祥去看守那棵李子树，"恒使守之"。时风雨忽至，王祥担心大风刮掉树上的果子会因此让继母不高兴，于是抱树而泣，祈求上天不要刮太大的风。小小孩子，幼年失去母亲，已经够可怜的了，又被后母如此待遇，想见当时王祥的恐惧情状，至今读起来还让人揪心。此事在其他书籍中也有记载："王祥后母庭中有李，始结子，使祥昼视鸟雀，夜则趋鼠。一夜风雨大至，祥抱泣至晓。母见之，恻然。"从朱氏的"见之恻然"可以想见，这女人并非那种铁石心肠、不可感化的人。

继母多有虐待前妇子女者，此事犹如宿命，少有脱此恶名者。从世俗角度看，朱氏之看王祥不顺眼可能出于三方面的因素：多一个儿子多一个继承人，将来分割家产，势必要多分出一份，已出之子相应地会少得一些。其次，前妇所生，多为长，若有世袭，其必为先，这也是继母的不恣之处。再次，作为后继，女人往往会因而想见丈夫与前妇之恩爱状，心多嫉妒，而现存的前窝子女便是那种意念的佐证，醋意一起，往往发泄到前妇之子女身上。这里存在复杂的社会学、伦理学因素，无须赘述。

王祥是个可怜的孩子，而命运之极端可怜处便会有人性的回声。这种回声，往往来自家庭内部。王祥有个好弟弟，王览。王览是王融与朱氏的亲生子。《世说·德行》注引《晋阳秋》："后母数谮王祥，屡以非礼使祥，弟王览辄与祥俱。"王览见母亲总在父亲面前说哥哥王祥的坏话，且经常支使哥哥去做许多苦事，王览就觉得这样做不入情理。王览无法正面抵抗母亲，就只好把自己和哥哥王祥"绑"在一起。每每遇到母亲虐待同父异母的哥哥，王览就和王祥一起去做，让母亲无法将自己格外分离出来。王览常常为哥哥所受到的不公正待遇而难过，也不肯独自"享受"来自母亲的偏爱，以"辄与祥俱"的方式对抗那种有违人性的亲疏分别。这个办法很有效，朱氏往往因此而不得不罢手。

王览对哥哥的爱护让朱氏左右掣肘，许多事都不能让她畅快。朱氏看难以对王祥怎么着，就拿了王祥的媳妇发泄，史称为"虐使祥妇"——做这个做那个，朝死里使唤。每当这样的事情出现，"览妻亦趋而共之"。可见，不仅王览善良厚道，其妻也是个贤惠之人。"母患之，乃止"。这一来，朱氏的行为就失去了家庭内部最基本的支持，她单独站在了不义一边，连己出的儿子都不肯倾向自己。她在这个家庭中处于绝对孤立的境地。朱氏若是继续为难王祥，既行不通，也难以保全自己的面子。

有一次，王祥睡在床上，朱氏半夜里拿了刀，"自往暗斫之"，当时正值王祥私起（出去小解），继母"空斫得被"——那把寒光生冷的菜刀只空砍了床上的被子。朱氏毒计未能得逞，十分懊恼，气急败坏地在屋子里梭巡回转，骂那个该千刀的王祥藏到哪里去了，难道说小东西预先有知躲了出去？王祥小解回来，见继母因没能砍到自己而十分沮丧，"知母憾之不已"，"因跪前请死"——主动跪到继母面前，说：娘你不要生这么大的气了，气坏了身子划不来，既然你不想要我这个儿子，我也犯不上让你这么不痛快，干脆满足你的愿望，让你砍死算了。

这一幕把朱氏惊呆了。看着披衣跪在面前的王祥，她手里的刀举了起来却没能砍下去。一张仁厚诚朴的脸，一双满含泪水的眼睛，如此哀伤地看着她。那里已经没有了人类对死亡的恐惧，有的只是无助、哀怜与弃绝，那是一个生命最后的哭喊，即使铁石心肠此时也会受到人性良知的震撼。朱氏无法自持，手里的刀掉落在地上，大惊讶、大感悟、大悔恨一起涌上心头。她把王祥从地上扶起来，却一句话也说不出，只是哀号。她哀号什么呢？为什么杀人者比被害者更觉悲伤？因为她的心被彻底震撼了。一个并非己出的儿子没有任何反抗，甘愿在长辈的屠刀下引颈就戮，人世间还有比这更叫人悲催的事吗？

朱氏放下杀人刀，从此爱王祥如己出。这件事，除了说明王祥的至孝，还可以看出，朱氏到底还残存了一份良知良心，并未横下一条铁石心，而且震撼之余尚能大彻大悟、洗心革面、改道易辙，也算是人性未泯、立地成佛吧。

深究此事，可作如下猜想：从王祥这方面看，他的内心充满了无奈和悲伤，对命运的忍耐已经到了极限。父亲再婚续娶，这是合情合理的事，子女无法干预也不能置喙。继母的虐待旷日持久，已经到了让他深感"灵台无计逃神矢"的地步，娘要杀掉儿子，儿子还能有什么躲藏！既然怎么做都不能讨继母的欢心，如今还要拿刀夺他一条性命，那做儿子的还活个什么劲呢？能做的事我都做了，能忍受的苦难和屈辱我都忍受了，剩下的也就这么一条命——对生存的绝望让王祥作出决绝的乞求：您干脆杀了我吧，我也活够了。

从朱氏这方面看，她的震撼理所当然。清冷的夜晚，蓝色的月光照在门槛内外，她的嫉妒，她的愤怒，都被跪地求死的孩子给抵挡住了。生铁的刀锋如此沉重，以至于让她无法对主动伸过来的脖颈下手。是呢，一个从来俯首听命的幼童如今甘愿以牺牲来满足长辈的凶狠，还有什么理由定要夺他性命？作为一个长辈，竟然要对一个失怙的孩子下毒手，而对方毫无反抗之心，你敢正视这样绝对的顺从，你敢正视如此淋漓的鲜血吗？如果他是你自己生的儿子，你会这样吗？良知残存，让她这个继母得到了救赎。谢天谢地!

由此也可看到，中古社会，或者说魏晋乱世，泛滥的杀伐已经深刻地毒化了人心，社会失去最基本的规范，残忍之事多见，夺人一命似乎不是很严重的事。统治者之间的不义战争麻木了人性，毁坏了纲常道义，人性的原始粗暴犹如放归山林的野兽，看谁个不顺眼了拿刀砍了就是，杀人如刈草芥。深层次讲，这里还有思维和行为方式的局限。在封建社会，基于小农文明的局限，人们不仅拥有时代规定的价值观，也拥有与之相应的独特的方法论。在那个社会中，一旦矛盾出现，各方往往立即诉诸极端，那里没有妥协，没有交换，没有讨价还价，生死之间、胜负之间没有一片可以共享的开阔地。这是古典文化的一大弊端。这种生存方式不仅存在于民间，也存在于上层政治。王侯征战，你死我活，战火所到之处尸横遍野，动辄坑杀数万人，就是例证。在阶级和阶层之间，文明的交流往往付之阙如，相互融通的情况较少。这种风气同样也影响了雅文化，魏晋士族多以清谈为上，一旦臧否人物，其机锋所指，往往吹毛求疵，稍有瑕疵即被视为不入高人之流，伶牙俐齿之徒于是浪得虚名，贵族文化在一个封闭的小圈子里形成极端刻薄的意识形态，专制来于此，奴性也来于此。反过来看，正是因为古典社会所特有的极端行为方式，呼吁着和谐、交流与共存。这一时期，释道与儒道之间的相互解释，道教和儒学的相互融通及其所形成的格义，正是意识形态领域应运而生的事物。这种文化交流促进了玄学、佛学、道学的发展，这是中国文明史上相互弥补的正面例证。这方面，魏晋有许多代表人物，如王衍、王导、庾亮、支道林、王羲之、谢安等，其余不足观。

王家最为动人的故事，千古奉为经典的传说，还得算王祥卧冰求鲤的故事。《世说·德行》："方盛寒冰冻，母欲生鱼，祥解衣将剖冰求之。会有处冰小解，鱼出。"这段文字，有须解释之处。大冬天继母要吃鱼，或因身体不舒服想吃点儿好的调养，或因家中久无荤腥希望弄点儿鱼虾改善饮食，都是可能的。朱氏让王祥去弄一条鱼来，未必就要他去河里破冰捞鱼。在临沂一带，冬天到池塘河流中破冰抓鱼是常事，尤其是三九天结冰以后，更非罕见。

王祥遵从了继母的指令，便到河湖中去寻觅，并解衣破冰求之，终于有鱼儿跳出。现在看，这样的做法虽然出于孝心，却近似痴呆。如果王祥不痴不呆，他大概会拿了抓鱼的工具，如鱼叉，如鱼网，如鱼钩，到河里去寻摸弄几条鱼来。沂河是一条大河，水中鱼很多，不难捕捞。即使是王祥卧冰的那条不大的孝感河，鱼也是不会少。想象一千七百年前，此地人口远不如今日稠密而水面远比今日要大，其中当有很多鱼虾蚌贝。即使在今天，河水结冰之后，人们——主要是少年——也会去冰河上赶鱼逮鱼。他们奔跑于冰面之上，冰面响起一片清脆连绵的断裂声，被惊吓的鱼儿惶惶然四下逃窜，若此时遇有开裂的窟窿，就有鱼儿从冰洞间跃出。笔者少年时就曾在大冬天里与伙伴们联手做此嬉游——大家一排儿站好，脚步整齐地向前赶，冰面传来的裂帛之声给滑冰游戏者带来冒险的喜悦。至于狭窄处，常见冰窟窿里飞出白鲢或大头鱼。这两种鱼胆子最小，遇到声音到处乱窜，为的是逃命，却成为人类的盘中餐。诸如鲤鱼、鲫鱼、鲇鱼等较安静的鱼，则少有跃出水面的。我们宁肯这样推测：王祥和伙伴们在冰上赶鱼，热了，解衣，一伙人在冰上小跑，做着赶鱼的游戏。有人在冰面上砸出洞口——这既是鱼的喘息处也是其跃出逃命处。上文说的"会有处小解"，那个"小解"的冰洞很可能就是人为打开的冰窟窿。这种冰窟窿并非都是为了逮鱼而打出的，邻近的居民可能为了取水砸开冰面。有人将牲畜赶到冰面来饮水，有人将芦苇和高粱眉子放到冰水里浸泡以便制作芦席——白沙埠一带自古就有织席的传统——这都需要在冰面上砸开一个窟窿。为什么不用井水呢？因为从井里取水很难，很慢，也很费力。尤其是冬天，如果因为浸泡织席的眉子而把井台弄得溜滑结冰，大家都会不高兴。因此，邻近村庄的河面上大冬天里几乎都有冰窟窿。

想象当时的情景吧：在少年们的反复驱赶下，受惊的鱼儿们四下里寻找藏身之所，成群结队地逃窜，那样子很是狼狈。乡间的河流湖泊从前都很清洁，澄碧的河水犹如透明的碧玉。小孩子在冰上嬉戏，能看见冰下的水草、瓦块和鱼虾。在杂沓的脚步声中，冰面上传导着冰裂的音乐，许多胆小的鱼被惊扰起来，它们四下里逃窜，在冰下寻找庇护所。它们误以为冰面上的窟窿就是逃生之处，于是一跃而起，成了朱氏继母的盘中美餐，成就了王祥的千古美名。典故一再传说，与本来面目已经大相径庭。

民间故事中蕴含着草根社会狂热的美感诉求，许多常识经一再传说，真实往往变成了传奇，有时顾不及露出的马脚。为了强化事件的戏剧性和悲情感，人们宁肯相信夸张了的情节，也不愿追求本相。今日读者也乐得迁就古人的美意，相信那条鲤鱼就是受了王祥的感化而故意献身，犹如佛教中"舍身饲虎"的生灵。这类传说不止一则两则，萧广济《孝子传》有这样的记载：王祥后母"忽欲黄雀炙（炙，相当于现在的烧烤），祥念难卒致（赤手空拳确实不容易捉到黄雀）"。然而，"须臾有数十黄雀飞入其幕"——这就神乎其神了。古人认为，因为有了这样感天动地的孝心，所以"母之所须，王祥必自奔走，无不得焉"。

想象一千七百年前，此地林木葱茏，林中多有鸟雀。即便今天，乡村少年也还有以捕鸟为乐者。继母朱氏要吃烤黄雀，王祥觉得"难卒致"，这是可以理解的。不过王祥还是想出了办法。他拿了捕鸟用的网子，即文中所说的"幕"，将之张罗布置于林木间。此时若从附近处驱雀，就会有鸟儿"飞入其幕"。今天还有人用这种办法捉鸟儿。在临沂地区，黄雀是很普通的鸟。笔者少时曾做一个小小的"阿子"用来捉黄雀。所谓阿子，是用两片面积大约两三平尺的网，分别捆在弯成半圆的曲棍上，然后将两片网子做成口形，用绞绳束了，拧紧，将两片网子张开，犹如张开的大嘴巴。加上机关和诱饵，置于草丛中，不一会儿就有鸟儿啄食。此时机关启动，阿子突然闭合，就能抓到小鸟儿，多数为黄雀。试想古时候人少林茂黄雀成群，抓到几只小鸟做烧烤，似非极难之事。

这么说，并非要消减王祥卧鱼、捕雀的难度和意义。即使去掉传说中的演义部分，故事的基本面依然洋溢着孝子孝心的感人内核。王祥秉承美德，多半来自家族的传统和自身处境的规定性，于是丰富了既有的风范。事实上，这种风范不仅最终感化了朱氏，也熏陶了王家所有成员。王览夫妇亦如此，就是证明。被王祥的孝行所感动，非血缘的矛盾终止于平和。后来王融去世，王祥夫妇供养朱氏三十余年，直至继母寿终正寝后"乃仕"——王祥才出来做官。史书称之："以淳诚贞粹见重于时。"不念旧恶，侍奉继母如亲娘，送终后才肯出来做官，确非一般人所能做到。

王祥王览兄弟俩的故事，当时就已广为传颂并引起了当局的注意。汉以来，多有篡位者，王莽是首例，此后三国的曹魏，两晋的司马氏都以内部篡权的方式改朝换代，因此也就谈不上什么"忠"。儒家历来有"为尊者讳"的遁词，既然"羞于言忠"，这些人便"避己之短"，改而提倡"以孝治天下"——不得已而求其次，也在事理之中。两晋时期，关于"孝"的礼节法令很多，如"三年之丧，自天子达于庶人"，都要"守制服丧"。无论现时当着多大的官，都要辞掉，一门心思给父母守丧，直到服阕之日方可重回岗位。司马光说："此先王礼经，百世不易者也。"晋泰始三年，朝廷曾经正式下诏，"令二千石得终三年丧"。等于说处级官员，父母死了，必须辞官在家守丧三年。魏晋以此验之以士大夫的孝行，除个别特殊情况外，无敢逾越此制者。在当时，这是具有法律效力的律条，而非一般的软性提倡。

琅邪王氏的士族地位

王祥、王览兄弟因为孝悌精义美名远播，这个典范恰好符合了当朝的意志，草根故事进入宫廷后都会变得富丽堂皇。主流意识形态一旦选中了适宜的典型，这典型就会成为一面旗帜高高飘扬，甚至于演进成为礼法。相应地，一旦当事人被官方网络其中，必会获得许多来自朝廷的优渥，古代称之为"诱以官利禄"。从政治学上看，这无可厚非——奖励那些符合主流意识形态的典型环境中的典型人物有利于在上层建筑领域推行教化，满足时代的文化诉求，以期建立和巩固俗世的道德传统。事实上，孝道在伦理上确有美好的一面。至少，孝道体现了人性、文明与基本教养。琅邪王氏由此达到显贵，一半出于本身的修行，一半出于政治上的需要。

《晋书·王祥传》："王祥少时举秀才，除温（今河南温县）令，累迁大司农。"（汉代尚无考试制度，但有举孝廉、举秀才制度。在书面语言里，任命某人某官，称之为除。迁，是平级调动。擢，提拔。拜，上有任命而当事人推辞拜谢，称之为拜，多为虚伪之举。后文多见这些词，不另注。）公元二二〇至二〇七年之间，王祥受徐州刺史吕虔檄（檄，具有正式文书的聘请），为别驾，委以政事。当是时，"寇盗"充斥，王祥率领兵士多次讨伐"盗寇"，不仅从社会道义上激励将士，军纪也相当严明，故往往得成。于是州界清净，政化大行。时人歌之曰："海沂之康，实赖王祥。邦国不空，别驾之功。"古籍中所称之"寇盗"，几乎都是官逼民反的流民或起义军。西晋时期主要的农民起义有：巴蜀流民李特起义，荆州蛮民起义，雍州流民起义，蜀人杜弢起义，黄河流域的石勒、王弥起义等。王祥参与镇压义军的活动，深得统治者的赞许与青睐，今人读此，当有所斟酌。

魏高贵乡公曹髦即位皇帝，是在公元二五四年，王祥此时已是七十一岁的老人。王祥参与定策功，被皇上封为关内侯（地位仅次于王公），拜光禄勋，转任司隶校尉。从讨毋丘俭（拥曹氏反司马氏的农民起义领袖），增邑四百户，迁太常，封万岁亭侯。关于毋丘俭，后文还将在嵇康的《管蔡论》中提及。王祥在讨伐叛臣的战争中获得功勋，成为当朝的重臣，确实没有辜负曹魏王室的信任。天子（即曹髦）幸太学，曾任命王祥为三老。王祥南面几杖，以师道自居，侃侃而谈。天子北面乞言，王祥南面施教，此时的王祥俨然是天子之师。王祥当场作了一次道德演说，"陈明王、圣帝、君臣政化之要以训之，闻者莫不砥砺"。王祥的威名此时达到了高峰。

公元二六〇年，曹髦被司马昭杀害（即贾充命部下成济手刃皇帝事，见本书第一章）。朝臣举哀，王祥号哭曰："老臣无状！"涕泪交流，众有愧色。这句话的意思是：王祥知皇帝死于非命，悲愤至极，大哭道："老臣简直没脸见您啊，我没有尽到责任啊！"涕泗交流，悲情发自内心，令在场的人们都觉得惭愧。为什么"众有愧色"？因为当时满朝大臣都知道这阴谋就是司马昭策划的——因此而不敢明确表示哀悼之情。这些宁扶竹竿不扶井绳的人，为保存自身的地位俸禄，不敢对皇帝之死表示起码的哀痛！他们怕司马昭不高兴，所以违背了良心做出无动于衷的样子——对邪恶视而不见，羞耻啊——故此"众有愧色"。

"顷之，拜（王祥）司空，转太尉，加侍中。封睢陵侯，邑一千六百户。"（见《晋书·王祥传》）王祥敢于对先帝表示忠诚，已属不易，足见其尊礼之心的真诚。然而司马昭并没因此而加害于王祥——意识形态方面的个人举措无关大局。至于晋，王祥被继续留用，且有提拔。王祥先是忠于曹魏，而后入晋，连续两朝为臣，其最高官职是太保、睢陵公。王祥晚年凭借天子和朝廷的推崇，以道德典范自居，夸夸其谈，庙堂炫耀，江湖渲染，大有立德、立言、立功兼而有之的大贤之貌。

琅邪王家的清谈之风始自王祥的道德说教。其族孙王戎（竹林七贤中年纪最小的一个）曾说："太保当正始之世，不在能言之流。及与之言，理致清远，岂非以德掩其言乎？"这话的意思是：我的老祖宗本来算不上能言善辩的人，到他临死前，小辈王衍曾与之言，发现他头脑清醒，逻辑严谨，清正而高远——这不正说明了老祖宗从前是因道德高尚而淹没了非凡的口才嘛！从王祥起，清谈、谈玄、务虚、能言善辩，成为琅邪王氏的家风，后代如王衍、王敦、王导诸人之善清谈，盖承于王祥。

武帝泰始元年，即公元二六五年，羲之从曾祖王祥八十二岁，曾祖王览六十岁。祖父王正二十六岁。时王家大多居于西晋的京都洛阳。本年冬十二月丙寅，司马懿之孙、司马昭之子司马炎即位，是为晋武帝。告庙、祭天之后，大封王公。原曹魏太尉王祥被封为太保、睢陵公。司马昭提倡"以孝治天下"，王祥即"以孝闻天下"，君臣契合搭配，犹如天作之合。此后，历代皆有为王祥王览立传、建祠、盖庙者。元代郭守敬编《二十四孝图》，王祥列其中。清代乾隆年间，在王祥原籍琅邪临沂建有"五贤祠"，王祥居首，王览居次。该祠在"文革"中被毁，现已重建。王祥对其后代及中国社会伦理影响深远，特作以上介绍。

王祥享年八十有五，他的长寿让王氏家族得以久享皇恩。《晋书·王祥传》载：王祥病重时，曾经给子女立下遗嘱：我死后一定要薄葬，勿起坟垄，葬于洛阳西芒山（即邙山）。王祥的儿子们皆奉而行之。据《泰康王氏谱》，王祥原配孟氏，封乡君。生有四子：夏、馥、烈、芬。另有长子王肇，为妾孙氏所生。其子各方面平平，皆无可称述。二女：长女适侍中卞粹（东晋尚书令卞壸之父），次女适汝阴太守颜默，颜氏也是琅邪望族之一。

《晋书·王祥传》附有《王览传》：羲之曾祖父王览，以"孝友慕恪"名称于世。王览，字玄通。王祥仕进时，王览亦应召，稍，迁司徒西曹掾、清河太守。魏末设立五等封爵制度后，王览获封即丘子，邑六百户。泰始末（274）除弘训少府。职省，转太中大夫，禄赐与卿同。咸宁初（275），武帝诏曰："王览少笃至行，服仁履义，贞素之操，长而弥固。其以览为宗正卿。"不久，因病"上疏乞骸骨"。诏听，以太中大夫归老，后转光禄大夫，门施行马，进入大门可以骑马而过，无须下马步行。咸宁四年（278）卒，七十三岁。王览也算当时的长寿之人。

王祥临死，曾以吕虔所赠佩刀转赠其弟王览，曰："汝后必兴，足称此刀。"（你将来会有很高的名望，足以配得上这把宝刀。）《王览传》："览后奕世多贤才，兴于江左矣。"此言非虚：王览娶金氏，生六子：王裁字士初，抚军长史。王基字士先，治书御史。王会字士和，侍御史。王正（羲之祖父）字士则，尚书郎。王彦字士治，中护军。王琛字士玮，国子祭酒。

即使单从王祥、王览这兄弟俩的生平，读者也能粗略地看到王家从曹魏至西晋时的发迹史。王祥和王览如同两棵大树，根深叶茂，不仅显贵于当时，且代代有精英才俊出。因为琅邪王氏家族强调德行和文化，

繁衍普及，生息兴旺，未曾落入"五世而斩"的宿命怪圈，令我等后人
肃然起敬。

羲之的童年

王羲之出生的鲁南地区是一片土地肥沃、物产丰饶的地方。面对这
片土地，回想亘古名人，如入古木参天的幽林，令人多有兴怀。从东夷
首领蚩尤会战炎黄到周公封于鲁地，从孔子"沐于沂"到荀子治兰陵，
从诸葛亮南迁襄阳到琅邪王家永嘉南渡，历史的荒径上留下多少灿烂的
脚印！即便你仅仅注目那片土地上的黎民百姓，也足以让人感慨万千。
千百年以来，人们在这片土地上耕作，春种秋收，侍弄一季又一季庄
稼，养活了一代又一代人。假若社会平安，稍加治理就足以达至小康。
然而如此美好的土地，居然连篇累牍地记载着丑恶与不义，悠久的土层
中渗透了多少血泪与汗水，销蚀了多少尸骨与箭镞，历史在悲情中获得
营养，让人警醒也让人麻木！

今天的孝友村，就土地来说，和古代的南仁里没什么两样。
一千七百多年前，这里的人口大约是现在的五十分之一，人均拥有的自
然资源相当丰厚，环境也很美丽。可以推想，当时的山比今天更为青
翠，河水比现在更为清澈，鱼虾也多。笔者第一次蹚水走过王羲之祖
籍——孝友村——的那条河是上世纪的七十年代。那时河两岸没有任何
工业，河水清澈见底，河滩上是金黄的沙子，沙子里有亮闪闪的贝壳。
羲之出生时的山水应比今天的情景更幽静、更绿色、更美好。土地的质
朴，天空的清朗，流水的纯净，汇成一种气韵，如老汉额头的皱纹，如
少女无邪的笑颜，如婴儿鲜嫩的皮肤，这是天地之精华，这是自然之灵
魂，流霞微风中散播着美好的人性教养。在王羲之的生命基因中，想必
就带有这种得天独厚的元素。

想象羲之周岁时，家中也许为之举行过"抓周"活动。那么，羲

之的小手会抓些什么呢？我们不必自作多情设想他抓了一支毛笔或竟将墨汁抹到嘴巴上——那太矫情了。孩子就是孩子，即使当时他抓的是一个熟鸡蛋，未必将来就是个单纯的物质主义者。即使他不曾触及文房四宝，未必不能成为画家、文学家或书法家。但是有一条，如果真有生日庆祝，王羲之不会像《红楼梦》里的贾宝玉那样去抓女人的脂粉钗簪，因为琅邪一带士族看重耕读，轻视嬉戏和脂粉，做父母的不赞成男子有女人气，王旷夫妇自是不会将那些东西放在孩子周围。这一点也可从羲之一生的活动看出——他热爱生活，关心国家大事，不是那种卿卿我我、琐琐碎碎的"女人胎子"。

永兴元年（304），羲之二岁。正月，司马颙部将张方大掠洛中，军中大馁，人相食。司马颖以兵五万屯洛阳十二城门，殿中宿所忌者，皆杀之。这种杀伐无度的风气，绵延三国魏晋，天下非攻反战久矣，而不能稍有幸免！生命对于强权，形同草芥。三月，陈敏攻石冰，斩之，扬、徐二州平。局部的平稳只是暂时的，萧墙之内，烽烟继续燃烧。七月，司徒王戎、东海王司马越、右仆射荀藩等北征居建邺的司马颖，六军败于荡阴。司马越兵败奔下邳，径还封国东海（今山东郯城，距琅邪临沂四十公里）。司马睿为避祸夜奔洛阳，迎其母夏侯太妃俱归琅邪国。由此可见，当时——羲之两周岁时——琅邪国尚可为太妃避祸之地，说明此地还算平安。

但是，琅邪距司马越的东海国郯城很近，短暂的平安是不可靠的。八月，司马颖杀害司马睿之叔父、东安王司马繇。十一月，惠帝被司马颖部将张方掳至长安，车载宫人宝物，军人因妻略后宫，分争府藏。洛阳城内，魏晋以来之积，扫地无遗。西晋王朝此时可谓风雨飘摇，所谓贵族大家王侯伯爵俱在流徙狼狈之中，看上去与流寇无二。

十二月，以司马越为太傅；王廙为掾，转任参军。王廙是王羲之的叔叔，一位足以为帝王师的书画大家，此时在司马越军中做了军掾——军内小官。魏晋文人大多在军政中兼职，或者说，军职才是他们的主业，作文赋诗书法丹青都是外骛和兴趣。前者不仅为了衣食，也是功名事业，不为此便是隐者。可见，当时的书法绘画还没成为一种专门的职业，虽然关乎修养，到底冠冕而已。

两岁的王羲之很是活泼可爱。他喜欢到处跑动，会说许多话，总是缠着母亲问这问那，有时会问及自己的父亲：他为什么不回家啊？他做什么去了？他什么时候回来啊？等等。母亲卫夫人（她与大书法家卫铄是姐妹，应可如此称呼）只说：过些日子爹爹就会回来。或者，相思中的卫夫人会遥岑远目，凝望至于走神——祈盼丈夫在战乱中多多保重，家中还有一双爱子呢。时王旷三十岁，先曾任济阳内史，后迁丹扬太守，但其主要职务是侍中。可以想象，王旷多数时间在洛阳，时在济阳，但此时尚未到丹阳就职。他有时会回家看看，但时间不会长，也不频繁。

从蹒跚学步到牙牙学语，幼婴时期的王羲之是什么样子呢？这不难猜想，却难以描述。王羲之应当是个幸福的孩子。父母的疼爱自不必说，襁褓之中的二少爷理所当然地享受着大家族的各样优越，起码没有饥寒之家的冻馁情状。他有个哥哥——王籍之。有哥哥、姐姐的孩子都是幸运的，兄弟相伴，更多童稚之爱。王家不缺衣食，教育上也优于乡邻。王羲之对园中草木充满了好奇，总是问这问那的。晚年王羲之酷爱花草树木，和童年所建立起来的深厚的草木之情不无关系。

羲之渐渐长大，兄弟俩每天都在一起玩个不停。哥哥经常带了羲之，一路蹦跳着去河边沙滩上玩耍，那里有幽深的柳林，柳林里到处是蝉鸣雀跃，河滩上的芦苇如同致密的青纱帐，水鸟在其中咕咕叫唤，让人想起《诗经》中那些脍炙人口的句子。母亲反复叮咛他们不要下水，但这小哥俩一到水滨就忘了长辈的嘱托。流水是一种销魂的幽灵，足以诱惑所有的长幼男女。兄弟俩饶有兴趣地深入到芦苇丛中，希图探究鸟窝的情形。他们在清流中寻找螃蟹和鳝鱼的洞穴，如同探险。哥哥王籍之是个好学之士，他背诵着荀子的《劝学篇》："蟹八跪而二螯，非蛇鳝之穴无，可寄托者，用心躁也。"弟弟羲之随了哥哥去水中搜索究竟，快乐溢于言表。清凉的河水给予羲之美好的感受，他觉得大自然中有一种不可捉摸的诗意，那也许就是他后来痴心追逐的道。兄弟俩忘情地在河边嬉戏，河滩上的贝壳让他们充满兴趣，羲之的小手里抓了许多好看的石子。或许哥哥会在篱笆上采下一串串喇叭花，紫的、红的、白的，揉出了浆汁，在弟弟的额头上点出美丽的图案——鲁南的荒野小径上到处都有盛开的野花——这些都是可能。

伟大书法家的童年总给人一种隐喻——他一定曾经抓起书案上的毛笔问母亲或父亲，这是什么？甚或蘸了墨水，要在宣纸上画一画。作为父亲，王旷会让儿子在劣质草纸上涂鸦，母亲则怕孩子糟蹋了文房用具。王家故园南仁里距传说中的毛笔发明者蒙恬(中国有恬笔伦纸之说)的老家蒙阴不足五十里，王旷会给儿子讲秦国大将蒙恬的故事：大将军在大漠风雪中要给秦始皇写奏章，一时找不到合适的工具，就把一只兔子（也许是羊的或狼的）尾巴截下来做了一支笔，那即兴的应付竟成为文化史上的伟大创造——最初的毛笔出现了。王旷大概会给儿子讲述奸人赵高如何欺瞒二世胡亥矫诏害死扶苏的故事，讲述蒙恬曾怎样犹豫不决最后竟落入奸贼的黑手。幼小的心灵承受不了残酷的历史，大人也回答不了小儿女幼稚的追问—— 一切和现实有关联的话题，似乎都不便说透。

他们家一定有算盘，也有当时流行的新书《九章算术》。此书是秦汉至隋唐间中国最重要的十部算经之一，作者是蒙阴的刘洪，蒙恬将军的老乡，琅邪王氏的近邻。魏晋时，刘徽为《九章算术》作注说："周公制礼而有九数，九数之流，则《九章》是矣。"又说："汉北平侯张苍、大司农中丞耿寿昌，皆以善算命世。苍等因旧文之遗残，各称删补，故校其目则与古或异，而所论多近语也。"

刘徽（约225—295），汉族，山东邹平人，魏晋期间伟大的数学家，中国古典数学理论的奠基者之一。刘徽和竹林七贤之一王戎是同时代人，王旷敬仰这位伟大的数学家，他的杰作《九章算术注》和《海岛算经》当时已经流行。刘徽出身卑微、地位低下，但人格高尚。他不是那种沽名钓誉的庸人，而是学而不厌的伟大学者。他不仅详细注释了《九章算术》，还特别强调用逻辑推理来论证数学命题的重要性，这给中华民族——一个长期醉心于写意的民族——留下了宝贵的关于方法论的财富。

临沂人无不将刘洪、刘徽奉为地方的骄傲，经常作为人生教科书而提起。琅邪王家具有充沛的入仕热情，对一应实用之物都不排斥。王旷给儿子籍之、羲之多次讲解算术的基本知识，希望他们学以致用。他还说到勾股定理——勾三股四弦五，也讲到开方和平方。《九章算术·难题》中有一题：三百六十一口缸，将军渡口要过江。不得一船装一口，不得一船都装上。问要多少船、每船装多少缸？又如：数人隔壁分金银，每人四两多四两，每人半斤少半斤（十六两为一斤），问多少人、分多少银？等等。这些难题呈现出数学的基本美感，很得少年儿童的喜欢。

汉魏以来，山东出了很多名人，时间上距他们最近的是诸葛武侯。尽管当时诸葛亮尚未被人奉若神明，但他毕竟做过蜀相，在故里早已美名远扬。王旷夫妇会给孩子讲起孔明，借以启发儿子报效国家建功立业的激情。诸葛孔明的故乡阳都距南仁里只有几十里，当时的王氏、诸葛氏、颜氏同为当地的大望族。这些家族共同秉持的信条就是儒家原则。儒家以入世为荣，主张积极的人生观。当某人给当地带来巨大荣誉时，乡人莫不敬慕，欣然传颂，以广听闻。王羲之小时一定听到过许多此类故事，而这些故事的主题无非是建功立业、报效国家、光宗耀祖。

羲之三岁那年，司徒王戎卒，年七十二。王戎是竹林七贤中最后一位在世的人，也是羲之幼年尚能见到（至少可能见到）的名人。八月，扬州刺史曹武杀丹扬（今江苏南京市附近丹徒、扬州一带）太守朱建。太傅司马越出王旷为丹扬太守。这一职务对于王家的未来极为重要，命运从这里开始给予王家向江南过渡的机会。有人以为，王旷是在此时"携将细弱"过江的。果如此，王羲之就是三岁离开琅邪前往丹扬秣陵的。此说一是无确切证据，二是王旷尚未到任，大概不会轻率地"挈妇将雏"而赴丹扬，故此存疑。

同月，以琅邪王司马睿为平东将军，监徐州诸军事，留守下邳（今江苏北部之邳州市）。司马睿请王导为司马，委以军事。由此，王导拥有了军权。十二月，右将军陈敏举兵反，逐扬州刺史刘机、丹扬太守王旷（扬州刺史、丹扬太守当时同治于秣陵）。刘机、王旷皆弃城而走。如果王旷的家属此时已在丹扬，很可能不及撤出，或留存于秣陵，或死于战火。

王旷从洛阳出守丹扬，一是出于司马越和王衍的战略部署——局势崩溃，不得不派亲信之人往江南开拓基地，预为退路。另一原因，琅邪王氏确知中原危在旦夕，迁移江南乃是避难的万全之策。《晋书·王羲之传》云："元帝之过江也，旷首创其议。"关于这一点，东晋裴启《语林》有记载："大将军（王敦）、丞相（王导）诸人，闭户共为谋身之计。王旷（世宏）来，在户外，诸人不容之。旷乃剔壁窥之曰：'天下大乱，诸君欲何所图谋？'将欲告官。遽而纳之，遂建江左之策。"

《晋书》对这件关乎两晋转换的大事记载得如此含糊，难免叫人纳闷。首先，王敦、王导、王旷同在一地，为什么不准王旷参与军机大事？有什么足以排斥王旷参与家族大事的理由呢？答案可能是：王旷在家族中的地位不够高，让王敦王导觉得他不足参与战略大计的议论。王旷为庶出，王敦、王导没有平等对待王旷。当时王旷独在户外，想进去而"诸人不容之"。为什么？令人费解。后来王旷从壁上剔出一条缝隙，大叫："如今天下大乱，你们在这里密谋什么？想造反吗？如不让我进去，我就去告官！"王敦、王导见此情景，不得不让他进来一起讨论军政大计。

王旷不愧为一个政治上具备雄才大略的人。在这次强行挤进去的军政会议上，他高屋建瓴地提出了移师江南、避开祸乱、保存实力、再图发展的设想。正是这一战略设计，挽救了司马睿，挽救了琅邪王氏，使司马氏政权的主力避开北方战乱的主战场，在江南营造了一片立足之地，并因此延续了司马氏上百年的江山社稷。尽管《晋书》对王旷的历史不便详述（原因后述），但对王旷的"首创其议"，还是写下了重要的一笔。

司马睿、王导诸人过江，事在永嘉元年，可能比王旷要稍微晚一些。此时西晋政权已摇摇欲坠，上下飘荡着惶惶不可终日的气氛，百姓恐慌，士族不安。此时王羲之尚在懵懂之中，不知烦恼为何事。他那充满童稚的眼睛，他那清纯天真的心灵，他那内秀的灵气和心智，只能感受到大人的惊恐，却不能明了狼烟四起的天下大事。四周那些充满焦虑的表情感染着这个天才儿童的情绪，恐惧的影响是潜在蔓延的。他们一家人很少走出王家大院——只能这样想象——外边到处是逃难的百姓。马队过去，军队践踏，庄稼地一片狼藉，到处都有农人的悲怆呼号。王羲之的心头飘过一次次尘埃翻滚的风暴，旷野上时不时传来惨烈的哭声，躲避战乱的人东一头西一头奔窜，谁都没有立锥之地。大家族的孩子没有平民儿童皮实，他们害怕哀号、鲜血和死亡，但他们的内心感受也许更为深切，所受的刺激也更强烈。

永兴三年（306），羲之四岁。八月，王敦以黄门郎迁散骑常侍、左卫将军。十一月，惠帝死，年四十八岁。司马炽即位，是为怀帝。东海王司马越是司马懿之弟司马馗之孙，并非嫡系，老觉得自己不得重用，心怀愤懑。他乘宗室互相残杀之机发展势力。永康初年，司马越为中书令，徙侍中，迁司空，领中书监，后升任太傅（军事最高长官），朝廷一切大权皆被他掌握。司马越的封国在东海郯城，与琅邪相邻，双方都以琅邪人王衍为谋主，故司马越与琅邪王司马睿及琅邪王氏的关系特别亲密。由于他们之间观点相同——现政权行将垮台必须预为之计——司马睿及琅邪王氏的一切活动皆听命于司马越。五月，司马越派祁弘等“奉帝还洛阳”，王廙因“豫迎大驾（有功），封武陵县侯，拜尚书郎，出为濮阳太守”。

王廙的濮阳太守当了没几天就挂印封金而去。其时，根据司马越的旨意，琅邪王司马睿“出镇江左，廙弃郡过江”。王廙知道大事不妙，虽然他是司马越的手下，那个濮阳太守的官职也是司马越给的，但他知道司马越不过是个靠不住的冰山，眼看大事不好，王廙索性丢掉那个太守官职，投奔他的姨表兄弟去了。司马睿“见之大悦，以为司马”。

此时的王羲之，一个四岁的孩子，会做些什么呢？这么大的孩子，主要活动大概就是玩耍。鲁南乡间的玩耍多种多样，多有趣味。至二十世纪中期，这里还有跳方、捉迷藏、滚铫儿、滚铁环、打翘儿、放风筝、逮鱼、玩鸟、粘知了，等等。这些游戏，王羲之大概都会，至少他见过小朋友们的嬉戏。乡邻也许会对他讲起王祥卧冰求鲤的故事，说阿菟你的老爷爷就是靠逮鱼当上京官的。听到这些，不知王羲之会作何感想。

四岁的王羲之接受了怎样的家庭教育呢？合理推想：这个显赫的大家庭，一定对羲之反复强调仁爱孝道的至关重要性。一来这是皇家的意识形态，官宦人家理应奉为圭臬，家家都得会讲，并传授给子女后代。再者，琅邪王氏是因孝悌发达的，这个传家宝不可须臾丢弃，也不得有丝毫的懈怠。所以羲之小时候就被灌输了孝悌的观念。这从他一生的表现，特别是后来和王籍之一同收集父亲遗骨并郑重安葬以及安心守制，可以看出羲之在孝悌方面的赤子之心。

四岁的孩子已开始模仿大人了。母亲操持一个家，精力大都放在孩子身上。当时王家如何安排各房的衣食住行，是四世同堂一个锅里摸勺子，还是分灶吃饭，不得而知。如果是分灶，王旷家会有用人。如何对待用人，如何珍惜衣食，如何节俭过日子，如何保护身心健康，母亲卫夫人对儿子当多有嘱咐。过日子不容易啊——这是此地亘古以来的感叹，简朴的风俗里蕴含着中华民族的一以贯之的美德。从王羲之后来的重视家庭、体恤下人、珍惜衣食、谦恭节俭，可以想见他幼年所受的教育。

南渡路上

晋怀帝永嘉元年（307），羲之五岁。

这一年，北方大乱，人民纷纷南逃。二月，东莱人王弥起兵反，攻掠青、徐二州，琅邪即将沦陷。三月，征东大将军刘准遣扬州刺史刘机等（包括丹扬太守王旷）讨陈敏。陈敏使其弟陈昶将兵数万屯乌江，历阳太守陈宏屯牛渚。王旷弃郡而走。不久，平东将军周馥斩送陈敏首级，此乱始平。

五月，国势更加危急，东北方向上有王弥反叛，北方则有马牧帅、汲桑聚众造反，攻占邺城。西北方向的匈奴人刘渊此时攻陷并州诸郡，关中沦陷。南方建宁郡夷攻下宁州，死者三千余人。七月，司马越率苟晞等进屯官渡以讨汲桑。此时司马越采取了一项重大战略措施，即以留守下邳之琅邪王司马睿都督扬州江南诸军事、假节、镇建邺（今南京）。这个决定和司马睿的战略转移之念不期而合，琅邪王氏自然乐见其成。九月，司马睿至建邺。有人说，王旷家属当于此时南渡。果如此，则王羲之是五岁时离开琅邪临沂至建邺的。

王羲之在琅邪的幸福日子就要到头了。

对于一个多年繁衍、人口众多、财富沉重的大家族来说，举家南渡，在战乱中颠沛流离，去寻找一个未知安全与否的新居住地，是一件重大而痛苦的决定。但是国家动荡四处烽烟，这个大家族眼看朝不保夕火燎眉毛，又不得不作出这一割肉疗伤的决定。谁都知道，这一次远行非比寻常。从临沂到建邺，其间上千里，旅途上将有许多难以想象的困难。首先，战火嚣张，盗贼蜂起，随时都可能遭到军队或强人的劫掠，甚至性命不保。路途遥远，中间要经过沂河、淮河、长江，还有大片的沼泽和崎岖的山路。当时的交通工具十分落后，主要是舟楫和车马。史学家考证三国时代诸葛亮发明的木牛流马就是手推车，三国只是百年前的事情，即使手推车已经有了，也不很流行。因为王家人口众多，行走速度一定很慢，饮食也是问题。当时正是春天，气候反复无常，随时都有人生病，缺医少药，更是一种痛苦。种种艰难预示着这次迁移绝非贵族的消闲郊游，而是一次磨难。

事逼无奈，这个大家族还是上路了。他们必须走，不走就意味着死亡、杀戮和片甲不留。王家动员了所有的力量，雇用了当地最好的车马和仆役，男女老少，家私辎重，食物衣物，珍藏善本，古玩神器，书籍典藏，全都打包装箱，安放在各家的车上。因为家中许多要人不能离开朝廷的位置亲自参与这次大搬家行动，许多事都靠当事人的亲力自为。这忙坏了王家的家丁和妇女们。为了规避风险，在青州带兵的王敦特别安排了一支队伍保护他们。就这样，几百辆大车，上百匹骡马驴子，带着王家的哭声踏上了不归路。"爷娘妻子走相送，哭声直上咸阳桥"，时势如此，个人只有随波逐流。

现实给王羲之上了人生第一课：离开故园，走向陌生之地。

对于一个五岁的孩子来说，这一考验未免来得过早了。

史学家认为，永嘉之乱衣冠（士族、士绅）南渡，主要有三条路线：一条是从关中到四川，是为西线；一条是从山西、河南过淮河，去往安徽南部，是为中线；而河北山东一带的难民则穿过黄淮进入江南，远者进入浙江、江西、福建八闽。其中尤以南渡江左者为最多。身处战乱的齐鲁士民纷纷加入南迁之列，形成了浩浩荡荡的难民队伍。《晋书·王导传》云："洛京倾覆，中州仕女避乱江左者十六七。"

《晋书·儒林传》载："徐邈，东莞姑幕（今安丘西南）人也。祖澄之，为州治中，属永嘉之乱，遂与乡人臧琨等率子弟并闾里士庶千余家南渡江，家于京口。"琅邪王氏的情况与此相似。永嘉南渡群体多为世族，郡望之多，首推齐鲁，如琅邪王氏、兰陵萧氏、高密郑氏与侍其氏、泰山羊氏、鲁国孔氏、平昌孟氏与伏氏、姑幕徐氏、琅邪颜氏与诸葛氏、高平金乡郗氏与檀氏、东莞莒县刘氏与臧氏、东海郯城县徐氏、清河东武城崔氏、济阴卞氏、平原刘氏……门第之多，不可胜数。王、谢、袁、萧并称南渡四大侨姓，尤以王姓为高为众。

王羲之和母亲、哥哥一起登上了逃难的漫漫行程，只晓得方向朝南，不知吉凶福祸，身家性命交给旷野和荒径，一切都在未卜之中。此时王旷在京中忙碌，应付着摇摇欲坠的西晋晚年，无暇顾及妻子儿女，所有关于逃亡的事务都由族中人照料。族人和仆役所操持的，主要是车马草料、路线安排、安全掩护、饮食安排之类，其他有关各门各户的细事，诸如细软包裹、饮食杂物、起居用品、新旧衣服、儿女装束等，都还要各家自己料理。母亲卫夫人忙里忙外，带着十二分的焦虑独自打点行装处理一应事务，为此累得腰都直不起来。此时她尚年轻，虽然出身士族，多年来独自照应家庭和儿女，倒也锻炼出许多能力。她坚持着，努力想象路途上可能用到的东西，做好准备。长子王籍之已是个半大小子，此时成为母亲的得力助手。

羲之看到这些，有些兴奋。对于儿童来说，安静差不多等于生病，行动才好玩，新鲜就是天堂。曾经带着多个儿女在抗日烽火中四处逃难的丰子恺曾经问过他的小女儿："你觉得什么时候咱家最有意思？"女儿不假思索地说："逃难。"丰子恺当时大为愕然，但他很快就明白了：孩子的心中充满好奇，他们在逃难中看到了许多陌生的人和事，并不在乎自身的颠簸，也不晓得什么是安全。王羲之在最初踏上南渡之路时，其心情大致和丰子恺的女儿的感受近似。

看见母亲哥哥弄这弄那，一会儿捆扎行囊，一会儿准备果脯肉干，羲之总想掺和进去，以为自己也能做点儿什么。在收拾杂物时，往往发现一些好玩的东西，比如遗落的玩具，比如父亲曾经找不到的镇纸，甚至还能在角落里发现几粒干果或贝壳什么的。母亲总叫他离远点儿，甚至要把他锁在书房里，因为小孩子碍手碍脚地添乱。唯有籍之哥哥对他不嫌不弃，做什么都带着他，共享各种微小的发现。在羲之眼里，哥哥就是他的好朋友和保护神。

羲之跟随母亲和哥哥，在王氏家庙中做了一个肃穆庄严的仪式。当他听见族长哽咽着说出"俺走了"三个字，人群中就发出一片惊天动地的哭声，那是发自内心深处的哀号，那是近似绝望的呼喊，无穷的悲伤都在那三个字里流淌出来，如同洪水，冲垮了大家的矜持。族长的悲伤似乎更加沉重，他试图说出"俺会回来"，却无法完整地表达清楚，谁也没有这份自信啊。羲之看看母亲，母亲如同所有夫人小姐一样跪在地上掩面痛哭。这情景，王羲之记忆终生！

离开家庙，走出大宅门，沿途是家族和乡亲们送行的队伍，还有普照寺的和尚们。临行前，王家将这个深广宽大的宅院赠与寺庙，以期圣灵佛祖能够保佑他们的未来：安全，健康，发达，兴隆，等等。族人中多数都留下来了，他们有的死活不肯离开故土，有的因为缺乏盘缠只能悲守穷庐。他们中的许多人都和籍之、羲之兄弟熟悉。羲之看到了他们带着眼泪的面孔，意识到这不是一次美好的远行，但也说不出危机到底是什么。

王羲之第一次离开家门，看着浩浩荡荡的车马队伍踽踽而行，如同朝圣。他不知道，这一次出来，就没有回程一说了。所有曾经熟悉的东西，整个家国故园，就这么远去了，消失了，留存的只是日渐稀薄的记忆。这种记忆，之后越来越强烈地显现在他日后的生活中，甚至指导了他大半生的理念。可是现在，他还不能明了这一切。孩子的心中充满了兴奋。他憧憬着即将到来却无法预知的各种有趣的事情：天光水色，花鸟树林，乞丐游侠，河流高山……

队伍行进速度很慢。整整一个上午，他们才走出南关。此时城里小贩的叫卖声还依稀可闻，大家似乎感觉不到前途有什么大的困难。午饭还是从城里的馆子里要的，虽然简单，但还好吃。羲之在篷车里用了午餐，然后和哥哥一起去附近的桃林里跑了一阵子。穿过桃林，他们看到了宽阔的沂河，沂河上有一座木桥。春水泱泱，碧玉般穿过腐朽的木桩，那里有几个人在捞鱼。籍之说，已经半个时辰，大车就要开路，咱得回去了。

首日，他们的车马只走了不足三十里，就在沂河西岸的一个村庄附近歇息了。这一晚，管家给大家送来稀粥和点心。因为各家都有此前准备的食物，这样简单的饭食倒也省事，但是羲之还是听见附近的篷车里发出的感叹：从来没有吃过这样的晚饭啊！在家千日好，出外时时难，将就吃点儿吧。羲之看到母亲脸上的遗憾和眉宇间的不安，好像这样的晚饭对不起孩子似的。籍之懂得母亲的心事，大口吃着喝着，还说在野外吃饭很有意思。母亲苦笑着说：能这么有吃有喝平安无事抵达建邺，咱就谢天谢地了。

后来的日子里，兴奋渐渐淡去，羲之逐步领略到长途旅行的苦楚和艰难。故乡消失在远方，一切熟悉的东西都不见了。陌生让人感到可怕，荒草野景中危机四伏，随时都有饥渴和意外，什么都变得不好玩了。这是真正的远行，是前途未卜的逃亡之旅，悲情挂在每个人的脸上。大车在崎岖小路上颠簸，路面高低不平，大车吱吱扭扭地叫着。主人每时每刻都担心东西从车上掉下来或者被人偷抢，车夫经常停下车来给枣木车轴涂抹膏油，牛马都要饮水。羲之紧紧地靠着母亲，安静地坐在篷车里，听哥哥说所到之处的典故和传闻，母子相依为命，打发着摇摇晃晃的逃亡时光。

春风温暖，路边的野草半黄半绿，生命正在更新。河堤上的杨柳长发飘摇，告诉人们希望就在前头。由于初次远行，王羲之有点儿晕车，那天的午饭没吃多少，这让母亲很是担忧。下午，羲之坐在车里，更觉无聊。他从来没有这样长时间浸泡在野外风尘中，也从来没有像今天这样了无精神。哥哥籍之给他讲了荀子在兰陵当县令的故事，讲到孔子问郯倾盖的故事，还说到当年齐国的稷下书院，说到孔子为什么发火痛骂"八佾舞于庭是可忍孰不可忍"等等，羲之只是点头表示记住了，但却了无精神。

羲之抱怨大车摇晃得太厉害了，不时要求母亲叫大车停下来。母亲耐心劝慰幼子：不能停，一旦停下来，咱就赶不上大队伍了，那样很危险。羲之倒是听话，但心情总归不好。他哪里知道，他们这样的逃难当时已是最为奢侈的贵族旅行了，多少平民百姓在战乱中失去了性命，失去了家人，失去了房屋和粮食，就那样活生生沦为赤贫，成了衣不蔽体食不果腹的流民。老百姓的悲剧是在死亡线上演出的，富贵人家的伤感大多来自无聊。没有人给他点明这些，领悟只能来自本人的灵性，还需要资历和年龄的帮助。

琅邪王家的南渡是有准备的。当北方陷入动乱之时，繁荣而稳定的江南就被王导兄弟们注意到了，因此有了王旷的"首倡其议"移居江南。齐鲁失守，黄淮不保，大官僚士族极力把子弟亲属安插到江南任地方官吏以为将来自保之地。如宰相王衍就任命其弟王澄为邢州刺史，族弟王敦为扬州刺史。身兼扬州刺史同时拥有青徐军权的王敦是王家这次逃难的真正的保护伞。王家此行，几乎全都走在徐州、扬州所辖的地面上。

永嘉之乱，不光衣冠士族大地主携眷南逃，随同南逃的还有他们的宗族、部曲、宾客等等，同乡同里的人也往往随着这些大户南逃。随从一户大地主南逃的往往有千余家，好像一个部落，一组较大的逃难团体人口会多达数万。他们有的逃到广陵（今扬州），有的逃到京口（今镇江）以南。以王敦、王导为首的王家，南渡的目的地是建邺。

从琅邪临沂到建邺，直线距离只有四百公里，所经皆平原，无高山峻岭，若以今日交通条件论，不须半日就可到达。然而那时是西晋，那是一千七百年前的黄淮江淮，一切不可同日而语。最方便最节省最安全的路线应当是：出临沂，奔庄坞，经码头镇，去红花埠，然后过唐店，穿过马陵山进入宿迁。在宿迁稍息后，再行三五日，过淮河，就可以进入洪泽。在那里改乘舟船，经高邮湖、邵伯湖，过夹江到达扬州。入长江后溯流而上，过镇江，达于建邺。

这天，他们重新登程，羲之感觉比头一天好些了。赶车的、护卫的、照料饮食的，都是本家人，平时有些交往，如今路途寂寞，羲之跟他们说起话来。他第一次听到王家的部曲、宾客们有那么多生离死别的故事，那么多酸甜苦辣的经历，他兴趣盎然地听着，内心生出浓厚的同情。当他看到路边那些流离失所、衣衫褴褛、蓬头垢面的百姓时，心中泛起无限的怜悯。他想帮助他们，给他们食物，给他们衣服，甚至想把他们拉上车来一起走。但是，他的好心被家人给拦住了。母亲告诉他，穷人太多，咱没有那么大的力量资助所有可怜人。等你们长大成人了，倘能为官一方，那时多做些帮助百姓的好事，才是正道……

尽管如此，王羲之还是尽量给予和他同样大的的孩子们一些食品。第一个得到赠予的，是一个可怜的老太太。她的一只手举着一个破干瓢，一只手拉着一个脏兮兮瘦骨嶙峋的小孩子。羲之给了她一个煎饼。老太婆千恩万谢，满脸的感激，这让羲之感到安慰。接着，羲之将几块腌制的咸肉给了一个像他一样大的孩子。这下子可坏事了。那孩子全不考虑羲之的心情，撒丫子跑出去，跑回来时后边竟跟了许多儿童，也有老人。这群纠集起来的穷人尾随着大车，要这要那的。羲之和籍之反复说没有了、没有了，我们也不够吃的，不要尾随不要这么紧追不舍了，可那些人就是不肯散开。羲之见此情景，也有些害怕。倘若他们一哄而上抢了这几辆篷车，那就糟了。

籍之批评羲之：咱不能惯着这些人，他们是填不满的穷坑，你给他们一，他们要二，你给了他们一碗，他们要你一锅，都是些得锅上炕的人。母亲也说：咱自己备的食物本就不多，千万不能引逗他们啊。羲之心里怏怏的，老大不快乐。后来还是车夫和管家过来，大声叫骂着，驱散了那些孩子和老人。羲之看见他们远远地站在飞扬的尘烟里朝着大车骂骂咧咧，面目狰狞，口气凶蛮，心中竟浮荡着一丝憎恶。同情与鄙夷，怜悯与厌烦，自以为负有责任却不能深入其中，仁心发挥偶有怜悯慈善，到底还得守着自己的根本利益，这就是贵族对于平民的矛盾心态。

第五天上，他们来到宿迁地界。这里历经战乱，已经少有人烟，村庄也都破败不堪。他们夜宿在一家道观中，那道观中连一个道士都没有，车夫甚至找不到喂马喂牛的草料。那天晚上，他们随便吃了点儿东西就睡下了。大约三更天，酣梦正浓的时候，哥哥籍之突然叫他起来穿衣，说附近有流寇出没，他们必须连夜赶路。羲之睡眼惺忪地爬起来，钻进大车里，带着十分的惊恐，走出了危险地带。

不久，他们遇到一条河，河上原来有桥，可惜不久前被战火烧毁了。河水虽然不很深，但是载重的车子无法通过。如果绕路，要走很长时间，而且小路难以行大车，也不安全。众人商量了，决定雇用小船将妇女、孩子和行李搬运过去，牛马拉了空车过河，到河那边重新装载，继续赶路。部曲宾客家丁们忙了好一阵子才把各种箱笼包裹杂物转换到船上。河流不宽，河水也不丰盈，那船行驶得不大顺利，王籍之老担心家中细软落入水中。王羲之虽然生长在沂河边上，但坐船渡河这还是第一次。他老觉得那船随时都会倾覆，自己马上就要掉进浑浊的河水中被淹死。过分的恐惧让他感到一阵阵眩晕，面如金纸，喘息也不顺溜了。籍之问弟弟怎么了，羲之只是摇头，牙关咬紧，不肯松开。

待上得对岸，大人们将大小物件重新移到篷车上。正在他们忙着转移东西重新登车的时候，尘土飞扬处过来一群人，他们有的骑马，有的徒步，手持了大刀和长矛，有的拿着镢头和棍棒，一阵嘶叫，冲到近前，不由分说抢夺他们的行李和食物。护卫车队的家丁和武弁和那些强盗打起来，双方都很凶狠。羲之看见一条长矛刺进一个部曲的胸膛，鲜血喷涌，顿时倒在土路上。接着，一个手持铁器的贼人被骑马的武弁的大刀砍下脑袋，那脑袋咕噜噜滚到羲之家的大车旁边，惊恐的眼睛里一片白一片红……

眼看那脑袋就滚到羲之的身边了，羲之大叫一声，倒在大车轮子旁边。哥哥将他扶起来，抱上车，问他哪里不舒服，问他是不是吓着了，母亲也安慰他不要怕。羲之此时只觉得天旋地转，什么都说不出来。大车外边，厮杀还在进行，彼此都有伤亡。大约过了小半时辰，盗匪终于散去，护卫死了两个伤了五六个。许多人围在那里，有人感叹，有人痛骂，有人说赶快埋了尸体火速上路。籍之想过去看看，被母亲阻止了。

羲之晕倒了，老是醒不过来。母亲见他口吐白沫，四肢僵硬，一时竟吓得失了主张。车夫对眼前发生的情况好像有些经验，他不断地在羲之身上按摩，这里掐一掐那里按一按，所选的穴位都在上身。一位随行的中医过来，他要籍之赶快把弟弟羲之的双腿折起来，又在羲之口中放了一截树枝，说这样可免咬破舌头。籍之在弟弟的脸上泼了一些凉水，不断地呼唤着。

经过好一阵子折腾，羲之终于醒过来了。此时他面色苍白，犹如金纸，小腿还在不时抽搐。母亲问医生：这孩子是怎么了？车夫说：情况可不好啊，像是羊角风呢。卫夫人听说孩子犯了癫痫，一时吓得说不出话来，她紧紧抱着年幼的羲之，祈祷上天，请求神仙保佑儿子——她不相信医生的说法，因为家族中没有这类遗传史。

这里要说到临沂和运河的关系。京杭大运河从公元前 486 年始凿，至公元 1293 年全线通航，前后共持续了一千七百七十九年。在漫长的岁月里，主要经历三次较大的兴修过程。第一次是在公元前五世纪的春秋末期。当时统治长江下游一带的吴王夫差为了北上伐齐争夺中原霸主地位，调集民伕开挖自今扬州向东北，经射阳湖到淮安入淮河的运河（即今里运河），因途经邗城，故得名"邗沟"，全长一百七十公里，把长江水引入淮河，成为大运河最早修建的一段。

沂河是淮河的一大支流，水量充沛，是贯穿鲁南苏北的主要水道。大运河最为兴旺的时期，船只可以从邳县经郯城的码头镇直达临沂城东关，小船甚至能达到沂水县。魏晋时期，北运河尚未开挖，临沂没有直达淮河的水路，能与淮河水路相连的是骆马湖沿岸的窑湾，那里属于里运河的一部分。因此，王家的逃亡队伍必须先走陆路，到达宿迁的骆马湖之后才能转为水路。

羲之犯病两天后，大队人马来到骆马湖边。我们不妨猜测：王家的逃亡队伍行走了许多天，到达宿迁境内时已是人困马乏，这些大贵族的眷属平时养尊处优，哪受得了旅途上如此的颠簸，许多人病了，他们早就盼望歇息。如果不能安顿下来，改乘车为乘船也好，船上到底较少颠簸。再说，一路行来，许多车子坏了，没法修理，三车并作两车用，女眷和孩童受不了那份拥挤，彼此还发生了一些不愉快。此时有了可通舟楫的水路，大家自是喜出望外，于是各家纷纷雇用船只，老弱妇幼，粗细行李，书籍食品等等，也都搬上船，青年男子则沿河骑马行走，以为监护。

为了安全，青壮年都配备了刀枪武器，以加强自卫。王籍之购买了兵器和盔甲，很快将自己武装起来，俨然武将模样，看起来颇有几分英武。王羲之本应随母亲改乘木船的，可他愿意跟随哥哥一起，还说自己好好的没什么病。籍之说乘船安稳安全，比骑马舒服，王羲之先是说老待在小船里闷得慌，后来又说怕落水淹死，反不如跟着哥哥骑马走在陆地上看风景的好。籍之觉得让他多一些活动有好处，反正是随着船队前行，水陆都有亲人保护，让他随时领略山川风景松弛一下神经也许好些。

于是，羲之和哥哥王籍之共骑一匹骏马，行进在辽阔的黄淮平原上。河流清冽，流水泱泱，两岸是荒废的阡陌和凋敝的村庄，籍之羲之兄弟看了，心中泛滥着离乱时代的悲怆。他们一边行走一边领略大平原上渐渐兴旺的春色，也有疏林鸟雀让他们高兴，羲之自称稍好些。母亲看见小儿子恢复到正常状态，感到一丝安慰，深深祝福两个孩子安然无恙。一路上，哥哥籍之一边给弟弟讲述世情典故，随时照顾寒暖饮食，让羲之感到了亲情的温暖，他的情绪慢慢稳定下来，对哥哥的渊博深感敬佩。

半月之后，大队人马终于到达洪泽。在这里，他们改乘大帆船，保留的一些车马大都转给了同行的部曲乡亲，或者卖给当地人。那些同族部曲和男女仆从等，虽然同为逃难者，但他们还肩负了劳役，更为辛苦。这些人手头拮据，没钱雇用大帆船，只好继续使用破车羸牛。好在大部分行李细软都挪到船上，此时车马也变得轻松些了。他们当中的一些人决定轻车简从，意在先行到达建邺以便为即将到来的这些人安排新居，为未来的生计做初步的准备。

登船之后，籍之发现族伯王导、王敦家所乘的大船上有许多仆人，饭食也好得多，心里面就觉得受了炎凉，情绪低沉，偶尔也流露出不平。母亲见了，当即拉下脸来批评儿子不可意气用事，她温婉地劝慰儿子，世情冷暖大都如此，不足为怪，凡是俗世能够容忍的事情都有其铁定的道理，应当尽量给予理解，不可置喙，更不可对抗。籍之听了，默然良久。母亲说，到底还是年轻啊！

船队被编制成几十个组，各组首尾相连，浩浩荡荡，迤逦而行，好大的一片帆樯！这个逃难的队伍经洪泽，去高邮，穿过夹江，一个月后到达扬州。他们在扬州休整了几天，直到接了建邺的来信后大家才知道那边已经有了立脚之处，心甚宽慰。不久船队重新出发，过镇江，没有停留，直到建邺城下。看见大小船只一溜儿停好，行李依次搬走，他们才深沉地喘了一口气。

到了，就是这个地方，一个靠近大江的新地方。

陌生的秣陵，陌生的建邺，王家将在这里重新扎根。

这次逃难，幼小的王羲之受到很大的历练，也给他带来新的苦痛。

王氏一族离开琅邪后，故国很快就被北方民族占领了。

这里应当指出，北方民族的举义和起事都有政治的、经济的、文化的原因，与其称之为北人入侵，还不如称他们为农民起义。而北方民族绝非中原人夸张的茹毛饮血的野人，他们的胆识，他们的勇敢，他们的智慧，比中原人并不逊色，其中许多领袖人物更堪称杰出的政治家。自公元三〇四年到四三九年，史称五胡十六国时期。这一时期，许多有才干的统治者都试图统一中原结束混乱，并非只有汉族精英才酷爱和平与统一。后赵的建立者石勒就是其中之一。他是羯族，出身贫寒，目不识丁，却很有见识。石勒经常让手下的人读书给他听，从历史典籍中努力汲取前人的教训。他效法汉高祖，礼贤下士，体恤下人，还特别尊重汉族知识分子。当时的少数民族都特别忌讳"胡"字，有关的处罚法令相当严酷，但石勒从不处罚那些无意中触犯刑律的人。在他的统治下，后赵基本上统一了黄河中下游地区。石勒死后，其侄石虎（有史书记载石虎是石勒的养子）断送了他开创的大好基业。后赵衰落，前秦强大起来。此是后话。

皇帝苻坚励精图治，重用汉族谋士王猛，终于实现了统一北方的梦想。黄河流域在十六国时期第一次归于一个政权。可惜王猛五十一岁就病逝了。临终前他劝秦王苻坚不要过早进攻东晋，不要企图一口吃成个胖子，统一全国既要积蓄力量也要看时机。但是苻坚没有听从王猛的忠言，在北方还不巩固的情况下就仓促发兵，结果在三八三年的淝水之战中大败而归，北方再次陷入分裂。黄河流域又在战乱中经过了五十年，直到四三九年才被北魏政权重新统一。此亦后话。

第三章

学书天赐两宗师

王家终于来到预定的目的地建邺。

建邺原为秣陵，三国时，孙吴改秣陵为建业，意谓将在此"建帝王之大业"，并将之定为国都。同时又将扬州刺史驻地、丹扬郡治一并迁入进来，以加强京畿的人口和经济力量。西晋初，改建业为"建邺"。西晋末又改建邺为"建康"，故东晋与南朝（宋、齐、梁、陈）之首都称建康。六朝之金陵既可用首都之名——建业与建康，亦可用州治之名——扬州，还可用郡治之名——丹扬，建邺仅是西晋一代三十余年间的名称。

建邺同为三级政府的治所，又有建邺县、秣陵县、江宁县、丹扬县、湖熟县、江乘县、堂邑县等拱卫。东晋时，建邺地区除保留以上所设各县外又加设侨置郡县，以安置中原地区南迁人士。这些县的名称大多沿用了北方的地名，诸如琅邪（即南琅邪）、东海、东平、兰陵、魏、广川、高阳等郡，郡以下则有怀德（后改费县）、临沂、阳都、即丘、肥乡、元城、广川、北新城、博陆、堂邑等县。其中阳都县、费县、即丘县、临沂县等名称都是从原琅邪国照搬来的名字。这种现象类似殖民地文化，十七世纪以后的欧美多见此现象。美国、加拿大乃至拉丁美洲的很多地名都是照搬了欧洲的旧地名，如纽约（即约克）、伦敦（在加拿大）、新泽西、新布朗斯维克、新罕布尔州、新墨西哥州等。加拿大的安大略省原来有个城市叫柏林，二战后德裔人觉得这个名字不大好，遂改为"克臣乃尔"，意为"厨娘"。

乌衣巷生活

南渡士族初到建邺，自然环境和社会环境都发生了很大的变化，难免有些不适。这是全面的水土不服，地理的，风俗的，衣食住行的，气候的，语言的，甚至还有心理和思维的不同，综合起来，可以称之为文化冲突。琅邪王家以及全部北方来的衣冠士族，不论男女老少，都必须面对这些不同，而且必须改变。入乡随俗，没有第二选择，因为这不是三天两天的差旅，而是长期乃至永久的侨居。羲之一家当然也不能免俗，他们必须正视眼前的一切，尽快适应新生活。

山东与江苏虽然毗邻，但鲁南和江南却有着太多不同，新家绝非故园可比。琅邪是乡村，建邺是城市，而且是江南富庶之地的中心都市，不久前后者还是孙吴的都城。琅邪虽然也是郡治，但规模远不及建邺。春秋时代，建邺就曾是吴越争霸的战场。吴王宫中，演出过多少壮丽凄美的故事！京口瓜州，曾经引发迁客骚人的无数感叹。历代关于建康的赞叹不胜枚举，琅邪难与伦比。魏晋以前，歌咏江南的名篇佳句就已不少，《诗经》中有许多关于吴风的描述。汉魏以后，歌咏赞颂金陵的诗篇简直是汗牛充栋！李白的《登金陵凤凰台》有"吴宫花草埋幽径，晋代衣冠成古丘。三山半落青天外，一水中分白鹭洲"的句子，何等幽美，何等壮丽。公元五世纪的诗人丘迟则有"暮春三月，江南草长，杂花生树，群莺乱飞"的赞叹。当时的建邺不愧为"郁郁葱葱佳气浮"的自古帝王州。这样的城市，这样的文化氛围，将对王羲之产生巨大的影响。

东汉末年至于西晋，北方大规模战乱连绵不断，经济文化遭受毁灭性打击，中原文明一再受到破坏，人民流离失所，而生产力水平相对较低的长江流域，在这一时期却获得了发展经济的便利条件。南方战乱较少，社会相对安定，经济不曾遭到致命的破坏。加上气候温和雨量充沛，有利于农作物的发展。衣冠南渡之后，大批北方人迁居南方，为南方增加了劳动力，也带来了先进的生产工具和生产技术，江南地区的经济、文化因此获得长足的发展。至南朝时，江南的经济发展水平赶上并超过北方，这为国家实现政治统一提供了必要的经济前提。"南朝四百八十寺，多少楼台烟雨中"，让人领略到江南欣欣向荣的文化景象。

王羲之一家来到建邺后，首先感觉到的就是和平。尽管黄淮地区依然烽烟四起，但是大江的这一边却是一片祥和景象。故国的刀枪杀伐之声隐没于千里之外，这里则是一片烟雨山林、吴侬软语、阡陌稻黍。琅邪虽好，可惜不是可居之地，偏居江南暂得安宁，不能不说是难得的生命喘息。既来之，则安之，梁园既好，那就做久居之地吧。

最初的日子里，王家上上下下都忙于安置新家。虽然房舍都已经买好租好，但家具仍不齐备，需要购置的不仅是床铺桌椅，还有各种各样的日用杂品，物到用时方嫌少。羲之兄弟俩帮着母亲将老家带来的物什一一安放，还是觉得房子里缺这少那的。离开老家时，以为带的东西够多了，及至进入具体生活才知道很多东西还需要置办。为了这个新家，他们委实忙碌了一些时日。籍之首先把父母的寝室安排好，然后又给羲之收拾卧室，两人共用一间书房。一个很大的变化是，在老家，他们有家族大厨房，各户用膳都是仆人到厨房里去取。新家没有那样的大厨房，各家分灶而食，临时请了个当地的仆人。虽然在语言沟通上有点儿困难，但是建邺的厨娘很会料理饮食，羲之觉得这里的饭食比老家好多了。

琅邪的生活方式，是典型的北方风格；而建邺则是典型的江南习俗。江淮之隔，风俗多有不同。虽然都属农业社会，但乡村和都市还是有很大不同。吃食、出行、衣着、建筑、四季冷暖、邻人交往，都有差别。尤其是语言，两地间隔虽然只有数百公里，但口音有很大差别。琅邪是齐鲁大音，江南是吴侬软语，南渡士族一时难以适应，所以最初一段时间里他们很少和当地人打交道。实际上，离开临沂越过当年东海国所在的郯城县，百里之外就是新浦、海州、宿迁，临沂人到现在也还听不懂海州话。比如"大水淹了"这四个字，琅邪话和普通话没什么不同，但在东海国以南，就其音近似于"大飞按了"。语言是新移民遇到的第一难关，除了积极学习当地语言并积极融入周边的社交环境，没有别的好办法。王羲之当时虽然是个五六岁的孩童，但却早已习惯了临沂方言，到建邺后，也须重新学习。好在小孩子学语言比较方便，只要多跟当地孩子学舌玩耍，进步自然很快。

成年人就不同，他们很难改变自小形成的语言习惯。北方南渡的士族大都一辈子说着北方话。有个例子可以证明：四十多年以后，王羲之居会稽山阴，与支遁、许询等人交往，他们在一起无话不说。一次有人问支遁：最近见到王子敬（王羲之的儿子）那些人了吗？支遁诡异地笑了笑，没说见到也没说没见到，只说：我见到一群白鹅在那里哇哇乱叫。支遁的这句话包含了多重意思：一是，王羲之的下一代人已完全使用当地语言说话了。支遁说的"白鹅"是指一群穿着白丝绸衣衫的少年仔在那里叽里呱啦地说当地话。支遁这样说，除了表达他的善意讥讽之外，还说明像支遁这些南渡士人（支遁是河南陈留人）平日还在说他们的北方话，对江南语言多少还有几分排斥心理。

从支遁这句话里我们也可看出，新生代的穿衣和上辈也有很大的不同。琅邪王家初到建邺，大都穿深色衣服，也就是北方人所喜爱的"真青实蓝"。建邺有一条巷子，当时住满了北方迁来的士族，他们大都穿黑色衣服，当地人便称那巷子为乌衣巷。这个典故，部分地透露出当地人对于南迁士族的微妙态度。当然，像王羲之那般年纪的小孩子适应性强，茫然不知自己是异乡客，语言和衣着的改变对他们不是大问题。但是衣冠大人们不仅一直使用着故国方言，穿衣也少有改变。到王献之那一代人已不再喜欢黑衣，而习惯穿浅色衣服，以至于被和尚支遁讥讽为"一群白鹅"。

饭食的不同也很明显。北方人以杂粮为主，面粉为细粮；南方人则以大米为主食，面食多为辅助性的食品。就生活方式讲，衣食住行，住和行是最容易改变的，谁都喜欢宽大敞亮的房子，低矮幽暗的茅屋总不如楼堂亭榭。交通工具也容易改变，骑马坐轿总比步行舒服，坐车划船总比步行快捷。唯有饮食习惯最难改变，味觉的记忆是一种顽固的记忆。琅邪王家到达建邺后，主食发生了较大改变，由面食改为稻米，不是很难的事。但是甜咸之间，辛辣程度，蒸煮还是干煸，做出来的东西往往不能讨好舌尖的挑剔。这需要很长时间的调整。还有四季的变化，江南比鲁南暖和得多，夏季时间相对长一些。这倒不是什么大问题，但江南的潮湿超出了他们的预料。梅雨季节，江南常常是淫雨霏霏连月不开，让羲之整天感到身上黏糊糊的，需要常冲澡常换衣服。

据史料载，王导家住乌衣巷。《景定建康志》十六引《旧志》云："乌衣巷在秦淮河南。晋南渡，王谢诸名族居此，时谓其子弟为乌衣诸郎。今城南长干寺北有小巷曰'乌衣'，去朱雀桥不远。"上书之四十二引《旧志》云："王导宅在乌衣巷中，南临骠骑航。谢安宅在乌衣巷骠骑航之侧，乃秦淮南岸。谢万居之北。"《世说·雅量》记王导自云："我角巾径还乌衣。"《丹扬记》说："乌衣之起，因吴时为乌衣营之处所，江左初立，琅邪诸王所居。"故唐代刘禹锡《乌衣巷》诗云："朱雀桥边野草花，乌衣巷口夕阳斜。旧时王谢堂前燕，飞入寻常百姓家。"

既然王导一家住在乌衣巷，按照大家族一般聚居一处的习惯，王旷一家也应当住在乌衣巷里。王旷和王导是叔伯兄弟，他们的爷爷是同一个人——王览，比邻而居，有利于安全，彼此交往也方便。

可以这么说，王羲之长大成人的地方，就是今日南京的乌衣巷。王羲之在乌衣巷完成了身体发育，也奠定了他的政治理念、处事方式和书法成就。会稽是王羲之的为官地之一，也是他的辞世之处。王羲之最为得意的地方在山阴，最为郁闷的地方也是山阴。琅邪是王家的祖籍地，那里埋藏着羲之童年最为美好的记忆，这记忆渐渐幻化成为一片梦境，一直萦绕在心，重回故园是他不曾实现的终极关怀。此说近于公允。

琅邪王氏与晋王室司马氏之间的交谊由来已久。衣冠南渡后，这一交谊不仅没有削弱，反而得到进一步的加强。琅邪王司马睿"与导素相亲善。导知天下已乱，遂倾心推奉，潜有复兴之志。司马睿亦雅相器重，契同友执。帝（此处指后来成为东晋元帝的司马睿）之在洛阳也，导每劝令之国（不要久留京城，快到自己封地琅邪国去经营未来）"。这一时期，司马睿带兵出镇下邳（今江苏邳县），延请王导为安东司马。两人经常密谋策划未来，彼此极为相知，王导的建议司马睿几乎全都照做，可谓言听计从。司马睿和王导的政治关系早在那时就已经相当紧密了。

司马睿南渡江左，前有王旷的首创其议，后有王导的具体策划，进展平稳，没有太大的乖戾起伏，其间起了决定作用的，还得算司马越。裴妃是司马越之妻，此妇见识深远非比寻常女人，司马越出镇外地时曾留裴妃及世子等守卫京师，可见她是参与军政大事的决策人物，且能力卓越堪为信托，司马睿"甚德之"。司马睿移镇建邺，王旷在平定陈敏之乱后也到了建邺。此时王旷曾给司马越写过一封信，曰："裴部在此，虽不治事，然识量弘淹，此下人士，大敬附之。"王旷向司马越及裴妃报告司马越的小舅子裴部的近况，此事足见他们的关系非比寻常。

王旷写这封信的时间是在秋末冬初，此时羲之到达建邺已经超过半年。王旷见一家来建邺后生活基本就绪，老少安好，十分欣慰，于公务之余，总喜欢陪伴着妻子儿子，聚少离多的夫妻大都如此。羲之母卫夫人向丈夫诉说了南渡的经过，两人感慨万千。一家四口，异地相会，其乐融融。这是羲之一家乱世中难得的一段温馨而安详的时光。王旷说到家族中的事，嘱咐夫人谨慎处事，从兄王导忙于经国大事，我们这边尽量不要麻烦他。王旷特别嘱咐籍之，你的两个叔叔都是正直善良、学问渊博的才俊，有事可以依赖他们。说到孩子的教育，王旷要籍之在家塾中努力读书，经史子集，诸家典籍，都要用心，礼仪上要注意风度，万不可妄言他人是非，更不要随便议论国是，不要成为口无遮拦的浮浪子弟。等等。

夜深人静，夫妇俩说到羲之的教育。王旷认为，羲之尚小，但不可无所学。书法、诗词、绘画虽是冠冕学问，但不可荒废。卫夫人建议延请她的姐姐卫铄——当今书法名家教导羲之学书，王旷深以为然。王旷没有立即登门拜请卫铄卫夫人。他要先将孩子的书法初步打造一番后再请羲之姨母为之深造，一来可以尽父亲之责，同时也是对姨母的尊重。

夫人深以为然，连说：是的，是的。

于是王旷开始教授羲之书法。史有公论，王旷的书法在当时是第一流的，虽然赶不上索靖、卫夫人、王廙、庾翼，但也在善书者的前十名之内。由父亲亲自执教，是籍之兄弟二人的幸运，也让他们享受到一种无以替代的亲情温暖。

这一时期的书法，基本沿袭了秦以来的小篆和汉朝的隶书，但也有所变异。据《六朝碑刻》记载：太康三年二月六日房宣墓志砖是隶书（汉隶），而安丘长城阳王君墓神道左右阙则是篆书，杨绍的"买地莂"是带隶意的楷书。可见晋代是多种书体并行。西晋时，汉隶还占相当优势，至东晋，正楷发展为主流。莂，一种文书，写在竹或帛上，亦称幽契。此处所说的"买地莂"是我国书法史上的名拓，刻于晋太康五年九月二十九日，瓦质形，似破竹，券文六行。每行十一到十三字不等。此处考证见刘茂辰先生根据清人鲁一同和近人麦华三先生所作王羲之年谱修订本。

王旷给儿子们传授的书法，主要应是变异了的隶书。中古时期的隶书结构放达，开合畅快，较之秦篆多了几分潇洒，但用笔依然严谨，是少儿书法最好的启蒙教材。后来的魏碑基本上沿袭了汉隶，而章草差不多是汉隶的一种修正。汉隶不衫不履、章草简约优雅、魏碑沉稳遒劲，从这里出发，可以生发出行书、楷书、草书等等。它们是汉字书法的源泉，流到哪里都是河。反过来就不同——一个人若先习行草并以此为基础，之后很难生发出汉隶、章草、魏碑的力量和精神。这是中国书法的一个秘境，也是常识，急于求成的人往往忽视汉隶、章草和魏碑，到后来才发现小家碧玉弱不禁风，至于深处则力有不逮，再要回头就难了。

夫人还说到路途中羲之受惊吓发病、口吐白沫、四肢僵硬的事。王旷听了，眉头紧锁，好半天没有说话。这件事，无论对羲之本人还是对父母，都是十分重大的意外。王旷详细地询问了羲之发病时的情景以及到建邺后的健康情况，希望理清羲之的病因，以便进一步疗治。夫人说：自打到了建邺，倒也不曾见有什么异样，只是当时怪吓人的。王旷认为，既然此后没有复发，儿子羲之当时的情形很可能是旅途劳顿，偶感风寒，或因瞬间受了惊恐而导致的一时反常，不足为虑。他安慰了夫人，大事小情地又嘱咐了一些话，其强调的：一是健康和安全，二是读书和书法，三是为人处世和礼仪教育。

"听从兄王导的话"，是王家一门的潜在的政治信条。这不仅因为王导在政治上所处的核心地位，还因为这位族兄为人宽厚，礼让谦恭，有长者之风。王导，字茂弘，镇军司马王裁之子。"少有风鉴，识量清远"。王导年十四，陈留高士张公见而奇之，谓其从兄王敦曰："此儿容貌志气，将相之器也。"王导曾任秘书郎、太子舍人、尚书郎。成年后娶彭城曹韶女，名淑，生子王悦、王劭、王协、王荟。妾雷氏，生王恬、王洽。也许同为庶出的背景，王恬、王洽二人与羲之的关系至为密切。王导有一女，适荆州都督庾翼，按说庾翼是羲之的从姐夫。庾翼是庾亮的弟弟，东晋大书法家，以章草见长。王导后来辅佐司马睿渡江建立东晋朝廷，为宰相，执政数十年，主持了"王与马共天下"的政权。王羲之在政治上一直受到王导的影响，彼此既有宗族联系也有微妙的分歧。此是后话。

羲之父王旷，字世宏，和王导、王廙生于同年——王旷居间，比王导小月份，比王廙大月份。王旷有两个弟弟，王廙和王彬。王廙字世将，尚书郎王正之次子。王廙"少能属文，多所通涉，工书画，善音律、射御、博弈、杂艺。辟太傅掾，转参军。拜尚书郎，出为濮阳太守"。过江后很受元帝重用。王廙的儿子是王颐之、王胡之、王耆之等，与羲之情同手足，关系最深。羲之次叔王彬，字世儒，王正的第三子，东晋元帝司马睿之姨弟。王彬"少称雅正。弱冠，不就州郡之命"。后随兄王廙过江，亦受元帝司马睿之倚重。羲之父王旷殁后，王彬对子侄辈多所照顾。王彬秉性刚正不阿，见识深远，有大丈夫气。王彬子王彭之、王彪之、王兴之等，与羲之感情极笃。

是年年底，司马越在大肆诛杀异己之后，自封丞相。他还接受清谈家王衍的建议，以抚军将军苟晞为征东大将军，王澄为荆州都督，王敦为青州刺史。王衍对他的两个族弟说："荆州有江、汉之固，青州有负海之险，卿二人在外而吾居中，足以为三窟矣。"王衍此举虽出于自全之计，但作为政治上的应变措施仍不失为卓识远见的战略部署。当然，这里也有王衍为自己预留的后路。

青州刺史王敦上任只一个月，未及整饬军队，即逢王弥造反，王敦尚未站住脚就不得不回洛阳。史书称：于时天下大乱，王敦临行前，悉以公主（指的是晋武帝之女襄城公主）出嫁时所带之侍婢百余人配给将士，金银宝物也散之于众，只带了公主和几个贴身侍从单车还洛阳。由此亦可见王敦其人的做事风格：说走就走，财物不要了，侍从不要了，婢女不要了，全都分给部下，自回了洛阳。《世说·豪爽》曰："王处仲（敦）世许高尚之目。尝荒恣于色，体为之弊（身体都累垮了），左右谏之。处仲曰：'吾乃不觉尔，如此者甚易耳。'乃开后阁，驱诸婢妾数十人出路，任其所之，时人叹焉。"那次王敦驱诸婢妾，是在他洛阳的驸马府邸。前后两事，做法类同——丫头奴婢全都分给将士做了妻子，财物也不要了，率性恣意，宛如一阵风。

琅邪王家在建邺安顿下来，各门的兄弟相互提携，权力深入到各个层面。这期间，王导起着至为重要的作用。新王初来，当地人还不能敞开心扉接受这些北方伧子，当地士族多有戒备。王导为司马睿设计了高明的政治策略：大力吸纳当地士族进入权力层，以确保政权的稳定，避免发生突发事件。为此，司马睿礼贤下士，不厌其烦、不辞辛劳、不惜弯腰去接近当地豪强士族，请求他们参与自己的幕府。王导甚至带头学习当地语言，以便跟江南士族打交道。当地人每有靠拢亲近，司马睿必给予礼遇和奖赏，一时甚得人心。

王旷的情况稍有不同。有一个不可忽视却少有人指出的事实：王羲之的父亲王旷虽为第四支王正的长子，但王旷却不是长房嫡子。史料称，王旷和他的弟弟王廙是同年生，只是月份不同，一个母亲不可能一年生出两个孩子。王旷是庶出，王廙、王彬才是嫡出，后二者的母亲与司马睿之母是姐妹俩。可以推想：王旷的父亲王正因元配夏侯氏长时间没有生出儿子来（或是这个原因），便娶了妾，妾和原配先后怀孕，妾先生了王旷，是为长子。而正房至年底才生了王廙。后来又有了三子王彬。

在封建社会，嫡出和庶出虽然只是一字之差，但地位很不同。这种嫡庶有别的伦理制度，必会影响到王旷在王氏家族中的地位。如前所述，在商讨家族大计时王敦、王导压根儿没有通知王旷参与，就是一例。当时王旷身为济阳内史，论官职，不至于"诸人不容入"——连进屋里都不行。王旷气愤不过，当场提出强烈要求甚至不惜以告官相威胁才得以破门而入，并提出了具有战略意义的南迁大计。此事足见王旷因庶出而不被重视的微妙境况。

乌衣巷期间，正房和偏房之间是否和睦相处，不得而知。后来王羲之与从伯父王导之间多少存在一点儿隔阂，其潜在原因可能出于此。当地有句俗话，是专说受到别人的炎凉的，曰："吃人家的味了。"什么叫做"味儿"？就是白眼，就是歧视和冷遇。乌衣巷时期，羲之即使没有受到轻慢和歧视，但在家族之中，他们一家几口并非处于最佳的地位。这一推想应是合理的。

童年教育

对于五六岁的孩童，第一重要的就是教育。从王羲之一生的行为、文章、思想及其所展现的价值观和伦理观，我们可以看出，其少年时代所接受的教育应是儒学。或者说，羲之被灌输的，主要是儒家思想。

自春秋以来，各家学说并存，儒学是中国文化思想之最为重要的一支，或可称之为中国传统文化的主干。儒学虽经秦的打压，但脉络未断。思想文化的传承有其内在的逻辑和张力，宛如一个民族的基因，不是靠"焚书坑儒"就能消灭的。至于汉，朝廷"罢黜百家独尊儒术"，儒学遂成为官方意识形态，孔孟之学成为显学，以至于有了今文学派和古文学派之争。此后数百年至于魏晋，儒学得到相当充分的阐发与实践，建立了牢不可破的社会地位和学术体系。儒学的长短是仁仁智智的事，此处难以尽述。但就修身、伦理、教育等方面看，儒学适合中国的文化土壤，是理应受到重视的一份精神财富。这也是千百年来的历史事实。

儒学的地位在历史上是有起有伏的。东汉末年至于三国，战乱频仍，儒学的地位受到怀疑。曹魏曾有离经叛道之举，如曹操的"不论贤与不肖唯才是举"，就是有悖儒学的例子。乱世重刑名，成功者多以法取胜。一旦社会稳定，儒学就成为正常秩序下的纲常。儒学以仁为核心，以礼为前提，深受各阶层的认可。论治国，儒学诚然不够锋利，故英雄豪杰多有鄙薄儒学者。即便如此，儒学也从未丧失其固有的思想空间，因为桀骜锋利的法家学说不够厚重也不够仁慈，不足以包揽并涵养一个民族的精神本体。

西晋以孝治天下，而孝道正是儒学的核心价值观之一。孔子不反对守制，对于不孝之人多有讥讽。至于东晋，此传统一脉相承。晋元帝称帝时，曾将韩非子之类的书籍赠给太子司马绍，要他学习法家的治国之术。深受儒家思想影响的大臣庾亮当面劝谏元帝说：这些都是刑名之说，不如让太子多学点儿孔孟儒学的好。元帝听了，当即采纳庾亮的建议。这件事说明，当时各家学说并行，而以儒学为主。

大兴二年，江东大饥，诏百官各上封事。益州刺史应詹上书曰："元康以来，贱经尚道，以玄虚弘放为夷达，以儒术清俭为鄙俗，宜崇奖儒官，以新俗化。"对于此议，朝廷没有给予明确的表态。晋元帝的本意其实是想以法家思想治国，但未能实行，其中障碍，在于豪强。豪强具有两面性，他们一方面喜欢儒学的秩序第一的"礼"论，但对孔子反对特权的"仁政"则不肯领受。孔子说，人而不仁，礼乐何用！豪强们不喜欢这句话。魏晋以来，中国社会是以豪强和士族为中心的，他们不赞成晋元帝的主张，热衷于推行儒家为主的思想路线，赞赏"礼不下庶人，刑不上大夫"。

这是社会大环境，王羲之不可能脱身其外。

晋时名士大多热心清谈，以至上下效仿，士族皆以名流为荣，虚妄矫揉的风气甚嚣尘上，以至于乱世误国。这种情况，在东晋更显严重。如果说西晋名士的"清谈"还有些许的哲理蕴涵和个性彰显，那么东晋名士的清谈则徒具形式，只起了消磨时间、怡情解聊、放大身价、臧否人物、沽名钓誉的作用。这种清谈对于遣词造句锻炼伶牙俐齿可能不无益处，但用以修身齐家治国平天下，则无可着力处。所以大臣应詹曾上疏，对这一风气予以抨击。晋元帝一方面对儒学的不实际、不得力处有自己的看法，另一方面他也真切地感受到士族豪强对法家思想的抵制，左右掣肘，上下离合，很不如意。

儒家伦理中的孝道一直被琅邪王家视为圭臬，并且严格地执行实践着。王家以孝道闻于世，羲之从小就生活在这种强烈的伦理责任感和意识形态氛围中，处处在意尊卑礼法。只反贪官不反皇帝，其一也。尊奉母命，敬爱兄长，其一也。坚守服阕三年之礼制，不曾稍有懈怠，虽高官厚禄不能动摇孝心，其一也。至于平时为人，博学之，明辨之，慎思之，审问之，笃行之，全符合儒学的中庸之道。由此言之，王羲之是一位秉承儒学传统但不执一端的艺术家。这些，都是在他青少年时期就形成的。就是说，乌衣巷时期羲之所受到的基础教育，主要是儒学。

说到孝道，王家后人无不以祖宗王祥、王览为自豪。王祥卧鱼的故事，王览爱护哥哥的故事，王羲之听了不知多少遍。说句俗话——耳朵快长出茧子来了。对于幼童来说，这种来自长辈的讲述深深地铭刻到他的心中，人性的光辉无时不在闪耀，长辈在叙述这些家族故事时都带着十二分的景仰和真诚。王羲之自小就形成了这样的观念：一定要孝敬父母，听父母之命，做一个孝顺孩子。

这一时期，羲之读书很多。三代钟鼎，文字不多，其中片段残简，多收入秦汉时书。诗、书、礼、易、乐、春秋，加上诸子百家，足以形成一个人的世界观，这也是中国文化传统的主体学问，是士族知识分子赖以生存的思想土地，自豪与优越也由此中产生。羲之饱览群书，内心渐渐充实，人格也变得强大起来，正如他的身体一样，日见成长。伴他读书的，是胞兄籍之。母亲见两个儿子都本分，甚觉安慰。

羲之阅览广泛，除了《论语》和《孟子》，他还读了其他流派的各种典籍，墨子、荀子、韩非子等人的著作，都曾精读研习，同时兼及老子、庄子等。前者铺垫了王羲之的以儒学为根本的价值观——积极入世、兼济独善、仁义和平、忠孝简约、热爱家庭，等等。而道家思想、老庄之学，则深刻影响了他的人生观的另一方面——崇尚质朴、热爱自然、珍惜生命、放任性情、大道归一，等等。琅邪王家既是当世贤达，又是五斗米道的信奉者，王羲之也不例外。文化学者认为，魏晋时期凡是姓名中有"之"字者，都是实践修行的道徒。可见，儒道双修是王羲之少年时代所受教育的基本面。

王羲之还读了不少"杂书"，文学艺术方面，诸如诗歌、辞赋、书法、绘画等，无不浏览。他甚至阅读了大量关于农学、植物、养生、数学、水利诸方面的文献。造纸业的发展，让许多新事物得以快速传播，常有"洛阳纸贵"的新作出现。琅邪王家不缺史书典籍，这为王羲之的阅读提供了极大的方便。即使有所不足，他也能得到比邻的襄助，如谢家、郗家、周家、萧家。魏晋时彼此借阅书籍的事很多，法帖往往流转多家。这从王羲之后来的言论、奏章和书信中可以得到佐证。

学书三部曲

王羲之何时开始练习书法的呢？没有具体记载。史有明确记述的是，王羲之的儿子王献之学习书法是六岁开始的。据此推算，王羲之习书的时间大概也在这个年纪，或迟或早，不会太多。羲之五岁之前，即在琅邪临沂时是否已经拿起笔来练习书法，不得而知。作者以为，无论王羲之是否五岁前就开始学书，至少，他从小就熟悉家中人读书、写字、行文、读帖诸事，作为家学渊源的书法文墨，早已经浸淫了这个未来的书法家，耳濡目染有助于王羲之对书法艺术产生感悟。这种家族文脉艺术流韵，不会因搬迁而中断。

王羲之的第一个老师，是他的父亲。王旷善书，唐代韦续《墨薮》将当世的书法家分了等级。在"上等中"的十四人中，王旷列为第六，云：晋王旷，行（书）、隶（楷书）。明代陶宗仪《书史会要》卷三云：王旷与卫（氏）世为中表，故得蔡邕笔法于卫夫人，以授子羲之。

书法的重要性，对于魏晋士族来说，不亚于冠冕。王旷出身士族，文学艺术方面有相当高的造诣，他深知书法的重要性，必定尽力指点过羲之。但他公务在身，授课时间有限，最初对王羲之随时施教的，应是他的母亲。羲之的母亲卫夫人出身大家，自然不会荒废自身的禀赋和家学条件。琅邪王氏这样的士族，是不会让孩子终日玩耍、不近笔墨地长到五六岁的。羲之的父母必定在孩子婴幼时就开始教他们诗歌，讲很多典故，稍长，就开始教他们写字。汉字是有意义的符号，学字习书，同时也就获得了故事、意义和道德。

家风家学往往成为子女的最深刻的文化印记。一个农民的孩子，很早就会用泥巴捏出小人小鸟来，也识得很多花草庄稼，三五岁就会抓蟋蟀、逮鱼、捉蚂蚱，甚至会用简易的方法捉到青蛙和知了。一个碾玉大师，其子弟很小就能识别玉石的质地，甚至能做出一般工匠做不出来的作品。读书人家的孩子，很早就能识字读书，也会书法。这是常识。因此可以推断，父母是羲之的书法启蒙老师。羲之生于乱世，幼年时生活动荡，未曾见有延请蒙师的记载。但王家是个大家族，这家没有老师不等于那家没有。某一门延请了教师，其他孩子也会进入家塾，陪了哥哥姐姐们读书。常言说，食髓知味，孩子一旦尝到了书籍的滋味，就会产生浓厚的、欲罢不能的兴趣，文化修养的旅行就上道了。

中国文字，从三代的甲骨、钟鼎到秦汉的小篆、隶书，已经积累了丰富的书法艺术经典。李斯小篆曾是官方统一使用的、排他性的字体，普及九州三十六郡，人人皆知。到了汉代，有蔡邕、钟繇等大家出现，章草、楷书大行其道。三国时期，书法作品更多，碑帖拓片流行，士族大家都有一定数量的收藏，视为珍宝，轻易不肯示人，但不吝于传授子弟。像王廙这样的书画大家，家中定有许多范本。王羲之近水楼台，受惠良多。

如此往复，过了许多个四季春秋，羲之的学问和书法大有进步。这样的家学渊源，只要肯学习，想不进步都难。因王廙身负王命，没有许多时间待在家中做少年师，羲之的进步很大程度上有赖于自身的勤奋、灵性和感悟。羲之的书法此时已走上正道，有了坚持不懈的追求和会当凌绝顶的雄心，不愁没有登高望远的成就。

大约是年，王导将钟繇的《宣示表》赠与羲之。这件事有几层含义：一是王导自觉对王旷一家负有兄长的义务，他希望子侄们能拥有良好的教养以便将来支撑王家门面；其次，书法在当时是衡量士族青年教育水平的重要尺度，必须写一手好字才能立足于士林，其分量不亚于现在的学历；三、从这件事也可以看到，南渡士族大家把很多北方的文物典籍带到江南，成为促进南方文化发展的因素。王羲之自幼临摹名家名帖，这是一般平民百姓不能企及的。

王羲之学书的经历，散见于古代文献中。羊欣《笔阵图》载有王羲之窃读《笔说》的故事："晋王羲之，字逸少，旷子也。七岁善书。十二，见前代《笔说》于其父枕中，窃而读之。父曰：'尔向来窃吾所秘？'羲之笑而不答。母曰：'尔看《用笔诀》？'父见其小，恐不能秘之，语羲之曰：'待尔成人，吾授也。'羲之拜请：'今而用之；使待成人，恐蔽儿幼令也。'父喜，遂与之。不盈期月，书便大进。"

将这段话译成现代汉语，大意是：

王羲之七岁时就能写得一手好字。十二岁时，偶然发现他父亲的枕头沉甸甸的，里边像是藏了什么东西，便私自打开看了，原来是一本前人论述书法的书，叫《笔说》，于是偷偷地读了，里边很多论述都极为精彩，让他有茅塞顿开之感，便如饥似渴地反复阅读，深得其中奥妙。父亲发现儿子书法大有长进，笔墨精神迥异从前，就问羲之：你偷看我枕中所藏之书了？羲之笑而不答。母亲也问，你是不是看过《用笔诀》了？羲之承认。王旷见羲之还小，恐怕他无意间说出去（王旷秘藏《用笔诀》的事连卫铄卫夫人都不知道，况他人乎），会引起诸多不便，于是就对羲之说：等你长大成人我自会教授于你，现在你还小，很难理解这些深奥的书道法理。羲之恳请道：最好现在就让我阅读研习，我已经不小了。如果等我长大以后再教，恐怕会让我走上弯路呢。王旷听了，深以为然，知道自己的儿子在书法上已经达到了阅读高深理论书籍的程度，禁不住大喜过望，于是就把那本书给了羲之。果然，不满一个月，羲之的书法就有了很大的长进。

故事中的"七岁善书"、十二岁读《用笔诀》，年龄上并不可信。这里的"善书"亦不仅仅是练字描红，还有研究书法学问的意思。试想，如果此时羲之刚开始学习书法，他能说出"今儿不用此书，等我长大了恐怕已经走了弯路呢"这样的话吗？没有一定的书法实践，很难有此体会。

正式教授羲之书法的，是他的姨母卫夫人。

羲之姨母卫铄，字茂漪，是卫恒之从妹、卫展之胞妹，汝阴太守李矩之妻。卫铄曾学蔡邕、钟繇书，后来她以此授羲之，对羲之成为伟大的书法艺术家有着至为重要的影响。虽然王羲之后来放弃（或者说突破了）卫夫人的书法，但其书法艺术的基础部分是在卫夫人的教导下奠定的。据唐代张怀瓘《书断》载：卫铄卒于永和五年（349），七十八岁，老太太真够长寿的啊。

卫家祖籍河东安邑（今山西省夏县），书法世家。卫觊，字伯儒，三国魏时任侍中、尚书，封侯。工古文、篆、隶、草书。其孙卫恒在《四体书势》中说，卫觊书法师事著名书法家邯郸淳，其水平与邯郸淳无别。清代康有为《广艺舟双楫》云，卫觊书《受禅表》，"鸱视虎顾，雄伟冠时"。卫觊之子卫瓘（220—291）字伯玉，仕魏，为镇东将军。入晋，位至太子少傅。草书取法张芝（字伯英）。自云其字"得伯英之筋"。时人评云："天姿特秀，若鸿鹄奋飞，飘飘乎清风之上，率情运用，不以为限。"《淳化阁帖》、《大观帖》中有其《顿首州民帖》。卫恒，字巨山，卫瓘之子。官至太子庶子、黄门郎。善草隶，得张芝之骨。《书断》评云：卫恒书，祖述飞白，造散隶书，开张隶体。又善章草及草书。其古文过于父、祖。书论《四体书势》，颇有影响。《淳化阁帖》、《大观帖》中有其《一日有恨帖》。卫恒之弟卫宣、卫庭，子仲宝，都是著名书家，家风四世不坠。

由此，本书就出现了两个卫夫人，一个是王羲之的母亲卫夫人，另一个卫夫人是王羲之的姨母，也是他的书法老师。隋唐以前，礼教并不如后来的理学那么严酷，女子大多使用自己的姓氏，尤其那些名门闺秀。卫氏是显贵大家，女子使用自己的姓氏并不奇怪。两个卫夫人同出一门，所以才有了天造地设的师徒情谊和书法史上的千古佳话。本书中的卫夫人，专指书法家卫铄。对羲之的母亲卫夫人则称之为母卫夫人，单独提及时则读者自明。

卫夫人不仅是王羲之的书法老师，也是他的读书老师，因为古人教习书法不可能取其字而舍其义，肖其形而略其意。学习一个字的笔画结构的同时，老师必定会细致地讲解这个字的来历、内涵和引申意义，甚至要涉及典故和整篇文章。汉字和拼音文字不同，前者是形声意合一的，后者是形音合一的。学习汉字的人可以忘记发音，但不可能忽略字词的含义。比如"河流"，写这个字时，必定了解水与河的意义，必定要懂得"流"和"水"的关系，以及河流的形声意象及其结构内蕴。英语中的河流是 river，从这五个字母中，你能想见河流的形态吗？所以说，卫夫人不仅是羲之的书法老师，也是羲之的阅读指导者。

王羲之终生对这位姨母都怀有深厚的感情。

卫夫人的书法师承钟繇，楷书优雅端庄，尤善隶书。卫夫人的书法称名于当代，声誉甚高。《书法要录》说她：得笔法于钟繇，熔钟、卫之法于一炉。她在所著之《笔阵图》中说："横如千里之阵云、点似高山之坠石、撇如陆断犀象之角、竖如万岁枯藤、捺如崩浪奔雷、努如百钧弩发、钩如劲弩筋节。"这些，既是长期积累的书法经验，也是书法艺术上的创新总结。卫夫人有《名姬帖》、《卫氏和南帖》传世。卫夫人虽然师承蔡、钟，但有变化和创新，其字形已由钟繇的扁方变为长方形，清秀平和，娴雅婉丽，去隶书已远，说明当时楷书已经成熟，而且普遍流行。《书评》称卫夫人的书法"如插花少女，低昂美容；又如美女登台，仙娥弄影"。

当是时，能延请到卫夫人这样的书法教师是一件了不起的事。这件事足以看出王旷夫妇对羲之的期待，也能看出卫氏姐妹之间的深厚感情。请卫夫人为师，用现在的情况作比，就等于某人延请启功做了孩童的习字老师！就像请一位博士生导师为幼儿做启蒙教育！卫夫人之所以肯屈尊就教，主要原因——窃以为——是羲之的母亲和卫夫人是姐妹关系，二人自小亲密无间。不妨这样设想：卫夫人当时就住在附近，姐妹俩过从甚密。王旷夫妇经过一番商量后，决定先由夫人提及。因为事关至亲，而且妹妹言辞诚恳用意深切，当下就得到卫铄卫夫人的慨允。于是王旷带了羲之正式到李家拜师，表达了感激之情。这一佳话，成就了中国旷世一人的大书法家。

每天，羲之带了习字的笔墨纸本，到姨母家去学字，风雨无阻。卫夫人每天都给他讲授新课并布置作业。卫夫人的字有几个长处：一是骨架端正，一是笔画疏朗，一是气韵高爽，一是情致婉约。在整体结构完成以后，通篇中蕴涵了天女散花般的情趣，清纯而且烂漫，高贵而且优雅。卫夫人的书法清秀平和，具备女性特有的娴雅婉丽。

俗话说，名师出高徒。又说，师傅不明徒弟拙。这是千真万确的至理名言。聋子教哑巴，越教越哈哈，弄不好反而糟蹋了天资。名师大家对了聪慧学生，那情景就迥然不同。羲之是卫夫人的外甥，对其教育自是不遗余力，羲之不仅从姨母那里学到了书法，也学到了知识和艺术大师的风范。由衷的尊敬加上温暖的亲情，有助于羲之的书法进步。学书之余，姨母对羲之的生活也多有照料，让羲之感受到极大的温暖。

当时的士族大家，在学习书法方面，都有一个习惯，就是每次阅读学生的习作，老师都要用红笔打圈子。好的，画一个朱笔红圈；更好的，画两个圈。这样可以让学生知道哪些字写得成功哪些字还需要改进。这种方法一直延续到今天，不能不说是中国书法教育的一种创造。当好字集多了，就要办个小型展览，邀请家人和书家前来参观评点，这也是促进学生努力进步的一种方式。

王旷安置了家眷生活，孩子的教育也走上正轨，便去洛阳赴任了。当时他任淮阳内史，内史是地方最高长官，一应事务都要躬亲，加之当时时局艰难，地方长官守土有责，自是松懈不得。王旷的政治职责是，屏障江左，以抵抗后汉刘渊的进攻。王旷走后，羲之随母、兄王籍之留建邺。王旷临行前嘱咐夫人，待羲之的书法有所成之后，当从叔父王廙学习。王旷深知弟弟王廙的书法成就和绘画水平，故留下这话，希望家风延续，源远流长。

数年之后，卫夫人发现羲之的书法已经成就，自己之所能尽数教给了这个聪慧而且努力的外甥。看见羲之行将"青出于蓝而胜于蓝"，卫夫人感到十分满足——也许还有些微的怅然。《笔说》中还有一句话："卫夫人见，语太常王策曰：'此儿必见《用笔诀》，近见其书，便有老成之智。'流涕曰：'此子必蔽吾名。'"用白话说就是：卫夫人见此，对太常王策说："这孩子必定见过《用笔诀》，最近看他写的字很有些老成雄健的气概。这不仅仅是得了古传之法，也见出羲之的灵性智慧。"于是卫夫人流着眼泪说："这小子以后的名气必会超过我。"

卫夫人此时何以流涕？有人说，因为卫夫人看见羲之的书法成就，心里酸酸的。也有人说，是因为卫夫人终于看见自己的弟子将"青胜于蓝"，喜悦之情难掩，是以激动得流下热泪来。作者宁取后者之说。世上的老师先生几乎都希望后生能超过自己，况且，羲之是卫夫人的外甥，看见妹妹的儿子在自己的亲自教导下大有长进而且注定要超过自己，她怎能不高兴呢？简言之，那是激动的眼泪，不是嫉妒的哀伤或失意的怅惘。

从这段话我们还可以看出，既然卫夫人说"这孩子将来书名会盖过我"，说明王羲之当时的书法已经相当了得。卫夫人当年的感慨，准确预言了中国书法的方向，这也可以看出其人的高明和远见。

书画先贤王廙

羲之的第三位老师，是叔叔王廙。

就艺术才能，就文学修养之全面，可以说，王廙是东晋第一人。他多才多艺，好学能文，工书、画，晓音律，射御、博弈、杂艺等，几乎无所不通无所不晓。在书法上，王廙能章楷，又善楷书，嫡传钟繇之法，尤工于草隶飞白。王廙同时也是卫氏书法的优秀继承者，为一时之大家。在卫夫人之后，由王廙接任王羲之的书法教师，真乃天意所赐。如果说王羲之在书法上的成就有其客观的、优越的、别人无法企及的条件，那就是他的三个老师——其他人哪有这样的条件啊。

王廙不仅书、画名重一时。史有公论："自过江，右军之前，廙书为最。""其飞白志气极古，垂雕鹗之翅羽，类旌旗之卷舒。"王廙"画为明帝师，书为右军法"。王廙是继东汉蔡邕之后又一个将书、画、文多种艺术元素相结合的人。文学是艺术的根本，书画则可以达至玄妙。如果一个人的文学修养不足，其书画容易流于浮薄，或竟落入杂要；而不通书画，文学家终少蕴藉态度，作品很难达于诗意。王廙则不同，他是个艺术全才，是当时堪称大师级的人物。尤为可贵的是，在绘画理论方面，王廙提出了一个重要的、划时代的纲领，那就是：创作要"行己之道"，即注重继承但不因袭前人，走自己的路子。王廙所建立的自画、自书理论，在当时就有着积极而重大的影响，推动了魏晋书法和绘画齐头并进，促进了二者之间的结合渗透关系，并融合了诗、文。这一文艺样式，其影响之幽深绵远，至于今日。自王廙起，经隋唐，至宋元，中国文人画终于形成了一种综合艺术形式：既有一手好画，又有一手好字，能诗善文，讲究题跋，后来又有了治印——将金石纳入画面——各种因素一起，构成一种丰富多彩的、有意味的丘壑布局。后世的中国画形式，首创于王廙，他的倡导和影响具有源流的历史意义。可以说，王廙是文人画的祖师爷。

当然，绝不能因此就否定卫夫人的功绩，如果说卫夫人是书法上必须走过的桥，王廙则是桥上的画廊。初来建邺，羲之还是个稚童，虽然他已从父母那里得到基本的启蒙，掌握了用笔、姿势、浓淡、格式、笔画、行距、字距等学问，对书法的基本要领有了最初的认知，但是，真正将字写出某种精神从而进入艺术的范畴，是靠了卫夫人的教导。可以这么说，卫夫人指导王羲之完成了对前人书法的全面继承，这个基础铺垫至关重要。史料说羲之"七岁善书"，意思是"字写得已经很不错了"。实际上，卫夫人不久就发现"此子将蔽我名"，因此主动结束了她对羲之的那段承前启后的书法艺术教育。这不仅说明幼年的王羲之在书法上已经露出大家风范的端倪，也可以看出卫夫人洞察艺术起止的能力。

乌衣巷时期，王廙成为王羲之的中后期书法教师，这是羲之的幸运。作为叔叔，作为一位当时首屈一指的大艺术家，王廙对羲之充满了舔犊之情，爱护有加，深许之且力勉之。他详细查看了羲之的既有成就，深入了解了这个说话不多但内心聪慧的侄子，有的放矢地提出了自己的教学计划。

王廙要侄子羲之首先学习陆机。

陆机，字士衡，吴郡人，吴国大将军陆逊的孙子，曾任平原内史等职。后被司马颖所杀，享年四十三岁（下一章有述）。陆机长于诗、书。其《平复帖》九行，为章草字体，但无挑笔波势，略似"草稿书"。据南宋《宣和书谱》云：此帖作于晋武帝初年。由此可见，此帖比王羲之《兰亭序》要早许多年，当属中国书法艺术史上最古的书帖之一。明代书家董其昌亦云：此为"晋初开山第一祖墨"。

陆机少有异才，文章冠世，是文学史上著名的《文赋》的作者。他的书法，在书坛有一定地位，王僧虔、庾肩吾等对此都曾有过记述。《平复帖》的内容是作者陆机写给友人的一个信札，其中有病体"恐难平复"字样，故名。字为章草，但无挑波，和《淳化阁帖》所收卫瓘《顿首州民帖》体段相近。大约是当时流行的一种实用书体。王僧虔曾说陆机的字："吴士书也，无以校其多少。"李嗣真说："陆平原、李夫人犹带古风。"这说明，当时吴地的书法比较守旧且有点儿地方风格，在当时的书法中比较特别。看此帖之字，确有点儿奇幻难读，这当不是个人偶然为之的现象。此书使用秃笔书写，笔法质朴老健，笔画盘丝屈铁，结体茂密自然，富有天趣。在现在见到的同时期及其以前的墨迹中是很突出的。故今人启功先生曾有诗说："十年遍校流沙简，《平复》无惭署墨皇。"

王廙之所以推荐羲之学习陆机的《平复帖》，有三个原因：首先，陆机是文学和书法兼通的大才子；其次，陆机此人个性鲜明，为文激情迸发，笔墨才气张扬，不失古法又有创新，风格迥异于旁人。羲之生性腼腆、内向、寡言，胸中似有郁闷之气。王廙希望用陆机的旷达风格引导散发羲之的内在热情，促使其融入书法之中，以求脱掉天生的严肃套路。第三，羲之从卫夫人那里取得书法规矩，但略嫌拘谨，陆机之风，可以帮助羲之尽早脱出卫夫人书风的无形藩篱。王廙注重才华和个性的自然流溢，羲之的书法要想走出婉约的桎梏，必须张扬雄奇之气。

初读《平复帖》，有些字，羲之几乎不能辨识。王廙没有让羲之一开始就模仿陆机的笔画，而是让他反复阅读，努力琢磨其中的味道，嗅出字里行间的气息。此虽王廙的一句点拨之语，但却引起羲之的极大兴趣。他对王廙叔叔的话极为感佩，面对《平复帖》，他没有急于用笔，而是切磋琢磨，心领神会。在好长一段时间里，王廙不让侄子动笔，只是看，看，看，一直看到心里，读至心中有一种狂放之气直冲喉咙以至于无法遏止非要泼洒笔墨不可的地步。终于，羲之达到了叔叔所说的那种境界，于是提笔横扫，宣纸上留下龙蛇形迹，似与不似，全不在计较之中。

叔叔王廙看了，眼里流出满意的笑容：此子可教也！

其后，王羲之的书法上了一个台阶。我们不妨试将《兰亭集序》和卫夫人的书法作一比较。二者放在一起，你会发现，前者有挥洒之美，而后者则少一些自由烂漫。前者具有深藏而浅出的随意，优雅涵养于黄泉九重之间，而后者多少还有些拿捏，甚至叫人意识到作者是在写字，缺少那种音乐流淌的韵律感。这一区别，非同小可，没有绝高的艺术感悟能力，是不可能达至的。向使没有王廙所教，王羲之可能还要沉湎于卫夫人的风格之中，甚至于延宕许多年逃脱不出，也是说不定的事呢。另一方面，这也说明王羲之在书法艺术上的天才禀赋。笔画易学，精神难求，高明的书法家很快就能领会一种书帖的内在精神并能渗透到自己的书写中，这不是轻而易举的。很多书法家轻易就能走进某种天地，但却一辈子跳不出来，于是乎津津自诩，夜郎得意，以至于老死不知桃源何在，可悲也夫！

从卫夫人的规矩破茧而出之后，王廙要羲之再学索靖的书法。

索靖，字幼安，敦煌人。是东汉大书法家张芝的姐姐之孙，亦即张芝的甥孙，六十五岁去世。索靖历官征南将军司马，工于书法，特善章草。索靖的章草书承传张芝草法而有所变革，这正是王廙看重的优点。索靖之书，贵在骨势峻迈，笔力惊绝。评者以为"精熟至极，索不及张；妙有馀姿，张不及索"。《晋书》本传云：尚书令卫瓘与索靖俱以善草书知名，然远不能及靖。索靖著有《草书状》，论及草书之流变。羲之叔父王廙曾四叠索靖《七月二十六日帖》，缀衣中以渡江，后以之传授羲之。此草书帖传至唐代，被豆卢器所得时，折叠之迹犹存。

众所周知，书札纸帛，一折为二，二折为四，至于四折，一件作品就是十六页了。一件偌大的书帖被折为四，是为了携带方便。这件事，足见士族大家的优越之处，也见出王廙对一流书家的作品的珍视。仓皇南渡，多少金银珍玩需要携带，可王廙带的是索靖的书法，王导带的是钟繇的《宣示表》。这些被传统文化浸润透彻的人物，看重的是这个！他们的秉承成了后人的模范，于是文化的火烛接力般照亮了大家族的历史前程。

经过这一轮练习，羲之从狂放不羁的陆机风格中复又回到章草正路。这不是重回老路的反复，而是螺旋式的进步。站在卫夫人铺垫的深厚基础之上，吞吐着大才子陆机般的自由桀骜之气，纵马扬鞭，徜徉在书法世界的海市蜃楼中，羲之看到了"荡遥浮世生万象""群仙出没空明中"的情景。这时，只有这时，他才真正领略到艺术的奥妙——只缘四面青山在，无须与人争高低。时以章草享誉天下的庾翼曾经对羲之多有不屑，后来看到羲之用章草给他哥哥庾亮写的书信，只有叹服。

西晋末至于东晋，书法方面呈现出诸体兼有、并行不悖、少有变异、尚无新体的态势。从考古出土的拓片即书简看，这一时期兼有小篆、章草、隶书，也有一定数量的楷书。从王羲之留下的墨宝看，他既学过正楷（如《乐毅论》），也学过章草（如前期所写的书信），而隶书较少，小篆也少。所以，王羲之在书法上从小就接受了束缚较少的、与传统有一定距离的书体：章草、行书和楷书并有所突破——这和王廙的教导有着密切的关系。名师一言，胜似千金啊！

乌衣巷里，深宅大院，一扇朱红大门还在晨雾中酣睡呢，羲之就起来了。母亲早已收拾了饮食，羲之盥洗之后，坐到书案前，开始了他的早课。早课是念书，诸子百家，经史子集，都要涉猎，有些新出现的著述，如刘氏的《九章算术》，如张仲景的《伤寒杂病论》，还有《黄帝内经》、《神农本草经》、《难经》等。从羲之后来提到的文字，我们可以知道，羲之从小就养成了好读书的习惯。前人书籍，他都有深入的解读。

江南乃富庶之地，食物应比琅邪更丰富更美味。鱼米之乡，不缺粮食，也不缺鱼虾、肉食、蔬菜——营养足够了。饭后，叔叔王廙来。他先是批改羲之的昨日之习，加以评点，指示要诀。然后告诉羲之今天练习哪个书帖，简明讲述这一书帖的要领，并布置了作业：写多少字，如何结构精神，如何涵蓄气韵，注意风格流淌，等等。每隔一日，叔叔要羲之作一篇短文，或解释经典，或抒发胸臆，或推敲书法，务必要说理清晰，感受真切，言简意赅。于是，羲之开始了整整一个上午的学习。午间小憩，下午功课照常。羲之对学问、书法、绘画都有浓厚的兴趣，常常因此而废寝忘食，母亲不得不经常劝他到院里或巷外活动活动手脚。羲之秉性安静，不善言辞，很少出门去游动。疲倦时，他就歪在书房里的竹编凉榻上小憩片刻，继续翻书写字。这已经形成了习惯。

晚上，王廙公干回来，未曾用饭，先来这边批改侄子的作业。他端详着羲之的书法和文章，指出哪里写得好哪里还不够到位，优劣淘汰，对比高低，指认成败，一一说明道理所在，并嘱咐侄子树立自书自画的决心和信心——这不仅仅是书画风格问题，也是做人的要义——你不能循规蹈矩只顾步俗人之旧路！伟大的难产可能得到一个辉煌的婴儿，艺术在坎坷间留下难以模仿的脚印。羲之明白叔叔的用心用意，深以为然。

王廙告诉羲之：为此，你必须随时地把握好自己的心态，调整好自己的情绪，才能写出诗意和风度来。羲之非常赞同叔叔的观点，也非常尊敬叔叔的才华——幸亏有这么一位大师指点迷津啊。羲之勤学苦练，胼手胝足，务求达到叔叔所要求的境界。由于天生聪慧，又能专心致志，羲之的书法有了突飞猛进的成就。

和卫夫人一样，王廙叔叔也定期举办展览。他叫羲之每过一些时日就把作业中的好字张贴出来，让族人和书家前来评点。有一次，王廙前来查看侄子的书法习字展览是否已经准备好了，却发现羲之在烧废纸，问，何以为此？羲之不好意思地说，看前日所涂鸦，无一满意，是故焚之，务必新书，以免羞赧。王廙赞许羲之的气魄，特别给予鼓励。他还要求羲之以后经常自评文字，去掉不如意的，留下最满意的，稍有瑕疵，则不能问世。

此后，王廙开始对羲之讲述他的书法新论，就是写出自己的风格来。王廙的自书自画论，深刻影响了王羲之的书法创作。正是因了王廙的理论，王羲之在艺术思想上拥有了自主自为的意识，解放性情，不拘一格，敢于冲破前人的藩篱，走上一条创新之路，终有大建树。古人有言："立乎其上，得乎其中；立乎其中，得乎其下。"有没有名师指教，大不一样。名师高屋建瓴，学生的起步就高，在艺术上可以免走弯路，直奔峰巅。这一点，王羲之拥有得天独厚的条件。

经过父亲与两位宗师的教导，王羲之少年时代就登上了书法艺术的高峰，至少在隶书上堪称第一主峰。《晋书·王羲之传》："及长，辩赡，以骨鲠称，尤善隶书，为古今之冠。论者称其笔势，以为飘若浮云，矫若惊龙。深为从伯敦、导所器重。"当时，河南陈留的阮裕有重名，为大将军王敦的主簿。王敦曾经对羲之说：你是我们王家的少年才俊，以后的盛名应当不亚于阮主簿吧。当初人们并不看重羲之，有"少不称奇"之说，经王敦这么大赞大赏，羲之的名望开始快速上升。

造纸与书法——并非多余的话

说到王羲之的书法创新，有必要关注一下当时的造纸术。

造纸的起源，过去多沿用历史学家范晔在《后汉书·蔡伦传》的说法：纸是东汉时代宦官蔡伦于汉和帝元兴元年（105）发明的。其实，不是这样。古籍有记载，在蔡伦发明纸之前，已经有人使用纸张。《后汉书·贾逵传》提到：建初元年（76）汉章帝命贾逵选择成绩优秀的太学生两千人，奖给简、纸、经传各一通，用于书写。这说明，当时已用纸抄写书籍，时间早于蔡伦造纸近三十年。《东观汉记》中只记有"蔡伦典尚方作只纸"。此书作者刘珍、延笃等人是蔡伦同时代的人。如果蔡伦发明了纸，他们是不会不记载的。二十世纪以来，由于西汉古纸的发现，蔡伦发明纸的说法开始动摇，继而被否定。

蔡伦虽然不是纸的发明者，但他仍不失为一位造纸技术的革新和推广者。蔡伦认真总结了前人的经验，认为扩大造纸原料的来源，改进造纸技术，提高纸张质量，可以让纸张得到普遍的接受。蔡伦用树皮造纸，树皮是比麻类丰富得多的原料，这使纸的产量大幅度提高。树皮中所含的木素、果胶、蛋白质远比麻类高，因此树皮的脱胶、制浆、漂白要比麻类难度大。这促使蔡伦改进造纸的技术。西汉时利用石灰水制浆，东汉时改用草木灰水制浆，草木灰水有较大的碱性，有利于提高纸浆的质量。元兴元年（105），蔡伦把他在尚方制造出来的一批优质纸张献给汉和帝刘肇，和帝称赞他的才能，马上通令天下采用。这样，蔡伦的造纸方法很快传遍各地。

史书所记之《汉代造纸工艺流程图》，形象地再现了两汉时期的造纸术：将麻头、破布等原料经水浸、切碎、洗涤、蒸煮、漂洗、舂捣，加水配成悬浮的浆液，捞取纸浆，干燥后即成为纸张。汉和帝曾到缑氏巡视，很可能就是参观这里的造纸作坊和纸庄。当时的纸庄位于洛阳东约两千米，临洛河。这附近有造纸需要的优越的条件，造纸资源如麻、楮林等很是丰富，也不缺水。蔡伦献纸后，造纸技术和纸张广为流传。东汉末年，东莱人左伯也是一位造纸能手。他造的纸，比蔡侯纸更为白洁细腻。东莱即现在的山东莱州，与琅邪近在咫尺，黄淮、江淮、京兆地区应首得其惠。赵岐所著《三辅决录》中提到左伯的纸、张艺的笔、韦诞的墨，说此三者是当时名贵优质的书写工具。笔、墨和纸并列，说明纸已是当时常用的书写材料。

两晋是造纸术大发展的时期，也是书写方式发生革命性变化的时代，纸在其中起了重大的媒介作用。因抄写左思的《三都赋》而有了

"洛阳纸贵"的成语，说明西晋时期纸已经成为继甲骨、青铜、竹简、木牍、缣帛之后最为普及的书写用具。到公元三、四世纪，纸基本上取代了简帛，成为唯一的书写材料。

公元四世纪，正是王羲之所在的时代。由于纸的普及，书写成本大大降低，书艺的发展进入了新阶段。试想，如果写字必须用绢帛，那成本是非常昂贵的。当时，就连贵族都没有几件丝绸缣帛，士族平时大多穿麻布，谁肯舍得钱财买了丝绸布帛在上面随手练字啊！即使是贵族，也不能放肆使用绢帛。当时皇帝只对那些立了大功的将军才奖给绢帛，书籍大都是用竹简制作成册的。

纸就不同了。纸的造价相对低廉，大家小户都能买得起，随手弄点儿劣等纸张，从烟囱里刮一点儿烟灰，拿水和了，做成墨，就能让孩子涂鸦写字，很是方便。考古学家和研究造纸的学者分析了王羲之当年使用的纸张，认为是蚕茧纸，而实验分析的结果却是枸树皮纸。这种树皮造出来的纸柔韧性好，光洁柔滑，最适用于书画。用树皮造纸的方法一出，纸就成为下里巴人，因为到处都有树皮，各地都能制造，于是纸坊四海开花。后来江南的泽雅又发明了用竹子造纸——南方到处都是竹子——一种新型纸又产生了，当然，造价也很低。

纸不仅因成本低而迅速普及，它还改变了书写方式与书体。秦简是书写在竹片上的，一条一条的竹简，左右幅宽很窄，适合写篆字。因为竹简上能写字的空间就那么大，不能放开，笔画没法自由伸展，字体就只能是那种拘谨的样子，像是憋屈在框子里的豆芽。后来改用绢帛写字作画，但其书写方式——自右至左竖行写——还是继承了竹简的传统格式。有了纸，这种长条竹简的形式自然而然地就被打破了，作者可以在上下左右的很大空间里自由运笔，这大大解放了自古以来的书写状态，因此也就影响了书体的变化。于是乎，行书得到了发展的自由——挥洒自如，再不必顾忌笔墨落入竹简之外空隙之中。此时，要想把汉字束缚在旧有的条条框框里，已是不可能了。

想象王羲之当年练书写字的情状：窗明几净，书房里光线正好。王羲之洗手焚香，将笔墨备好，然后从案头拿过一张纸来。那是用枸树皮、苎麻、破布为材料做成的书画用纸。纸分几等，差的用来练字，好的用来创作或作文牍书札。看着洁白柔软的纸，王羲之不由得感叹：我生虽多舛，天道尚眷怜。人情白眼中，天然青睐悬。譬如案上纸，使我纵心猿。上下天地阔，左右眉边宽。承前循规矩，心性无须敛。可怜秦氏篆，局促在片简。蚕头因左窄，凤尾忌右悬。惴惴书写者，往往不开颜。向使无此物，书事何艰难。今日得纵情，焉能不谢天！

王羲之对纸是充满了感情的。纸，解放了他的心性，造就了他的行书。在旧有的材料上，前人的足迹已经足够辉煌。今日不同了，纸，让他可以放任性情一展身手；纸，让他挥洒笔墨，兴奋常在藩篱之外。他赞美能工巧匠，赞美科技成就，英雄有了纵马驰骋的平原。天地如此青睐时人，我当在此展现才情，不如此，无异于暴殄天物。叔叔王廙的教导音犹在耳，"画乃吾自画，书乃吾自书。"既然如此，我将不复囿于前人窠臼，标新立异的时候到了！

造纸术的发明，是中国对于人类文明的一大贡献。从狭义上说，纸也是造就王羲之书法创新的基本因素之一。王羲之的旷世成就，和科技成果密切相关。试想，如果王羲之依然用竹简写字，用丝帛画画，持笔时该是何等惶遽——战战兢兢，难以落笔，哪里还能自由创造新体势！换了纸，情况完全不同。一张纸就值那么一点点儿钱，写错了，撕掉就是。后世画家之所以不怕"废画三千"，和纸张有着直接的关系。如果是绢帛，如果是竹简，谁会随便扔掉！

两汉以来，大量书籍借助新的书写材料——纸——涌现出来。此前的书籍，春秋散文，诸子百家，都是写在竹简上的，携带、保存、阅读，都很麻烦，一般人家很难读到成捆成册的典籍。汉代就不同。造纸术的发明，彻底改变了三千年以来的书写形式，技术的进步给文化造成了革命性的变化。很多书籍都印成纸质作品，不仅阅读方便，流传速度加快，也导致了更多的读物出现。

两晋南北朝甚至隋唐以后，还有人用绢帛作画，但这不能成为否定纸张促进书法进步的论据。再好的新事物也有人不喜欢，传统美感让人们保留了深切的怀旧心情，这就像电脑出现后很多作家还习惯于钢笔书写一样。他们总觉得键盘上的书写找不到感觉。王羲之从来没说鄙薄纸张的话，他的心性偏爱自由，富有艺术的前瞻力和创新求变的胆魄。他所倾心的，就是如何用纸写出最好的字来，而不是苦苦眷恋竹简绢帛。这是王羲之的高明处。

纸，眷顾所有写字的人；而只有伟大的艺术家才会将智慧的美丽回馈给纸。机会人人有，创新却寥寥无几，其间学问，多矣哉！

第四章

诣台无奈一跪长

政治是贵族的必修课，但也是终生无解的宿命。

乌衣巷时期既是羲之书法有成，也是他认识社会、长大成人的时期。作为士族大家的必修课，王羲之逐步学会了如何认识周围的世界，包括身处其中的社会构成、家族关系以及百姓甘苦、民情走向等，他的心性逐渐成熟，并和哥哥一起顶起了这个家。羲之是在静态中凭借学识，在旁观默察中形成了自己的处世原则和为人风格，还有醉心其中的书法艺术。帮助他完成这一过程的，是该时期发生的那些大事件。

失怙之痛

这一时期，对王羲之最沉重的打击莫过于失怙之痛。

当时的政治背景是这样的：司马越听从王衍计，以王敦为扬州刺史，兼领江州刺史，任务主要是带兵打仗，保卫黄淮及长江中下游地区。王敦占据了从东海到长江中游的湖北江西安徽广大地域，兵多将广。他驰骋战场，杀伐无数，但对未来并没有十分的把握。王衍说服司马越实施守淮保黄的战略部署，万一形势不好，军队可以退一步守淮保江，以江南作为日后的立足之地。七月，司马越再遣王敦坐镇扬州，招兵买马，催促粮草，充实黄河流域那些继续与北方民族血战的各支军队。

汉主刘渊（就是那个慷慨大方曾被朝廷重用的匈奴人）遣其子刘聪及大将王弥侵略上党，围困壶关。壶关即今山西上党、壶口地区。此处扼守太行东西，锁钥黄河南北，是个无可争议的极为重要的战略要地。壶关失守，则京师不保。司马越先是遣并州刺史刘琨使兵救之，但为刘聪所败。并州即今太原，刘琨失败，意味着山西北部也沦陷了。匈奴的势力——此即当时五胡十六国中的汉——占据了黄河以北大片地域。

此时，作为掌管全国军事的太傅司马越，其最好的战略选择是避开敌方锋芒，坚守黄河，整顿军马粮秣，待积蓄力量后再战。但他错误估计了形势，不顾军力疲顿粮草不济，派遣时任淮南内史的王旷率将军施融、曹超带兵前去攻打刘聪等，企图将来势汹汹的敌人赶出山西。军事的棋局从来是双方一起的博弈，晋朝的士族知识分子大多天真，他们以为棋局是由一个人单方面拨弄的。

王旷带领不足三万军队，自黄河而上，欲长驱而前。此时上游春水融冰，大河汹涌，浊浪滔滔。王旷的军队沿着黄河向西行进，对面是巍巍太行山南端的东垣（北魏皇兴四年曾改名白水县）。太行山巍峨广大，向南延伸至河南与山西交界地区，濒临黄河，《愚公移山》中说的王屋山就在这里。太行山脉的东侧为断层构造，相对高差达一千五百至两千米，交通不便，军队和粮草很难通过。王旷的队伍必须解决四大困难才有可能取胜。首先是过河，全军渡过黄河并在对岸有可靠的立足之地，这可不是件容易的事。其次是翻越层层大山，到达战役地点并迅速建立有利于自己的攻守态势。不熟悉那边地形，没有良好的向导，不要说打仗，进去多少人都出不来。三是粮草供应，如此险恶的山川，没有充分的军需准备，即使敌人不防御，也很难调动数万将士过河杀敌。最后，也是最重要的，是保持高昂的士气。

遥望河对岸的层峦叠嶂，还有面前滔滔的河水，将士们大都没有取胜的信心。古时有太行八陉，这八陉都是羊肠小道，王屋山内的小径几乎无路通行。笔者二十世纪八十年代曾经做过一次太行探险，自济源翻山去王屋山主峰，因为山路过于险要未能成功。后又曾赴垣曲县、平陆县、曲沃县考察当地农民生存状况。从魏晋至今时间已过去一千七百年，那里的很多人还住在山中塬上的窑洞里，农民家中穷得徒有四壁，而这还是二十世纪的和平年代呢！试想魏晋时的情势，战乱频仍，民不聊生，部队要在那里打仗，绝对不能依靠从当地取得军粮和民力——想都不要想！

将军施融对主将王旷说："彼乘险间出，我虽有数万之众，犹是一军独受敌也。且当阻水为固，以量形势，然后图之。"

施融对形势的分析是十分正确的。刘渊父子已经占据晋地，雄踞太行，正是野心旺盛、战斗力最强的时候。他们若以壶关顺流而下，或者出风陵渡过河，三天之内就能拿下长安、洛阳，正所谓"此诚不可与争锋"的军事情态。但是，如果晋军扼守黄河渡口要塞，以黄河为天险，加固防御工事，度量形势，等待时机，然后打败敌人，是可能的。而且，这也是最为实际的选择。

这一建议至关重要，也符合军事的攻守大略。然而，王旷求胜心切，当即就愤怒地骂部将施融："你这话什么意思？是不是故意要乱我军心！扰乱军心当受什么处罚难道你不知道吗？"王旷之所以这么说，正是因为当时军中弥漫着失败的预感，军心脆弱，王旷对此也很敏感。施融见主帅如此严厉，丝毫没有听取合理建议的意思，知趣地闭了嘴。施融并非不懂士气的重要，但他深知维护士气是有条件的，如果面临必死无疑之地，又无慷慨就义之精神支撑，甚至也没有粮草，那士气是维持不住的。

从王旷的反应可以看出，王旷对于这次战役的整个攻守态势很不明白，对敌我力量对比也缺乏清醒的认识，而且刚愎自用，听不进不同意见。有人说，这足见其报国之心一片赤诚。不然。今人讨论历史功过，无须为贤者讳。王旷身为主将，应当对此役负有最终责任。大军行动，犹如箭在弦上，军心自是不好动摇，这是可以理解的。但是，战争是以胜败考量将军和士兵的，每一次重大战役的胜与败都会给大局造成极大影响，胜者负者，不可同日而语，前者焕然一新，后者不可挽回。

王旷为什么如此建功心切？重要的原因在于：司马越安排司马睿占据建邺，但是，琅邪王氏当下几乎都投在晋王司马睿麾下，司马越对此有些不放心。万一中原丢失，而司马睿据江独立，他司马越将无葬身之地。因此他才将远在淮南的王旷的军队拉出来，派往晋地去拒敌。如果王旷违背命令，就足以证明王氏兄弟和司马睿已经有了君子协定——不惜丢弃中原而偏安江左。王旷深知这次调动的政治潜台词，所以只能拼死一战以证明琅邪王氏还是忠于西晋朝廷的。

政治可以暧昧，战争无法掺假，任何夹杂了政治私心的战役都会失去最基本的判断，举措也就成了作秀。王旷面对强敌一心想着攻城略地做个样子给司马越看看，没有虚心倾听部下的忠言，对军情失去了冷静的分析，导致了错误的决策。王旷命令部队继续前进，赶早越过黄河，尽快与敌人决一死战。哪个胆敢怠慢军心，立斩！

施融见主帅不肯采纳他的意见，退回自己的兵营中，自语道："彼（刘聪）善用兵，旷暗于事势，吾属今必死矣！"施融是个了不起的将领，此时的他已经预知自己一干人此战必死无疑——何等清醒的见识！魏晋文人多不谙军事，然而常被委以军事重任，此亦为中原朝廷失败的原因之一。历史上文人带兵者不计其数，但是所有的胜利者都有一个特点：虚心听取各方面的方案，善于学习，积累经验，才能打败强敌——王旷不属于这一类。

次日，王旷一意孤行，一干人等，渡过黄河，于太行山中挺进，寻找刘聪父子的队伍，以求决战。经过多日跋涉，军士筋疲力尽，又无粮草接应。没有粮草供应的部队是不会有战斗力的，这是常识。当数万人与刘聪相遇时，晋军已经不堪一击，胜负勿复多言。两军战于长平之间，旷兵大败，施融、曹超皆战死。王旷被俘。

这次战役的失败，教训在于：一、司马越及王衍此时调遣王旷北征，是一大失策，至少时机不对，在应当取守势的时候取了攻势；二、从淮南去上党，深入敌区，路远劳师，为军事之大忌；三、王旷求功心切，不懂山地作战的特点，又听不进部下良言，主观武断，无异于铤而走险，非败不可。此举不但置王旷于死地，且给王羲之兄弟造成沉重浓厚的政治阴影，这一痛苦，终其一生都无力摆脱。

噩耗传到建邺，王导最先得到消息。他反复问及王旷的下落，来人只是摇头。王导追问：是死了还是活着？来人斟酌再三说：没有死，但不知下落。王导知道，既然没死，那就是被俘后降了。如果按被俘投降上报，那将有辱王家的名声。况且，王旷身负王命奔赴战场本意是为国立功，主题基于正义，无论如何不能让献身国家的人背负恶名。于是，在向司马睿报告消息时，王导用了这样的词语："王旷下落不明。"

不幸的消息终于传入家中。

时在永嘉五年，公元三〇九年，羲之七岁。

父亲的噩耗传来，犹如塌天之祸。羲之听见了母亲那一声悲恸欲绝的哀号，还有哥哥惊天动地的哭声，他冲出帷幕，到了客厅，抱着母亲连声呼唤。哥哥籍之因为过于悲怆，以至于喉咙里哭出血来。母亲一口气憋了过去，倒在潮湿的地板上。大家闻声赶来，此时母亲还是无声无息。过于强烈的打击让这位文弱女子无法承受塌天大祸。众人千呼万唤，又请了医生抢救，好歹拉回了她的性命。族人好言劝慰，又不敢把话说得太透，失败但不壮烈，痛苦便不能畅快诉说，老少男女都不得不面对残酷的现实，母子抱头痛哭，惊天动地。

整个乌衣巷都沉浸在悲痛之中。关于是否发丧，族人意见不一致，有人说这是为国捐躯应当让"死者"享受国礼，以求备殊哀荣，有的说结论暧昧不好大张旗鼓地办理丧事。众说不一，最后只有请王导定夺，他不仅是家族第一长者，也是当朝的行政首辅。王导发下话来：人没死，发个什么丧！好好等着，说不定哪天就回来了。正是靠了王导的这句话，羲之一家得到一个模棱两可的政治待遇和虚无缥缈的希望。母子三人带着沉重的痛苦，怯怯地保护着"亲人回归"那棵微弱的希望的幼苗。这棵精神的小苗从来不能见到阳光，没有生气也没有力量——那只是一个灵魂飘逝的象征。

因为是庶出，王旷在家族中的地位不高，伤及自尊的世俗偏见随时随地都会出现，羲之的母亲和哥哥对此有着深刻的感受，没有谁愿意公开说出，彼此都只是心照不宣而已。如今父亲不在了，而且还顶了个不大好听的名声，这让羲之全家都感到非常压抑。大家虽然不肯明说，但上上下下都心知肚明。这个敏感的政治话题中存在着悖论：王旷为国家出征，身负国命，失去下落也好，战死也罢，道义上应给予褒奖；可他下落不明，就有人怀疑其被俘投降并为敌效力，这又是一份抹不掉的耻辱。这个暧昧的名声让羲之一家长期生活在阴影之下，孤儿寡母承担了多少苦痛！可以推想，在乌衣巷里，羲之兄弟在人前人后必有"腰杆子挺不直"的难堪。羲之少时的"讷于言"，或许和这种忧郁有关。

石勒与王衍

是年，首都洛阳沦陷，司马越死，西晋寿终，但不是正寝。汉刘曜、王弥攻陷京师后，发掘皇家的陵墓，盗取殉葬品，把诸陵翻了个底朝天。他们焚烧宫庙，逼辱后妃，留京诸王及百官士庶等遭杀戮虐死者达三万余人。晋怀帝司马炽被刘聪俘获，送于平阳。军司王衍被石勒的军队生擒，送至石勒帐下。石勒见王衍被人押来，连忙站起，为其解开绳索，请上座，还招待以茶点，说了许多压惊的话以宽慰这位当世大才子、大文人、大清谈家。王衍很是感动，以为遇到贤明新主。

石勒（274—333），字世龙，上党武乡人，羯族，是十六国时期后赵国的建立者。石勒少年时耕田行贩，生计穷困。后被并州刺史司马腾捉住，贩为奴。刘渊起兵后，他带着十八骑参加汲桑领导的牧人起义军。汲桑命石勒以"石"为姓，以"勒"为名，石勒的称谓即始于此。

汲桑自号大将军，封石勒为扫虏将军，起兵反晋。石勒骁勇善战，大败晋军首领、新蔡王司马腾的部将冯嵩，然后长驱直入城中，杀死了司马腾。晋东海王司马越兴兵讨伐。汲桑、石勒大败，汲桑被杀死。石勒于是投奔了刘渊，并被封为安东大将军，此后转战冀、并、幽地区，多有战功，后被刘渊封为并州刺史，并陆续占领了河北、山西、山东及黄河以北大片地区。毛泽东曾称赞石勒的政治谋略和军事分析方法，对其人没有负面评价。

石勒问王衍：王公，今天咱不谈别的，我只想请教你一个问题，晋何以亡故？

这其实是一个政治问题，而非简单的军事攻略问题。由此可见，石勒不是一个只会打仗的莽夫。他思考了很多问题，包括国家兴亡的大是大非。俘获西晋重臣王衍，石勒不跟他谈军事，而是探讨政治兴废，足见石勒不是平凡之辈。

王衍不愧为清谈家，他侃侃而谈，分析了西晋何以灭亡的各种因素，如豪强不法、八王之乱、贪污受贿、荒淫无度、大肆挥霍，等等，祸败之由，全都涉及，说得头头是道。石勒听了，很是高兴，说：晋朝的这些教训，为政者应时时记取，以为覆车之辙。王衍听了，称赞石勒英明。

石勒于是追问：既然晋朝中有您这样的明白人，为什么还遭此下场呢？

王衍说：这事不赖我。其实，我从小就不愿做官，我是做学问的。

石勒问：你说不愿为官，为什么还是做了这么多年的大官呢？

王衍笑道：树欲静而风不止，也是身不由己吧。

石勒甚悦之，与语移日，大有相见恨晚的意味。

数日后，王衍自觉在石勒这里得到的待遇不错，便想着有所作为，以显示才学，讨好石勒这个新主子。这个"宁馨儿"想来想去，便贡献了一个他以为石勒听了会高兴的政治建议：劝石勒与刘渊彻底决裂，称尊设号，做一个赵国皇帝。此时石勒正在刘渊手下为将，没有足够的实力称王称帝，王衍的逢迎不过是为其自身的私利而已。

石勒一听此话，大怒，曰：先生的大名遍及四海，多年来在晋朝廷上参与政事，位极人臣，少壮登朝，现在头发都白了，今天竟然给我出了这等荒诞不经的馊主意！老不死的，你以为我傻啊！你枉顶了一个学者的大名，其实是个伪君子。难道不是吗？你一生受着晋朝的俸禄，一旦失意，就这样卖国卖身，哪还有颜面做什么清谈领袖！我告诉你：破坏晋朝天下大事的，正是你这等既无本事也无气节的无耻之徒！

石勒的愤激之情未曾稍减。他酣畅淋漓地把王衍骂了个体无完肤，骂其推卸责任，骂其清谈误国，骂他投降之日还想卖国求荣，全不顾昨日还是晋朝的重臣！这难道不是天下最不堪的自取其辱吗？所谓清谈家，所谓贵族，一到生死关头，便失了起码的自尊，生生做了个银样镴枪头，读史者见此，能不悲乎？

王衍还要辩解，石勒哪里肯听，当下使左右扶出，"夜排墙杀之"。

世上还有比这更悲情的吗？一位名重当时的文人、大臣、清谈家，张口闭口都是儒学道学，做出事来居然如此卑鄙。投降已是耻辱，而后又卑躬屈节地希图有所为，竟然劝敌寇称王为帝，以为逢迎！而对方——一个被正史称为胡虏的人——其义正词严、洞明练达，竟远胜于己！这是多么辛辣的讽刺啊！

《晋书》这样记载："衍将死，顾而言曰：'呜呼！吾曹虽不如古人，向若不祖尚浮虚，勠力以匡天下，犹可不至今日。'"意思是说，如果早年不是崇尚空谈，上下努力，匡扶晋朝，也许不止于此！今人读此，只能无言。这里不仅是清谈误国的问题，还有清谈家疏忽的根本——人的气节。王衍临死前尚能明白一二，故其不失自知之明，然而江山易手，慨叹为时已晚——早干什么去了？

王衍，字夷甫，平北将军王乂（字叔元）之子。司徒王戎的从弟。年少时，山涛见之曰："何物老妪，生宁馨儿！然误天下苍生者，未必非此人也。"山涛真是一个知人之人，他一眼就看出王衍不是个脚踏实地的人，说什么样的老女人竟然生出这样一个宝贝儿子——将来亡国的未必不是此等人物。王衍是西晋的清谈领袖，也是琅邪王氏的灵魂人物之一。典故"宁馨儿"，就出于此。被嵇康那篇《绝交书》弄得灰头土脸的山巨源老早就看到"宁馨儿"将要"误天下苍生"，真可谓石破天惊的先见之明。王衍此人是清谈误国的典型人物，他善于谈经论道，但行政能力并不强。"虽居台司，不以事物自婴（不好好处理政事）。"王衍的女儿为晋愍帝的太子妃，太子被贾后所诬，王衍惧祸，竟主动上表要求女儿跟太子离婚，究其志也，只在于苟免，内心里绝无半点忠謇之操。这个王衍，本质上就是个无担当也无德操的软皮蛋，此等人居然也能位极人臣，可见当时多么崇尚清谈人物！

西晋就这样完了，江山改容，中原易主，大地上依然烽火连天战乱频仍，百姓处于水深火热之中，加上种种自然灾害，民生如在倒悬之中。永嘉四年（310），鲁豫江浙暴雨成灾，大风斩木，又发生数次强烈地震，农作物歉收，中原广大地区陷入严重饥馑，于是流言四起，许多人说天象大凶，从而使南逃的潮流愈演愈烈。永嘉之乱，北人南迁，其实能逃走的大都是富豪大家，一般百姓即使想走，也无法弄到车辆牛马。次年，幽、并、司、冀、秦、雍等六州发生严重蝗灾，飞蝗啃食草木，牛马身上的毛都被蝗虫吃尽。百姓何以为生，可以想见。

羲之在承受失怙之痛的同时，也必得面对社会的动荡，哀鸿遍野的时事容不得他安静淡然。大批南渡的流民深刻地影响着江左社会生活，羲之必有痛感。世事风云给王羲之的成长送来伤痛也送来愤激，这都是精神的营养。这棵小树在迅速长高，具备了自己的精神特征与心理取向。

永嘉六年（312），羲之十岁。这一年，羲之的从伯父，江州刺史王敦杀荆州刺史王澄（王敦杀人从来是不眨眼的）。此前，永嘉元年，司马越采纳王衍的建议任命王澄为荆州刺史。"澄既至镇，日夜纵酒，不亲庶事，虽寇戎急务，亦不以在怀。"司马睿闻知，召王澄为军咨祭酒，以当时的军咨祭酒周顗为荆州刺史。时王敦为扬州刺史，领江州刺史，镇豫章（今江西南昌市）。王澄见王敦，一副吊儿郎当的甩子相，还拿王敦当年一些旧事，如吃公主厕所里的红枣，如见石崇杀人不动心，等等，"以旧意侮敦"，遂被王敦杀害。

世事如同四季的风，带着冷暖寒暑，带着冰雹落叶，带着欢笑与悲号，一阵阵吹进乌衣巷里。羲之听到了，看到了，知晓于心，但不便发言。他看到了政治斗争的残酷性，操权柄者的任意杀伐像一阵阵寒风吹进这个少年的心里。他明确认识到，这是个乱世，乱世中无人能置身事外。他亲身感受到，王家就处于时代飓风的中心，稍不小心就会招来灾祸。失去父亲之后，羲之兄弟无时不感到内心的凄凉，无所依傍的孤独夹带着莫名的恐惧，在彼此的眼神中都有流露，他们也因此更加亲密。羲之逐渐明白，世上那些所谓的清谈家大都是些沽名钓誉、耍嘴皮子的货色，没几个有真本事的。羲之自勉：千万不要做那种有名无实的清谈文人，也不能指望他们，一切都得靠自己！

籍之被弹劾

福不双至，祸不单行。

不久，羲之一家又遭遇到不幸。

时任丞相的司马睿委任彭城人刘隗为丞相司直，委以刑宪。丞相司直这一官职是汉朝设立的，魏晋时期，此官的地位相当于二千石，与州郡首长同级但权力很大，其职责是辅佐丞相纠举犯有不法行为的官员，相当于政风监察，专司纪律刑名。刘隗这个人雅习文史，"善伺睿意"（善于揣摩司马睿的意图），故司马睿特亲爱之。历代朝廷中常有这类人，察言观色，讨好君主，无事生非，而上多好之。

刘隗一上任就连奏数本，弹劾了一批人。其中有一本是弹劾羲之兄长、琅邪王世子文学侍从王籍之的，罪名是王籍之在其叔母丧期中结婚。刘隗在奏章中同时也谴责了籍之的岳父周嵩，叔父王廙、王彬等（刘隗的奏章见《通典》卷六十）。

王籍之，字文伯，生卒年不详，和羲之是同胞，兄弟二人极为亲好。自父亲"下落不明"后，家中事务几乎全赖籍之操持。对于这个残破的家庭，籍之就是全家的顶梁柱、主心骨。因为羲之的婶母死后未满三年，还在丧期中，按当时的道德律条（两晋时代的礼制规范是和刑罚联系在一起的），籍之不能结婚。这件事极可能因为当事人的疏忽。我们不妨这样理解：王旷战场上失踪，家中没了家长，外界交往有诸多不便。羲之的母亲希望长子及早成婚，给这个败落的家庭一个延续的希望。她的心情一定相当迫切，因为急于求成，未能顾及朝廷的清规戒律。因为操之过急，或因丧期中的婶子只是一位族中远亲，也许因为同类事情别人早已为之，因此疏忽了礼法限制，以至于成为刑名师爷刘隗——一个善于讨好皇帝、借朝廷抑制豪强、对同僚吹毛求疵的人——向朝廷讨好的因缘借口。

东晋初，在王导"宁使网漏吞舟"政策的保护下，货赂公行，吏治相当腐败。刘隗力图予以纠正，不能说没有正面意义。参军宋挺是扬州刺史刘陶的门生，刘陶死后，他强娶刘陶的爱妾为妻，又盗窃官布六百余匹，本应弃市，遇赦而免予追究。不久，太山太守阮抗想召宋挺为长史。刘隗得知此事，认为宋挺曾霸占刘陶之妻，违背三纲之义，有悖人伦之序，而且贪赃枉法，虽遇赦免死，但应在官员序列中除名禁锢终身并发配边境充兵；对于明知宋挺赃污乱伦却仍欲举荐为官的阮抗，则应给予免官和下狱治罪的处分。晋元帝看了刘隗的奏章，虽表示赞同，但因宋挺已经病亡，不想再行追究。刘隗据理力争，要求朝廷为整肃风纪起见必须坚持原判，务必使人人皆知。晋元帝后来同意了他的意见。

刘隗法不阿贵，不畏强御，将矛头直指当权的门阀世族，这一点是应当肯定的。汝南周嵩是东晋政权的台辅大臣，权势颇重。有一次，庐江太守梁龛居丧请客，周嵩与三十多人赴宴，此举有违规挥霍之嫌（晋朝礼法规定居丧期间不能大宴宾客）。刘隗奏免梁龛的官职，削为侯爵，以明丧服之礼；周嵩等人明知梁龛居丧而仍然赴宴，宜各给予剥夺一个月俸禄的处分，以肃其违。晋元帝从之。而后，周颛的弟弟周嵩不能奉法，擅自砍伤门生二人，又砍伤前来纠察的建康左尉。刘隗因此再次弹劾周嵩，周嵩因此被免官。

对于权倾朝野的琅邪王氏家族，刘隗也不留情面。南中郎将王含以族强显贵，骄傲自恣，社会上多有非议者。一次，王含随意提拔任用的僚佐和地方守令二十多人多是佞幸心腹，才不堪任。刘隗于是劾奏，要给王含治罪。只因晋元帝畏于王导的权势，此案才被按下而未审理。但刘隗并未因此气馁，对违规乱法现象依然保持着攻击姿态。当时"用法不及权贵"之弊十分严重，执法不公，用法不严，故有"延尉狱，平如砥，有钱生，无钱死"的民谚。建兴中，丞相王导府中的督运令史淳于伯被冤杀。刘隗为其申理冤情，指责具体负责此案的从事中郎周嵩、法曹参军刘胤等人"刑杀失于公允"，不能胜任其职，请求朝廷将他们全都免官，其矛头直指周嵩等人的后台王导。王导因此被迫上疏引咎，请求辞职。晋元帝未接受其辞呈。

王籍之受到弹劾，被贬谪外地。这次事件造成的负面影响极大：进一步加深了琅邪王氏与刘隗的仇隙——这其实也是司马睿和豪强势力之间的博弈。对此，琅邪王氏心怀不满，并将对刘隗的愤恨延伸至于皇帝。王敦曾多次训斥刘隗、刁协等人，不要老是阿谀皇上，不要借了朝廷的力量打击异己。后者置若罔闻。后来王敦造反，名义上是讨伐这帮人，其中也有对皇上的怨恨。由此，江左长期以来所形成的政治团结局面受到破坏。

复发癫痫

王籍之的被弹劾，对于羲之一家，是一次沉重的打击，上层政治斗争的残酷性在羲之的内心构成了难以消解的恐惧。试想，一个终日战战兢兢、万事但求无过的寡母好不容易办完了长子的婚事，以为日子从此可以稍稍好过一点儿，家庭的完整给她带来了谨慎的希望，没想到儿子却因此受到弹劾，这位母亲一定十分懊恼。本为家族兴旺，却给全家添了大麻烦，她的心情该是何等的不堪！对母亲极尽孝道的王羲之，看见母亲如此痛苦，心如刀绞。

此年，王羲之复发癫痫病。

《晋书·王羲之传》曰："羲之幼讷于言，人未之奇。"《世说·轻诋》云："王右军少时甚涩讷。在大将军（从伯王敦）许（坐了一会儿），王（从伯王导）、庾（亮）二公后来，右军便起欲去。大将军留之，曰：'尔家司空（指王导）、元规（庾亮字），复何所难？'"意思说，都是自家人，有什么不好意思的，不必刻意回避。这说明王羲之自幼是个比较内向的人，寡言、腼腆、不善交际，也不喜周旋于公卿王侯之间。

裴启《语林》中载："王右军少尝患癫，一二年辄发动。有答许掾（许询）诗，忽复恶中（癫痫又发作），得二十字。"羲之的"幼讷于言"也许是个性——寡言不算毛病，但是他的寡言似乎并非出于本来性情。身在琅邪临沂乡村、童稚时代的羲之是个天真活泼、爱说爱笑的孩子，并不寡言。后来的"讷于言"，十有八九是永嘉南渡后形成的。路途受到的惊吓，失怙之痛的心理阴影，以及在乌衣巷里的诸多炎凉，让一颗本来明亮的心在陌生环境中黯淡下来，烂漫心性好像尚未绽放的花朵过早地关闭了。孩子的心灵是敏感而脆弱的，雾霾沉沉的阴影中哪还能有喜笑生花的性格？

至于"少尝患癫"，须深入分析，古人的记述中似有模棱之词。癫痫病有两种，一种是先天的，家族有癫痫病史，其后代子女往往有遗传者。如果子女无此病，也可隔代遗传，但是，羲之上辈中绝无此病者，后辈也没有患此病者，可见他的癫痫是后天发生的。据医学专家言，这种疾病往往是因大脑受了强烈刺激而得，恐惧、焦虑、过分的忧郁、极端的烦闷、超乎寻常的压力，都可能导致癫痫，甚至连游泳时呛了几口水，也会引发癫痫。

王羲之的癫痫，初次发生时间大致在永嘉元年的南渡路上。小小孩子，面对强盗的肆无忌惮的抢掠，直面了杀人的凶器和受害者猩红的鲜血，恐惧震撼了天真纯洁的孩童，本来正常的神经突然遭到摧残，身体内部的机能无法正常发挥，于是一时淤塞，造成疾病。羲之那次口吐白沫、四肢僵直、牙关咬紧的症状，其实就是癫痫初发。当时医生已经点明，只是母亲和哥哥都不肯相信，以为过几年就好了。此事早已过去数年，母亲的痛苦和哥哥的失意重新激发了睡眠的病灶，羲之再次被癫痫所困扰。

实际上，王羲之一生都没能摆脱癫痫的纠缠。王羲之享年六十岁，从孩童即患癫痫病，且每"一二年辄发动"，这么算来，他的一生中至少犯病几十次。虽然史料不曾详细记录那些犯病的情景，但是，我们可以合理想象，癫痫病不仅深切地影响了他的健康，也影响到他生活的诸多方面。

母亲卫夫人本来就很痛苦了，如今小儿子复发癫痫，真是雪上加霜屋漏遭雨，这让她心如刀绞，几乎无法支撑日常生活。籍之贬谪外地，媳妇还在家中，需要婆婆的关照。家中事务本可以由羲之分担一些，如今他癫痫发作，里外没有人手。族人虽然送来安慰，到底都是不中用的哀怜。夫人回忆了多年前的那可怕一幕，正应了医生的说法，她一直不肯正视的事成为残酷的现实。夫人终日以泪洗面，不知道这孩子能否健康长大成人，不知道今后这个家将怎样维持下去。

不久，羲之恢复了常态。癫痫病就是这个样子，犯病时如同濒死，口吐白沫，人事不省，四肢僵硬，咬牙切齿……一旦过去那一阵子，一切照常。好在羲之的癫痫并不重——一二年辄发动——发病不算频繁。许多患癫痫病的人，如不使用药物，常常数日犯一次，情态很是狼狈。在某些情况下，癫痫是很危险的，比如游泳时犯病则有可能淹死，骑马时犯病则可能摔下马来受伤。

夫人见羲之并无大碍，稍稍松了一口气，但心头的巨石难得放下。母卫夫人为此许下大愿，只要能让儿子健康安然地长大，她将给太上老君烧香磕头，到泰山老祖那里还愿。看见母亲为自己如此揪心，羲之说不出有多么难受。自此以后，母子俩相依为命，心照不宣地维护着风中之烛般的日子，情景不无凄凉。

无论世事怎样颠簸，生命的扁舟还要继续漂泊。

首啖牛心炙

永嘉五年以后，江北诸地陆续失守，江南志士仁人纷纷要求北伐，以收复失地。公元三一三年，范阳人祖逖自告奋勇，建议出师北上，恢复中原。"司马睿素无北伐之志"，对祖逖的建议没有兴趣。但是如不北伐，则有违上下一致的正义呼声，于是朝廷只采取了敷衍的态度。司马睿以祖逖为奋威将军、豫州刺史，给千人廪，布三千匹，不给铠仗，使其自行招募兵将。

祭祀与军事，从来都是国家大事，如此对待北伐这样的战略大计，简直就是小孩子过家家，类似儿戏！试想，北方侵犯者十数万人，只给一千人马的给养，连铠甲兵器都要自己去想办法，这哪里像是打仗啊！一个国家的北伐就这么潦草，可见朝廷并不用心。但是，豪情满怀的祖逖并不因此却步，他念念不忘江北父老身陷异族压迫的痛苦，血气萦怀，坚决地推动这次军事行动。祖逖率本部百余家渡江，中流击楫而誓曰："祖逖不能清中原而复济者，有如大江！"这等于发下了视死如归的誓言：如果不能恢复中原，我甘愿像这大江一样有去无回！

祖逖不愧为中国古代最为著名的军事家之一。经过多次艰苦的战役，他率领的军队获得了许多重大胜利，并曾一度使"黄河以南尽为晋土"。祖逖有大将之风，谋略精密，又善于用人，就连骁勇善战计谋多端的石勒也畏惧他，每逢战场上遇到祖逖，石勒总是努力避开晋军锋芒，可谓是望风披靡。在好长一段时间里，兖州、豫州、青州都在祖逖的控制之下，南北方甚至互通贸易，战事也得到暂时的停歇。在这种态势下，如果南方积极给予支持，假以时日，中原失地极可能收复。

然而，这位骁勇善战的忠臣未能将北伐进行到底。他的军队不仅得不到朝廷的后援，反而受到许多方面的掣肘，祖逖终于大志未遂，抱恨而卒，年仅五十六岁。豫州人民听到这一噩耗，若丧考妣，谯、梁百姓为之立祠。此后，终东晋之世，除桓温外，未再有如此爱国、智勇双全、收复大片失地的英雄人物。满怀爱国之志的王羲之曾为此人的命运感怀万千，视其为英雄。

建兴二年（314），羲之已是十二周岁的少年了，对世事已有相当的了解，也深切地感受到过江士族的进退与心情。是年三月，石勒陷幽州。七月，刘曜、冉闵等又逼长安。西晋以洛阳为都，洛阳被攻陷之后，长安是晋愍帝的暂都之地。此时黄淮两岸几乎尽陷敌手，天下风雨飘摇，人心惶惶，庶民宛如倒悬，士族如丧家之犬。《世说·言语》记载了一次有名的士族聚会：过江诸人，每至美日，辄相邀新亭，就是官场举行的派对。《景定建康志》中写道："新亭亦曰中兴亭，去城西南十五里，近江渚，藉卉饮宴。周侯（周顗）中坐而叹曰：'风景不殊，正自有山河之异！'皆相视流泪。惟王丞相（导）愀然变色曰：'当共戮力王室，克复神州，何至作楚囚相对！'"

当时的场面和众人的情绪，确实相当感人。南渡士人面对江南美景，难忘北国沦陷之痛，故园难归，情何以堪！大臣周顗的一席话勾起满座的亡国之恨，其心情之波澜翻滚，其怀旧之深切，可想而知。当时气氛凝重，周顗的感伤之词至为动人，以至于让在座的"相视而泣"。那时大家刚刚过江，对逝去的家园尚有热切的想望，对景感慨，以至于热泪盈眶不能自持。以后，永嘉南渡之人定居江左，偏安一隅，不复作故国之想了。唯有王丞相理性持重，说了几句正能量的话。

羲之十三岁那年，琅邪王司马睿已经成为风雨飘摇的西晋王朝之最为重要的力量，坐镇江南，控制大半个朝廷。事实上，除了司马睿的江左力量，西晋王朝已经没有像样的军力了。八月里，朝廷任王敦为镇东大将军，都督江、扬、荆、湘、交、广六州诸军事（这差不多是大半个东晋的军事力量）、江州刺史。无疑，王敦成为权势最重的外任官员。自此，王敦有权选置刺史以下的官吏，事后只须给朝廷备个案就行了。

于是，"寝益骄横"，盛气凌人，不可一世。

王敦以从弟王廙为宁远将军、荆州刺史。作为艺术家的王廙选择了王敦，有看重性情中人的因素，更多地则是出于士族间在政治上的相互依存。王敦看中王廙的忠诚、才华和能力，彼此臭味相投（这里没有贬义），在政治上难分谁是谁非。王廙外任，自是不能经常教导羲之书画事，但他在赴任荆州刺史前还是和羲之谈及书法方面的学问，甚至也略为说及家族内外的大小事体以及王敦其人——羲之的从伯父。

是时，荀崧都督荆州、江北诸军事，屯宛城（今河南南阳市）。杜弢之弟杜曾引兵围之，荀崧求救于南中郎将周访。周访遣其子周抚率兵三千救之。周抚后来成为羲之的挚友，坐镇成都凡数十年，著名的《十七帖》中的二十余封书信多数是致周抚的。王敦忌陶侃之功，徙陶侃为广州刺史，以王廙代之为荆州刺史。陶侃部将以王廙"忌戾难事"（脾气不好，个性乖戾，很难侍候）而西迎杜曾。王廙率领诸军讨伐杜曾，反为杜曾所败。王敦不忿，于是任命湘州刺史甘卓、豫州刺史周广等助王廙出击杜曾。杜曾大溃，王廙乃得荆州。王敦此举，表面上看只是帮兄弟王廙出了一口气，客观上却一举绥靖了扬州以西的荆、江两大州，扩张了东晋的辖地，对巩固东晋政权可谓功莫大焉。但是，这件事也加深了他和许多人的矛盾，包括周抚。

当时朝中大臣周顗因受刘隗弹劾，"去俸一月"，心中颇为郁闷。一日，周顗大宴宾客，款待当时江左名人，王羲之也在嘉宾之列。当是时，江左稍安，文武将相多在建康。从前节所述之新亭赏景感叹亡国之痛，可以想见当时南渡文人的心理状态。他们经常在一起饮酒，凭吊故园，联络感情，相互慰藉，类似今日之上流社会的豪华派对。

这次聚会，王羲之得以在社交场上初露头角，在士族群体内引起很大的轰动。《晋书·王羲之传》中记载：羲之"年十三，尝谒周顗，顗察而异之。时重牛心炙，坐客未啖，顗先割啖羲之，于是始知名"。这个著名故事来源于裴启《语林》。刘茂辰先生按：《晋书》引用漏一个"绝"字："时绝重牛心炙"。《世说·汰侈》亦有记载，文字稍有不同：

"王右军少时，在周侯末坐，割牛心炙啖之；于此改观。"

这次聚会，王羲之是代表王旷一门被邀请的。其时，籍之被贬外任，家中男子只有羲之。羲之当时还算未成年的孩子。按说，这种情况，东道主可以忽略，因为羲之还是少年，可以不出席公共场合。但是，羲之的书法此时已经颇有名气，周顗出于爱才惜才，特意将羲之列入被邀请的客人名单之中，也属正理。

一见面，周顗老先生就认出了羲之，彼此见礼。

周老先生把羲之拉到自己旁边坐了，先就说到书法。

周顗说：近闻你的隶书、章草很是了得呢。

羲之谦恭地说道：君子以道以德，书者，冠冕而已。

周顗当即说道：何以如此轻书而重道也？

羲之说：书法，数年便有可观之处，即有盛誉，未可沾沾自喜；道，须终生为之，得一词赞许，便为可贵。

周顗大喜，又问：公子将何以修身？

羲之说：古人多有垂范，在下不敢望其项背。

周顗又问：当下世人，谁个堪为楷模？

羲之笑道：本人德薄才浅，不当轻率臧否。

周顗听了，不由得对眼前这个才情茂盛、清贵持重的少年刮目相看。

此时，烧烤架上的牛心炙刚好熟了，嗞嗞啦啦，流香四溢，让人馋涎欲滴。

周顗老先生站起来，走近烧烤架子，拿起刀，在烤熟的牛心上切下了第一刀。他把那块牛心放在盘子里，亲自递给了王羲之。

羲之接了，恭谨拜谢。

这件事，用现在的情势打比方，就好像一位总理在正式宴会上既没有发表讲演也没有将当时的名宿尊为上座，而是先给一位少年端上一盘绝佳美食。而且，此美食是具有象征意义的时尚之物。这是一种很高的礼遇，也是给予当事人的一份非比寻常的赞许和推荐。再打个比方，现在许多金融巨子都希望花三十万美元争取和股神巴菲特共进一次午餐，假如巴菲特破例免费招待了一位初出茅庐的上市公司法人或经纪公司老总，而且这人还是一位少年，会在金融界引起怎样的反响？假如比尔·盖茨在访问中国时特别安排一次单独接见一位擅长软件设计的少年，那少年将会获得多大的声誉！

作为一位宿老，一位拥有高尚社会地位和清谈领袖声名的前辈，周顗老先生的举动当时就让在场的士人大为震惊。人们面面相觑，彼此都在询问：这位美少年是谁啊？啊，他就是善隶书、章草的王羲之啊！参加这次朝廷上层大派对的人无不以受到邀请而感到自豪，多少人以吃到牛心炙而感到兴奋异常！谁也没想到，第一个享受最高优待的竟是一位未出茅庐的少年——王羲之。如果当时有报纸，一定堪为头条。

这一看似微小的情节，一时成为社会新闻，在士族中引起很大的反响。如果当时未曾引起广泛的议论和赞叹，惜墨如金的史书中不会有多处记载。更可贵的是，羲之对此却未显示出丝毫的自鸣得意，足见其少年老成。刘孝标注："俗以牛心为贵，故羲之先食之。"作为一个少年学子，王羲之能参与这次盛会，本就有些破格。羲之和周顗之间此前过往并不密切，此次老先生对羲之"察而异之"，这样的意外享誉足以让浮浪子弟受宠若惊，但是王羲之淡然处之，未见一丝一毫的轻狂。

从王敦夸奖王羲之"我家佳子弟"，到周顗举行的名流派对上"首啖牛心炙"，羲之的超逸不凡逐渐被世人认识，其品格和学识都显出"非平庸之辈"的光彩。不妨作此想：见多识广的周大臣见过多少眉清目秀的倜傥少年，"察而异之"的又有几人？像周老先生那样的饱学之士，不会因外貌姣好而给予年轻人如此破格的待遇。羲之因书法引起周顗的注意，真正的好感和赞许来自他们那短暂的寥寥数语的交谈。周顗发现王羲之卓然不凡，见识高远，品格清贵，才情茂盛，所以才有如是之举。

无论如何，从"幼讷于言，人未之奇"，到首啖牛心炙，"始知名"，周顗在王羲之的成名路上起了重要的推扬作用。也许，羲之之所以有幸参与这次宴会，是因为其嫂（籍之妻）是周顗的侄女；无此亲戚关系，羲之未必有缘谒见周顗这位名重一时的大臣。还有一种可能，周顗念王旷北地抗敌失踪，家中子弟有失怙之苦，出于仁厚，请了籍之，而籍之不在京，羲之代之。此说亦可解。无论怎么说，此事足见周顗是一位仁厚的长者。

羲之十四岁那年，再次发生弹劾事件。丞相司直刘隗轻率攻讦，名士多被弹劾，甚至还劾奏王导、王含（王敦之兄）的诸多过失，而司马睿不仅"一无所问"，反以"政刑失中皆吾暗塞所致"，自责一番了事。这并非因为司马睿宽宏大度，而是因为当时王氏的势力极大，司马睿不便得罪。刘隗深恐王氏壮大，威胁帝室，故反复揣摩，一再深文周纳，盖以此讨好司马睿，显示自己"为王者虑"的"忠心"。王氏被刘隗反复弹劾，整个家族"深忌疾之"。这成为后来王敦"清君侧"的口实。

书乃吾自书，画乃吾自画

次年（317），西晋灭亡，东晋建立，司马睿为晋元帝，史称东晋。羲之时年十五岁。

晋元帝登基，王廙曾作《白兔赋》，同时还写了一篇辞藻优美的序文，主题思想是祝贺他这位刚当了皇帝的姨兄司马睿。汉代以来，《乐府》近于《国风》，而辞赋则近于《雅》和《颂》。王廙的这篇赋，立意在于歌功颂德，文学价值不大，却深得皇帝的喜欢，王廙因此所得赏赐多多。朝廷依王导之议，立世子司马绍为晋王太子。注意，羲之的胞兄王籍之曾为这位世子的文学侍从，司马绍被立为太子对王籍之的仕途是有利的。至少，这对于王籍之及早结束贬谪生活有好处。

司马睿当了皇帝后，委任王敦为大将军、江州牧，相当于集团军司令加直辖市市长。扬州刺史王导为骠骑将军，都督中外诸军事，领中书监，录尚书事，相当于参谋总长加总理。右长史周顗为吏部尚书，相当于组织部长兼人力资源与社会保障部部长。军咨祭酒贺循为中书令。参军事孔愉长兼中书郎。此外，还封有"百六掾"。这一时期，朝廷上下，一片新气象。本年，后来成为羲之岳父的郗鉴仍在兖州刺史任上，都督兖州诸军事，统御北方，以对付边疆日益复杂紧张的局势。

羲之十六岁了，向叔父王廙请教学画。

王廙听了，起初并不经意，只是说：人之一生，不过数十年。若能集中精神，不懈努力，庶几可在某一方面有所造诣。你现在书艺大进，有望登峰俯瞰天下，如果分心绘画，企图一石二鸟，我担心你画不成而书半废。

羲之不急不慢地说：书画本是相通的，正如人之七窍，学画当不误学书。

王廙说：书与画，毕竟不是一回事啊。

王羲之说：我觉得二者并举，也许可得融合的好处。比如人之双手，一起合作，一手得其所用，另一只手也不闲着，于身于心都会更加轻松。否则，单单用某一只手，既不平衡，也是暴殄天物嘛。

听侄子这话，王廙颇为赞许，说：那你说说，二者何以平衡？

羲之说：我以为，书画虽然都是有形之术，但其根本所求却在于精神。书的精神，在于线条中蕴涵情势，而画呢，除了线条，还有明暗色彩，二者在形之外都有一种气韵。书法如天马行空，绘画如风过寒林，二者有相与呼应的妙处……

一席话，让叔叔王廙颔首微笑。

王廙道：羲之啊，从你这几句话我就能知道，你已经懂得艺术了。其实呢，我是赞同书画同源的。学作画，可以感受具体形象的皮相美丑，这是人人都知道的。即便凡人肉眼，也能看出像与不像、似狗似猫，但是只有那些深入艺术之中的人才能看到血肉温度和气质雅俗；学书呢，也不仅仅是线条的组合，那里有力量、冷凉、弹性，甚至还有内在的学识、性情、品格。本来我担心你因此分心，学会了画却荒废了书，今儿见你深知二者的联系，那我就权且做个引路之人吧。这样，过几天，我给你做个摹本，你先练练手。

羲之向叔叔深深一揖，说：家有良师，此为天赐。

不久，王廙画了《孔子十弟子图赞》，赠给羲之。

羲之端详画上的那些栩栩如生的人物，还有那极风雅、极潇洒、极端庄的章草题款："余兄（王旷）子羲之，幼而岐嶷，必将隆余堂构。今始年十六，学艺之外，书画过目便能。就余请书画法，余画孔子十弟子图以励之。"岐嶷，有醉心艺术、专心致志、坚忍不拔的意思。王廙认为，他的这个侄子必将在艺术上有所建树，足以为王家争光，所谓"隆余堂构"，就是光宗耀祖的意思。

羲之明白叔叔的用意与厚爱，十分珍重这件艺术珍品。作品上的十位人物，全部为线条勾出，无明暗，无敷彩，无悔笔，宛如一气呵成，人物个个生动有神。看，颜回行于陋巷之中，一箪食，一壶浆，而眼神安静，一副心无旁骛、宠辱不惊的神情，简朴的衣带飘飘欲仙，让人感受到道的自尊与强大。子路则是另一种形象，他体魄健壮，身材高大，双目炯炯，威风力透纸背，言行豪爽，敢于担当，凛然之气辐射十步之外，而性情之朴直，足以叫人引为知己。今日凡见过《八十七神仙卷》的，都能想象到魏晋画家所熟悉的那种线条及其表现力。由此猜度，王廙的《孔子十弟子图赞》，当不在其下。

羲之反复端详叔叔赠与的这幅画，心醉神迷，爱不释手。他知道，叔叔给他的这幅画，绝不是一件仅供孩童绘画的童蒙摹本，其中有更深的用意，其中有道、有心、有精神指向。叔叔是想借此表明，他赞赏儒家学说，主张礼教之道，希望族中后起之秀能以圣贤为典范，让艺术扎根于德行的土壤里。羲之没有马上动笔练习，而是反复琢磨这十个人物的精神内在，直到心有大感动时，才提笔习作。

不久，叔叔前来检查他的习作。

羲之不愧为"过目便能"的聪慧之人。王廙看了侄子的习作，人物个个生动，惟妙惟肖，其中对子路、冉有、颜渊的描绘，可谓绘形绘色，且见心明性。这几个人物，从精神状态看，不亚于他的原作。王廙大为吃惊。

羲之请叔叔批评指点，态度谦恭，用心诚恳。

王廙一一评点了侄子的画作，并再次强调了他的艺术主张。他说：嗟尔，你的进步如此神速，叫我这个当叔叔的十分高兴。虽然你学我的画，学我的书，但我不希望你囿于我的笔墨之中。还是那句老话，画乃吾自画，书乃吾自书。你要努力走出自己的路子来，创造自己的风格。你这个叔叔，别的事未必值得你效法，但我坚信，我的书画还是值得一学的。学我什么呢？不是亦步亦趋地学我的字我的画，而是学我敢于自创新路的道。新路子不是凭空臆想出来的显摆，而是不得不为之。为此，你必须熟知前人的成就，还要看到掣肘之弊裹足之困，并且拿出你的办法去解决，那才是你的画你的书。这就是道，道是顺应自然的，不是故意拿捏的。明白吗？

羲之点头称是，深以为然。

王廙又说：叔叔还要告诉你，书画只是艺术的枝叶，文学才是根基，学问的深浅，修养的优劣，知识的厚薄，决定了艺术造诣的高低局限。井底之蛙，虽千次万次跳跃，所见不过方寸天地；大树只占方寸之地，而根在黄泉，气势达于青天。以蝙蝠之能，虽食蛾千百，到底不知彩虹霞光为何物。看到自己的不足，就等于有了进步，荀子的《劝学篇》说得最是到家。艺术需要灵感和灵魂，这方面都是相通的。要想学好书画，必须知道积学可以致远的道理，万不可两眼只盯着前人字帖和画匠摹本。读书阅人，自我高标，所学甚多而不离正道，方向和路子都要正派才好。何谓正道？圣贤而已矣。所以，我为你画了那些圣贤，又各为汝赞之。

羲之说：侄子明白叔叔的用意。

王廙语重心长地说：贤侄啊，人生短暂，譬如朝露，既然你有这份儿聪明，千万不要荒废了时间。等你出仕之后，即使有些时间空当，也没有现在这样安静的心情了，所以你要珍惜这段光阴。我是往返于雅俗之间的人，出入凡尘，来回之间有许多的甘苦，老想有一段安静的日子专心书画，可是世事无常，哪还有那个福气啊！

羲之见叔叔动情了，知其有难以诉说的痛苦，不便接话。

王廙带着难得的喜悦和无以言说的痛苦，离开了乌衣巷。

羲之望着叔叔的背影远逝，不由得一阵感动，他好半天站在门廊下，忘却了自身所在。叔叔是他的艺术知己，叔叔的谆谆教导不仅指点了迷津，开发了思路，也足见其仁爱之心深而且广。在叔叔诲人不倦的教导下，羲之在书法上继续精进，绘画也日渐有了成就。南朝宋陈思《书小史》卷五："王廙工草隶、飞白……亦好索靖之风。"南朝齐王僧虔《论书》云："廙是右军叔，自过江东，右军之前，惟廙为最。画为晋明帝师，书为右军法。"张彦远《历代名画记》卷五云："王廙本集有《异兽图》、《列女仁智图》、《狮子击象图》、《吴楚放牧图》、《鱼龙戏水》绢图、《村社齐屏风》、《犀兕图》，并传于后代。"谢天谢地，今儿我们还能有幸看到这位书画大家的墨迹。

羲之在绘画上的成就再次说明，王氏家族是个书画艺术家群体，其中多有像王廙那样名重一时，在艺术上登峰造极的人物。深厚的文化渊源，给羲之的成才提供了源源不断的艺术营养和近水楼台的优越条件。

王敦造反与诣台待罪

三年后，羲之十九岁。

是年（321）三月，朝廷置《周易》、《仪礼》、《公羊》博士职位。将某一本书的研究者作为一种官职，而且设在中央政府，这说明东晋朝廷沿袭了汉朝的传统，比较重视儒家及其经典。他们兴学校、立博士，以学为政，全为贯彻"正心、修身、齐家、治国、平天下"的儒道；但事物皆有两面性，正是这种泥古唯书之举造成了魏晋的清谈之风，造成了意识形态下掩盖的矛盾，许多人借此风气大逞学问之能，罔顾体制的腐朽，无视实际的难题，社会矛盾积重难返而书生们却沉湎于经学训诂之中，无动于衷，麻木不仁，终于让人们看到一个事实——儒学不能挽救社会的衰颓之势。

在政治上，东晋朝廷不敢直面自身的弊端，不能坚持依法治国，罔顾豪强士族的贪腐枉法，企图用宗派制约的方式平抑各方势力以求达到所谓的"和谐"。这年七月，朝廷以尚书戴若思为征西将军、司州刺史，镇合肥。以丹扬尹刘隗为镇北将军、青州刺史，镇淮阴，皆假节领兵，名为讨胡，实是防备王敦。司马睿见王家不仅占有行政权力的顶端，且控制着大部分军队，有意利用刘隗等防范抵制王敦、王导。

朝廷的用意，王敦岂能不知？他是个拥兵自重而且行事率性的人，见此形势，便致书刘隗：最近一段时间里，朝廷的许多安排都不是为了抗击外敌，而是拿我王敦当作防范对象，这些都是你小子出的主意！你们这帮小人，大敌当前，不知内修政务，富民强国，抵御外侮，就知道窝里斗。你小子惯于看皇上的眼色行事，多年来处心积虑，千方百计地离间朝廷与我们王家的关系，罪恶多端。我告诉你，这样下去，没你好果子吃！

刘隗接到王敦的愤怒之书，并不在乎。他在回信里只是反复表白自己对朝廷的忠诚：我刘隗只愿为元帝竭尽股肱之力，效之以忠贞，哪里想到自己的安危啊。王敦得此书，甚为恼怒，当即就要兴兵讨伐，被王含等人给劝止了。上层矛盾日趋加剧，刀光剑影如在眼前晃动，剑拔弩张的日子到来了。

朝廷以骠骑将军王导为司空。司空为三公之一，在西汉时就是国家政务首脑，开府辟官、品崇礼重、位极人臣。东汉以后，政务权虽然移入尚书省，事归台阁，三公仍为朝廷最高官职，待遇优崇，为个人仕途之顶点。

至此，琅邪王氏的势力达到家族史上的顶峰。多年的经营，几代人的不懈努力，王家已经是树大根深的第一望族，不仅老一辈人被朝廷视为国家的顶梁柱，新生代亦才俊迭出，蔚为壮观。由于王家待人宽厚、处事圆融、家学深广，子弟们才学还算扎实，社会上普遍承认了王家的荣誉和地位。《世说·赏誉》："阮光禄云：王家有三年少：右军、安期、长豫。"这三人分别为王羲之、王应和王悦。王悦字长豫，丞相王导的长子，仕至中书侍郎。王应，字安期，王含之子，王敦无子，养以为嗣，为武卫将军。

王羲之的从伯父王敦是西晋重臣，身为驸马，又善于打仗，长期操有重兵，朝中又有王导为首辅，兄弟二人，权倾朝野，可谓炙手可热、势力绝伦，内有生杀予夺之权，外有左右天下之威。应当说，王敦于乱世烽烟之中，转战南北，为两晋王朝立下了汗马功劳，也为东晋的确立和稳定起了拱顶石般的作用。没有王敦的疆场奔驰，司马氏难以偏安江南。王敦性格豪爽，往往喜怒于色，处事果敢坚决，不善令色，自有其个性化的刚强与鲁莽。经过多年动荡，王敦从青徐兖豫打到扬州、荆州、江州，战功卓著，朝廷多次封赏，王敦与王导兄弟二人同为当朝文武两方面的顶级人物，朝廷颇依赖之亦颇忌惮之。王导老谋深算，不露声色，而王敦"自恃有功，且宗族强盛，稍益骄恣。元帝畏而恶之，乃引刘隗、刁协等以为腹心，稍抑损王氏之权，王导亦渐疏外"。

晋元帝的这种政治伎俩，造成了君臣间的离心离德，冲突指日可待。

王敦见朝廷对自己老是不放心，百般设防，处处遏制，还利用刘隗、刁协等人不断打击王家，看上去大有灭掉王家而后快的势头。内外官员看在眼里，不少人首鼠两端，对王家敬而远之，多年经营的上层势力圈子渐有崩解的迹象。王敦益怀不平，遂构嫌隙。司马睿在王敦、王导为首的琅邪王家的辅佐拥戴下，从北方逃来江南，得以立足建国，以至形成"王与马共天下"的形势。应当说，琅邪王氏在政治上对司马氏是忠诚的，司马睿不应暗存疑心。但是，历来统治者都有一个痼疾：在其谋取政权时君臣往往能够推心置腹，上下一心共同奋斗；一旦政权到手，立即就产生猜疑，疑人偷斧，杯弓蛇影，进而造成君臣不和，内外冲突于是渐趋紧张。历代王朝的内戚与外臣间的窝里斗，大都因了集权制度本身所派生的不信任。司马睿才能平平，深知建国立业离不开王家这一政治支柱，然而朝政稍安便生间隙，司马睿深恐王氏僭越（这是曹魏和司马氏沿用的政治手段），以己度人，心生疑窦，于是便引入刁协、刘隗等人以为腹心来对付王氏。这让自恃功高的王氏十分不满，王敦尤甚。

所谓"功高震主"、"强臣慑君"的弊端，说到底，是封建社会的制度性暗疮，不能单单摘出某人加以谴责。纵观历史，帝王们采取的平衡牵制往往只求得心理上的短暂安慰而不能因此避免权争，无事生非造成内乱的也不少。这是封建社会的痼疾、制度的弊端，不是单凭明哲保身就能避开的。

羲之已经长大，多年的政治风雨让他成熟起来，对朝廷那边发生的事情必然有所警觉。此前，刘隗曾弹劾羲之的胞兄王籍之，害得一家人惶惶不安，籍之因此受到处罚。后来刘隗等又在晋元帝面前多次打小报告，怂恿司马睿对王家提高警惕，朝廷因此多有举措。王敦致书斥责刘隗的事，刘隗回信对王敦打官腔的事，王家上下都有所知。那年正月，刘隗、刁协两个曾劝说皇帝司马睿尽快采取措施，"尽诛王氏"。刘隗的这一建议，是个致命的馊主意。

这件事迅速传到乌衣巷里，众人惊慌失措，许多人觉得大难临头，想着如何逃难，哀叹之声不绝于耳。籍之得到太子司马绍的庇护，从贬谪之地回到京城，向母亲问安之后，没来得及看望自己的媳妇就找到弟弟羲之，问及朝廷和王家的矛盾将会如何发展。羲之说：从全局看，应当不会有大乱，但是内臣外戚对抗，剑拔弩张，冲突似乎指日可待。籍之说：咱大伯王敦是个什么样的人，你不是不知道啊，他那刚烈的脾性是容不得刘隗等人的。上边若是听了"尽诛王氏"的建议，大伯他一定按捺不住怒火，我等将何以为？

幸好元帝没采纳刘隗、刁协"尽诛王氏"的建议。

司马睿知道，尽诛王氏，朝廷将不可避免地倾覆。

羲之虽然身在乌衣巷中，但外界的风声雨声他都能听到，敏感的少年对此忧心忡忡。他清楚地感受到那种山雨欲来风满楼的紧张气息，有不安，但无可奈何。王羲之对王敦、对刘隗有什么看法，史籍未有明言。纵观羲之的生平，每当上下相疑将相不和时，他都是从中斡旋，努力劝和，从未见其有过激言辞。客观地说，羲之未必赞成王敦的行为，但对皇帝身边那些人，诸如刘隗、刁协之流，一定也有深刻的厌恶。

事件终于还是突然发生了。

永昌元年（322），正月，大将军王敦举兵于武昌，以"诛刘隗清君侧"为名，向京都进军。这件事，乍看去好像是造反，因此朝野一片轰动。这不是一般人的造反，这是皇帝的姑爷造反，是拥强兵而自重的大臣造反，是权倾一时的琅邪王家造反，其能量之大，绝非草莽群众的揭竿而起。然而，王敦的这次行动并非以夺取皇权为诉求，只是讨伐奸臣以清君侧。

祸起萧墙，大军压境，皇朝内外，既找不到能与王敦匹敌的战将，也没有与之抗衡的军事力量。一时间，京城内外人心惶惶。董卓之乱，将一座城池化为齑粉；曹操拿下徐州，诛杀几十万人；司马氏之乱，五胡之乱，几乎都是"尽除异己"。王敦胜，将有一批人身首异处；王敦负，则王家免不了满门之祸。

王敦造反，在琅邪王氏家族造成全面的、强烈的、史无前例的大惊恐。王敦"将在外君命有所不受"，恣意胡来，虽可得一时痛快，但他是否想过京城里王家千余人口此刻都成了笼中之鸟呢？如果元帝听信刘隗、刁协一班人的怂恿，一怒之下，王氏三族都将死在刀剑之下。这是迫在眉睫的灾难，乌衣巷里一片惊慌，人人都觉得末日到来，没日子可过了。

大司空王导虽然经验多多处事老到，但突然遭此变乱，也有些手足无措。消息传来，他一整夜未曾合眼，反复考量如何面对这一突发事件。次日，他还是没有想出什么好办法，最后只得率其几位从弟，中军将军王邃、左卫将军王廙、侍中王侃、王彬及诸宗族二十余人，诣台待罪。所谓诣台谢罪，就是跪在宫廷大门外的空地上，死乞白赖地表明心迹，求皇上饶命。说到底，就是无奈之时的苦肉计。

那情景实在难堪极了。此时王导已年近花甲，老迈年高，步履迟缓，龙钟蹒跚，没精打采地走在请罪的甬道上，那样子十分凄然。他脱掉平日惯穿的朝服，每日里草鞋布衣，天不亮就率领族中诸位在职官员连同尚未起家的成年男子一起去皇室大门前跪伏请罪。二月的建康正是数九严寒时候，风如刀、雨如箭，寒气侵人。王家老少齐班班跪在坚硬冰冷的地面上，脸面灰暗，内心沉重，当时是何等的狼狈啊！王导必定反复权衡过对付这次大事变的方略，算来算去，舍此没有别的办法，只有献上这出苦肉计，庶几还能救整个家族于覆巢之危。

王羲之也在诣台待罪的行列中。他已经成年，无法超脱于这个关系王氏家族的大事件之外。他每天都是遵命陪伴了伯父、叔叔、诸位兄弟等，自旦至夕跪伏于宫门之前。在凛冽的寒风中，在世人充满鄙夷和疑惑的眼神下，羲之对这次连带受罪的事该作何感想，史料未有明说。作者谨此猜想：羲之可能觉得这么做既出于无奈，也吉凶难卜，很没意思却不得拒绝。伯叔诸人既为国之重臣，对此应当早有预料，为什么弄成这样一种尴尬局面。大事生发，都有因果，早干什么去了，让我等受此屈辱！当然，羲之既不可能与王敦声气相通，也不能进言王导，一是他年纪尚小，不足以参与长辈之事。更重要的，他生性平和仁厚，不赞成这样激烈的内部冲突。王羲之自小饱受动乱之苦，心中存着渴望和平的念想，而儒家的忠孝节义仁爱和平则是他的为人信条，全然没有犯上作乱的念头。既然如此，却要不堪地乞求上心怜悯，实在是有失尊严。

羲之虽然不赞成王敦的造反，但也无法要求他像别人那样理直气壮地慷慨请战参与讨伐以见心明性。为什么？因为这里没有他说话的份儿，他尚未起家，不够资格向朝廷建言。再说，王敦是他的从伯，彼此属于一个家族，无论他怎样表白怎样激昂，外界还是将他们作为一个鼻孔出气的集团看待的。不要说他，即使王导此时要求带兵讨伐也不见得会得到朝廷的信任。所以，羲之不得不跟了伯叔兄弟每天做着跑龙套的角色，分担屈辱，等待发落。人为刀俎我为鱼肉，此之谓也。

错杀周颛

在王家诣台待罪的事件中，有一重要细节，值得特别加以记述。这天，周颛老先生将入朝觐见皇上，峨冠博带，行色匆匆，格外引人瞩目。王导素来与其相善，此时见他即将入朝，知其即将面见皇上，于是便求救于周老先生，到底是个机会啊。王导当即呼之曰："伯仁（周颛字），以百口累卿！"意思是：伯仁老兄，此事闹大了啊，我王导真是有口难辩清白！若是皇上怪罪下来，王家几百口人的性命就完了。在下恳请您代为向皇上求情，讨个宽恕——让您受累了，拜托了！

周颛看了看王导及其身后跟随的王家子弟，沉吟片刻，当时并没给予明确答应，就那样默默地进去了。这个周颛，就是曾经优先让王羲之"啖牛心炙"的那位仁慈长者、当朝元老、海内名士周伯仁。倘若他此时看到王羲之也在跪伏请罪的行列中，必定会心生怜悯。他知道，这些少年都是无辜的，他们尚未参与世事，不该受这等连累。面对此情此景，周老先生惨于心，但未将心情流露于面目之上，也没跟王导多说话。老人家是稳重的，也是讲原则的，在这种事关国家的大事面前，他不能私下里答应任何请求。

周颛进朝，觐见皇上，他没有直接在元帝面前为王家求情，而是冷静地分析了国家当前的政治态势。周颛的意见是，不可因王敦造反而连累朝中王氏家族，不是因为他们曾经有功，而是因为王家至今依然是国家不可忽视的力量。当此时，王氏一门权势甚重，若诛杀王家，等于在乱局中火上浇油；反过来，如果善待王家一族，则似釜底抽薪，庶几可以挽救一时的危机，至少不至于玉石俱焚。晋元帝听从周颛的意见，明令朝野，王敦造反乃其一人行为，王氏家族无罪。

周颛是一位了不起的政治家。他对当下的东晋政权的内外形势洞若观火，提出的政治方案十分正确，分析相当客观，也相当有效。这样的人才是真名士，才是真英才。司马睿接受了周颙的政治方案，也算是明智之举。于是他立即行动，亲自召见王导入宫议事。王导此时尚不知朝廷里作如何处分，所以他令兄弟子侄们不要轻举妄动，也不许随意猜测议论，继续跪在原地待罪，等候他的消息。

司马睿见王导进来，拿了王导前日脱下的朝服，郑重地给他穿上，态度诚恳地说：老先生啊，你这是何苦呢。王敦叛逆，自是他一人罪过，与卿何干？与诸位子弟何干？你我虽为君臣，然知情知心，多年来亲如手足，当此之时，卿当与我分忧，怎么自远自外了呢！为祸国家的是那个人，跟王家一应老小有什么关系呢。再说，咱俩多年来患难与共，彼此赤诚，这是谁跟谁啊，是不是？

王导见皇上不加以死罪，深深稽首，曰：逆臣贼子，何代无之？不承想竟出在我们王家，真是想不到的事啊！皇上如此宽大为怀，真让我这个老朽无地自容啊！说罢，竟然老泪纵横地哭了起来。

司马睿急忙站起，三步并作两步走到王导跟前，扶起这位老臣，执其手曰：茂弘（王导字）啊，现在朝廷正等待你的救国之策呢，能否平息这次动乱，还要看你的方略大计呢，你怎么还说这些话呢！还是快来商量一下怎么平定叛乱吧，不要再说那些感伤的话了。我现在就指望你了。

政治家也好，政客也好，无一不是现实主义者。即使政见不和、暗藏疑窦、彼此心怀鬼胎，也都要面对事实说话。事实之中存在深刻的利益关系，即使皇帝也不得不考虑再三。此时王家以自甘屈辱的方式请罪，那就顺坡下驴，也好借助他们王家的力量挽救覆巢之危。这边王家就盼着皇帝开恩不罪，以便躲过这场政治飓风，自然是喜出望外。王家终于从岌岌乎哉的危急中求得安全，王导以柔克刚勉强自保，自然没有更多奢求。如今皇帝不加怪罪，亦是万幸，作为王家的头人，王导当然愿意为朝廷继续效力。司马睿面对难题，自己无力对抗，只好拿了土块打坷垃，指望着解铃还用系铃人。

羲之跟随王导向朝廷请罪，看似循例，实为不得已。族长号召，羲之不好忤逆，也难以超然于外。王敦不满朝廷，早有造反之意，羲之是知道的。羲之未曾告发，也不曾对人言及丝毫，自有其为人的原则。王敦对羲之一直存着厚爱，另眼看待，羲之铭记于心。羲之的亲叔王廙现为王敦手下大将，而王廙又是羲之的书画老师；时任王敦从事中郎的周抚（史书称其"与邓岳俱为敦爪牙"），是羲之敬重的好友。此时羲之的政治态度如何，值得寻思，难以说得十分明晰。

四月，王敦军队的前锋攻打石头城，即首都建康的外城，刁协、刘隗、王导、周顗等三道军队受命出战。但是，这些临时拼凑起来的乌合之众对抗不了王敦身经百战的精良部队，六军败绩。镇北将军刘隗失败后，觉得大事不好，竟然投奔石勒，将自称忠臣的名号扔掉，投降了敌国——石勒是东晋在北方的主要敌人。刘隗投降石勒后，官至太子太傅，后死在北方。这个曾经劝元帝"尽诛王氏"的人，给东晋王朝带来了几近倾覆的灾难，可见他的主意不是为了国家大局，而是别有用心。刘隗经常挂在嘴上的"竭肱股之力，效之以忠贞"，到头来成了彻头彻尾的欺骗。这种靠阿谀逢迎讨好主子的口舌小人，往往都是口蜜腹剑招惹是非的家伙，他们的心底里并不存在所谓的忠诚，道德师爷的说教往往是欺世之词。从这一点看，王敦的讨伐奸邪，不是完全没有道理。

元帝见此情景，无计可施。

不得已，朝廷遣使向王敦请求息兵。

这就是说，朝廷告饶，皇帝服软了。

兵临城下，王室挂了白旗。王敦于是进城，俨然得胜之师，趾高气扬，不可一世，路人不敢侧目。他得意洋洋地自封为丞相、都督中外诸军事、录尚书事、武昌郡公，邑万户。此时的王敦，即使想要杀了皇帝自己登基，也无人敢阻挡。王敦进城后，首先杀了尚书刁协、骠骑将军戴若思、尚书左仆射。这是他起兵的缘由，也是目的。只可惜让刘隗那小子逃走了，王敦对此遗憾不已。

接着，王敦做了一件足以遗臭万年的错事——杀了护军将军周顗。此举实属残酷枉杀，周伯仁于黄泉之下，当难以瞑目。周顗受朝廷之命组织军队讨伐王敦，对于臣子来说，天经地义、义不容辞、无可厚非，政治上完全说得通。而且，周老先生在御前曾经直陈利害，分析大势，其说辞中并无对王氏一家有半点儿以偏概全的伤害。虽然他提出的政治方案是为了东晋的天下安定，但在客观上，也保护了王家数百号人的性命啊。

然而，王导对刚刚发生的这些内情并不知晓。为什么周颉没有将他在皇帝面前的陈情之词告诉王导呢？因为周颉明白，他的原始动机和理念诉求，并非出于保护琅邪王家，而是出于对东晋天下大局的考虑，故此未曾在王导面前提及自己的善意，也没有说自己的陈辞说服了皇上因此也庇荫到王家。这不仅显示出周老先生的睿智和忠诚，且足见其人品的厚道、磊落和自重。周颉不曾拿了这事给王家送"人情"，说明此人襟怀坦白，浩气贯于长虹。

可是，没有及时获知内情的王导却以为周颉见死不救，于是耿耿于怀心生怨愤。王敦进城后，曾与王导商量谁该杀谁不该杀。当王敦问到周颉这个人该如何处置时，王导沉吟良久，没有说话。王敦念及周颉的威望，再问王导，这个人到底是留呢，还是不留？王导念及诣台待罪时周颉不曾当面给他的请求一个明确的允诺一事，依然沉吟不语。王敦明白了王导的意思，于是杀了周颉。这件事，足见王导此人心胸狭隘，处事阴鸷，缺少仁厚。王导枉顶了政治家的头衔，他怎么不深入想一想，周颉事前事后没有明示帮忙求情，但事实是，周颉进宫见了皇帝后，王氏一家就被免罪了。你王导一大家人诣台请罪，数日不曾有什么作用，周颉进去一席话，事态立即发生了大逆转——谁在其中起了作用，这不是昭然吗？所以说，王导的为人算不上个明澈的君子。

元帝见王敦不断地杀害大臣和随侍，实在不堪忍受，就派遣侍中王彬（羲之的亲叔，王廙的弟弟，也是元帝的表弟）劝王敦手下留情，尽快息兵，王彬欣然受命前往。

王彬在前往王敦大将军府的途中，先往周颉的灵前拜哭，含泪述说了周老先生的功绩和仁德，请老先生在天之灵给予原谅，王家将永远记住老人家的高尚品德。然后，王彬才去见大将军王敦。对于这次事件的内情，王彬是知道一些的。他认为德高望重的周顗死得太冤枉，所以只身前往，为冤魂而号哭。

王敦听说王彬没有直接来拜见他，而是先去周顗的灵位前拜别，明摆着就是在指责他嘛，当即大怒，欲杀之。面对寒光闪闪的刀枪和不可一世的王敦，王彬毫无惧色，当着王敦和众人的面为周顗之死慷慨陈辞，并谴责王敦的残忍和不义。

王敦依然愤愤，他既不肯认错，也不肯放过王彬的性命。

王导得知王敦要杀王彬，急忙派人前往，劝王敦不可造次。王敦看在王导的面上，终以彼此从兄弟的关系，最后未对王彬下毒手。每读此节，人们都会对王彬报以崇高的尊敬，这样的人才是真正的名士、壮士、烈士！王家有此一人，足以光照千古，其余不足论矣。当然，由此也可见出王敦的气焰此时是何等的嚣张，生杀予夺尽出己意，其作威作福之状，虽董卓、曹操、司马懿之流亦不能望其项背。

王敦坐定首都，置天子于不顾，视朝廷为多余，必欲了尽愿望，发泄他多年的怨愤。如今，他满足了，凡是他看不中的人都被杀了。同时他也知道，自己已经身负骂名，周围的寂静中隐藏了恐惧、不屑和诅咒。他深知不便久留京城，于是矫诏号令，加王导为尚书令，以王廙为荆州刺史，自还武昌。

前此，司马睿命其叔父司马丞为湘州刺史，以牵制王敦的势力；王敦此时哪还肯留下这个眼中钉肉中刺，于是使王廙“杀丞于道中”。王敦此时之所为，已经达到目无朝纲、丧心病狂、随意杀戮的程度——军阀得势，淫威发散，祸国殃民，史上不乏此类。

七月，王敦自加兖州刺史，以郗鉴为安北将军。石勒手下大将石季龙攻陷太山，执拿守将徐龛。太山郡属于兖州，太山失守，兖州难以据守。兖州刺史郗鉴于是自邹山退守合肥。尚书右仆射纪瞻上疏，请征召郗鉴，加以权柄。上乃征拜郗鉴为尚书。郗鉴以疾不拜——称病不肯就任。郗鉴退守合肥后，琅邪危在旦夕。八月，琅邪太守孙默叛降石勒。至此，琅邪王氏的祖籍陷入敌国之手。

十月，都督荆梁二州诸军事、平南将军、荆州刺史、武陵侯王廙卒，年四十七。王廙是羲之的亲叔，也是一位修养全面的才子、文人、艺术家，平生对王羲之的生活、学业多有关照。在王氏亲族中，羲之与叔叔王廙、哥哥王籍之二人最为亲密。王廙的去世，给羲之以极大的打击，羲之为此痛苦万分。

王廙是元帝的表弟，王敦造反，司马睿曾派王廙前往劝止王敦，但是，王廙不仅没有说服王敦，反被王敦说服了。由此可见，王廙在政治上不如他的弟弟王彬清醒坚决。还有一种可能，王廙本人对朝廷也心存怨艾，尤其看不上刘隗、刁协一班口蜜腹剑的小人，所以才被王敦说服了。这种行为，当时被称为"受任助乱"。王廙这么做，反映了王氏家族对朝廷的普遍不满，也在一定程度上影响到王羲之的政治立场。

王廙虽然参与了王敦的造反，然其病卒之日，皇帝司马睿还是感到十分悲伤。"帝犹以亲故，深痛愍之。丧还京都，皇太子亲临拜柩，如家人之礼"，赠侍中、骠骑将军，谥曰"康"。这里的"犹以亲故"，是说王廙和司马睿是姨表兄弟。实际上，司马氏的举措只是一种政治示好，是做给王氏家族看的，特别是给王导看的。其潜台词应是：看嘛，就连参与王敦反叛的人，朝廷都能如此厚待，生前未加责怪，死后备殊哀荣。我退让至此，你王家还想要让我司马氏再做些什么啊？仁至义尽了！

精心策划，掬示诚意，安慰笼络王氏，也是不得不尔之策。

十一月，王敦以司徒官属为留府，自往武昌，遥制朝政。是年闰十一月，元帝司马睿忧愤而死，年四十七。庙号中宗。司空王导受遗诏辅政。太子司马绍即位，是为明帝，时年二十四岁。司马睿的"忧愤而死"是可想而知的。他身为皇帝却不能左右朝政，处处掣肘，心有不甘，亦属当然。而臣下造反，朝廷奈何不得，最后只能屈膝迎乱臣入都城，任其杀伐摆布，所谓朝纲，已经体无完肤，奈何奈何奈若何！司马睿一定有过这样的慨叹：我这个窝囊皇帝啊，和当年的任人摆布的汉献帝有什么不同？和末代皇帝曹髦有什么不同？

司马睿忧愤交加，终至于死。

第五章

乌衣巷里袒腹婿

永昌元年（322），羲之二十岁。依照古制，二十岁称为弱冠之年，羲之到了谈婚成家的年龄了。两汉魏晋，贵族多有早婚者，为的是子嗣继承、增加劳动力或某种形式的政治结盟。王羲之二十岁尚未谈论婚事，倒也不足为奇。父亲不在，母亲不便出头露面，暂时的忽略延宕也属正常。加上其兄王籍之曾因结婚被刘隗弹劾以至于丢官数年，家中对羲之的婚姻定会十分谨慎，万不可再有什么差错。

实际上，当时王家气势太盛，一般人家不敢轻易攀亲，假若不自量力，反讨无趣。还有一点很重要，王家的所有姻亲大事，除了由父母决定，还要王导的认可和关照，王导不仅是国家的二掌柜，实际上也是这个家族的族长。王导平日忙于政务，羲之的婚事并非紧急要务，皇亲国戚的女儿不愁嫁，才貌双全的羲之不愁娶不上老婆。尽管母亲卫夫人心下着急，也不好多所流露。大家族都有不成文的规矩，毛脚火燎的，会贻笑大方。

袒腹东床

贵族的婚姻大多是政治的结盟，古往今来皆如此，例外虽然有，不成主体。魏晋崇尚门第，门当户对的婚姻习俗尤其隆盛。论地位和名声，当时能和王家齐肩而坐的只有谢家、郗家、庾家和皇亲司马家。其他小户人家，即使看中了哪一大家的公子或千金，也不敢轻易动那攀亲的念头。果不其然，次年，王家和郗家就在结亲一事上发生了一桩流传千古、脍炙人口的故事——王羲之袒腹东床成佳婿。

是年暮春，郗鉴为女儿郗璿（也有写为郗璇的）选婿，向王氏求婚。

郗鉴字道徽，高平金乡（今山东金乡县）人。少时孤贫，博览经籍，是一位饱学之士。他的子女几乎个个优秀。儿子郗愔、郗昙，孙子郗超，都是饮誉当时的一流人物。郗鉴是东晋大臣，位高权重，其名与王导几乎相齐。若就胆识英气、稳重公道、胸襟博大说，郗鉴甚至超过王导。其女郗璿，家学甚好，善书，不仅是个才女，也是京城里数得着的美女。

郗鉴见女儿长成，有心觅一佳婿，只因工作繁忙，一时脱不开身。经不住夫人一再催促，郗鉴考量再三，觉得还是王家佳子弟多，有的可挑选，于是就写了一封给丞相王导的私信。信的大意是：小女已到了谈婚论嫁的年龄，待字闺中，我这个做父亲的不能不有所认真，希望王丞相能帮忙安排一下，若能在贵府诸子弟中选个合适的青年以为佳婿，那是再好不过的了。此事还望玉成。云云。

郗鉴为什么给王导写信求婚呢？一来因当时的风俗如此，贵族只在本阶层之间通婚，不下庶人。作为大官僚大士族大知识分子的郗鉴，不可能违背这一流传承袭的传统。琅邪王家是东晋第一士族，代有才人，多如星辰。郗鉴作如此想，也是正常现象。论起来，门当户对，这封信写得也是口吻轻松，分寸拿捏得很是到位。

王导看了信，知道是一桩找上门的好事，不免有些欣喜。就当时的政治力量说，王导希望把上层诸大家族都网罗一起，彼此联通，声气相投，可以增加政治实力。郗鉴既然看上了王家，说明愿意结为秦晋之好。其实王导又何曾不想和郗家有进一步的联合呢！郗鉴此时向王家定向择婿，是王导求之不得的，于是他对郗鉴派来的信使说：既然郗鉴大人有此美意，在下十分高兴。我们王家好子弟很多，由你们去挑选就是了，只要你们看好了，我这边只会全力玉成。那信使是郗鉴的门生，当即请示：丞相您看，我等该如何去府上拜谒才好？王导说：俗例就免了吧。我看你们不妨径直往乌衣巷那边去，那里是我家私塾，学子们平日里都在那里读书，你们看中了谁就是谁，好不好？

于是，郗鉴的门生就组织了一个小小的考察团，去王家私塾帮主人寻找女婿。在官场上层，这样的事就算皆大欢喜的好差事了。这帮人一个个喜上眉梢，回府备了各色礼物，前往乌衣巷王氏学堂拜访。

今天看来，这件事多少有点儿不靠谱似的。郗鉴为女儿找夫婿，就这么委托几个人去看一看，能放心吗？万一选了个不合适的，女儿伤心，夫人埋怨，外人耻笑，那该咋办？其实，这种担心是不必要的。郗鉴经常与王府打交道，对王家那些公子们大体上有所了解，太差的，他也不会同意。那么，是不是郗老先生早已心中有数，或竟私下对门生有所叮嘱——比如说——你们注意那边有个叫王羲之的，字写得极好。王家三少中，王羲之是比较突出的，一因曾有周伯仁款待牛心炙的佳话，二是王敦曾有"我家佳子弟"，"当不减阮主簿"的赞许。而且，当时羲之的书法已经和他叔叔王廙齐名，社会上已有美名流传，而别的子弟都不曾得到这样的好评——郗鉴老先生对此不会充耳不闻。

不管怎样，郗家的考察团兴致勃勃地去了乌衣巷。

此前，已有人将郗鉴大人选婿的消息传到了乌衣巷，这可忙坏了那帮莘莘学子。至少有两大原因让这些青年感到兴奋。首先，郗鉴权重位高，是当朝大臣中炙手可热的人物。作为那些尚未起家的政治雏鸟儿，能做这样人家的女婿，不仅于家族面子上增添荣光，将来的仕途也无须发愁了。其次，郗家小姐郗璿是名满京城的美女加才女，风度优雅，才艺超凡，又极贤淑，谁娶了这样的女子为妻，可谓一生最大的幸福、最大的幸运呢。

王家子弟们对即将到来的好运充满兴奋，兴奋之余又有些紧张，冀盼选中，又担心选不中，诚惶诚恐，患得患失。选婿考察团即将来到，一时间，王家众子弟们慌了手脚，有的跑去梳洗打扮，有的回家换了行头，有的询问怎么考察程序如何安排谁先谁后，叽叽喳喳，全不像平日读书课业时那样平静。有人抱怨通知下来得太晚难以准备，有人说近日精神稍差些能不能改日再说，等等。有人则紧绷了眉眼，连走路都失去了平日的节奏，那样子好像马上要上朝接受皇帝的问询。此时的乌衣巷私塾中一团乱象，学子们兴奋得书也不念了，先生见难以约束，索性随他们去。

平时这里的学子们都是有板有眼地读书课业，日子不免枯燥，相亲之事犹如一次节日，学子们可找到机会放松放松了。看，一班人围着铜镜，挤挤攘攘，反复打量自己的尊容，嘈嘈杂杂，上下透着兴奋、期盼与焦躁。有的故意拿捏一副斯文样子，手捧着书本，口中念念有词；有的还拿了新写就的书法作品，准备朝选婿考察团显摆显摆；还有人患得患失一会儿觉得肯定能行一会儿觉得没有把握，因而唉声叹气。诸如此类，不一而足。

考察团来了。因为身负重任，干系重大，他们看上去面带喜悦，其实心里头有相当大的压力。是啊，万一选得不好，不仅太傅那边不好交代，也无颜见内府中太太小姐啊。再说，这类事细节多多，外人难考就里，会买的哄不了拙卖的，万一被什么藏掖障了眼把个歪瓜当成了好枣儿，岂不坏事！弄不好伤害了两大家的和气，那可要吃不了的兜着走呢。所以，从进了王家大门，这些人就变得心事沉重，笑容都是挂在表面上的。

王家私塾是一栋两层木楼，两进的庭院，虽然不很大，但是花草树木安置得很是地方，看上去相当幽雅。门房带他们一干人进了大门，来到前厅，早有人在那里迎接，彼此寒暄后，转弯抹角来到后院。乌衣巷中，除了早晚上朝下朝时车马杂沓，平日里很是安静。前院住着门房及杂役，有两间屋子里还堆放着烧水和取暖用的木柴。后院宽大，上下两层都是学堂，前后院之间有回廊隔开。后边的正堂宽敞高大，是先生授课的地方。东西厢房从后院延伸到前院，青瓦白墙，廊柱是朱红色，学生温习功课都在厢房里。主事人指了东西十几间厢房说：公子们都在这里，请诸位大人亲自过目吧。

考察团员们也不含糊，他们径直去了学屋中，仔细审视眼前那些公子哥儿。别看他们平日里个个神采飞扬、风度翩翩、谈吐斯文，如今喜事临头，个个都盼望着快婿乘龙，举止反而不如平时潇洒随意。他们有的笑容可掬但略有媚态；有的矜持高傲但底气不足；有的夸夸其谈却有些装模作样，看上去不大自然；有的故意炫耀，造作扭捏，多少有些像表演。种种形态，自不必说。

考察团巡视了一圈，又随手翻检了他们的课业，默然未作评价。王家主事人将他们请到上房，待以茶点水果，寒暄客套之外，便问及此次考察印象、感想和结论。主事人一定想，我王家这么多青年才俊，挑选哪一个还很不容易呢。而郗家考察人却只说了些场面上的应酬话，没作任何决定，好像没有十分中意的。王家人觉得对方这么含糊着不免有些失礼，就问：王家佳子弟甚多，难道没一个能让贵府满意的？

郗家考察团的人没有直接回答对方的话，反问道：王家众子弟今日悉数到齐了吗？王家主事人随口道：这边的课业总是满满的，绝少旷课的，今日该来的都来了，就这些人啊。对方听了，只是沉吟，看上去并不遂心。王家人说：得悉太傅府上要来相亲，这边立即就停了课虚席以待，而且下了通知，就连请假的几个也都请来了，这样的大好事怎会有落下的呢。郗家人说：未必吧。主事人反复想了，说：不会有误。要不然，咱们一起再看一看？郗家考察人说：也好。

于是一行人走出正殿，从后院的学屋看起，将后院的东西厢房逐个看了一遍，确实没有遗漏的学生。接着，他们又看了二进的堂屋，王家人跟随了，一行人如同农民在田野里搞复收似的，或者说，像教授们做的复试。刚才那些被察看过的学子正在议论说谁谁有可能谁谁绝对没希望呢，争论高下，相互臧否，颇有些激动。考察团对他们似乎没有更多的兴趣，只是挨个屋子去搜寻漏网之鱼。

还好，在前院东厢房之最末一个房间里，他们发现角落里有一个青年正在竹榻上静心读书。那青年的姿势很有意思，侧卧，书本放在榻上，左手臂枕在头下作了支撑，右手正在翻阅那本书。众人走过，他全未经意，面上的微笑似乎是在与古人会心默契。他的装束很是随意，衣衫宽解，自胸脯至脐部竟裸露在外，看上去就像一位得道的仙人，一副淡淡然不屑理睬外边喧哗的样子。

郗家人见了，就问王家主事人，这位少年是谁？何以不参加这次活动？是不是外姓亲友家的子弟借读于此？王家主事人看了，见是王羲之，才知道方才这小子没有参加被考察的活动，自个儿躲在这里看书呢，于是回应说：这学生叫王羲之，平素喜读书，常有迷醉其中不问方外之事的劲儿，刚才一定是沉湎典籍之中未及参与盛事，还望各位大人海涵。

郗家人听了，只是微笑，看上去并无责怪之意。王家主事人迈进门槛，凑近竹榻那边，对羲之小声说：看你这孩子，这么大的事，你怎么自甘于外啊，快起来向太傅家诸位大人致意！羲之问：什么事？找我有何吩咐？主事人气恼地说：你还问什么事呢，不是让大家相互转告的吗，郗大人派人来相亲呢。羲之说：自忖此事与我不相干，以为喧嚷之中可得片刻休憩，故此偷闲读书来着。

王家主事人听了这话，真是笑不得也气不得，只说：公子难道没看见大家都在忙活吗？羲之连忙坐起，一边收拾书籍和衣衫一边说：在下以为相亲者自去相亲，我自读书，各自不相扰，不是很好嘛。主事人说：郗大人府上来人选婿，丞相给人家说好了，要众子弟全部参加的，公子蛰居斗室之中，于礼数上说不过去啊。羲之于是起身，对太傅家人深深一揖，道：漏网之鱼，并非出于怠慢，还望大人见谅。郗家人连忙回礼说：虽为漏网，幸有再捕之举。

这帮人回到太傅府上，向主人细细禀报，以俟定夺。

考察团走后，私塾里的学子们无不怀着一颗颗惴惴不安的心，他们都在期盼太傅家的绣球打到自己头上来。这些人私下里议论着，有的说某人有可能成为郗家贵婿，某人嘴上说未必，内心充满了暗喜和得意。也有自命不凡的，以为郗家的乘龙贵婿非自己莫属，只是不便流露。但是，无论谁，都没有想到羲之。王家主事人也觉得羲之的举止怠慢了对方，人家没有面责就不错了，而他还在那里自称是漏网之鱼呢！

考察团回复郗鉴，说：我等去看了，王家那些少年学子，可谓个个都好。他们听说大人为小姐选婿，都认真做了准备，课业自不必说了，只是态度上多少有些拘谨，个别人不免有弄姿之嫌。郗鉴听了，不是很满意，说：琅邪王家，家学深厚，其子弟当不至于此。门人说：想必是看了这边门庭高贵，于是乘龙心切，一时显出些微的浅薄，倒也算不上俗气。郗鉴又问：难道就没一个合适的？门人说：诸子弟中，唯有一人不大在意这事，外边熙熙攘攘，那人却躺在竹榻上兀自看书，专心致志，近乎忘我，竟袒露了胸腹，好像不大在乎咱这桩大事呢。

郗鉴听了，不假思索地说：就是他了。

考察人不敢相信，又问：大人说的是谁？

郗鉴笑道：就是你们说的那个袒腹竹榻漫不经心的小子。

女儿的终身大事，就这样确定了。

身为朝廷重臣，郗鉴为爱女选婿，竟听信部下几句报告就简单地作出了果决的判断，只言片语决定了女儿的一生幸福，这个决定是不是有些草率啊？非也。郗鉴是一位洞见深入的政治家，他见过太多凡夫俗子，见过太多装模作样的书生，见过许多空有皮囊的清谈人物，见过太多虚荣爱面子的银样镴枪头。像他这样练达的人，能在老远的地方发现钻石的微光闪烁，能在一大群人中嗅到才俊的气息和庸人截然不同。从门人的几句禀报中，郗鉴一下子就看到了一个质朴、好学、不好虚荣、旷达清正的青年。他老人家定作如是想：唯其如此，方见出此人诚朴自然未为世俗所动——其乃我婿也！

门人复去王府，访察当时半卧东床若无其事读书的那个人是谁。众人听了，以为袒腹东床是一种不敬，郗鉴那边来人也许会有微词责怪呢。谁知道，来人欣喜地告诉王家：郗家选定的乘龙快婿就是那个袒腹东床的王羲之。大家一听此话，一时竟不知所云——我们好好做了准备却没有被选中，倒是那个满不在乎的兄弟却无意中接到了飞来的绣球，一桩金玉良缘竟如此出人意外，都感到怪怪的。

王家主事人确认这个消息后，当面谢了。

郗家人跟王家当下定了这门亲事。

王家主事人很是欣喜。

郗家人要王家只管照当下的程序履行聘媳手续，择吉日完婚即是。

郗鉴的女儿郗璿（璇），《世说·雅量》注引《王氏谱》曰："羲之妻，太傅郗鉴女，名璇，字子房。"古书中所说的职务是该人生平最高官位，未必是此人当时之任职，此处的太傅，当作如是读。《世说·贤媛》记："王尚书惠尝看右军夫人……"《妇人集》载璿《谢表》云："妾年九十，孤骸独存……"余嘉锡笺："《真诰·阐幽微注》'逸少升平五年辛酉岁亡，年五十九'，夫人若与右军年相上下，则其九十岁当在太元十七年（392）前后。"夫人说"年九十"时人尚健在，恐其离去世也不太远了。若从三九二年上推九十年，则生于三〇三年，与羲之同岁。

这里有个问题须得稍加追问：王羲之何以对太傅选婿一事抱持了一副不关我事的态度呢？二十岁的王羲之已经到了婚娶的年纪，即使本人不曾提出，母亲和兄嫂也会意识到或提及羲之的婚姻大事，参与选婿活动应非意外之事。另一方面，郗鉴是朝中大臣，才情卓然，诗文俱佳，且品德高尚，做郗家的女婿不失为一大雅事，羲之为何淡淡然自甘事外，做出这种与众人不同的举动，消极对待别人求之不得的良缘呢？

只有一个解释，那就是：这门亲事不过是士族间相互攀援的常见俗事，是郗鉴与从伯王导私下里安排的政治联姻，无论选谁，都不过是两家结盟的一步棋而已，羲之对这种姻亲早已见多不怪，从心底里不大感兴趣。作为一位恃才傲物、甘于清贵的青年，羲之的深层意识中也许还有不肯将自己做了结盟工具的对抗心情（一般人在这个年龄都有叛逆情绪），甚至有些看不上兄弟们的搔首弄姿。有了这种想法，羲之当然不会积极参与郗家的选婿活动，甚至有些厌烦——他看不上这一出粉红色的闹剧。或者，他，作为失去父亲的孩子，在琅邪王家的乌衣巷里已经品尝过世态的炎凉，因此他以为：如此好事不会青睐于我——得意的狸猫多的是呢！

然而，这出短小的折子戏最终出现了意料之外的结局——渴望者失望，自甘局外的人却成了舞台的亮点，彩头落在无动于衷的人身上，闹剧变成喜剧，政治色彩因了当事人的清醒而逐渐淡出，鬼魅的蓝光被温馨的橘红所驱赶，意料之外又是情理之中，袒腹东床的故事于是成为千古流传的佳话。历史的要紧处往往出现戏剧性，王羲之在无意中成了当朝显贵的佳婿，这对他未来的仕途具有重大影响。

在后来庾亮、王导、殷浩、郗鉴几方面政治势力相互纠结的复杂矛盾中，王羲之始终保持了客观、正义、诚恳、顾大局的君子立场，未曾陷入任何一方的私利之中，不能不说是难能可贵。从这个意义上说，郗鉴不愧为高人，他的知人之明、判断果决，重内在不重表面，也为女儿构筑了幸福美满的家庭。郗璿婚后相夫教子，不曾有点滴的过失，王羲之不费吹灰之力得到一位贤妻，不能不说是一生之大幸。

上帝是公平的，它不肯一味地将灾难加在一个人头上。

庾亮与郗鉴

晋明帝太宁元年（323），羲之二十一岁。居建康。四月，王敦自武昌下，屯军于今安徽芜湖一带。他擅自发号施令，要求朝廷以司空王导为司徒，他自己则自领扬州牧。扬州处于京畿附近，无论从经济上、政治上还是军事上说，地位都极其重要；掌握了扬州，几乎等于占有了东晋中央政权。此事也许可以从反面证明：王敦确有借"清君侧"之名向司马氏夺权之意。

王彬看出王敦这一行动的用心不良，颇为不安。王彬的政治倾向很明晰，他忠实于儒家信条，忠于朝廷，不赞成王敦逼宫。他多次劝阻王敦，晓之以理，动之以情，史书称之"谏之甚苦"。王敦是个固执的枭雄，哪里听得进这些道理。经上次造反之后，王敦处事更加放肆，性情也益发冷硬，凡事刚愎自用听不进不同意见。王彬苦口婆心，反复陈明利害，并要王敦考虑青史无情。有一次，王敦发怒，"欲杀之"。后经多人劝阻，王敦到底还是顾忌至亲本族的关系，转而派王彬出为豫章太守——赶他到一边去，求个耳根清净。

这种情势引起了晋明帝司马绍的警觉，也有些畏惧。先帝司马睿就是王敦上一次造反时给逼死的，他可不想重蹈元帝的覆辙。司马绍与郗鉴、庾亮等反复商量了，决定立即采取行动，动员一切力量予以反制，务必不能让王敦的险恶用心得逞。

六月，朝廷以中领军庾亮为中书监，全力以赴谋划讨伐王敦的事。庾亮（289—340），字元规，是中国历史上著名的文学大家，《晋书》列传第四十三有《庾亮传》。他容貌俊美，仪表不凡，喜读老庄之书，又擅长清谈，动辄讲究礼节，到哪里都是一副名士派头，从不苟且随意。他很早就享有盛名，人们把他比作三国时代的夏侯玄、陈群一流的人物。庾亮十六岁时，北方正处在"八王之乱"的高潮，当时的西晋太傅、东海王司马越辟召他当佐史，他没有答应。永嘉（307—313）初年，其父庾琛出仕会稽太守，他也随行到了江南。庾亮平素深居简出，有些人虽然仰慕他，却不敢冒昧造访。后来琅邪王司马睿渡江南下，建都于建邺，在王导的辅佐下，极力网罗南北士族。庾亮就是在那时应召担任西曹掾的。这个举止娴雅、谈吐不俗的青年人深得司马睿的喜欢和器重。司马睿听说庾亮的妹妹庾文君尚待字闺中，主动提出与庾氏联姻，为长子司马绍聘定了这门亲事。司马睿称帝后立司马绍为太子，庾亮官拜中书郎、领著作郎，与太子中庶子温峤在东宫陪侍太子司马绍读书，三人结为布衣之好。庾亮后来累迁给事中、黄门侍郎、散骑常侍。此时，庾亮的妹妹为司马绍的皇后。

庾亮和皇室的关系虽然紧密，但此时的他也有难处。东晋初年，在"王与马共天下"的情势下，晋元帝曾经希望加强君主集权，推行"以法御下"的政策，但士族大家为了维持他们的特权利益，始终不肯就范。这些士族的代表人物，第一就是王导。帝室与王氏的关系日趋紧张，庾亮夹在皇室姻亲和大族权臣中间，进退两难，左右不是。"足将进而趑趄，口将言而嗫嚅"，就是庾亮当时处境的生动写照。无论在感情上还是理念上，庾亮都倾向于帝室，反对王敦，这毫无疑义；但在理智上，他不敢深入得罪王氏。上一次王敦造反入京乱杀大臣的惨景如在眼前，庾亮不能不有所顾忌。庾亮担心过早行动会激化已经剑拔弩张的政治对立，只能谨慎小心地应付着这个复杂的局面，没有采取重大行动。

有一次，庾亮奉使到王敦的驻军处芜湖与王敦商议国事。两人原来各坐一旁，说着合理合规的话题。庾亮深通文学且擅长清谈，谈吐风趣而渊博。两人谈着谈着，王敦竟喜欢上庾亮，不由得拉了椅子凑到庾亮跟前，态度友善而亲密。那次王敦送走庾亮后，不由得赞叹再三："庾亮真是个贤明的君子啊！"之后，王敦上表举荐庾亮为中领军。后王敦造反，元帝忧愤而死，司马绍继立为明帝，明帝任命庾亮为中书监。中书监是一个炙手可热的职位，此职原由王导担任，庾亮深知王氏兄弟对自己深怀戒心，这个中书监是万万当不得，也当不久的。于是他立即上表辞让，说自己绝对干不了这事。明帝见其态度坚决，猜想其中定有隐衷，只好作罢。不久，庾亮又借口养病向朝廷告假，企图远离政治漩涡的中心。

从器重庾亮这件事来看，王敦显出其另一面：极为爱才，一旦发现某人德才兼备（当然不能是反对他的人），王敦就会与之亲善并上表力荐，雷厉风行，绝不含糊。每个人都由复杂的个性构成，王敦虽有可恶之处，但也有许多可爱之处。这个人爱憎分明、直抒己见、挥金如土、爱才如命、杀人如麻，纠结处不惜兵戎相见，是个敢说敢为的豪强人物。在文学的意义上，即使王敦不能算个大丈夫，至少还是个个性鲜明的典型人物，比态度暧昧、趋炎附势、假扮清高的伪君子好看得多。

皇室重用庾亮，目的是为了强化王室，以图削弱王氏权力。这一做法，埋下后来王导与庾亮之间相互角力的种子。七月，明帝畏王敦之逼，欲结郗鉴为外援，拜鉴为兖州刺史，都督扬州江西诸军事，镇合肥。王敦则顺势上《表》请任郗鉴为尚书令。尚书令虽然是朝廷的官员，但是不带兵，也没有自己的势力地盘——这种名义上的擢拔其实是为了限制郗鉴的实力。八月，郗鉴应朝廷征召还朝，道经姑孰（今安徽当涂），会见王敦，希望能与王敦一起探讨国家安定发展的大事。

此行动充分说明郗鉴是个心地端正、无私无畏、顾全大局的正人君子，不愧为东晋一代著名政治家。郗鉴明知王敦此时对其抱有敌对心态却毅然前往拜访，其中必无私心。如有私心，他直接进京好了，没必要多此一举。可以推想，郗鉴此去必定要和王敦论说"大局为重""一致对外""收复失地"之类的话题，希望王敦能以社稷为重，同心协力，共襄北伐大业。郗鉴和庾亮的区别在于：前者是有文化的政治家，后者是懂政治的文人。郗鉴坚定、无畏而且沉着，庾亮明智、清醒，但有几分软弱。此二人诗文虽在伯仲之间，其实有着很大的区别，而羲之兼得二人长短。

王敦的政治心胸远没有郗鉴那么宽大那么高远那么磊落。二人的会见中，刚涉及以上重大话题，两人就因政见不合吵起来了。郗鉴独自一人在王敦营中，就个人安全而言，此时他就等于自投罗网的笼中之鸟——郗鉴早就意识到这一点——话不投机，王敦竟然将郗鉴给软禁了。王敦的这一做法极为粗糙，极为蛮横，也极为拙劣。郗鉴乃是朝中命官，主动前来与之探讨国家大事，即使意见分歧也不该将之软禁起来。再说，郗鉴一定预见到这一结果——人不畏死，奈何以死惧之！

此事很快传到京城，朝廷上下反应强烈，皇上拍案大怒，要求立即兴兵讨伐王敦。王敦此时才知擒虎容易放虎难，深感政治上被动，军事上也很孤立。实际上，郗鉴所统辖的北府兵力依然不可小觑，枉杀郗鉴，必然引起强烈报复。那时对方出师有名，而自己这一边在道义上全无立锥之地。这样想来，王敦才意识到郗鉴此行几乎带有故意试探的性质，觉得中了别人的计策。

想必王敦私下里也得到王导的私信，因而没有采纳左右部下杀掉郗鉴的建议，好端端将之放回了建康。王敦是否曾考虑郗鉴是王羲之的岳父大人，所以存了一丝亲情呢，不得而知。反正，深明大义的郗鉴差一点儿被王敦给杀了。

这一经历，让郗鉴确认王敦已经死心塌地要造反夺权了。他一回到建康，便与明帝谋讨王敦的大事。从这一点看，郗鉴的为人远高于庾亮。郗鉴不暧昧，甚至不惮直面强敌，敢于深入虎穴将对方的真实动机摸了个清清楚楚。摸清对方真实意图后，郗鉴没有犹豫没有躲闪，立即组织保卫国家的行动。他对王敦首先是晓之以理，确认此路不通后便挺身而出，义不容辞地接受了皇帝的任命并着手制定讨伐王敦的方案，各方面做了准备。庾亮不敢接受中书监一职，虽有审时度势的判断，但他的躲避主要还是用心于自保，而非国家社稷。庾亮能让王敦"移座畅叙"，必定在政治上表现出某种软弱和让步，不然——像郗鉴那样——王敦不会称赞庾亮为君子而畅叙款曲。著名学者王夫之认为："东晋之臣，可胜大臣之任者，其为郗公乎！"此见至为精辟。

本年十一月，王敦徙其兄王含为征东将军、都督扬州、江西诸军事，任命从弟王舒为荆州刺史、王彬为江州刺史。这些部署都是为了"强其宗族凌弱帝室"，也是为了巩固荆州、江州后方基地，为大举进攻京都建康做好准备。翻看东晋地图，淮河以南，主要也就以上几个州郡，除了西蜀。一个国家的所有重镇都掌握在一个家族手中，诚然不是好事，即使是傻子也会看出王敦的动机不善。

王敦再反

是年冬，羲之与郗璿结婚。

这是一桩美好的姻缘，也是士族大家珠联璧合的范例。这次婚事是在"山雨欲来风满楼"的情势下进行的。王敦与朝廷之间的冲突已是箭在弦上，战事就在眼前。郗鉴被王敦软禁后，此时已不存任何政治谈判的想法。他坚定地站在皇室一边，决心讨逆，别无选择。对于王羲之来说，一边是伯父，一边是岳父，彼此水火不容，他不可回避地被置于政治斗争的漩涡里。此时羲之该作何感想作何选择？

羲之此时已经二十二岁，成熟的他必不肯轻易陷入危机之中，当然也不会背弃大义。

不久，王敦病重，他以朝廷的名义矫诏任命其"乳臭未干"的嗣子王应为武卫将军以自副，又以其兄王含为骠骑大将军。六月，王敦派钱凤及冠军将军邓岳、前将军周抚等率众进攻京师。此时的王敦已不是当年威风八面的状态，常年的戎马生涯，又不善调理，多次的沉浮颠沛，长期纵酒纵欲，过于强烈的悲喜怨怒，遂至于大病不起。更为切实也更为本质的原因，是王敦、王导所代表的大士族、大地主、大官僚阶级已经引起全社会的怨恨。多年来，他们的特权无限扩张，贪婪的权财追求几乎无边无际，这个集团已经为社会所不齿，怨愤之声不仅在宫廷，整个江南对他们都敢怒不敢言，这种民怨之声甚至流传于乌衣巷的市井儿歌中。

京都再次面对兵临城下的危机，晋明帝看到先帝忧愤而死的悲剧马上就要复加到自己的头上，忍无可忍，决定举全国之力讨伐王敦保卫建康，和叛军决一死战。在军事部署上，朝廷调动大批兵将，加司徒王导为大都督、领扬州刺史（这是"以王制王"的策略），以帝舅庾亮领左卫将军，以郗鉴行卫将军都督从驾诸军事（保卫皇帝和皇室）。郗鉴是赤心保主的，但他此时却以"卫军军号无益事实"而固辞不受，不知是为了避免成为王敦的主要攻击目标呢，还是觉得让自己做个"皇室保卫队长"对整个战役没有实际意义。

王敦这次造反，和第一次逼宫晋元帝有所不同。如果说上一次还有"清君侧"可做遁词，那么这一次就是明目张胆的造反，而且是对抗民意违反民心的军事政变。我们不禁要问，既然刘隗、刁协那些人已被清除，王敦为何还要再次"犯上作乱"？笔者以为：从表面上看，上次王敦入京已经给自己留下一个叛臣逆子的声名，怎么擦拭也难以洗刷干净了，尤其是错杀周顗且不准王彬前往吊丧一事，在社会上造成的恶评久久不能稍息。其次，王室对王氏的不信任进一步加强，而且开始了行动，如重用庾亮、郗鉴，强军以备不测等。最严重的是，王敦自持淫威，把王家子弟都封了大官，这引起江南各个士族大家的联合反抗。王敦的本意是加强王家的政治势力，企图以刀光剑影压服民意，结果适得其反，足见行大事者往往过犹不及，民心才是根本。王敦很可能作如是想：问题不但没有解决，情势反而每况愈下，这样下去，王家必将为俎上肉，干脆打进京城掀翻皇帝……既然洗不掉叛臣的骂名，那就再来一次，让你们晓得我的厉害！

七月，双方大军激战于秦淮河畔、朱雀桥边。

此时的建康，到处都是刀光剑影，杀气弥漫。

临淮太守苏峻等援兵从北部压下攻击王敦部将王含，王含兵溃，朝廷在军事上很快转为优势。恰在此时，王敦疾甚，昏迷不能主事。虽经多方治疗，终于不可救药，一代枭雄王敦愤恨而死。多年来威风八面、横行无忌、气焰嚣张的王敦终于顶不住天道循回，一命归天去了。

主帅死亡，让王家军士气大挫。

王含、王应见大事不好，仓皇逃去荆州，投奔王舒。王舒虽为王氏族人，但他害怕朝廷问罪，便将王含、王应父子俩杀死，尸体沉入长江中，此举完全出于自保。王敦的部将周抚与邓岳等舍弃军队狼狈逃亡，进入酉阳的蛮人部落中。这场剧烈的军事政变是东晋立国以来的第二次大震荡，其结果是王敦惨败，落了个"发瘗出尸，焚其衣冠，跪而刑之"的下场。直到唐人所撰的《晋书》，仍从正统的史学观点骂他"擅窃国命，杀害忠良，遂欲篡盗乘舆，逼迁龟鼎"。这一评论类似"文革"大字报的简单谩骂，未曾从社会矛盾的基本层面去作深入分析——姑妄听之，不必囫囵盲从。

王敦之难平定后，有司奏"王彬等敦之亲族，皆当除名"。

明帝考虑再三，最终还是下诏："司徒导以大义灭亲，犹将百世宥之，况彬等皆公之近亲乎！"司马绍的这一决定是聪明的。当时王家依然拥有很强的政治实力，如果将他们悉数除名，极有可能酿成祸乱。于是皇上说：虽然王敦谋反，但是王导及其族人大都能立场鲜明地站在国家一边，大义灭亲，难能可贵啊。王彬虽为王敦附庸，但他是王导的近亲，不要问罪。于是，"悉无所问"。

不过，到十月间，朝廷还是免了王彬的江州刺史，征拜光禄勋，转任度支尚书——由封疆大吏调为朝廷内官，这也是为了防祸。其实，王彬是真正的忠臣，且从来没有动摇自己的政治立场。他身在王敦营中，无可逃遁，但头脑始终清醒。王彬多次苦谏王敦，王敦甚至要杀死他。王彬向使不在王敦，而是在庾亮、郗鉴或王导的帐下，忠奸之累决不至于此。关于处分王家一事，《晋书·王彬传》的记载较详："敦平，有司奏彬及兄（王旷）子安成太守籍之并是敦亲，皆除名。"明帝下诏，一律加以宽恕。此事说明羲之兄长王籍之当时仍在世，此前曾任安成太守，而且是支持或默认王敦造反的。

在这场政治风波中，羲之受到不小的冲击。王敦第一次造反，羲之响应王导天天随家族中人去朝廷叩头请罪，这对于"以骨鲠称"的他已经够难堪的了。王敦第二次造反，情势更为复杂，政治的戏剧性和人生的无常在王家体现得十分鲜明，而且总在风口浪尖上。好在羲之此时尚未做官所以谈不上处罚，他的胞兄王籍之却险些被撤职除名。

此时此事，羲之的政治倾向究竟如何，没有史料可证。我们有理由推测，他从叔叔王彬身上一定会得到教训：最好不要跟随本家做事，亲族往往让人的立场发生迁移；亲族的藩篱让人不能自由表达观点，让外界的舆论产生误解，倒不如跟了外姓旁人去做事，反而有一定的独立性。后来他去庾亮、殷浩那里做事而不愿在朝廷跟随王导，最早的影响可能来自这里。王羲之的这种判断与选择是不是受了当时民情民意的影响，而不肯将自己完全撂进家族圈子里呢？笔者以为是。

这次事变中，郗鉴的态度值得玩味。郗鉴是永嘉南渡之流帅中最具实力、最具政治眼光的一个。他忠于司马氏王朝，反对王敦造反，立场很是明确。同时他也充分看到王氏在江左羽翼广大，所以他坚决反对刘隗等人"尽诛王氏"的馊主意。王导代表了大豪族的利益，有"江左管夷吾"的称号，没有任何势力能与之抗衡，东晋政权也依赖王家得以偏安江南。郗鉴从王敦那里回到建康后所作的讨伐王敦的谋划，后来起了至关要紧的作用。而他，并没有首当其冲，也未曾因此多分一杯羹。

在王敦两次造反中，王导的态度也值得推敲。王导仇恨刘隗、刁协等，对皇帝采取的压制、怀疑、降低王氏权力的做法当然不满。从这一点说，王导心向王敦，同情其"清君侧"的做法。但王导并不支持王敦造反，不赞成王敦采取的以军事手段夺权的极端方式。作为政治家，他有他的认知、耐力和筹划。王敦第一次打进京师来，王导借助其军事行动顺便清除了异己，但他反对全面夺权。王导总是以维护司马氏王室的面目出现，这可能出于儒家的忠君理念，也可能是政客的老谋深算。王导明白，虽然元、明二帝软弱无能，但若废除司马氏改由王氏独掌政权改朝换代，阻力还是非常大的，倘若因此导致江南大变，那就远不如利用司马氏的招牌继续维持"王与马共天下"的局面，庶几能维持一个相对稳定的局面，于国于民都有好处，对王家也没有坏处——既执掌实权又能得忠臣名声，何乐而不为！王敦在政治上远不及王导老辣，"狼抗无上"，"鲁莽灭裂"，反而导致自己的覆亡。

现代人有必要冲破旧式的伦理观，去审视历史上的忠奸顺逆。来自封建正统的所谓叛臣、反将、乱臣，不可一概而论。取得政权的手段只是一方面，关键看执政者做了些什么，攻守双方都代表了哪些人的利益。三代之前就有这样的故事，忠奸难以厘清。史书说，尧在移交权力时曾经十分为难："授舜，则天下得其利而丹朱病；授丹朱，则天下病而丹朱得其利。"尧因此犹豫了好长一段时间，后来"终不以天下病而利一人，而卒授舜以天下"。从这段话看，尧是自觉地、主动地、高风亮节地让位于"舜"的，果如此，尧不愧为道德高尚且有理性精神的圣人。其实这一描述并不完整。史书只是用"卒"、"终"记载了结果，省略了尧舜争斗的过程和细节。据《孟子》载，舜早就看出尧想授位于其子丹朱，起初他采取了贤人姿态（实际是观望），不争论，也不争夺，希望尧最终不会那样做。后来舜发现形势不对劲了，于是一改韬晦之计，主动出击，从尧的手里夺了最高权力。《古本竹书纪年》记："昔尧德衰，为舜所囚也。"这句话再明白不过地说出了当时情景：舜认为尧的德行堕落了，不该让自己的儿子接班，于是就把尧抓起来了，尧成了舜的囚徒。"复掩塞丹朱使不与相见"，舜还把尧的儿子藏起来（软禁），不让他们父子相见。由此可见上古时代的那次权力继承其实是一次宫廷政变，为此，韩非子说舜是"人臣弑其君者"。但在道德伦理层面上，很难说谁对谁错。尧如果将权力私相授受就等于破坏了既定规矩，当然不妥。舜在夺权过程中使用了武力，后人也多有诟病者。今人只能从历史的层面上去认识上古之事。当时的社会正处于转型时期，禅让制摇摇欲坠，而世袭制的条件还不够成熟，必然会出现类似的政变。舜执政清明，深得民众赞誉，照样获得历史的好评，这才是判断是非的标准。

同样，舜后期也想把权力移交给自己的儿子，无奈大禹手下有强大的治水队伍，最后大禹将舜的儿子商均灭了，也是武力夺权。大禹治国有方，后人还是将其尊为贤达伟人。大禹把权力传给自己的儿子启，也曾遭到伯益势力的反抗。虽然启最终建立了夏朝，后来还是有"夷代夏政"四十年的历史插曲。历史说明，只有那些获得民意的政权才具有稳定的合法性，政权的转换形式是否优雅，是揭竿而起还是禅让篡位，不是最重要的。

两汉三国，篡位的事多了去了。王莽是一位迂腐的改革家，一度雄心壮志企图改革西汉末年的社会积弊，可惜因其过于迷恋儒家教条，改革没有成功，反而引发动乱，给社会造成极大的混乱。刘秀继续了皇权，将王莽认定为篡国夺权的奸臣，他的成功在于恢复了西汉的利国利民的大政方针。曹操，一代豪杰，建安文学的领头人，也被正史称为奸雄，舞台上的白鼻子曹孟德总是一副丑相。中国历史上还有一位名将，桓温，他曾力排众议，率军北伐，恢复了东晋大半失地，功在国家，桓温父子后来被正史诬为"乱臣贼子"。桓温与王敦"心有灵犀"，有一次，桓温行经王敦的坟墓，情不自禁连声赞叹"可儿！可儿！"——多么可爱的一个人啊！桓温，这位被《晋书》谴责为"挟震主之威，蓄无君之志"的"凶逆"，王羲之却尊称他为"桓公"，誉之为古来少有的英雄。王羲之的好友孙绰在《致庾亮笺》中也说："王敦可人之目，数十年间也。"《世说·赏誉》注："不知其人，观其友。"物以类聚，人以群分。群分的标准只能是政治、道德、思想观点的一致。从种种迹象推断，王羲之不是东晋王朝的叛逆，但也绝非愚昧颠顿的忠臣。联系后来羲之致司马昱、殷浩等执政者的书信中对当局的激烈指责可以看出，王羲之是不满东晋现实的，但他的不满和王敦王导的不满是有区别的。古代历史家众口一词地咒骂王敦、桓温为逆臣，实际上，两晋的统治者司马氏已经反动腐朽到极点，内外衰颓不堪，其政权已经失去了合法性。即使从手段上说，王敦、桓温等人希图取而代之，也未可厚非。曹魏不是篡夺了汉室的政权吗？司马氏不也是如此得来帝王宝座的吗？如果曹魏、司马氏的政权具有合法性，对王敦、桓温之流就不应过分苛责。

起家秘书郎

太宁三年（325），羲之二十三岁。此年闰七月，明帝司马绍死，年二十七。太子司马衍即位，年五岁，是为成帝。九月，以成帝幼冲，不能独自料理国家大事，由庾亮之妹庾文君即此时的庾太后临朝称制，类似后来的垂帘听政。朝廷以司徒王导录尚书事，与中书令庾亮、尚书令卞壶，共同参辅朝政。这等于一个三人内阁。然而，这三人的分量是不同的。庾亮依靠太后妹妹的至高无上的权力，"事之大要，皆决于亮"。王导"录尚书事"，名义上相当于宰相，实际上只是"参辅朝政"而已，等同顾问，实权远非从前，王氏的大权被大大地削弱了。对此，王导当然很不甘心。

咸和元年（326），羲之二十四岁。六月，朝廷以车骑大将军郗鉴领徐州刺史。司徒王导不满庾亮专权，称疾不朝。很多人想去看望，都被他拒之门外。此时郗鉴恰好外任，王导竟私下里为郗鉴送行，可见他没有什么要紧的病，称病不朝，只是闹情绪而已。尚书令卞壶以其"亏法从私，无大臣之节"奏劾王导。

表面上看，王导这样做确实有违朝纲。称病撂下工作，连皇帝都见不上他的面。如今郗鉴外任，他倒是没病了，老亲家（因为羲之的姻亲关系，两人也得算亲家）两个还搞什么送别宴会，这不是故意让朝廷难堪嘛。简直是无视纲常！卞壶不忿，上书弹劾王导，维护法纪，不为错。王导此举并非一时考虑不周，他是有意要这样做的，目的就是告诉世人：我不服你们的做法，我不想跟你们合作！我说有病是假的，我就是不高兴。

当是时，嗣主晋成帝只知道贪玩，哪里有处理国事的能力啊。母后称制，庾亮以元舅的身份处理每日大事，多数时间住在宫中。此时庾亮大权在握，感情用事，任法裁物，往往放肆文人性情，又多偏袒近亲本族，因而颇失人心。和王导辅政时相比，人们更怀念后者。王导执政的要诀是"以宽和得众"。这种宽和实际上是只对豪强士族的纵容，不是对老百姓而言。丹扬尹阮孚以太后临朝，政出舅族，谓所亲曰："今江东创业尚浅，主幼时艰，庾亮年少，德信未孚，以吾观之，乱将作矣。"阮孚真是一位富有政治远见的人。自王敦乱后，王氏不被皇帝信任，大权逐渐被削弱，庾亮以贵戚用事，胸怀又不够宽广，处理事务往往主观武断，与王氏经常发生矛盾。

不久，庾亮的错误造成了苏峻之乱，使司马氏政权愈益衰微。

大约此年，羲之起家为秘书郎。

起家，是魏晋时的政治词语，意为"进入仕途"或"初涉政坛"。要说明起家、秘书郎这两个概念，得先弄清楚九品中正制。九品中正制也叫九品官人法，是行于魏晋南北朝的主要的选官制度。这种制度实际上是两汉察举制度的一种延续。汉代实行举孝廉、选才人的察举制度，目的是选拔德才兼备的人，让他们参加到国家管理队伍里来。九品中正制就是在这一旧例中延伸而成的。九品中正的选官制度是由魏文帝曹丕时的吏部尚书陈群创议的，两晋继续施行。

两汉的察举制，到东汉末年，已为门阀士族所操纵。他们左右了当时的乡间舆论，使察举形同虚设，滋生了种种腐败现象，这与要求参与政治的中小地主及知识分子产生了尖锐的矛盾，二者在如何选官的问题上斗争激烈。曹操死后，曹丕采纳陈群的建议，九品中正制成了魏晋时期选官制度的主体，但察举制度并未完全废除。九品中正制就是在这种背景下产生的。

九品中正制，内容主要有三：

一、设置中正。这是九品中正制的关键环节。所谓中正，就是掌管对某一地区人物进行品评的负责人，即中正官。中正官又有大小之分，州设大中正官，掌管州中数郡人物之品评。各郡则另设小中正官。中正官最初由各郡长官推举产生。晋以后，改由朝廷三公中的司徒选授。其中，郡的小中正官可由州的大中正官推举，但仍需经司徒任命。一般情况下，州郡的大小中正官是由司徒举荐的现任中央官员兼任，有时司徒还直接兼任州的大中正官。这是为了保证中央对选举的直接控制，避免他人对九品中正事务的干扰。大小中正官的手下还有名为"访问"的属员。

二、品第人物，是中正官的主要职责。中正官负责品评和他同籍的士人，包括本州和散居其他各郡的士人。品评的主要内容是：家世，即家庭出身和政治背景，具体指父辈、祖辈的资历仕宦和爵位高低等。这些材料被称为簿世或簿阀，是中正官必须详细掌握的；行状，即个人品行才能的总评，相当于现在的操行评语。当时的总评一般都很简括，如"天材英博、亮拔不群"、"德优能少"等。

三、定品，即确定品级。原则上依据的是行状，家世只作参考，但晋以后完全以家世来定品级。出身寒门者行状评语再高，也只能定在下品；出身豪门者，即使行状不佳，亦能位列上品。于是形成"上品无寒门，下品无士族"的局面。

魏晋时推行的"九品中正制"，最初的设计是为了选贤举能，在历史上发挥过积极作用。但是，由于权力掌握在察举之人——中正手中，又因中正皆出身于豪门权族，不能做到"贤有识鉴"及时任之。故此法实施时间一久，流弊就暴露出来，一方面是平庸之辈得近水楼台之便，另一方面是优秀人才反被埋没。晋武帝太康五年（284），尚书刘毅上书《论九品之弊》，痛陈中正操人主之威福，品评人物并无客观标准，乃至对一个人的评价十日之内有大相径庭、黑白对立的说法。这种现象是普遍的，而且愈演愈烈。至于隋唐，终于被考试制度所代替。

魏晋时的九品中正体系有个不成文的规矩，贵族子弟到了"弱冠"之年，当然地就能获得官衔从而初步仕途，这称为起家。而起家的第一道门槛，又往往是秘书郎、著作郎。《初学记》卷十二"秘书郎"条："此职与著作郎，自置以来多为起家之选。在中朝或以才授，而江左多仕贵游，而梁世（指南朝梁）尤甚。"魏晋时的用人选官多为贵族士族内部的近亲繁殖。

按说，王羲之的出身门第乃当世第一大家，应该早就出来做官的。他的兄弟辈人王悦、王恬、王洽、王协、王劭等，都是刚过"弱冠"之年即获官位，先后做了侍郎、太守、将军等。为王羲之延誉的周顗二十岁刚过就袭了其父的武城侯之爵，拜为秘书郎。相比之下，早过弱冠之年的王羲之仍是一介布衣，个中缘由，不得而知。是否因他醉心于书法绘画而心无旁骛？或因其兄王籍之被弹劾而对官场心生厌恶？抑或经历王敦造反两次动荡无心仕途？这些猜想，怕都不能切中肯綮。

宁肯这样想：羲之弱冠之后，正是琅邪王氏不得志的时候，王导受多方压制情绪不好，朝中大权几乎都在庾亮手中。这从王导闹情绪称病不朝可以得到印证。如此时节，王导无心擢升本族子弟，更不愿把羲之这样的人才送到庾亮手下。王导既然不管，庾亮也不肯吸收政治对手的人进入九品中正系列，羲之的仕途就被耽搁下来了。

王羲之起家担任秘书郎的时间不很长，具体做了哪些工作，也无记载。此时，司马昱八岁，"出就外傅"，由琅邪王徙封会稽王，王羲之受任为会稽王友。魏晋时期，"王子友"这一官职是为各诸侯国的首脑配备的，无具体事务，性质上还属于秘书、顾问、辅导员一类闲职。王羲之担任秘书郎仅数月即迁会稽王友，这也是正常的仕途演进。

从此，王羲之走上了为官之路。

动乱时代的士族类型

在东晋社会，作为士族出身的王羲之，将会以何种态度从政，将如何策划他的仕途呢？王羲之是典型的出身于士族大家的知识分子，而知识分子在封建专制社会里，其人生轨迹是有共同点的。在这里，我们不妨回顾一下王羲之的前人，看他们是怎么样走过人生道路、怎样面对社会的。从这些例子中，我们可以看到王羲之的"前车之鉴"。至少，这些人是定位王羲之的历史参照物。

陆机、陆云兄弟

第一个例子，是陆机、陆云兄弟。

"八王之乱"那出延续十六年的连续剧中，第四幕里有陆机、陆云兄弟的身影。陆机，字士衡，吴郡人，身高七尺，声如洪钟。年轻时有奇才，文章堪称无双，其人笃信儒家，举动都合礼仪。晋武帝太康年间，他和弟弟陆云一起到了洛阳，吴王司马晏出京镇淮南，用陆机做郎中令，调任尚书中兵郎，转任殿中郎。这些职务大率属于军中高级参事之类。陆机有条好狗，名黄耳。陆机在吴王处就职，时间长了，难免思乡。有一天他笑对黄耳说：家乡久无书信，你能带我的信去打听一下吗？黄耳摇着尾巴叫。陆机是个才情茂盛的人，当即就写了信，用竹筒盛着，系在黄耳的脖子上。那犬寻路向南跑去，最后竟寻到了陆机的老家，且得了家中回信，复又回到洛阳。当是时，成都王司马颖居功不骄，对下属温和虚心，陆机见朝廷屡发变乱，认为成都王是一位英才，于是投身于颖。司马颖用陆机参与大将军事，表奏陆机为平原内史。司马颖的左长史卢志嫉妒陆机的提升，对司马颖说：陆机自比管仲乐毅，这使将军您的脸上很是无光啊。司马颖当时没说什么，然心生暗影，对陆机有了疑心。

陆机刚当上将军，营中牙旗被大风折断，心存烦闷。陆机带兵列队出征，从朝歌向洛阳进发，军鼓阵阵，时人言"声闻百里"，盛况为汉魏以来所没有。长沙王司马乂奉天子之命，与陆机在洛阳附近的鹿苑作战，陆机大败，部队混乱不堪，掉到七里涧中死的人就像堆起来的山丘一样，涧水都流不动了。当初，宦官孟玖的弟弟孟超很受司马颖宠爱，后来他的任职不及陆机高，今见陆机败，就在司马颖前说陆机有造反之心。成都王手下的将军中，王阐、郝昌、公师藩、牵秀等人都是孟玖重用的，他们建立攻守同盟，一起为孟玖作证。司马颖信以为真，大怒，派牵秀去秘密逮捕陆机。天明时分，牵秀的军队到了陆机营中，宣布逮捕令。陆机听了，脱下戎装军服，穿着白色单衣与牵秀相见，神色自若。陆机当场给司马颖修了一封信，措辞哀婉凄惨。陆机在军中被害，时年四十三岁。他的两个儿子陆蔚、陆夏同时被害。陆机没犯死罪而被害，士卒为之痛心，将士没有不落泪的。这天正值沙尘暴天气，昏黄的雾气突然席卷而来，大风吹断树木，黑暗笼罩四野，接着又下了一尺深的大雪，人们认为这次气象突变表明陆机的冤枉。

陆机天才出众，文采超凡脱俗。时人张华曾对他说：别人写文章经常担心才华不够，而你却担心才华太多，生怕约束不住而流彩四溢。陆机的弟弟陆云曾写信对哥哥说：这里有人见到兄长的文章，就想把自己的笔墨和砚台都烧掉。葛洪也曾著书称：陆机的文章就像玄圃中积累的美玉，恢宏富丽，清新飘逸，是一代顶峰。这样一位写出过《文赋》的大才子，为什么非要依附权贵呢？这里有个解不开的纽结：在专制社会中，由于绝大部分物质资源和精神资源都被权力中枢所控制，知识分子只有靠拢政治主流，才能得到较好的社会地位，才能贯彻自己的价值观，才能放大自己的才华和影响力，于是权力就带有了强烈的吸附性。儒家学说是知识分子的人生圭臬，而儒学主张的积极入世以及轻商、贱农、不屑百工的意识，助长了这种"求闻达"必去官府的心理，许多知识分子因此自觉地进入了万劫不复的"政治黑洞"。陆机喜欢交游权贵，和贾谧亲善，时人多有微词，也被后人讥笑。

　　这不是一个人的问题，制度使然。文化人单靠个体的自觉往往对付不了主流意识形态和资源力量的巨大磁场。陆机所著文章一共三百多篇，大部分还在流传，这是他的大幸运。作为一个生活于权力中枢的文人，面对动荡、无序、杀伐无据的时代，陆机的遭遇几乎是必然的。还有，文人往往感念知遇之恩，稍有恩典便思涌泉相报，虽肝脑涂地亦在所不辞，因此而投错胎的人，多矣哉！古典文人这种以江湖方式对待现实生活的做法，让很多人吃了大亏。在一次动乱中，得胜的齐王司马冏怀疑陆机、陆云兄弟当初可能为司马伦撰写过禅让诏书，逮捕后要杀掉他们，成都王司马颖听说后，为陆氏兄弟辩明了是非，陆机视此为救命之大恩。后来司马颖委任陆机为平原内史，陆云为清河内史，两人更是感恩不尽。当时齐王手下的东曹掾张翰（字季鹰）觉得陆氏兄弟这么快得到提升不是好事，曾对陆机说：京城乃是非之地，我想辞官回老家吴中去过几年安稳日子。陆机兄弟和张翰是老乡，对好友的做法虽深表理解，但他们当时正在人生的"正午时分"，哪肯和张翰一起回去！陆机陆云表示：一定要为司马颖立功，等报答了他的恩情后再说回乡之事。《世说新语·时鉴》载：张翰"在洛阳，见秋风起，因思吴中莼菜羹鲈鱼脍，"说"人生贵得适意耳，何能羁宦数千里以邀名爵！"乃挂帆而去。许多年以后，辛弃疾在《登建康赏心亭》一词中写道："休道鲈鱼堪脍，尽西风，季鹰归未。求田问舍，怕应羞见，刘郎才气。"其中典故，说的就是陆机兄弟和张翰的故事。正是士大夫这种积极入世的儒家精神和知恩图报的意气，让许多才华横溢的人误入歧途下场悲惨。到头看了，反不如那些求田问舍的平俗之人更为智慧。

陆机兄弟的经历说明，在封建社会里，知识分子很难具有独立性，要么依附，要么二心，中间没有第三条道路，没有可供知识分子选择的世外桃源。多年后，我们能从王羲之的人生选择中看见这些人的影子。王羲之努力摆脱某些羁绊，其内心追求的实际上是某种独立性。

潘岳

另一个例子是潘岳。

关于这个人，本书第一章中略有记述，在此作些补充。潘岳，字安仁，小名檀奴，河南荥阳中牟人，世人亦称潘安。潘岳品貌潇洒，书卷风流，千百年来被人们称为最高档次的帅哥，与春秋时期的美男子宋玉齐名，世人有"才比子建貌如潘安"之语。少年时代的潘岳就已美名远扬，为时人所美。他拿着弹弓出去玩耍，会被许多年轻女子围拢在圈子里，嬉笑玩耍，不肯让他离开。她们总是给他很多水果和鲜花，手里拿不了，女子们就把花果放在他的车上，因此有了"掷果盈车"的典故。文人左思和张载钦羡潘岳的艳福，曾仿效潘的样子乘车出行，然而得到的却是女子们的唾沫和耻笑，甚至有人朝他们扔石子，因为他们长得不够好看。

根据九品官人法，潘岳年纪轻轻就被举荐为秀才，少年得意。因为才貌双全，各方面的男女都不吝言辞给予他美好赞许，如同今天的影视明星。后潘岳被举荐到西晋宫廷，成为平民子弟中平步青云的人物。在宫廷里，潘岳很得嫔妃们的喜欢——年轻貌美也是资源啊。那年的元日，晋武帝为了表示重农事，亲自驱牛耕田，借此为天下垂范。皇帝得意，要潘岳写一首《籍田赋》赞美此事。潘岳才情茂盛，一挥而就。那篇专事歌功颂德的诗词得到晋武帝的好评，潘岳的名声于是更大了。

潘岳的才华得到名儒杨肇的赏识，他在自己的女儿才十岁时就将之许配了潘岳。两人完婚后，感情笃好。但少年得志的潘岳不久就遭到当朝一些老臣的嫉妒，他们说"潘岳为人浮躁"，徒有其表，华而不实。潘岳在其《秋兴赋》中说自己三十二岁"始见二毛"，虽然不无自诩，然该赋中已有了伤感年华的意思。潘岳能写出"仆野人也，偃息不过茆屋茂林之下，谈话不过农夫田父之客，摄官承乏，猥厕朝列，夙兴晏寝，匪遑底宁，譬犹池鱼笼鸟而有江湖山薮之思，于是染翰操纸，慨然而赋"，说明此时的他，还有几分清醒。繁忙的政务，被耆老排挤，而年华即逝，潘岳时常陷入郁闷，妻子杨氏给了他很多安慰。潘安的母亲是个明白人，她常常开导儿子。就婚姻和家庭来说，潘岳是顺利的。

潘岳既非出身于锦绣显贵之族，也非穷困潦倒之家，是个中下层家庭的读书人。他在诗中写道："野黎竟何常，政成在民和"，这显然就是他的执政思想；"祗奉社稷守，恪居处职司"，说明他愿意做个安分守己的官员。在他的诗歌《内顾诗》中，有"人生若朝露"的感慨。作为一名地方官吏，潘岳是合格的。如果生于清明年代，此人当有所享誉。不幸的是，潘岳跑不出那个社会的风眼，不久就被他的靠山加文友加领袖加权臣的贾谧带进宫中，潘岳视此为大幸。当时很多老朽不肯让这个年轻人在中心权力分一杯羹，更担心潘岳受到皇帝的信任。他们合谋将其下放到河阳县任县令——挤出了朝廷。这对潘岳本人来说，也许不算什么坏事——朝廷腐败，大权被老家伙把持，彼此勾心斗角，政治凶险极大——离开是非之地，也好。

潘岳在河阳做了十年县令，关心民间疾苦，本人也算廉洁，加上风采灿然，多才多艺，很受百姓爱戴。除受理案件外，潘岳还十分关心当地的经济发展和环境保护。他的最为突出的一项政绩，就是绿化河阳。潘岳号召官民一齐努力，于山野平原遍种树木、花草和中药。这一举措不仅将河阳变得风景秀丽,药材收入也让百姓得利甚多。河阳在当时就有"花县"之称。后人李白有诗道:"河阳花作县,秋浦玉为人。地逐名贤好,风随惠花春。"才子李商隐也有吟咏:"河阳看花过,意不问潘安。"作为一名地方官,潘岳可谓能吏。这样的官员,若是清明盛世,会有一番作为的。

元康九年发生的事变,把潘岳推到风口浪尖上。是年腊月,贾后贾南风以惠帝生病的名义要太子进宫。贾谧交给潘岳的任务,是以太子的口气写一道文书,内容是叫惠帝自我了断,另立司马道文(太子的儿子)为太子。这是一出逼宫戏,也是一次丑陋的政变。潘岳听了,顿时吓出一身冷汗。贾谧见他迟疑,声色俱厉地说:"克期而发,不得延误。"按封建礼教论,臣子之最大罪过就是弑君,信奉儒学的潘岳不会不知。当他被迫接下这一任务,内心的煎熬可想而知。他深知这将是一件"遗臭万年"的丑事,但不得不写。如果不写,马上就得人头落地。况且这旨意还是来自他的政治靠山、文坛领袖贾谧呢!

于是,在残酷的政治斗争中,在专制淫威的严逼下,潘岳怀揣十二分的恐惧,写下那篇逼死太子的臭名昭著的文字。设身处地想,潘岳当不会以才华而自居,也不会因起草"重大历史文件"而平添虚荣吧?潘岳一定知道自己在做什么,知道自己被迫陷入窃国盗贼的团伙之中。他颤颤巍巍、如履薄冰、满心羞愧地完成了上级交给的任务。杀人的刀剑悬在天灵盖上,一介文人不可能发出悲愤的呼喊,更没有独立的声音——在封建统治者中间混事的文人,大都像墙头草,哺醨食糟,随波逐流,自觉不自觉地歪倒在权力斗争的臭水中,有人还以为那是别人"不得相与"的高尚游戏、上流会餐呢!

是日,太子大清早尚未用过早餐,就被叫入宫中。一入大殿,见贾谧端坐上面,就有几分惧怕。贾谧叫宫女将一大罐子好酒给太子喝下去。太子称自己本不善饮酒,况且早上空腹,更不宜用酒。贾谧冷笑说:这是皇帝的命令!不想喝也得喝!太子不得已喝下那酒,不一会儿就觉得飘忽不知方向。宫女拿来笔墨纸砚,让太子对照潘岳起好的那份稿子照猫画虎地抄一遍。太子看了那文字，其中竟有自称谋反的话，当时手不能握笔，身子歪斜，"其字半不成，（贾）后补成之。"他们将这个杜撰的东西拿了给惠帝看，惠帝当即召开所谓的御前会议，下令赐太子死。大臣们看了那份所谓的太子叛乱书，大都不敢言语，只有张华和裴頠不相信那是出于太子的真意，并力保太子无辜。他们旁征博引，反复争论，会议直到傍晚还没弄出个结果。贾后担心夜长梦多，请把太子废为庶人，又自作诏书"许之"。张华和裴頠好歹保住太子一条命，退朝而去。贾后立即派人到东宫宣布诏书：废太子为庶人，将其和三个儿子一并囚禁于金墉城，并下诏杀掉太子生母谢淑妃和太子侧妃蒋俊。几天后就是春节，贾后又唆使东宫太监自首，说太子在那边联络人造反，下诏将他们父子几个送到洛阳之外的许昌宫囚禁。路上，太子的长子病死，当时只有四五岁。

这故事太残酷了，所有的情节几乎都和那个假造的谋反文书紧密相连，而潘岳就是捉刀者。虽然他是出于无奈被人威逼，到底还是为虎作伥者之一。潘岳自伪造了所谓太子谋反的文书后，心神不安，恍惚间如有鬼魅环绕。如果当初他在政治上不曾投靠贾谧，或婉拒不拜京中之职坚持留守外任，也许不会充当那个丑角而身负骂名。想当年母亲一再叫他不要图虚荣，不要跟随潮流——何等睿智的老人啊——作为儿子的他，却没有听进心里去。浅薄的文人没有根基，不经意间滑入深渊，还以为自己能屈能伸。青史之中，有陆机、嵇康存身处，无潘岳的立足点。

潘岳已经不是第一次陷入政治漩涡了。前次动乱中，他曾参加过杨骏的派系，后来主子失败，他差点儿丧命。在审查叛乱名单时，曾经受过潘岳施恩的公孙弘暗自救助，潘岳得以逃脱一死。公孙弘出身贫寒，潘岳任河阳县令时，曾经夸赞过他，公孙弘因此牢记不忘，出于报恩，他免了潘岳的死罪。这一次，潘岳以为还有救，因为得势的孙秀也是他的熟人。潘岳的父亲在琅邪（羲之老家）为内史时，曾经让孙秀服侍公子潘岳。少年潘岳看不上孙秀的为人，"数辱之"，孙秀因而怀恨在心。

这一次，潘岳作为乱臣贼子，小心翼翼前往参拜中书令孙秀。他惶恐万端地问孙大人：还记得从前的交情吗？孙秀冷笑道："中心藏之，何日忘之！"潘岳于是明白，自己的日子屈指可数了。不久，孙秀罗织罪名杀了潘岳，诛三族。晋书《潘岳传》："俄而（孙）秀遂诬岳及石崇、欧阳建谋奉淮南王（司马）允、齐王（司马）冏为乱，诛之，夷三族。岳将诣市，与母别曰：'负阿母！'"

潘岳为什么临死前慨叹"负阿母"呢？原来潘老夫人曾经多次批评儿子，说他太虚荣，缺少根基，劝他不要随波逐流。《晋书》有这样的记载：岳性轻躁，趋世利，与石崇等诌事贾谧，每候其出，岳与崇辄望尘而拜。（陷）构愍（帝）怀（帝）之文，岳之辞也。（贾）谧二十四友，岳为其首。……其母数诮之曰："尔当知足，而乾没不已乎？"而岳贪恋浮名和权势，终不能改。潘岳的母亲真是一位了不起的贤达女子。或问：世间丈夫何多不及女子者也？试答曰：宦游者如在舟中，得风帆之力亦受风波之摇，未若女子之立于土地而作岸上观焉。

潘岳刚被收进监牢时，不知道大富豪石崇也在这次问斩之列。石崇既是当世的豪富，也是文人领袖。这次问斩，第一个是石崇，他早于潘岳被送到刑场。不久，潘岳也来了。石崇看见老相识，谓之曰："安仁，卿亦复尔邪！"岳曰："可谓白首同所归。"这里有个故事，石崇是个善于做作风雅故事的人，他曾经在一个叫金谷的地方举行过文人雅集，当时很多与会者都写了诗。后来这些诗被收为集子，号称《金谷诗集》，潘岳为之写了《金谷诗序》。在这篇文章中有这样的话："投分寄石友，白首同所归。"今日的情景恰好印证了文中的这句话。偶发一语，乃成其谶，其悲也夫！

潘岳的命运说明，那些文学上的轻薄浪子即或有些才华，如果政治上颠顸无见识无定力，时尚的虚荣会让他们犯下大错。一个惯于给宫廷唱赞歌的御用文人，一个没有独立思想动辄为人捉刀的才子，一个对权势卑躬屈节的官僚，谁能想象他们会做出什么事来！醉心场面的人往往会卖弄才情，生怕有一天被主流所抛弃，因此失去了质朴与定力。这种人纵然能得意于当时，到底格调鄙陋，难免为后人所笑。《晋书·潘岳传》记："既仕宦不达，乃作《闲居赋》。"这篇赋辞藻华丽，表达了文人"闲愁最苦"不得不自得其乐的情绪，内中却藏了"心存魏阙之上"的焦灼。这种人，在那个年代，早晚要掉进是非祸乱之中。

此去经年，为时不远，王羲之应当看到潘岳的前车之鉴。潘岳的悲剧说明，个人对于皇权，是微不足道的。如果一个人在朝廷中做事，天天跟皇帝打交道，等于把自己放在刀尖上，因为那里是争夺最激烈的地方，是阴谋诡计最较劲的场所，也是最容易挫伤自尊、残灭性情的所在。所以，王羲之始终不肯像潘岳那样处身于权力中心。

贾谧与二十四文友

贾谧就是"红杏出墙"那个典故中的主人公贾午的儿子，前文有"窃香偷玉"的记述，此处不赘。贾谧本姓韩，因郭槐（贾充之妻）把自己的两个儿子都弄死了，故贾充无后，于是就把外孙做了自己的继承人，改姓为贾。贾充于太康三年病死，死后追认为武公。司马玮、司马亮死后，晋惠帝和贾后用张华主持政事，社会平安了几年，此时贵族的骄奢淫逸达到了高潮。以王戎为例，王戎身为司徒，不为政事，终日以清谈为乐，不是出外打猎就是举行宴会，真可谓"于时浮沉，无所匡救"。王戎性贪，到处置买田产，出租放贷，日夜计算收入，还嫌不足。这人曾是名闻遐迩的竹林七贤之一呢，不知其贤何在！

尚书令王衍（既是国丈也是贾谧的岳父），其弟王澄，河南尹乐广，大都类似王戎。这帮人有钱有权有势且有闲，吟风弄月，拿捏高雅，以至于虚名泛滥朝野，上下争慕效之。他们成天手执拂尘，宽衣大袖，剃面熏香，望之如神仙中人。实际上，他们最热衷的就是置办田产、封官鬻爵、行贿受贿，表面上却装成世外散仙的模样。这帮人以政事为俗务，满口老庄玄学，而国人不识，竟把他们看做了文明的标准，追随者众多，如醉如狂。武帝后期，八王之乱平，政局相对稳定，这本是励精图治的好时机，可那些士族精英却醉心于谈玄，个个都像是大哲学家、大诗人、大炼丹家，醉生梦死，白白浪费了历史时机。当时吏部尚书毕卓有一首诗："一手持蟹螯，一手持酒杯。拍浮酒池中，便足了一生。"

当时文人中，贾谧官职最高，又是皇后家族的继承人，身处众星捧月之处。贾谧才思敏捷，理所当然地成为了主流文人的领袖。有人说他才气可与贾谊媲美，贾谧很高兴，颇有不知天高地厚的模样。他身边有二十四个文友，包括陆云、陆机、左思、刘琨，而潘岳为其首。就连那个因斗富而被流放的石崇，也在二十四文友之列，视沉瀋为清高，将沉沦做出世。潘岳的母亲多次警示他，不要跟那些浮薄文人贵族子弟在一起，可是潘岳抵挡不住潮流的诱惑，混迹其中，卑躬屈节，还为贾谧写了不少吹捧个人、粉饰时世的文章。

二十四文友的成员虽然复杂，但都有崇尚清谈、附庸风雅、醉生梦死之风。这些人后来分化为不同的小圈子，有的死心塌地做官去了，有的不得已而流入江湖，其中也有政治上的牺牲品。后来形成的竹林七贤，则是另类。当是时，儒学在乱世中显出其不足为依托的缺陷，很多士族知识分子便另寻解法，以图消减郁闷、重建信心，或竟逃离那个无常的现实。他们大多厌恶俗事，放浪形骸，寄情于山水之间，于是出现了一群标新立异的人。这些人距离羲之不远，影响犹在，羲之是否会成为他们那样的人呢——是个问题。

王羲之的选择，绝然不是二十四文友。王羲之是个清高之人，以他的清贵，很难与那些人为伍。文化人往往有这样的特点：对别人要求很高很挑剔，对自己却很随意。前者可以造就清名，后者则往往使人堕落，能兼得高标清贵与自爱自律之名者甚少。王羲之恰恰选择了这么一条路，他既不随波逐流与看不上眼的人沉瀋一气，同时也能自爱自律。这种选择大大增加了他的生存难度。

竹林七贤

西晋时的竹林七贤是连接两晋文脉的人物。竹林七贤的代表人物嵇康和阮籍，离世时间距王羲之出生只有四十年。两人都在公元二六三年去世。王羲之三岁时，七贤中的王戎（王羲之的近族）还在世呢！他们也许出生在同一间老屋里，也许王羲之曾见过那个行将就木、老态龙钟、步履蹒跚、缺牙少齿的先祖。即使当时未曾谋面，羲之也会从长辈那里得知王戎爷爷的风范。总之，竹林七贤对于王羲之此生要走的道路，一定是有些影响的。认识竹林七贤，对于全面了解王羲之，具有历史的、家族的、文化的参照意义。

所谓竹林七贤，是魏晋时期的七位名士（嵇康、阮籍、山涛、向秀、刘伶、王戎及阮咸）的合称，成名年代比"建安七子"稍晚，其政治思想和生活态度也不同于建安七子。以曹氏父子为核心的建安七子所表现出的思想风格，具有积极、清新、明亮、质朴、刚健的特点，而竹林七贤大都具有"弃经典而尚老庄，蔑礼法而崇放达"的消极、散漫、颓废、不合作、自我放逐的情怀。

嵇康、阮籍、刘伶对司马氏集团均持不合作态度，嵇康因此被杀。山涛、王戎等人则先后投靠了司马氏。向秀在嵇康被害后被迫出仕。阮咸入晋，曾为散骑侍郎，但不为司马炎所重。山涛起先"隐身自晦"，四十岁后出仕，历任晋尚书吏部郎、侍中、司徒等，成为司马氏政权的高官。王戎为人鄙吝，功名心最盛，入晋后为侍中、吏部尚书、司徒等，历仕晋武帝、晋惠帝两朝，至八王乱起，仍优游暇豫，不失其位。竹林七贤对权势者的不合作态度为司马朝廷所不容，八年后分崩离析，各散西东。

在文学上，以阮籍、嵇康为代表。阮籍的《咏怀》诗八十二首，多以比兴、寄托、象征等手法，隐晦曲折地揭露统治集团的罪恶，讽刺虚伪的礼法之士，表现了诗人在政治恐怖下的苦闷情绪。嵇康的《与山巨源绝交书》，以老庄崇尚自然的论点，说明自己本性不堪出仕，公开表明不与司马氏合作的政治态度，文章颇负盛名。其他如阮籍的《大人先生传》、刘伶的《酒德颂》、向秀的《思旧赋》等，也是可读的作品。

竹林七贤的代表人物是嵇康和阮籍。

嵇康（223—262），字叔夜，三国时曹魏文学家、思想家与音乐家，魏晋玄学的代表人物之一，世称嵇中散。善音律，作有《长清》、《短清》、《长侧》、《短侧》，合称"嵇氏四弄"，与东汉的"蔡氏五弄"合称九弄。嵇康本姓奚，祖籍会稽，其先人因避仇迁家谯郡铚县（今安徽濉溪临涣镇），因家居侧有嵇山，故改姓嵇。早年丧父，家境贫困，仍励志勤学，文学、玄学、音乐等无不博通。他娶曹操曾孙女长乐亭主为妻。司马昭曾想拉拢嵇康，但嵇康执意不合作，招司马氏忌恨。司马昭的心腹钟会想结交嵇康，受冷遇，彼此结下仇隙。嵇康的友人吕安，其妻被其兄奸污。按照当时法律，这种乱伦行为是要处以重刑的。吕安征询嵇康意见，嵇康虑及他们同胞关系，建议善罢甘休（此亦可见嵇康、吕安的宽厚处）。可是吕安的哥哥反过来贼咬一口，诬吕安以不孝之罪——既为掩饰劣迹，也有霸占弟媳的企图。吕安被定罪，发配甘肃边地。嵇康觉得此事真乃欺人太甚，去京城为吕安辩护，因为他最清楚这件事的来龙去脉。谁知道，吕安在发配途中忧愤至极，给嵇康写了一封信，信中有"这是个多么不义的世界啊，我真想推倒泰山把那些坏人全都砸死，翻天覆地才好呢"的句子。吕安太幼稚了，他竟然没想到犯人的私信是很难寄达的。这封信被拆开后，送到钟会那里。曾经受过嵇康冷遇的钟会即劝司马昭乘机除掉吕、嵇，所用的罪证除了吕安的那封信，还有《与山巨源绝交书》。

钟会出于私心构陷嵇康，引起社会公愤。时太学生三千人请求赦免嵇康，愿以康为师，司马昭不许。临刑，嵇康神色自若，奏《广陵散》一曲，从容赴死。嵇康好老、庄之说，崇尚自然养生之道，著有《养生论》，倡"越名教而任自然"。嵇康爱好打铁，个性凌厉傲岸，旷逸不羁，时人谓之"保身之道不足"。有趣的是，嵇康临刑前对儿女的遗嘱安排，却是叫他们投靠山涛（那个他发誓绝交的人）。嵇康死后，山涛一直悉心照料并抚养他的儿女，演绎出一段"君子和而不同"的佳话。这也是魏晋风度的一个不大不小的注脚。嵇康的传世作品中，以鲁迅先生所辑校的《嵇康集》最为精善。

阮籍（210—263），曹魏末年文学家、思想家，字嗣宗，陈留尉氏（今河南开封市）人，曾任步兵校尉，世称"阮步兵"。崇奉老庄之学，常与嵇康、刘伶等集于竹林之下，肆意歌唱，酣畅狂饮，放浪形骸之外。阮籍是"正始之音"的代表，其中以《咏怀》八十二首最为著名。阮籍善于透过比兴、象征、寄托等手段借古讽今，寄寓情怀，形成一种悲愤哀怨、隐晦曲折的诗风。诗之外，阮籍还长于散文和辞赋。今存散文九篇，其中最有代表性的是《大人先生传》。阮籍在当时名气就很大，司马集团想拉拢他，但阮籍总是若即若离。阮籍曾经当过东平太守。他骑驴上任，进了衙门便令人拆去隔墙，十几天后又骑着驴子离开，像是开了一个大玩笑。后来他要求去当步兵校尉，其动机是看上了步兵营中有一位厨师很会做酒，且营中藏有美酒三百斛（每斛两百斤）。他每日只是与刘伶饮酒吃肉，从不发表政治见解。后来司马昭欲为其子求婚于阮籍之女，阮籍借口大醉生病，六十天不能见客，使司马昭没机会开口，遂作罢。阮籍先信奉儒学，见儒学不能"平天下"，而后走入老庄，但求畅然物外。他常常自己驱车信马由缰游走，有时于路穷处大哭，倾泻心中无以名状的悲凉与痛苦。

山涛（205—283），字巨源，西晋河内怀县（今河南武陟西）人。早孤，家贫。好老庄学说，与嵇康、阮籍等交游。山涛效忠司马氏，将从地方官调任朝廷，临离职，欲召嵇康代之，嵇康致书与之绝交。山涛年四十始为郡主簿，见司马懿与曹爽争权，惧陷祸乱之中，乃隐身不问事务。司马师执政后，山涛被举秀才，累迁尚书吏部郎、大鸿胪（鸿胪寺类似外交部）。在其任冀州刺史时，甄拔隐屈，搜访贤才三十余人。每选用官吏，皆先秉承晋武帝之意旨，且亲作评论，时称《山公启事》。山涛曾多次以老病辞官，皆不准。后拜司徒，复固辞，乃归家。山涛第二次入仕虽与婚姻有关，但在其后的三十多年官场中，还是做了一些好事。他为当时的晋朝选贤任能，对自己约束甚严，在流行泛滥的行贿风中，他坚守其节，实属不易。山涛是司马氏政权的骨干力量，历代文人对他有所非议，多少有失公平。究其一生，山涛既未迫害过曹氏成员，更没迫害过正直之士，而对有才之人则多有提拔。山涛在升任太子少傅加散骑常侍后，位极人臣，并没像一班大官僚那样兼并土地。他生活简朴，雅操清明，不营私结党。他曾三次举阮咸为吏部郎。虽然嵇康曾写过与他的绝交书，但嵇康的儿子嵇绍是由山涛举荐而进入仕途的。山涛为人磊落大度，生活节俭，做官不贪，对待朋友赤诚坦荡，是个洁身自好的人。后世多以嵇康之书而鄙薄之，实在有失褊狭。

向秀（约227—272），字子期，河内怀（今河南武陟西南）人。官至黄门侍郎、散骑常侍。曾注《庄子》，"发明奇趣，振起玄风"。《秋水》、《至乐》二篇，注释未完而卒。后郭象"述而广之"，别为一书。向秀与嵇康、吕安交游甚多，但心有相异之处。向秀在《思旧赋》中写道："嵇志远而疏，吕心旷而放。"向秀喜好老庄之学，对儒家思想也有相当深的研究。他试图将儒道两家作个调和。向秀是一位学者，较少偏颇，处理实际问题时也和两位好友有不同。嵇中散被杀后，向秀深怀痛惜哀伤之情，自洛阳归山阳嵇康旧居时，写下了有名的《思旧赋》，文中涉及的黑暗与恐怖，表达了向秀消极抵抗的态度。司马昭死后，向秀继续做官，但只是混碗饭吃罢了。

刘伶是另一类。刘伶，字伯伦，沛国（今安徽淮北市）人。擅长喝酒品酒。魏末，曾为建威参军。他反对司马氏的黑暗统治和虚伪礼教。为避免迫害，遂嗜酒佯狂，任性放浪。一次有客来访，他不穿衣服。客责之，他说："我以天地为宅舍，以屋室为衣裤，你们为何入我裤中？"这种放荡不羁的行为表现出刘伶对名教礼法的否定。他唯一的著作是《酒德颂》。刘伶矮小，容貌丑陋，性情豪迈，胸襟开阔，不拘小节。平常不滥与人交往，沉默寡言，对人情世事一点儿都不关心。泰始年间，他曾上书，主张"无为而化"，被斥为无益之策。罢官后，刘伶更是日日"醉乡路稳宜频到"，终以酒而寿终。他经常乘鹿车出游，手抱一壶酒，命仆人提着锄头跟在他的车子后面跑，说：如果我醉死了，就便挖个坑葬了就是。有一次他喝醉了酒，跟镇上的人吵架，对方卷袖子挥拳要打他。刘伶从容地说：我这鸡肋般细瘦的身体，哪有地方安放老兄的拳头啊。对方不由得笑了，拳头也放了下来。刘伶病酒渴甚，向他老婆求酒。妇人涕泣谏曰："君饮太过，非摄生之道，必宜断之！"伶曰：你的话很好，可我不能自我约束，自制力差，必须当了鬼神的面发个誓才能戒了这酒。你赶快找些酒肉来，我好求神祷告。妇人曰："敬闻命。"遂供酒肉于神前，请刘伶祝誓。伶跪而祝曰：天生刘伶，以酒为名；一饮一斛，五斗解酲。妇人之言，慎不可听。便引酒进肉，不知不觉又喝醉了。

阮咸，西晋陈留尉氏（今属河南）人，字仲容。阮籍之侄，与籍并称为"大小阮"。为人旷放，不拘礼法，善弹直颈琵琶，也精于作曲。唐代流行的琴曲《三峡流泉》，据说就是他所作。当时民间有七月七日晒衣的习俗，阮咸家贫，竟以长杆挂犊鼻裤（短裤，贫者之服）于院中，与士族之纱罗锦绮形成鲜明对照。"大小阮"虽为叔侄，但却不拘长幼辈分，经常像朋友一样共同游息。他们都鄙视礼法和繁文缛节，以此抗议权贵奉行的所谓礼教。阮咸在母丧期间，穿着孝服，骑驴去追私恋的一个鲜卑婢女，曰："人种不可失！"阮咸是杰出的音乐天才。颜延之说他："达音何用深，识为在金奏。"唐武则天在位时，曾有人在古墓中得一铜器，身正圆似琵琶，与竹林七贤图中的阮咸所弹的乐器相似，当朝太常少卿元行冲认为此物乃晋时阮咸所做器也，于是命属下改用木头照这铜器的形状来制作，弹出来的声音高雅而清亮，再加上阮咸本人善弹此琴，所以这种一度被称为中国琵琶或汉琵琶的乐器就有了自己的专用名称——阮咸。

王戎（234—305），字濬冲，琅邪临沂人。西晋大臣。生于士族大家，幼颖悟，神采秀彻。善清谈，与阮籍、嵇康等为竹林之游，戎尝后至，阮籍说：俗物，已复来败人意。王戎却说：像你们这样的人，谁还能扫你们的兴呢！王戎的父亲王浑，官任尚书郎，与阮籍是同事，交往颇多。王戎跟父亲住尚书郎官舍中，阮籍每次来访王浑，谈不几句话就转到王戎的房间。这对忘年之交一谈就是大半天。阮籍对王浑说：濬冲清俊绝伦，不是你比得上的。与阿戎说话，比与你说话有趣多了。话虽然这么说，实际上王戎在气质上与阮籍、嵇康有很大不同。晋惠帝时，王戎官至司徒，但他苟媚取宠，热衷名利，立朝无所匡谏。性极贪吝，田园遍及诸州，聚敛无已，每自执牙筹，昼夜算计，恒若不足。王戎还有送人李子核，钻孔使之不能出苗的丑闻，被世人讥讽。王戎的悭吝是有名的，但他不怕人讥笑。其从子婚，王戎曾赠与一件单衣。比起他所拥有的巨大财富，这赠礼也太微薄了，就这，他还深感后悔呢。王戎的女儿嫁给裴頠，当时王戎曾借钱数万给女儿（不算陪嫁），女儿每次回娘家，王戎的脸总是耷拉得长长的，不高兴。女儿知道个中原因，遽然还钱，王戎乃释然，谈笑如初。王戎既贵且富，区宅童牧，膏田水碓之属，洛下无比，契疏鞅掌，每与夫人烛下散筹算计。

以上这些人，都是羲之的前辈，在社会上都有很大的名声。那么，王羲之将向他们当中哪一个或哪一类看齐呢？或者说，他的人生道路将和谁个更为接近些？他会像嵇康那样自由豪放慷慨陈词虽万死而不辞吗？他会像阮籍那样装疯卖傻佯醉佯狂一辈子只是混碗饭吃吗？他会像山涛那样奔走于权力中心而洁身自好吗？他会像刘伶那样醉生梦死吗？他会像阮咸那样沉湎于乐律全不顾经世治国和道德礼法吗？他会像王戎那样热衷名利终日算计田产而"立朝无所匡谏"吗？抑或他将走出一条独特的属于自己的路？

这还要从他的一生的经历来总结。

咸和二年（327）十月，庾亮以苏峻存心叛逆，在历阳终为祸乱，欲下诏征之入朝，以为囚虎锁狼之策。举朝皆以为不可，王导劝阻，亦不被庾亮采纳。温峤等人建议庾亮在军事上需做些准备，以防不测，庾亮也不听。这件事，再次反映出庾亮在政治上的不成熟和心理上的文弱——虎狼之辈，安能放置于权力中心！姑息养奸，必将为祸未来。

十一月，历阳太守苏峻知庾亮并不信任自己，私下开始谋划造反。十二月，苏峻起事，兴兵讨伐庾亮，叛军兵临姑孰，距离京城只有一步之遥。庾亮此时方后悔不迭，急忙施行戒严，使其弟庾翼以白衣领数百人守备石头城。这种薄弱的防御，哪能抵抗叛军的虎狼攻势！东晋王朝再次面临大灾难。

第六章

山阴道上秘书郎

咸和三年（328）二月，苏峻的叛军攻势猛烈，很快就打到蒋山。蒋山，即今南京城内的钟山。王安石诗"京口瓜洲一水间，钟山只隔数重山"中的钟山就是东晋时的蒋山。在军事攻守上，蒋山是东晋首都建康的最后一道屏障。庾亮眼看苏峻的叛军攻势凌厉，只好组织军队迎敌，但没有胜利的把握。

苏峻之难，京师动荡，朝廷上下惶惶不可终日。为了避难，皇上诏令：凡和京师防御无关的贵族士人都应外出躲避。司马昱奉命去会稽（今绍兴）赴任，当时这种做法被叫做"之国"。曾为秘书郎的王羲之此时是作为王子友，和司马昱共赴山阴的。山阴是一个郡，治所在会稽。这是羲之第一次莅临会稽，也是一次至关重要的人生之旅。

避难会稽

会稽山水清幽秀丽，民风质朴温厚，王羲之一到那里便"有终焉之志"。这一年，羲之刚刚二十六岁。按说，这个年龄正是一往无前不思归路的热情慷慨的时期，然而王羲之却早早地选定了寄托晚年的意中之地，要么是因为这里的自然山水太符合王羲之的梦想境界，要么是他过于早熟，要么是他对仕途并无迷恋之情刚登程便思驻足，抑或以上诸项兼而有之。

苏峻的叛军攻势凌厉，将士凶悍，庾亮运筹无力，进退失据，以至于王师大败。尚书令卞壶、丹扬尹羊曼、黄门侍郎周导、庐江太守陶瞻等战死。卞壶是王家的老亲。陶瞻乃东晋名士陶侃之子，他也是原王敦的部将周抚的妹婿。和这些人一起遇害的，除了数千军人，还有许多普通百姓。

庾亮重新组织力量，与苏峻再战，又败于建阳门。建阳门是建康城的一个城门，琅邪王氏所居的乌衣巷在此不远处。眼看战火烧到贵族们的家门口，大家只好四散奔逃，惶惶然如丧家之犬。庾亮见此情景，遂携其诸弟庾怿、庾条、庾翼等直奔寻阳。由此可见，庾亮虽然文采卓然风度翩翩，但军事上似乎不大在行，胆子也小。

三月，叛军攻入内城，与晋军战于街巷之间，双方各有伤亡。庾亮之妹、晋成帝的皇后庾文君眼看京都即将倾覆，不由得五内俱焚。自元帝立国，江左一直不安宁。前有王敦的两次动乱，杀了许多大臣，今又遇此乖舛，这位曾主政多年的皇后眼看国家遭此大祸，内心悲痛万分，意识到末日即将到来。外边的杀伐之声一阵阵地传进宫墙这边来，逼辱就在眼前。她无力挽救颓局，加之恐惧，"遂以忧崩"，时年三十二岁——年纪轻轻，香消玉殒，叫人惋惜。

苏峻的部队乘胜挥戈，终于闯入皇帝的内宫，占领了帝座，并突入太后的后宫，左右侍人，无论男女，皆被掠夺，各种珍奇，金玉钟鼎，古玩字画，全都难逃厄运。贪婪而凶残的苏军劫掠珍宝而去，留下一片狼藉。是时宫廷内遍地瓦砾，鲜血斑斑，纸灰飞舞，尸横玉阶，如同厉鬼肆虐之地，连御厨房也砸毁了，仓廪中唯有被大火烧过的谷米数石，勉强以供御膳。城外大街小巷，到处都是烧杀抢掠之声，百姓号泣，响震都邑。城内的许多街道上洒着鲜血，一时腥风血雨，满城都是恐怖。

苏峻攻入台城，肆无忌惮地抢掠烧杀，活生生将一个朝廷砸得天翻地覆。羲之的叔父王彬英勇抵抗叛军，终因寡不敌众，被叛军俘虏。苏峻先是迫其投降，王彬大义凛然誓死不从，大骂苏军乱臣贼子死有余辜，因而被叛军反复棰挞，但却没有杀他。苏峻为了羞辱王彬，故意留着他，令他挑着装满杂物的重担攀登蒋山。王彬忍辱负重，和那些被驱役的百官百姓一起挑担爬山，沿途被苏峻肆意嘲笑，被士兵无情鞭打。

叛军占领都城之后，大肆奸淫，被强暴的女人既有贵族仕女也有平民妇女，老少都不放过，真乃兽性燃烧，罔顾人伦，肆无忌惮。奸淫之后，他们还将女人的衣服裸剥，令其无以遮羞，以此宣泄他们的兽性。被强暴的女人只能找些破衣烂衫掩蔽，找不到破衣烂衫的就只能拿烧坏了的席子、苫子、稻草、秫秸等以自障。连这些都没有的，就只能坐在地上以土自覆，一时间哀号之声震动内外。

苏峻之乱不亚于王敦之乱。王敦造反，重在泄私愤"清君侧"，只是有选择地杀了一些大臣和官僚，有些遭贬谪有些被放逐，百姓并未遭到如此普遍如此深刻的荼毒。苏峻则不同，他是怀着破坏一切的仇恨前来报复朝廷的，城门失火殃及池鱼，谁都不放过，而且以此为乐。苏峻的造反带有更大的社会破坏性，各个阶层皆不得幸免。司马昱和王羲之等多亏"入东避难"去了，否则难免遭难，连性命也许都难保呢。

东晋朝廷虽然被驱散，宫殿也被破坏了，但是晋军的实力还在。京城的警卫部队失败后，一时散乱，避锋芒于建邺附近的州县，几天后就又集结到附近的镇守将军麾下。九月，陶侃、温峤组织了数万军队，经过短时间的集中整训后，发往前线，讨伐苏峻。两军战于石头城。此时晋军到了拼死一战的关头，要么取胜，要么与王朝一起灭亡。

叛军大败，陶侃俘虏了苏峻，当场斩之。

苏峻之乱遂平。陶侃也报了杀子之仇。

苏峻之乱既平，天下稍安。

羲之偕会稽王司马昱居于山阴，一个战火不曾侵扰到的地方。相比于京师，这里简直就是世外桃源。这里山清水秀，民生尚算殷实，主仆二人在那里过了一段安适日子。羲之此行是否带了新婚不久的妻子，不得而知。如果母亲和妻子留守建邺，时值苏峻之乱，不知她们所居之乌衣巷如何躲过一劫，此事在羲之书信中未见提及。当时都鉴手下有一支精良的军队，应当对女儿、亲家母有所庇护。要么，她们投奔了安成太守王籍之处，那也说不定。

假设王羲之是独自一人陪司马昱去了会稽吧。是时也，臣下正当青年，王侯尚是幼童（该年会稽王八岁），二人或读书于府邸之中，或品茗饮酒于林野之间，或议经论道于后园书房，声气相通，过从甚密。王子尚幼，必不肯一味读书，郊游是家常便饭。他们有时出游于山水间，逍遥散心，谈古论今，很有一番世外的感觉。山阴道上，见竹林呼吸，青山鼓舞，流泉潺潺，清风习习，二人常常信步远行，兴致高发时往往流连忘返，每欲宿于湖光山色之中。此时羲之已是饱学之士，八岁的会稽王向其请教过不少学问，羲之言之谆谆，学问上做人上无不尽心，二人相处甚为融洽。

咸和三年，李式卒，年五十四。唐代张怀瓘《书断》记载："李式字景则，江夏钟武人，官至侍中，卫夫人之犹子也。"犹子就是侄子。卫夫人是羲之的书法老师，又是姨母，羲之与卫夫人之子李充、侄子李式应为姨表兄弟。这些人都善书。王右军云："李式、平南（羲之叔父王廙曾任平南将军）之流，亦可比庾翼。"这一评价非同小可。要知道，当时王廙、庾翼二人是书法界的享有最高威望的人物，能和这二人齐肩，其书法恐不止"入能品"。在新疆南部发现的前凉《李柏文书》，写于本年，字体为行草。无论书法、文体或词语的运用，都与《淳化阁帖》所载王羲之书帖极相类似。有人说东晋时代王羲之的书法只能是"隶书体段"，"带隶书笔意"，此说至少是片面的。

此时，王羲之的书法风格有了明显的变化。他在继承秦篆汉隶的基础上圆满完成了章草，并开始其行书方面的创新。安闲的日子，愉快的心情，加之当地有质地良好、价格便宜的新纸，王羲之公事之余，精力大率付与书法和绘画。自永嘉之乱后，北方士族流徙入江左，关于未来定居之地，士族多存选择之难。江左本地豪强早已占据苏州、吴兴、秣陵，外人难以插足。硬要插足，定会引起冲突。许多中原士族在附近找不到置办地产的机会，就只能在建邺附近占有少量的田产，这不足以获得更大的经济收益。于是他们将主要的经济能力迁入浙东，会稽一带不仅成了士族的投资之地，也相应地成为文化聚集之地。王羲之在这里可谓如鱼得水，故有长居于此的想法。

这一时期，王羲之仍以书法绘画作为政务以外的主要投入。

有关王羲之的传说

居山阴期间，羲之的书法近乎大成，艺术造诣之深，已非往昔可比。十多岁得称"佳子弟"，而后有诸多耆老名宿的赞誉，王羲之此时已经是成色十足的书法大家，远近闻名。羲之二十岁后，便有人求其书法以为楷模，从大文豪庾亮到当朝皇帝，无不赞许，以至于上下模仿，争习逸少书。羲之是在生前就荣膺大名的书法家，是一口气走完从继承到创新到完善再到全社会认可的书法艺术大师。没有充足的胆识，没有绝佳的禀赋，没有恒久的坚持，不可能达到这一层次。

此时社会上流传着很多关于王羲之习书的故事。民间故事，听起来近似童话，往往有其不可掩蔽的疏漏，细节处也多有想象成分。然而，民间故事有一个结结实实的内核，那就是民意民心。一个愚顽恶劣的人，民间对其会有很多不好的传说，虽然未必全都真实，却也扎实地反映了民心好恶。同样，一个人若深得民众爱戴，也会有很多附会之词，尽管不无添油加醋的成分，但其中所透露的光彩，人人都能感受到。

以下几段有关王羲之的传说，几乎都是关于书法的。这些故事散见于典籍和短篇附记之中，时间往往难以确定。从这些传说所涉及的人物看，多数发生在山阴，但不止山阴，有的发生在后来担任会稽内史一段。为了集中展现羲之书法在民间的影响，汇集在此，以飨读者。

老妪烹鹅

《世说·佚文》引《太平御览》九百十九：

会稽有孤居姥姥，养一鹅，鸣唤清长，声音很是悦耳。羲之生性爱鹅，听到这个消息，就带了钱，想到那里把那鹅买下来。鹅这种禽鸟，丰神隽秀，长颈傲岸，很有气概，很有美感。其行走之姿态，步伐沉着，款款娉婷，昂然有大将风度。其叫声之清远，宫商清越，不瘟不火，直达天空白云之间。世人多爱鹅，而如醉如痴不惜重金购买者，无过于王羲之。

羲之带了一帮随从和亲人故交，一起去看望老太太——其实是去看鹅买鹅的。一路风光，大家都很兴奋，想象着将那好看的大白鹅买回去后该是什么样子。羲之的儿子王徽之甚至问父亲：大鹅能不能骑着玩耍啊？羲之笑道：你以为我买那大白鹅是为了给你当牛马骑的啊，不是的，我是为了写字。儿子就问：大白鹅跟写字有什么关系？羲之说：白鹅行走，有沉静悠然之态，可以为书法的心境借鉴。白鹅赤头丹足，与长颈大蹼相和谐，色彩对比平衡和谐，可以作为绘画之映照。白鹅引颈高歌时，气贯长虹，内有雄奇，可以帮助书画脱去平俗之气。诸多情景，皆可启发性灵，小孩子哪里懂啊。

且不说父子几个聊天说地。羲之一班人马行进于山阴道上，很是引人注目。有好事者近前问了，王羲之就说，我等是去看望山里某村一位姥姥的。那人问：可是你们的亲友？王羲之说：不是亲友，胜似亲友。但他没说此去是为了买白鹅的。那人说：我家也在你们要去的那个村子，你们这些显要大人物去了，真是给我们村增添光彩啊。

这个人见郡上大官要去村里看望老太太，便赶回去将消息先行告知了养鹅的老太太。说起来，这也足见乡民的淳朴与可爱。老太太听说有一位俸禄两千石的大官要来看望她，受宠若惊，一时慌了手脚。她想着怎么招待官府下来的一干人等，又怕家中寒酸，怠慢了客人，很是着急。

史上所称的"两千石"，是说当时一个人的地位和俸禄。石，在这里读 dàn，指容器或容量，十升为一斗，十斗为一石，琅邪的升、斗、石，分别为十斤、百斤、千斤。如果是两千石，等于每月（或每年）的俸禄折合粮食为二百万斤。这个数字应当说相当高了。汉代官吏的秩禄，县令为一千石，郡太守为二千石。史书上说到一个绰号"万石"的人，其本人身在朝廷，俸禄为三千石，他的四个儿子都是两千石的官，合起来父子共有一万一千石，故时人称其为"万石"。

这则故事中称羲之为两千石，可能指其任职会稽内史时的待遇，也可能是乡人的虚言妄猜。羲之当时是王子友，俸禄应当没那么高。这里以两千石称羲之无非是言其地位高尚，至于对应的时期早晚，不是最重要的。

老太太想来想去，家中没有长物可以招待大官的，甚为着急。后来，她的目光落在大白鹅身上——哎，这物件倒是可以杀了招待客人呢。不然的话，只园中几样菜蔬实在不足以招待地位显赫的官员。倘若过于寒酸，事后让人说咱慢待了贵宾不知礼数，岂不要凭空受人许多闲话？于是她就杀了那只大白鹅，准备了炒鹅肉、炖鹅汤、白切鹅肉、烹鹅肝、蒸鹅蹼等几样菜式，虚席以待，心情颇为激动。

这老太太真是可爱至极，竟因好客而宰了客人的心爱之物，淳朴近于愚憨，热情摧残了美意，好心有时也会办坏事情呢。等羲之一行到了小村子，下马散步，找到老太太的家园，看见满地的鹅毛，不由得生出不祥的预感。听了老太太的激动人心的诉说，王羲之大为扫兴，懊恼至极，竟然连饭都吃不下去了。

老太太看大官的脸色不好，忙问怎么了。羲之便告知了究竟——一行人是奔那美丽的大白鹅而来的呢！老太太听了，心中十分懊恼，连声骂自己是个老糊涂，懊悔至极，竟至于流下泪来。羲之好言安慰她，给了她鹅之所值，打马而回。老太太捶胸顿足，很是郁闷，不提。

回到家中，羲之犹自不能释怀，叹息数日，深感此事办得不好。羲之爱鹅，非为美味，也非为一般的观赏动物，他的兴趣在于书法。动物的美感对于所有艺术都能产生启发，羲之所要借鉴的不仅仅是鹅的形体，还有鹅所表现出来的那种优雅高贵的精神。有人说卫夫人握笔的手像鹅头，有人说羲之从鹅的姿态中领悟出线条的弹性，笔者宁信后者。鹅颈虽然高而且长，但你不会觉得它过分。鹅步虽然迟缓，但你不会觉得它笨。鹅步的节奏感具有悠然不惊慢条斯理的绅士气度，优雅沉着，有一种足以启迪书法家的内在美感，这正是王羲之所要感受的。从他的书法作品中，读者能够感受到那份缘由鹅起的特别情致。

刮床之懊

此事见于虞和的《论书表》。

王羲之一到会稽，便有许多人追随，希望拜其门下，学习书法。当时，从皇亲国戚到大臣幕僚，从名门大家到贩夫走卒，无不钦羡王羲之的书法。用现在的情势说，就是走红，就是时尚，就是大明星和粉丝。试想，皇帝都将羲之的隶书、章草作为王子们的摹本，市井之中阡陌之上还有谁能不敬佩？王羲之的书法不是靠地位抬上去的，他是在未出仕时就享誉天下的书法家。他也不像今天被市场炒作起来的"书法大师"，王羲之的书法是那些真正懂书法的人众口称赞的公认的艺术品。

判定一个人的作品的优劣，不是靠领导，也不能靠群众，只能靠那个行当的行家里手。领导有地位，但未必懂艺术，他们的称许大都是外行人的一己之好，标准也未必可靠，艺术不能靠了权力的辐射而耀眼。群众虽然人多势众，但对于某一项创造往往缺乏深入的认知，人云亦云的多，瞎起哄的也不少。只有书法界的行家才能判别真伪高低，当然这也要出于真诚和公心。虽然他们也有个人偏见，但在基本套路上是不会离谱太远的。王羲之的书法经得住当时各位大家的评判，足以称得上根基牢靠、功夫全面、行家公认的书法家。

艺术家的粉丝可能有一时云集的盲目，但时间长了，就会有对比，粉丝队伍经过改编组合，也会形成具有真知灼见的群体。羲之在山阴期间，会稽王司马昱在学羲之的字，这是当地人看得见的，羲之的书名势必因此而风闻。王廙是东晋书法名家，作为羲之的老师，他生前也承认自己这个侄子在书法上接近当时的巅峰。当然，也有个别不服气的，比如庾亮的弟弟庾翼。庾翼和王廙齐名，在章草书体上当时是坐第一把交椅的主儿，他的不服气是一时的，片面的，治气的。后来见了真迹，庾翼也不得不承认羲之的章草近乎尽善尽美，因而佩服得五体投地。如此，羲之书法的声名怎能不远播，怎能不受到普遍的尊敬呢？

羲之到会稽不久，门下就有了一批门生。这些门生十分景仰羲之的书法，他每次讲课，都有很多人前来聆听。学生们见老师一人在此，没有家眷陪伴，生活有些苦闷，于是隔三差五地请老师到家中品尝当地的特产美味，顺便观赏各处山水领略民风民俗。

羲之曾造访过他的一位门生，这门生是跟他学习书法的，师生之间相处甚笃。门生把羲之的造访当做头等大事，洒扫庭除，内外整洁，拿出家中最好的食物招待老师，杀鸡宰鸭，备了老酒，食物多多，自不必说，还将自己的习作整理了，打算请老师给予他个别指导。如果老师高兴了，能挥毫留下片纸的墨宝，更是求之不得。但他不好意思直接说出来，怕冒犯了老师的心情，反而不美。到时候看老师的情绪吧，有，当然好，没有，做学生的也不能勉强老师啊。这样杰出的书法大家能够前来寒舍做客，已经是蓬荜生辉了。

门生一家对羲之的到来都很重视，衣裳虽然朴素，但都经过浆洗，礼数上可谓一丝不苟。会稽人很好客，尤其敬重像羲之这样有名望的艺术家。他们热情款待了这位老师，所设肴馔，无一不精致，无一不特色，而且很丰盛。席间，羲之特别赞美一道称为冬笋炖鸡的菜，味道鲜美，汤水清爽，香味隽永，鸡肉滑而不腻，很合他的口味。门生说：老师爱吃冬笋，待会儿我去林子里挖几个您带着。羲之说：可不要再添劳烦。门生说：这不难，林子里冬笋很多，几下子就能刨出一个。

说罢，门生就提了篮子拿了镢头去林子里挖笋去了，样子十分殷勤，态度极其恭敬。羲之心里很受感动，觉得无意间一句话竟给人添了劳烦，至于欠下许多情分。羲之是个讲情义的人，受人家一点儿恩惠就觉得不落忍，以为有所报答才好。羲之心里琢磨着，投之以桃报之以李，今日里空手而来，何以为报？此时门生的母亲在洗涮杯盘，父亲去牛圈里侍弄耕牛草料。羲之一边啜茶一边看了门生近来写的字，一一作了批改，算是尽了老师的一份义务。此时余兴尚在，心思便转到笔墨上。

羲之见山墙那边靠了一张床板。看上去，那床板是新做的，平滑的表面一尘不染，地面虽经打扫，依然还有一些浅黄色的木屑，房间里洋溢着浓郁的木香气息，还有几分植物油脂的馥郁。文化史研究者考证，魏晋时中国还没有椅子，不知当时的床是什么样子。有人说，那时的床其实就是当今在南方经常见到的榻。这种榻，可以用做午休小憩的单人床，也可以用做待客的座位，只要中间放一茶几即可。如此说来，王羲之当年袒腹东床的那个"床"，想必也是个短榻了？榻，分为两部分，下部分是四条腿的框架，架上铺一木板，合起来称为床几，也叫卧榻。

羲之端详那板子，刚刚刨好，表面洁净，很有质感，他觉得在这上面写点儿什么应当不错。一时技痒，当即拿起了门生写字的毛笔，在散发着木材香气的床几上写了一些字。整体上是行草，妍美流变，自是一种潇洒风采。写完，羲之自个儿端详了，觉得笔意饱满，颇有几分自得。虽然个别笔画因木纹的条理而略有浸淫，但并不影响整体的笔墨气韵。他放下笔，心想以此为礼以表谢意，倒也不失雅意，不由得感到一份安慰。

有人曾经质疑过，小户人家笔墨何以如此现成？这不难解释。既然此人是羲之的门生，家中必有写字的地方，不敢说个个家境富足，置办文房四宝还是不待说的。其次，那门生有心请老师来家做客，本就有求老师留字为帖的意思，因此预先准备了笔墨纸砚，也说不定。如今很多人千方百计邀请书法家吃饭喝酒饮茶玩乐，高兴时便请客人到书房里看看，那里通常也是备了笔墨的，客人若是凑趣，往往要挥毫泼墨来上几下子。古人不比今人差，这样的美意摆设，山阴人难道不会——今人的伎俩也许就是对古人的模仿呢。

门生很快回来了，带着满满一篮子新鲜冬笋，足有二三十斤呢。他找了个竹编袋子，装了，放在牛车上。羲之谢了，态度优雅，言辞诚恳，门生一家人便送其归郡。羲之再三婉谢，叫他们不要送了，门生就是不肯。他让家人先回去，自己定要把老师送到渡口处，这既是地主之谊也是出于门生的一份真情。羲之向门生的父母告别，再次感谢他们的款待。

羲之在渡口上了乌篷船——那时水网密布，会稽一带到处都有船，不是乌篷船也会有别的客船。风帆张起，船夫摇橹，门生目送老师远行清流之上，满心温馨地回家而去。这一来一回的往返，其间总要个把时辰，那时的陆路交通除了马车就是轿子，不会很快。

羲之的门生回到家，先去书房看了，发现老爹正在用刨子刨那片写过字的门板，许多染了墨水的刨花落在地上，木香夹杂了墨香，满屋子都是破碎的美丽。门生看了，被老爹刨下来的那些刨花上原来是老师留下的墨宝！可惜，可惜，可惜啊！不明就里的老父亲已经把羲之写在床几上的字给刨得干干净净了！儿子顿时火了，连声埋怨老爹：这是我老师逸少先生留下的墨宝啊，您怎么活生生给刨去了！

老汉兀自在那里埋怨：我早上刚刚刨平的床几，看看，被王大人胡涂乱抹了这么一大片，若不重新刨干净，可怎么用啊！

门生长长一声叹息，十分郁闷，十分懊恼。

谢公求纸

王羲之为会稽内史时，谢安曾经问他，你那里有没有好些的笺纸，我家的信笺用完了，正苦墨无落脚处呢。羲之欣然说：我那边库房里还有一些，待回去后让他们清理清理，选些好的给你送来。谢安说：那样最好。

回官衙后，羲之着人清点了库房，计有上等笺纸九万枚（一说八万枚）。羲之看了，那些笺纸都是蚕茧纸，柔软如丝绸，端的是着墨的好材料。据说，新纸传入会稽后，工艺有所改进，当地人在纸浆中加了少许嫩竹纤维，造出来的纸拉力更好，也更挺括。

王羲之说：把这些纸给谢安先生送去，他急等着用呢。

史料记载此事用了三个字：悉与之。单论交情，这是历史上两位知名文化人的雅事。试想，九万枚笺纸，一股脑儿送给了好友，羲之的为人是多么的慷慨做事是多么的痛快啊。这件美事很快就传开了。当时镇守西蜀的大将军桓温听说此事，叹道：逸少这个人啊，慷慨是不用说的了，可是不够节制。

这则故事包含了很多信息。首先，羲之是个慷慨之人，朋友索纸，悉与之，这足以证明了王谢两家的友谊之深厚。王羲之有个儿子叫王凝之，娶的是谢尚的胞兄谢奕的女儿，名叫谢道韫。这女子就是被世人誉为"咏絮之才"的那位姑娘。王羲之有个孙女嫁到谢家为媳，后生有一子，是为谢灵运。谢灵运是我国山水诗的鼻祖和代表人物。王谢两家，类似的姻亲很多。

桓温（字宣武）听说此事，说羲之这个人好是好，就是有些不节制。当时的纸张以枚计量，一枚纸大概就是一张信笺，不是现在常用的四尺八开的宣纸。那时的笺纸大约像现在常用的白八条，即便如此，九万张信笺也是个不小的数目啊。当时桓温在荆州一带，经略西蜀，对王羲之的点点滴滴都很注意。桓温是个率直的人，听说此事，就责备他不节制。桓温的评议可谓切中肯綮，直言快语，且不失与人为善之心。王谢之间尽管交情深厚，但羲之不该拿了公家的数万张好纸私相授受供朋友私用。这事虽然反衬出羲之乃性情中人，全不像他的先人王戎那样悭吝小气，但性情归性情，纵然是放任豪爽，到底不该颠顸到公私不分的程度。当时的贵族知识分子都有一掷千金以为快事的派头，相互赠送奇珍异宝的多的是。用现代人的观点看，王谢之间的笔墨赠与虽然不失风雅，然而多少有些越轨滥情。

这个故事还告诉我们一个信息：东晋时期，纸张已经得到广泛普及。纸的普及不仅将书法导入民间，也促成了脱离秦汉窠臼抛弃长条竹简的传统写法，篆隶因此得到解放，新书体呼之欲出，王羲之的行书创新就是在这种背景下应运而生的。因为有了价廉物美的纸，书写者得到了更大的自由，挥洒笔墨可以随意性情，而字体的大小宽窄、书写的自由度和舒适度，也都随之发生了变化。

裴启在《语林》中这样记载该故事："王右军为会稽令，谢公就乞笺纸，库中惟有九万枚，悉与之。桓宣武云：'逸少不节。'"

见字疑醉

有一次，王羲之喝醉了，满心的激情无处散发，便提笔在墙壁上龙飞凤舞地写了一大片字。放下笔墨后，他端详了未干的新墨，觉得用笔自由，文气潇洒，很是满意。魏晋文人有一种要说便说的心理欲望，不像后来的知识分子那样察言观色、东张西望、吞吞吐吐，或竟拿了枯燥无味的八股应付上下。

羲之走后，他的字被幼子王献之（字子敬）看到了。王献之聪慧有才气，笔墨上颇有功夫，加之自小受宠，养成了放达的个性，想做什么就做什么，全无拘束。王献之见了父亲在墙壁上的书写，自觉不差于老爹，便把老爹的字擦掉，用自己的书法替换了下来。

次日，羲之看到昨晚写的字，大为诧异，说：这是我昨晚写的字吗？儿子王献之狡黠一笑，说：是啊，难道不是你写的吗？羲之沮丧地说：汗颜啊，草率啊，记得昨晚离开时好像写过一些字，怎么会是这个样子啊，可见当时我醉得委实不轻。醉人轻狂，不假含蓄，真是亵渎了书艺啊！

子敬听了，知道自己的字远不如父亲。

由此也可知道，羲之是喝酒的，有时也会喝醉。

又，临沂民间有传说：王献之幼年习字，择其佳者悬示于壁，求家人赏鉴评论。有一次，展览刚刚布置好，羲之预先去看了，见"太"字下少了一个点，便想提笔补之，只是那字的所在处太高，够不大着。羲之斟酌了距离，调整了墨色浓淡，径直将毛笔投去，一点落下，正中地方。次日，献之的祖母往视，遍看了孙子的大小真草，叹道：我孙用尽三缸水，唯有一点像羲之。呵呵！

王献之幼年习书，自然是秉承了家传，积水成渊，成就了自己的风格。后来献之觉得父亲应当改变风格，曾向父亲提出改体的建议。这次羲之为献之的书法打补子，所用笔法应当与献之有所不同。王献之喜圆润草书，气息豪放，但节制不够，细微处显得不够婉约。羲之高墙抛笔，其效果自然迥异其子之体，所以老人家一眼就看出来了。

道士以鹅换《道德经》

山阴有个道士，极想求得王羲之的墨宝，希望得到羲之写的《道德经》。他知道王羲之是当世大书法家，平时不肯轻易给人写字，辗转反侧夜不能寐，苦于无计可施。后来道士打听到王羲之喜欢鹅，且喜欢到近乎痴迷的程度，于是就精心上意地养了一批品种最好的鹅，待价而沽，守株待兔，希望有朝一日能够伎俩得逞。

王羲之听说道士家有好鹅，真就跑去看了。羲之见一群鹅在水面上闲游，高雅雍容，端庄清丽，宛如白云浮于水上，甚是喜欢，于是就去找那个道士，明示想把他这群鹅全部买下。道士说：我养这些鹅不是为了筹钱，是为了看的。羲之再次请求道士割爱，老道士就说：既然王公喜爱，倒也无须破费。我看这样吧，我把这群鹅全都送您好了。不过在下有个不情之请，不知王公能否玉成？

羲之爱鹅心切，哪还顾得上人家预设的圈套，当即就说：老神仙只管道来，只要是我能做到的，没有不行的事。道士说：如此甚好。在下的不情之请是想请您写一卷《道德经》，非为私藏，实在是想为这道观增色，不知可否使得？王羲之毫不犹豫就答应了那道士的请求，说一定用心抄写。

不日，羲之抄好《道德经》，拿了去见道士，道士大喜过望，那群鹅当然也就归了羲之。王羲之写过《道德经》，这事没有疑义，至于是否为道观所写，未见确证。王家累世笃信五斗米道，拿张天师做了现世的神仙，老子被封为祖师爷。道家的圣经就是《道德经》，书写老子的经典本是羲之乐意为之的事，况且还能换到这么一大群好看的鹅，何乐而不为！

俗话说萝卜白菜各有所爱。今之书法家，也多有类似的雅事。有的以书法作品换美玉，有的以之换古典家具，更多的还是直接拿了去换钱。货币是商品之等价交换物，有了钱，什么都有了，所以今人更喜欢钱。羲之换鹅，因为鹅的姿态精神能启发书法艺术的灵感，其用意与今人大不同。老道士索书《道德经》，也不是为了有朝一日拿到拍卖行去，情操也就见出高低来。一笑。

题匾饺子铺

有一天，羲之步经集市，见一家饺子铺门旁书有一副对联，上写"经此过不去，知味且常来"，横匾上写的是"鸭儿饺子铺"。其字出于常人之手，呆板无力，叫人看了略有不快。古人做生意，门匾是很讲究的，务必请当地书法最佳者题写。若是随便找人涂鸦，不仅贻笑大方，对生意也有负面影响。

羲之看罢，未作声息。待走进铺子里看了，发现这里的情景蛮有意思。食肆当街，一口开水大锅，里面沸水翻滚，热气蒸腾，正在煮饺子。这锅里的饺子不是拿了盖板倾倒进去的，一个个包好的饺子都是从远处飞来，越过一堵矮墙，每个饺子都不偏不倚正好落入滚沸的大锅里。一锅下满，不用特别招呼，墙那边做饺子的人就知数量已满，小鸟般的饺子此时也就停飞了。那种恰如其分的计算，达到了浑然天成的程度。

羲之觉得有趣，驻足看了好半天。他发现，每当一锅饺子煮好，捞完，客人们端了去，大锅内沸水空翻，墙那边的饺子又如小鸟般迤逦飞来，准确无误，恰如其分，即使人手亲自放置，也未必如此这般地分毫不差。王羲之十分惊奇，顺手掏出些散碎银两，要了一大碗饺子，津津有味地吃起来。

坐定之后，羲之一边吃饺子一边端详那锅里的饺子。白面饺子，个个玲珑精巧，恰像是浮水嬉戏的鸭儿，真是巧夺天工啊！他用筷子将饺子夹起，轻咬一口，直觉得清香扑鼻，鲜美无限，满口都是好滋味。食罢，王羲之越过矮墙，见墙后一白发老妪坐在面板前，一个人，既擀饺子皮又包饺子，动作麻利极了。每包完一个，老妪随手将饺子向矮墙那边抛去，饺子便落入沸水中。

老人的高超技艺，让羲之惊叹不止，上前问道：老人家，这么深的功夫，让人佩服。请问，多长时间才能练成这等技艺功夫啊？老人答道：学会包饺子，不消三日；睁着眼扔饺子过墙入锅，需十年；看都不看扔进锅里，需二十年；不知自己在包饺子、扔饺子而自知锅中物已满未满、已熟未熟，需要大半辈子的功夫。

王羲之默然良久。

老妪于是问：先生必是学问中人，何以默然？

羲之说：美器美味，须得相得益彰才好。您有这等绝活，而门匾上的字与此不甚符合，若能将门上对联换一副好字，那才叫好呢。

老妪慨然道：先生您有所不知，名手不好请啊！现今写字的人，但凡有点儿名气，动辄要很多润笔。他们大都喜欢到豪门贵族那里推销书法，既可接近官府，又能多得银两报酬。我这饺子铺乃小本生意，实在请不起书法大家啊。再说，那些会写字的人都是些眼睛朝上看的人，醉心于豪门巨贾之间，为咱老百姓的小铺子写字，担心降低了他们的身份啊。

羲之深以为然。

老妪愤愤地说：照我看啊，那些人的字多是没有功夫的涂鸦，还不如我包饺子扔饺子讲究呢！

王羲之深以为然，当即重写了那副对联，恭恭敬敬地送给这位老人家。

老妪看了落款，见是王羲之的大名，一时诚惶诚恐，直说：谢谢大人，谢谢大人！请大人吃饺子，吃我包的饺子！

羲之笑道：刚才吃过了，不光饺子很好吃，您的手艺也让人叹为观止。

看着羲之的背影逝去，老妪感叹道：这才是真正的大书法家呢。

老妪一语开茅塞

临沂地区还有一则和王羲之书法有关的故事：煎饼飘飞入堂屋，婆媳隔壁下盲棋。烙煎饼的故事情节与上则包饺子、扔饺子相似，但结局却终止于精神和哲学的层面。说的是，王羲之的书法名气达到顶峰后，居然有一种孤独求败的心情。他渴望吸收更多的艺术营养，让自己的书艺更上一层楼。为此，羲之一度停笔，走到民间，想从手艺人那里得到一些艺术启发。

有一天，羲之漫步山阴道中，因贪恋风景，竟误了回程，只好借宿乡人之家。暮色中走进一家民户，羲之见一老妪在烙煎饼。老妇人在厨房里烙煎饼，灶中红火跳跃，鏊子上新饼飘香，好一幅乡村风俗画！老妇人每从铁锅上揭下一张煎饼，顺手便甩出灶房门外，连看都不看一眼。那圆圆的煎饼就像飞碟一样飘飘悠悠地飞过天井，轻轻地、缓缓地、飞燕一般落在堂屋桌子上的笸箩中。

羲之看了，笸箩中煎饼已百张，码得齐齐整整，不差丝毫，不由得赞叹妇人好手艺：世间竟有这等技巧，虽天工不能比拟。

老妪说：比起王羲之的字，我这手艺还是差多了。

当晚，羲之宿于老妪家厢房中，一应用具，简朴洁净，十分安适惬意。夜半，羲之听上房里婆媳二人在弈棋。老妪说：老妇于东五南九置子矣。媳妇对曰：东五南十二置子也。每置子间，都有良久默思，四围幽静，却不闻棋子落枰之声。婆媳彼此出招，杀了好一阵子。老妪说：媳妇莫非故意要让我老朽乎，此局胜负已定，你输了九个子矣。

老妪住东堂屋，其媳住西堂屋，中有隔壁，羲之不知她们是如何下棋的。次日，羲之询问昨晚她们是如何下棋的。老妪说：长夜孤寂，和媳妇下了几盘盲棋，闹着玩呢。羲之听了，由衷赞叹她们婆媳棋艺高超，天伦和谐，平凡生活中竟充满了情趣。

老妪说：能下盲棋的人不在少数，像人家王羲之那样写出一手好字，才算高士呢。羲之听了，不由得生出几分高兴，就问：匠心各有独运，夫人何以言此？老妪说：煎饼，食物也，虽然可果一日之腹，到底不能留意于人心。写一手好字可就不同了，那里边有很多道理呢，知了那书也就达了那理，岂能和烙煎饼同日而语。羲之感叹道：有你们婆媳这样的才智，若是学书，一定也是佼佼者。跬步千里，积累成就，怕也不逊于他王羲之呢。

老妪听了，却是不以为然，说：先生此言差矣。

羲之说：愿闻其详。

老妪说：世人分九等十八级，不仅有顽劣聪慧之别，且各有所好，志趣也有所不同，彼此未可勉强。此其一。其次呢，世有农有工有商，有士大夫，有巫医乐师百工之人，各自经营手艺，犹如那坡上的野花野草，各自缤纷，分别姿态，这世界才有些意思。你说是不是？其三，即便同一样的营生，因了智愚悬殊，也就有了高下之分、巧拙之分、文野之分。倘若大家都去学字练书，谁来烙煎饼？谁来撑船？谁来做木匠？你这个读书人啊，还不能算个彻底的明白人呢。

听老妪这一席话，羲之一时竟有野外拾珠、茅塞顿开之感。

老妪的这段话大大增强了王羲之对民间文化的尊重，果然是草野辽阔，到处都有高人，绝活未必都在仕宦宫阙。贵族士大夫，翩然于青天白云之间，多不知土壤山林间还有如此丰富多彩的灿烂。从此，羲之发现了另一片辽阔的艺术空间，他的艺术天地更加宽广，心情也更坦然了。这次旅行让羲之深切地感受到，黎民百姓那里存在着大智慧、大透彻、大艺术。他要把这种天然的情怀融入到书法中去，以求在质朴简约中获得典雅与蕴藉。

回去后，羲之反复琢磨老妪的那些话，消化而后幻化，如来并且如去，无常复又无我，逐步将书法艺术融合到宏观博大的世界中，心底便觉生气盎然，四下里杂花生树，鸟语花香，芬芳无处不在，馥郁流韵沁人心脾，优秀渐渐归于平凡，感觉中多了一些忘我。那是一种看不见的艺术灵感，那是来自大自然无可言说的道，艺术家进入此境，便有"乱花渐欲迷人眼，浅草才能没马蹄"的感觉。

由此，羲之自觉书法有了更大的长进。

《太平广记》所收之《集异记》中有《王积薪》篇，故事类似，不同之处一在人物，二在结论。王积薪的故事最后归结为神仙，而王羲之的这则轶事归结为艺术哲学，各有清丽之处，不必轩轾高低。

第七章 春心几番回中土

苏峻之乱后，晋室宫阙大率化为灰烬，连皇室都无处落脚，只好以建平园为宫殿，好歹将就一时，勉强算这个朝廷还在。由此可知一般百姓该是何等凄惨，流离失所的，沿街乞讨的，必定在所多多。

此时温峤主张迁都豫章（今江西南昌市），三吴豪族则请迁都至会稽。司徒王导坚决反对迁都，此议只好作罢。这些彼此矛盾的迁都和不迁都主张，大都出于个人及所在集团的利益。温峤曾任豫章太守，国都迁往江西对其有好处。三吴豪族本不想迁都，如果非迁不可，则希望能在距离吴地最近的会稽安都。王导在建康附近有八千多亩土地，自然不想挪动地方。他的反对迁都的主张正合了当地豪强的愿望，故以得成。

咸和四年（329）三月，朝廷论平苏峻之功以便行赏。在这次封赏中，郗鉴被封为侍中、司空、南昌县公。次子郗昙被封为东安县开国伯。庾亮先是姑息养奸，而后平叛无方，让国家因此肇祸，只好泥首请罪，请求外镇以自效。庾亮大弟庾怿以平苏峻有功被封广饶男，出补临川太守（是为羲之的前任）。郗鉴请庾亮二弟庾冰为长史，庾冰不就，后来出补振威将军、会稽内史。

临川太守

　　羲之时年二十七岁，除陪侍司马昱这一公务外，他沉心于书法，章草、隶书、行书，全面推进且卓有建树。征西将军，庾亮的小弟庾翼时在荆州，听说京城那边上下左右、智愚贵贱、宫廷江湖几乎都在学羲之书，很不服气。庾翼的书法一度与王羲之齐名，但是，在庾翼止步处，羲之继续精进，是故后来者居上，而庾翼犹为不忿。庾翼在荆州写给家人的信中这样说：你们这些小儿辈都是些贱家鸡而爱野鹜的东西！为什么纷纷去学王逸少书？难道没有比他写得更好的了？告诉你们，等我回京都时，定要跟他王羲之比试比试，也好见出个高低来！

　　庾翼把羲之改革了的行草书体视为"野鹜"，是因他还在坚持传统的"章草"观念。这一时期，王羲之的书法已在创新之路上走出很远，且成就卓伟，世人无不觉得耳目一新。虽然庾翼讥讽王书为"野鸭子"——类似今日说某人的书画是"野路子"、"野狐禅"——但是羲之书法已成时尚，是不容置疑的事实。从庾翼的信可以看出，王羲之的创新字体已经流行开来，青少年都爱学。庾翼的"野鹜"说反证了羲之书法的卓越成就和普及程度。

　　一年之后，庾翼的褊狭看法发生了彻底逆转。九月，后赵将领郭敬攻打襄阳。当时南中郎将周抚监沔北军事，屯襄阳，大败，回奔武昌，因此被朝廷就地免官。周抚的好友王羲之闻此，致书周抚，表达了对中原时局的关心。十月，西蜀李寿侵占巴东。朝廷委任周抚为益州刺史。这一段时间里，庾亮在政治上不很得意，多有感怀文字，也关心书法。庾亮曾向羲之求书，羲之答云："稚恭在彼，岂复假此？"稚恭，庾翼的字号。王羲之的意思是：你家稚恭就是好写手，我就不要献丑了。庾翼善草、隶（今楷），最长于章草，其技艺原本在羲之之上。当然，羲之这么说，也是自谦。

后来羲之实在推辞不掉庾亮的恳求，就用章草书体给他写了回信。庾翼见之，大为叹服，深悔前日放言失于浅薄。当然，庾翼的态度转变，除了羲之的章草技法确实高超之外，羲之的谦恭虚怀也为庾翼所赞佩。此时庾翼改任鄱阳太守，从他对王羲之书法的不服到叹服可以见出，即使在庾翼所擅长的草书、隶书方面，羲之的成就也已超过庾翼，至少是比肩而立。一年前，庾翼自恃才高、意气泱泱，其盛气凌人之状跃然纸上。此时他能称赞羲之的章草，足见其人之性情率直，另一方面也见出羲之的书法已经达到公认的高妙——即使是高手也不得不心悦诚服。

不久，王羲之自会稽王友改授临川太守，有些史料中称之为临川内史。临川为魏晋时的一个王国，王国置内史，掌太守之任。羲之到任后，专心料理政事，行政头头是道，深得士民好评。然后，羲之置宅于郡城东高坡，名曰新城。新城旁临回溪，特据层阜，其地爽垲，山川如画。现在羲之旧宅处还有墨池在。

自咸和元年担任秘书郎，数月后转任会稽王友，至二十八岁出任临川太守，其间大约四年时间。秘书郎官职虽然低微，但一出仕就能进入核心权力圈，不能不说是士族的一种特权。王羲之起家秘书郎，事在常例之中。在山阴的那段时日，王羲之陪伴八岁的小王子，尽职尽责，几年后改任地方行政长官，这样的擢升速度虽然有名至实归的成分，但也不是一般人所能企及的。

王羲之是靠哪些条件提拔起来的呢？首先是其家族力量。魏晋时期，凡出身士族大家的，都享有特权，秘书郎是当时官场的起步价。各大士族之间，或因血缘，或因乡党，或因师承，或因婚姻，彼此关照，相互提携，因袭成习，见多不怪。王羲之出身东晋第一大士族琅邪王家，政治上必然受惠。他既是当朝大臣郗鉴的女婿，又是当今王子的王友，多种政治资源同在，提拔重用是顺理成章的事。

王羲之本人的声誉也是擢升的要件。羲之当时已有相当大的名气，一是人品好，名声甚佳；二是本人才干卓越，至少在王子友任上颇得上下赞誉；三是书艺高妙得风气之先，上下争习之，有相当好的社会声誉。羲之的"讷于言"并不是表达能力差，而是遇事深思熟虑，说话慎重的表现，至少说明他这人不轻狂。纵观大政治家、大艺术家、大科学家，凡卓越超群者，少有随意放言、草率臧否、夸夸其谈、不知天高地厚者。王羲之为人耿直，"以骨鲠称"，气质清贵，每每言别人所不能言，贤明之德，连周伯仁老先生都"察而异之"。羲之对人、对事、对社会、对艺术的看法都有准确、深入、公正的鉴裁，这是他得以擢升的基础。社会上一度赞誉的"王氏三少"中能得周顗、庾亮、郗鉴三老首肯的，只有王羲之一人。这足以说明羲之的出仕主要是靠了自身的德才禀赋。

　　书法成就是羲之被擢升的另一因素。汉魏之世，书法界公认的艺术巅峰是蔡邕、钟繇、卫恒。卫夫人出于卫恒本族，其书法在当时已名满天下。王羲之不仅有伯父王导赠予的《宣示表》，父亲王旷私藏的《用笔诀》，还浏览过王廙从皇室借阅的大量书法珍品。这样的师从背景无人过之。经过二十年的苦练与领悟，羲之的书法已经达到最高层次，大文豪庾亮向他求字，书法大家庾翼看了也深表佩服。这样的声望，在那个时代等于一块闪亮的金字招牌。一个朝代有一个朝代的文化要素，世人以此衡量个人价值。春秋以散文，战国以雄辩，秦汉以辞赋，两晋以书法，唐以诗歌，宋以书画文章，明清以八股训诂，时人逃离不开现实潮流的推助与裹挟。羲之所在的年代，谁的书法上乘谁就是文化精英。唐人多以诗歌入世，故朝中多诗人；宋代重策论，故重臣多是文章大家。书法虽然不能与学识人品画等号，但当时的风尚就是那样。

　　另一个原因是自然淘汰，青年人不可避免地走上政治舞台。两晋转换之际，社会多次颠簸，战场杀伐，逃亡流徙，老一代官僚死的死，杀的杀，残存者多已老迈年高，德才兼备、能文能武、修养全面的优秀人才越来越少。自羲之出生至于此时，差不多三十年过去，"八王之乱"后出生的一代都已长大成人，具备了入仕的年龄和知识条件。自然规律将羲之这一代人推到了政治的前台，也是天道自然。

临川太守任上的羲之年近而立，精力充沛，兴趣广泛，正是最肯做事的年纪。临川郡属江州，下辖十县，幅员广阔，人口却只有数万。太守的日常工作可以概括为"刑名钱粮"四字，其中包括治安、河道、交通、驿站、教化、征兵、徭役、赋税等。王羲之勤于政务，礼贤下士，又能入乡随俗，和百姓多有接触。公务之余，羲之尚有许多兴趣爱好：一是游览山水，一是求养生之道，一是精研书法。难得妻子郗璿与他志趣相投，羲之夫妇常常漫步抚河之滨，仰观俯察，体会自在自由之乐。

据传，羲之夫妇游览过赣南的三清山，而且在山中小住过数日。刘小川先生在其《品中国文人·王羲之》一文中写道：他们吃山中杂粮，住茅屋草寮，简朴之风，为百姓所称道。这期间，好友周抚曾到访临川，羲之陪他游览了赣南山水，还在密林中打过猎。周抚原为王敦手下武将，兼通文墨，与羲之最是要好。后来此人主蜀，与羲之多有书信来往，羲之《十七帖》中有半数以上是写给周抚的。

当时的江州刺史是老将陶侃，是王羲之的顶头上司。陶侃曾巡视临川，羲之为之安排宿处，调节饮食，一切务求清雅。陶侃受此待遇，感激地说：官场的那些俗礼就免了吧，我在这里受到的优待比哪里都要好，再多劳烦就不好意思了。由此可见，二人交情颇深。陶侃与羲之同游庐山，盘桓数日，极口称赞山水之美，感慨道："吾与名山失之交臂矣，吾子孙当遂我愿。"陶侃此言后来真还应验了——陶侃的玄孙陶渊明后来隐居此处，创造了魏晋三百年风流之高标，也首创了深具质朴之美的中国田园诗。

据说羲之夫妇还游览过衡山。南岳衡山在湖南，从临川去那边还有很远一段路程，不知羲之夫妇何以达之。衡山有个女道士，曰魏夫人，擅长养生之道。郗璿平时很注意养生（当时流行此道），多以植物精华为务，所用节制，从不排挤平凡饮食。郗璿曾问魏夫人：我丈夫的寿数如何？魏夫人说：临川太守若能守静，寿至百岁何难！事实上，羲之的寿数远不如妻子郗璿的长。魏夫人的话中有个假设——若能守静——这就难说了。王羲之虽然文质彬彬娴静优雅，但他的内心却充满了火热的情感和无以言说的甘苦。他的书信中多有痛悼、哀哉、不胜哀痛、怅然、怆然、奈何奈何、顿首顿首、死罪死罪等强烈感慨，可见其不能守静之一斑。世事纷繁，多舛时很难叫人平静，个性和命运常常并不配合。

这种内在的激情有时也表现在羲之的书法上。该时期，羲之的书法继承了卫夫人的温婉柔美、灿若仙子的绰约之美，同时也将内心的炽热情怀融入其中，形成了筋力深厚的新体，渐有矫若游龙的姿态。也许因了王廙叔叔"自书自画"思想的影响，羲之并不死守勤奋。他曾有过这样的感叹：我的字与钟繇相比，可与之并驾齐驱。说我的草书可与张芝比肩，似乎还有些勉强。但是，如果我像张芝那样逐日苦学以致池水尽墨，决不会输给他的。

由此可知，临川时期的王羲之在书法上很可能加大了勤学苦练的成分。这一时期，他摹写了许多名帖，广撷博采，精研体势，在气韵态度上也下了大功夫。史料称："羲之自于山谷中临学钟氏及张芝草书二十余年，竹叶、树皮、山石之上及板木等不可知数。至于素纸、笺壳、藤纸，或反复书之，尽心精作，得意转深，有言所不能尽者。"从羲之所使用的品类繁多的纸张就可看出，当时临川地区的造纸业已相当发达，王羲之遇到什么纸就用什么纸，不曾有分秒的荒废。这一时期，羲之多次书写《黄庭经》，渐有"言所不能尽者"。什么是"言所不能尽者"？就是那种超凡脱俗，形而上的艺术意味。

除了日常功课，王羲之这一时期还写了许多书信，其中有多帖留存后世。著名的《奉橘帖》就是写给一位朋友的便条："奉橘三百枚，霜未降，未可多得。"这位朋友想必是崇拜王羲之书法的——他竟将此便条珍存起来，世代珍藏，妥善流传，至于今天我们有幸看到书圣的笔墨风采，可见文化艺术是有心人的事业。

名列唐宋八大家之一的曾巩曾作《墨池记》，言及王羲之的为人和书法。这篇脍炙人口的佳作早已成为国人文学启蒙的范文，故此附录。

临川之城东，有地隐然而高，以临于溪，曰新城。新城之上，有池洼然而方以长，曰王羲之之墨池者。荀伯子《临川记》云也。羲之尝慕张芝，临池学书，池水尽黑，此为其故迹，岂信然邪？方羲之之不可强以仕，而尝极东方，出沧海，以娱其意于山水之间。岂其徜徉肆恣，而又尝自休于此邪？羲之之书晚乃善，则其所能，盖亦以精力自致者，非天成也。然后世未有能及者，岂其学不如彼邪？则学固岂可以少哉！况欲深造道德者邪？

墨池之上，今为州学舍。教授王君盛恐其不章也，书"晋王右军墨池"之六字于楹间以揭之，又告于巩曰："愿有记。"推王君之心，岂爱人之善，虽一能不以废，而因以及乎其迹邪？其亦欲推其事以勉其学者邪？夫人之有一能，而使后人尚之如此，况仁人庄士之遗风余思，被于来世者何如哉！庆历八年九月十二日，曾巩记。

此文译成现代汉语：

临川郡城的东面有块突起的高地，在溪水旁边，名叫新城。新城上面有一口低洼的长方形水池，称为王羲之墨池。这是南朝宋人荀伯子在《临川记》里所记述的。王羲之曾经仰慕东汉书法家张芝，在此池边练习书法，池水都因而变黑了，这就是他的故迹。难道果真是这个样子吗？当王羲之决心不再做官的时候，他曾游遍东方各地名胜古迹，出游东海，在游山玩水的时候愉悦身心。难道当他逍遥遨游尽情游览的时候，又曾经在此地休息过吗？王羲之的书法到了晚年才达至精妙，看来他之所以能有这么深的造诣，是因为他刻苦用功所达到的结果，而不仅是天才所致。后世在书法上之所以没有人能赶得上王羲之，恐怕是他们所下的学习功夫不如羲之吧！看来要学好一门功夫，一定要舍得精力，更何况那些想要在道德方面取得大成就的人呢？

墨池旁边现在是抚州州学的校舍。教授王盛担忧关于羲之墨池的事迹被湮没无闻，就写了"晋王右军墨池"这六个大字悬挂在门前两柱之间，以标明史迹。他又对我说："希望有篇叙记文章。"我推测王君的心意，莫非是因为爱好别人的长处，即使是一技之长也不肯让它埋没，因此就连他的遗迹一并重视起来吗？或者，他想推广王羲之临池苦学的事迹来勉励这里的学生吗？人有一技之长尚且使后代人尊崇到这般地步，更不用说仁人君子们留下来的风尚和美德会怎样地影响后世人呢！庆历八年九月十二日，曾巩作记。

这篇文章中所提及的荀伯子是南朝宋人，其在世时间距东晋不远。荀伯子生于公元三七八年，王羲之是公元三六一年去世的，其间只差十几年。此人是颍阴人，三国曹操手下功勋最高的谋士荀彧的后代，祖父为荀羡。荀伯子博学多才，曾撰《晋史》，著《桓玄传》等，为人颇自傲，常自视名门之后而瞧不起新兴士族。官至司徒左长史、东阳太守。《临川记》中所言之羲之洗砚，应属实有。

人们以墨池纪念羲之，说明羲之在临川的政绩不差。常言说，政声人去后——一个官员的政声好坏要在去职多年之后才能得到民心的验证，当朝的毁誉和自说自话不足为凭。王羲之的墨池能被后人所仰慕，不仅因书法，其中还包含了人们对其为政的评价，传说与纪念反映了民间感情。史上多有写一手好字的人，如蔡京，如秦桧，这些人临池习书难道不曾研墨洗砚吗？为什么人们不曾缅怀他们的墨池？袁世凯的字也不差，现在哪还有瞻仰的！羲之的墨池能被后人纪念，因其德行好，为人民做了好事。曾巩的《墨池记》也强调了这一点。

临川时期，羲之的书法体势在隶书、楷书之间，但不仅限于隶书和楷书。后来出土的文物印证了这一时期的书体多为隶书楷书，但是时俗所重，毕竟是沿袭旧体者为多，文物并不能否认羲之的行书当时已经渐入佳境或臻于完善的事实。既然庾翼讥之为"野鹜"而少年"皆习逸少书"，说明王羲之的字体已有所革新并在社会上形成争相效仿的风气。即使羲之还写隶书、楷书、章草，也应有许多变化。

吴兴太守至征西参军

由临川太守改任吴兴太守时，羲之刚好三十岁，即而立之年。吴兴，即今浙江之湖州一带。吴兴郡的治所在乌程县。《晋书·王羲之传》没有他任吴兴太守的记载，但有些史料可证羲之确曾当过吴兴太守。南朝梁陶弘景与梁武帝《论书启》云："逸少自吴兴以前，诸书犹为未称……"

羲之在任吴兴太守的时间不长。古人云，仁者爱山。王羲之喜欢登山，无论到哪里，夫妇俩都要遍访附近名山，务必尽兴而归。吴兴人传说，王羲之偕妻郗璿登山，是为一道才子佳人好风景。羲之身材高大，着长袍，郗璿着长裙，飘若游仙。羲之兴之所至，往往傲啸山林，回声荡漾山谷之间。有时清风吹拂，长袖飞舞，裙裾摇曳，看上去就像飞升的仙人，后人将他们经常登临的山改名为"升山"。

岁当而立，羲之对世事的感慨良多。动乱时代的这三十年对于羲之来说是相当艰难的，除了风刀霜剑的四季轮回，还有战乱、流徙、疾病、政治倾轧、家庭变故、亲人离散等，很多人老了，很多人死了，琅邪王家渐渐显出秋风落叶的萧疏气象，真乃"大有大的难处"。是年六月，抚军将军王舒卒。还记得王敦失败后王含父子去王舒处避难被王舒沉入江底的事吗？可怜那个败将竟被同宗兄弟活生生给弄死了——政治如此无情！王舒死后，次子王允之去职守制。料理完父亲的丧葬之事后，王允之曾被授义兴太守一职，允之以忧哀为由不拜。从伯王导很是不爽，他费了好大的心思为子侄谋得的这一重要缺差，而后辈不但不就任，也不领情，王导写信给侄子允之说：太保（指王祥）、安丰侯（指王戎）以孝闻天下，他们即使在守丧期间也不曾辞掉朝廷封赐的官职；温峤是个声誉很高的人，他在守丧期间也没耽误做中书令。你大可不必这样以忧哀为由不拜新职啊。咱们王家子弟日渐零落，再这么下去就完了。你们小辈不懂世事，不知道一棵大树长起来多么难衰朽却多么快，身在福中不知福，如此意气用事，让我这老头子说什么好呢！

王导此言，其中有大悲大辛大伤感，真情流露，叫人同情他此时的老态龙钟和拳拳之心。此时，已过世的王氏群从子弟有王敦、王澄、王棱、王含、王廙、王应等。每个人的去留都会影响家族的势力版图，一旦形成连片的空白，再想经营起来就难了。王氏一门逐渐衰败，故王导深为感叹。他深感无力回天，往昔的辉煌不再，颇有点儿江河日下、顾影自怜的意味。

羲之和允之有不同。前者的入世态度依然健康积极，关心国家大事，希图在国家统一、边陲安定、改善民生诸方面有所作为。次年六月，长沙公陶侃卒，朝廷加平西将军庾亮为征西将军、假节，都督江荆等六州诸军事，领江州、豫州、荆州等三州刺史，镇武昌。庾亮素来敬重羲之，请其为参军，羲之愉快地答应了。庾亮和当时的名家一样，都有延揽才人的爱好，今见羲之同意加入自己的幕府，很是高兴。

羲之离开吴兴，入庾亮幕府，任征西参军，居武昌，后来升为长史。长史相当于幕僚长、参谋长或办公室主任。此时在征西幕府的还有如下名士：羲之从弟王胡之、王兴之，好友范汪、孙盛、孙绰、庾翼、孟嘉、殷浩等。羲之致信益州刺史周抚时说："武昌诸子，亦多远宦。"其中的"诸子"即指上述诸贤。应当指出，庾亮的幕府中虽然延揽名士甚多，但良莠不齐，其中不乏夸夸其谈不谙军事者。

在征西幕中，一时人才济济，朝气蓬勃，故有南楼理咏之雅事。

文人聚集之处多有雅事。庾亮乃一代名士，胸怀宽阔，文采灿然，志趣异于常人。那年十月，正值秋风送爽、天高气清之时，一个岚气氤氲的夜晚，作为地方最高军政首脑的庾亮带十余人登上武昌城外的南楼。此时殷浩、王胡之诸位才俊已先登楼赏秋。一帮书生聚到一起，意气激越，彼此生发，高谈阔论，不无轻狂之态。此时突然听到楼下有人来，步履之声很重，他们猜知是府主庾亮带人来了。这伙才子们畏怯上级，急忙起身躲闪，企图回避散去，却被庾亮碰了个正着。庾亮笑吟吟地说：不要走开嘛，再聊一会儿，我这里兴致正好呢。于是诸人一起谈天说地，论道谈玄，其中也有戏谑打趣，极尽兴致。

后来王羲之回到建康，与丞相王导言及此事。王导早就知道他们南楼理咏的雅事，便问：庾亮大人受苏峻之乱的牵涉，贬谪远镇，如今他的威风大概远不如前了吧。呵呵！羲之不肯迎合伯父的心情，说：虽然如此，惟丘壑独存。意思是，人家庾公乃清贵之士，虽然屈身隐迹，可是心胸开阔如同山河一样，言谈依然豪放，没有什么大变化。

这爷儿俩的谈话很有意思。王导幸灾乐祸之状跃然纸上——他小子现在不行了吧。而王羲之的态度不同，他认为人家庾亮依然是好样的，没有颓废忧郁的样子。噫吁，虽为清风明月之细事，而反应不一，足见诸人心性何其不同也欤！其时，王导以身体羸疾不堪朝会——因为健康的原因不能坚持上班了。三月乙酉，晋成帝亲自到王导府上问候，拜王导并其妻曹氏，与群臣宴于内室。天子亲赴大臣宅邸去看望属下，这样的礼遇历代少见。当时皇帝年幼，不能不倚赖王氏，故只好卑躬屈膝，内心则未必出于情愿。为此事，侍中孔坦秘密上表切谏，说皇帝您这样做太过分了，哪有帝王去臣子家看望并在内室饮宴的。王导听说了，对孔坦的做法十分厌恶。不久王导就将孔坦的侍中一职免去，降为一般廷尉。此事可见王导的度量狭窄而报复心何其重也！

羲之与孔坦友善，著名的《孔侍中帖》中所言之孔侍中即指孔坦。

是年诚为多事之秋，大人物纷纷谢世。先是王导之妻曹氏卒，羲之有《中书侍郎书》痛悼之。由此可见王羲之对他的这位伯母还是有感情的。四月，后赵石虎兵临历阳（今安徽省和县），逼近京师。成帝加司徒王导大司马以抵抗石虎，建武将军王允之转而卫戍芜湖。司空郗鉴使广陵相陈光帅兵卫京师，石虎受挫，退向襄阳。石勒死后，石虎继承后赵的王位，但石虎无论在谋略还是胆识上都远不如石勒。

一波方平，一波又起，石虎刚刚远去，西北凉州的张骏又有兼并关中夺取秦雍之志，朝廷计划由郗鉴、庾亮等组织反击并彻底讨灭石赵、苻秦。这事立意虽然积极，但难以胜算。当时除了内部将相不和之外，更大的瓶颈是军费拮据粮草不济。史料载："是岁大旱，会稽、余姚尤甚，米斗五百价，人相卖。朝廷知其难，不理。"老百姓连饭都吃不上了，有些地方甚至到了人吃人的地步，还打什么仗啊！

战争的最终胜负在于民意，在于综合国力的强弱。西方人所著之《全球史》一书在论述两晋南北朝时期的经济时说："此一时期，大地主大官僚争相兼并土地，而自耕农多有沦为佃户者。自耕农的减少大大减损了中央政府的田赋收入，而士族大地主又利用手中的特权抗拒税负，至于国力日渐衰微，而流民又不断增加，遇到灾年，人民不得温饱，于是'盗贼丛生'。"而这既是外族侵略的时机，也是东晋无力反击的根本原因。

咸康二年（336）二月，羲之叔父王彬卒，年五十九。这位东晋历史上刚正不阿、爱憎分明、有胆有识的大英雄去世了。对于这位叔叔的辞世，羲之十分悲痛。

选择见风范

这一时期，王羲之遇到政治选择的难题。此事的大背景是王导和庾亮之间的对立，羲之夹在中间。五月，朝廷以王导为太傅都督中外诸军事。司空郗鉴为太尉。征西将军庾亮为司空。朝廷如此安排政坛三巨头，颇有深意：王、庾争权对立，让郗鉴起居间协调的作用，以缓和彼此的矛盾。此时，羲之在庾亮的幕府供职，身为丞相的王导老是觉得别扭，写信要羲之到朝廷来任职，别跟着庾亮干了。

这件事，羲之的态度很明确：拒不接受。

羲之的回答很坚决很清楚，没有暧昧或犹豫。王羲之在其《致殷浩笺》中云："吾素自无廊庙志，直王丞相时果欲纳吾，誓不许之，手迹犹存。"（可惜这一"手迹"未传下来）这里说得很清楚：王导当时要羲之进京去做官，其意图显然是想把羲之从庾亮身边拉开以壮大自己削弱对方，并进而擢升王氏子弟重建当年威风。羲之以"无廊庙志"回复，这话的本意并非说"不愿做官报效国家"，也不是对伯父王导有成见，而是"不乐在京师"。

不去朝廷做官，不去权力中心生存，是羲之一生秉持的信条。羲之对朝廷发生的那些事太清楚了，许多大人物大才子的悲剧音犹在耳，他厌恶京城里的勾心斗角，看不上上层的腐败懒散，不肯陷入宗派对立。那里矛盾重重，左右掣肘，什么事都做不成，乃君子不堪居处之地。当然这里还有一层意思：羲之认为，遽然离开知遇者庾亮，是为不义之举。

庾亮和王导之间乍看上去是个性有别彼此不感冒，实际上还是利益的冲突。有人说，王导性情"宽厚"，委任诸将赵胤、贾宁等多不奉法，大臣患之。庾亮在与郗鉴的私笺中则指责王导"欲愚其主"，"多养无赖之士"，并骂王导为"大奸"，甚至欲邀郗鉴起兵废黜王导。郗鉴是一位以国家为重的大臣，没有听从庾亮的话。征西参军孙盛也密谏庾亮，万不可轻举妄动，庾亮乃止。

墙打百板还透风，南蛮校尉陶称（陶侃之子）以庾亮之谋告诉了王导（又是一位告密者），劝王导秘密做些防备。老奸巨猾的王导却说："吾与元规休戚是同，悠悠之谈，宜绝智者之口。则如君言，元规若来，吾便角巾还第，复何惧哉！"王导这个人很会打官腔，有时让人觉得他言不由衷。当年过江南渡之人因故国破灭故园难回而伤感涕泣，王导说大家应当团结鼓劲力争恢复故土不要这么伤感兮兮的。现在有人告密，王导本心里满是怨恨，嘴上还是一片大道理，叫人不知是真高尚呢还是假应酬。

王导真如史书所言的那么宽厚、那么胸襟开阔、那么大肚能容庾亮的剿杀之谋吗？未必。上文有记，侍中孔坦仅仅在皇帝面前说了一句有关尊卑礼节的话就被王导降职降级，他对庾亮的阴谋能够坦然处之？不久，王导又在一封与陶称的书信中说："庾公，帝之元舅，宜善事之。"王导不是不想整死庾亮，实因自己力量不够，所以只好这样口是心非伪善而言之。

我们还可作如是想：王导之所以征召羲之进京任职，其用意之深处也许不光在削弱庾亮，而在于壮大王氏。王导自知家族零落，京中无可信托者，所以才有批评王允之"以忧哀不拜"的事。从王氏诸子看，当下只有羲之堪当重任，王导希望他能就职于朝廷，在最高权力层谋求发展。由此推测，如果羲之此时进京，极可能得到丞相王导格外提拔，庶几可以在其辞世前把羲之扶上首辅地位以确保王家在政治上后继有人。而羲之不从，这必然大大摧折王导的政治心气。从这里可以看出，羲之的品格之高标，心性之洁净，言行之磊落，绝非潘岳之徒所能比拟的。

是时，庾亮虽居外镇而遥执朝廷之权，现据上流，趋势者多归之。王导的内心很不平衡。有一次，王导和庾亮在一起议事，地点不是在房间里边，而是在庭院里。一阵西风旋起许多尘土，那烟尘正巧从庾亮所在的上风头刮向王导，王丞相举起手里的扇子自蔽于面，说：元规你看看你看看，你那边刮过来的尘土把我污成什么样子了！王导的不平之心未能自禁于言语之间者，唯此而已。看来，多么幽深的人偶尔也有遮掩不住而吐露真情的时候。

王导是元老，庾亮是贵戚，两家争权，羲之倾向庾亮，但也未曾公然反对从伯王导。王导和庾亮的矛盾幸得郗鉴的居间调和，否则，十有八九会酿成大祸乱，那样一来羲之将无所适从。羲之的老岳父郗鉴以大局为重，多次反对庾亮的灭王之举，然亦严厉斥责过丞相王导。《世说·规箴》记载了郗鉴当面批评王导的故事："郗太尉以王丞相末年多可恨。每见，必欲苦相规诫。王公知其意，每引作他言（故意岔开话题王顾左右而言他）。郗鉴临还镇（京口），故命驾诣丞相，翘须厉色（情绪激烈，言辞凌厉，连胡须都翘起来了），上坐便言：'方当乖别，必欲言其所见。'（我今天必须把话给你讲清楚）意满口重，辞殊不流。王公摄其次，曰：'后面未期，亦欲尽所怀，愿公勿复谈！'（这种后会有期的话其实就是忽悠对方）郗遂大瞋，冰衿而出，不得一言。"郗鉴听了王导一番模棱两可的话，知其没有改弦易辙之意，拂袖而出——老人家很不高兴。

如果王导坦诚交心，郗鉴会说些啥呢？按当时的情势，郗鉴应当正告王导：我之所以不肯与人纠合为难你，是为了国家。但是，你老先生也有须得改进之处。王导若是虚心请教，郗鉴会将庾亮对王导的一些批评说出来。郗鉴可能不会用"欲愚其主"这样深重的话批评王导，但"多养无赖之士"是明摆着的事实，郗鉴一定会举出一些例子劝诫王导。郗鉴不会骂王导为"大奸"，但他会说：人家庾亮说的并非全错啊，希望王导你好自为之！

王导知道郗鉴要说些不好听的，忽悠了几句，郗鉴很失望。

这里，我们不得不追问：王羲之为什么执意在庾亮处做事呢？合乎情理的回答应当是这样的：羲之的选择，羲之的精神依靠，主要不是出于个性的臭味相投，也不是缘由艺术上的惺惺相惜，而是爱国，是恢复故国失地，是重返故乡故土，是重整晋朝江山。庾亮虽然有些不足称道的缺点，但他有一点是好的：渴望北伐，用心救国。这正是羲之倚重庾亮的原因。羲之后来投奔殷浩以及他对桓温的赞许，大抵都是这个原因，至少是主要原因。王羲之不是政客，而是具备高尚价值诉求的艺术家。

咸康五年（339）三月，征西将军庾亮制订了北伐计划，欲开赴中原，收复失地，将北方入侵者赶回去。庾亮上表，向朝廷推荐桓宣为都督沔北前锋诸军事、司州刺史，镇襄阳。又上表推荐其弟庾怿监梁、雍二州诸军事、梁州刺史，镇魏兴（在今陕西安康县西北汉江北岸，后徙屯半洲）。又以其弟庾翼为南蛮校尉，领南郡太守，镇江陵（今湖北江陵县）。庾亮又请求朝廷解除其本人豫州刺史职务，以授征虏将军毛宝，戍邾城。

四月，庾亮再次上疏言：西蜀甚弱，而胡人尚强，我欲帅众十万镇石城（今湖北潜江县西）。发遣江北淮南一带诸军罗布于长江、沔江，以为进一步伐赵的桥头堡。成帝下其议——让诸大臣讨论是否可行。丞相王导请许之——恳请皇上准许庾亮此举。太尉郗鉴深知庾亮的热情虽好，但军资未备，实在不可大举，明确表示不赞成这个计划。太常蔡谟是个虑事冷静的人，他也主张"养威以待时"——积累力量，等待时机再出击。朝廷集中讨论时，大家的评议大多与蔡谟的主张相同。

朝廷乃诏庾亮，不准移镇。

郗鉴、蔡谟的意见是正确的。蔡谟认为，庾亮此举是"不计强弱而轻动，则亡不终日"；此乃实事求是之议。这段时间里，庾亮分心于私仇私愤，方寸不整，意志恍惚。他杀掉了不久前曾经以告密方式离间庾、王关系的陶称，王导因此对庾亮心怀耿耿。王导有心欲静观庾亮必败之下场，故佯装"请许之"。这也见出庾、王矛盾之尖锐，而王导的居心何其不良乃尔！身居国家首辅之高位，立意不在国家而在削弱政敌实力，企图坐视庾亮失败以收渔人之利，居然有这样落井下石的丞相，是可忍，孰不可忍！

此事若不是郗鉴、蔡谟居间缓解，后果将不堪设想。羲之对他的这个伯父——老政客——不可能没有自己的评判。他先前不肯听从王导的安排，看上去好像不识抬举，实际上是不肯被王导利用了去做挖人墙脚的把戏，不肯遵循乡愿做伤及恩人庾亮的事，不肯将自己拉出北伐大业之外而陷入朝廷政争的龌龊沉瀣之中。羲之内心深处，是顾及国家利益。为此，他拒绝偏袒家族的狭隘设计，不肯满足从伯王导的自私用心，羲之不愧为一个做人有原则的、做事有底线的、光明磊落的贵族！

衰老不可阻挡，天道有常也无常。七月，始兴文献公（王导封号）王导卒，年六十四。参用天子礼葬之。这个待遇对于王家来说，可谓备殊哀荣。在两晋政坛上，王导把持权力数十年，功亦巍巍，过也多多，难以总述。此时寿终正寝，也算得其所哉《通鉴》云：王导"简素寡欲，善因事成功，虽无日用之益，而岁计有余。辅相三世，仓无储谷，衣不重帛"。尽管说人死不可苛责，但笔者以为，《通鉴》中的那些话不无溢美之词。别的不说了，光是朝廷封赏给王导的土地就有八千多亩，如何能说"仓无储谷"？

王导之死对于琅邪王氏在政治上是一大损失。王导是东晋朝廷的重臣，在江左根深叶茂，子弟对其多有依赖。他的死使那些习惯于依靠家族特权的庸常之辈大有失怙之感，但对于王羲之似乎并无太大影响。王羲之向来崇尚独立见解，对事物能秉持公论，卓然有超庸拔俗之气。即使王导活着，他也未曾倚仗家族头人的威权而经营名利地位。可以这么说：王导之死让王羲之感到一点儿怅然，也有点儿轻松。王导的去世降低了一个超大士族的影响指数，各士族间的关系从此有所平衡，上层矛盾也更简单些。

王导死后，朝廷征庾亮为丞相、扬州刺史、录尚书事。庾亮固辞，乃以其弟、会稽内史庾冰为中书监、扬州刺史、参录尚书事。时王述为庾冰麾下长史，地位不低于羲之。丞相王导去世，羲之请假自武昌回建康奔丧。皇上以国葬之礼厚待王导，羲之前往奔丧，乃是题中应有之义。

谁料想，八月，南昌公郗鉴卒，年七十一。

郗鉴是东晋政治殿堂的拱顶石般的人物。他忠于朝廷（一身正气前往劝诫王敦以至于被软禁），头脑清醒（对军事上的胜负有明晰预见），敢于秉公直言（当面批评王导的诸多不是），每临大事有静气，为人诚恳，用心仁厚（调和王导和庾亮之间的矛盾），对于国力和民情有冷静的估量，对北伐之事总能提出实事求是的意见。这些品德，不仅王导、庾亮不能兼备，整个东晋朝廷无一过之者。郗鉴的去世乃东晋朝廷的一大损失。

郗鉴还是一位饱学之士，其书法在东晋属上乘之上。郗鉴"草书卓绝古而且劲"，"丰茂宏丽，下笔而刚决不滞；挥翰而厚实深沉，等渔父之乘流鼓枻"。如果说字如其人，那么，郗鉴就是最好的例证。他在书法中所表现的刚劲、不滞、丰茂，与其人格相互照应，不差分毫。由此可以想见，羲之夫人郗璿必定也继承了这一家风。羲之之大幸，基础在王家，而枝干在郗家。不知此说公允乎？

品藻之高低，往往在细事上见出。郗鉴家中有个用人，知文章，好读书，对书法也有兴趣。一次，羲之在名士刘惔面前说到这个人，口气颇为赞许。刘惔当即就问，这人比郗愔谁高谁低？王羲之说，我是在赞赏此人有心好学，怎好拿了去跟郗愔比呢！刘惔说，既然不如郗愔，那就是一般的奴才了。这样的人我羞于谈及，君又何必挂齿。

这则轶事很能说明刘惔和羲之的不同——非常重要的不同。羲之心地仁厚，从不轻视平民。魏晋时期的用人，大都被贵族称为伧奴、小人、奴才。羲之赞赏用人的好学，反映了他平等仁厚的品质，与他后来任会稽内史时同情人民疾苦的做法一脉相承。这在东晋豪门士族中是极为少见的。刘惔则不同。他认为，既然不如郗愔，那就是一般的奴才，没什么值得夸赞的。伧奴身份寒微，倘能有所造诣，又肯学习，应当给予称赞才是。从刘惔的言语可以看出，当时的名士大都蔑视百姓，只拿自己所在的特权阶层当回事。

九月，石闵败晋兵于沔阴，邾城陷落。事情果为郗鉴所言中。如果王导还在，这个结果也许正是他所希望看到的，而他确实也预见到这一结果，二人只是动机不同罢了。郗鉴是为了国家而反对，蔡谟是基于军力而阻拦，只有王导，明明知道将是这样的结果而纵人于水火沟壑之中，心存不义。

庾亮上表陈谢，自贬三等。

朝廷下诏，以庾怿为豫州刺史，镇芜湖。

冶城之辩

咸康五年（339）秋冬之交，王羲之与谢安（320—386，字安石，陈国夏阳人。）共登冶城，二人发生了一场小小的关于人生观的辩论。这次发生在两人之间的辩论不愠不火，但却有着极大的意义。

王导、郗鉴于八九月间相继去世，羲之因为奔丧而在京城多待了些时日。恰好山阴谢安此时也在建康，二人在京相遇。这次相遇为王、谢之间的长期而深厚的友谊奠定了基础。其时，庾亮正在策划大举北伐，虽然在军事谋略和后勤实力方面不够圆实也未必济事，但其恢复中原之志尚属可嘉。作为庾亮僚属的王羲之，亦同仇之忾，对恢复中原充满了热情。

冶城，在今南京之冶山，其中筑有城，因春秋时吴王夫差在此冶铸制造兵器和铜币而得名，是南京城邑的雏形，有人亦称之为南京的"母城"，历代名人都曾在此留有踪迹。丞相王导将冶山改建为自己的别墅，名为"西园"。园中果木成林，浮云滴翠，又有鸟兽麋鹿，王导彼时常召文人于此雅集。据《六朝事迹编类》记，王导曾患重病，久不愈，方士戴洋进言："君本命在申，而申地有冶，金火相铄，于君不利。"王导信之，即下令移冶坊于他地，而其所患疾病竟不治而愈——此事似可见环境与健康之关系，也可见王丞相之威权力量。

冶山之西，有卞公墓、卞公祠。卞壶为东晋名臣，晋成帝咸和三年（328），苏峻于历阳起兵攻打建康，卞壶率部抗击，大败，父子二人同时遇难，是东晋的烈士。苏峻之乱平定后，朝廷将卞壶父子葬于冶山的西侧。以后历代对卞壶父子之墓均有修葺，因卞壶祠之兴建早于朝天宫，故有"先有卞公祠，后有朝天宫"之说。

关于羲之与谢安共登冶城一事，争论多多，众说纷纭。

《世说·言语》载："王右军与谢太傅共登冶城。谢悠然远想，有高世之志。王谓谢曰：'夏禹勤王，手足胼胝；文王旰食，日不暇给。今四郊多垒，宜人人自效；而虚谈废务，浮文妨要，恐非当今所宜。'谢答曰：'秦任商鞅，二世而亡，岂清言致患邪？'"刘茂辰先生按："《世说》使用官称往往不是人物当时的职务而是其生平最后或最高的官衔。这里的"右军"，就当事人来说，是后来的事；而著书者为其后之人，往往自由指派随意安插，未及于者先有之，此类书写常见。谢安任太保也是后来的事，"太傅"则是其死后赠的虚衔。写书人即便于童蒙时称其人为太傅，读者自能理解。"

谢安与王羲之登城以后，免不了要说到吴王夫差当年打造兵器的盛况，说到吴越执政、孙武练兵、西施浣纱、勾践卧薪尝胆等许多的故事，甚至于还谈及王导移城以及健康与风水之关系。二人惺惺相惜，自有许多趣味，不提。后来谢安"悠然远想，有高世之志"。何谓高世之志？就是看破红尘、超然世外的遁隐之志。

羲之思忖片刻，说：我听说古时大禹勤于国事，以致手脚都长了胼胝；周文王处理机要，往往忙到半夜还觉得时间不够用呢。上古贤达，没有一个不是因勤政爱民而名垂青史的。当下正是多事之秋，国家面临危难，四郊多垒，战乱不息，这是咱们士大夫的耻辱啊！值此时刻，每个人都应想着如何为国家用心尽力，可是现在你看，从建康到会稽，从荆州到扬州，朋友们整天忙着清谈，其好高骛远不谙民情之甚，以至于荒废了日常政事，这恐怕有些不合时宜吧。

王羲之爱好自然，也不曾轻视老庄，但他从来都不是那种志大才疏、迷恋清谈、对世事麻木不仁的人。王羲之的思想是玄儒双修以儒为主的。当谢安露出超脱尘世的志趣、大谈出世隐遁时，王羲之直率地说出以上这段发自肺腑的话。这段话是我们认识王羲之不同于他同时代人的钥匙。

谢安听了，不动声色，远眺江山，慢悠悠地说：秦朝任用法家，前有商鞅，后有李斯，无不以刑名为上。焚书坑儒，灭绝言论，防民之口甚于防川，不是未竟两代就完了嘛，难道秦朝的灭亡也是因为清谈吗？老兄，你不妨深入地想一想。

羲之当即说：诚然，秦废儒而重法，无清谈容身之地，路人不敢接语，然秦之所以二世而亡不是因为钳制言论，而是因为穷兵黩武罔顾百姓的生存死活，是故贾谊有论，仁政不施攻守之势异也。是不是？倘若世事清明，文人发挥雅趣，探讨学问，推敲修辞，谈谈风月，都无不可。眼下的难题在于，国家四分五裂，百姓艰难，民心浮荡，国势日渐衰微，我等若不参与治国安邦、救民于水火之事而只是沉湎片语只言的快意之中，或竟潜遁山林图一己之静怡，于心何安焉？

谢安笑了，说：天下兴亡，自有定数。君不见文景之治乎？当时之政，盖得益于无为。休养生息，不侵不扰，民得以为其民，君得以享其君，不也很好嘛。

羲之说：不然。秦亡而暴政终，天下并非无为而化成。文帝废除酷刑，又将十税一改为三十税一，轻徭薄赋，人民才得以休养生息。至于景帝在位，也是多有改革，如一度废除农人赋税，故天下得以涵养财富。说是无为，其实是无不为。施仁政，强国力，养苍生，才是文景之治的根本啊。

谢安又说：今日之事，又有什么不同呢？难道无为而治就不灵了吗？

羲之说：此一时彼一时，今日情势迥异于文景之时。本应与民宽松的，如今却是多层盘剥，以至于民不聊生。本应天下安定的，如今却是战火烽烟，以至于国将不国。向使民富国强，庾将军之北伐不至于如此仓皇。值此兴亡不测之际，我等正应当以平天下、救苍生为己任，若听而不闻、逍遥麻木，或只顾吟风弄月、咀嚼玄理，那不是我等失责吗？

谢安说道：我等区区文墨之辈，又能做些什么。

羲之道：凡事做则有，不做则无。庙堂之上，江湖之中，可为之事，无处不在。

谢安哈哈大笑，说：不到万般无奈之时，不为意外之举。

羲之听了这话，稍感安慰。

谢安说：老兄的激情热心真叫我佩服啊。如今清谈者多，荣华皆在玄理之间，兄长敢于逆时尚而言，足见特立独行之气概。可是你知道，老百姓的事情不好办啊。你费尽心力，到头来也许还是枉然。这也是我不肯轻率跳进去的原因。

羲之慨然道：孔子有上智下愚之说，虽不尽然，也非妄言，这权且不论。我以为，百姓之难过于百姓之愚。草莽之中，许多人本性聪慧，无奈家学阙如，繁冗劳碌，甚至无笔墨之资，又不得教育，是所以愚也。我等上有家族照应，下无抚养之累，得朝廷之恩典，有教育之方便，而优越之处正是责任之由来，此所以士族之为士族百姓之为百姓者也。倘若漠然面对世事，我等虽衣冠灿然而心则沦为草莽矣，那我们还有什么优势可言呢？

谢安颔首道：君不见孙恩、卢循之例乎?

羲之默然良久。

……

谢安的遁世之想，当时是一种风尚，是贵族知识分子的时髦。他们故意避开俗世，醉心于小圈子之内的清谈，相互逗口舌之能，以为高雅。相对于那些沽名钓誉的人，谢安既是潜心世外，又是个学而不厌的君子。王羲之并非不理解谢安的心思，但他不肯认同谢安的淡漠世事、沉湎山林的自外情怀。就责任伦理的层面讲，知识分子的出世其实是一种放弃。古典社会的士族，天然具有担负道德、表达良知、治理国家、关怀苍生的责任，以清谈虚无而自况高雅，实际上是一种怯懦的逃避和自私的遁词。就社会理想方面讲，谢安所追求的实际上是一种自作多情的乌托邦。他认为国家的危难、社会的积怨，都和人的入世欲望太强有关，和名利之心过于热烈有关，因而强调名士宁可以清谈为生，不应去做不可为而为之的事。魏晋时人多有借士人孙恩、卢循领导的农民起义骚乱国家、扰民害民为例去印证知识分子入世情怀之荒谬的。从他们二人的简短对话看来，王羲之在这里停住了，因为农民造反这个话题是贵族们所难以逾越的障碍。还有，贵族之间的谈话往往都是点到为止，激烈处戛然，不会争得脸红脖子粗。再说，羲之年长，谢安稍幼，他不便把话说到绝处，这也是一种厚道。

魏晋时，王谢以双门并称，但家风有所不同。通过二人的冶城对答，多少能看出些微的分别。东晋一代，王家虽也讲求名士风流、清谈玄理，但归其本质，这个家族的心灵建构是儒（尘世进取之心）大于道（老庄放达之情）。从东晋到南朝，王家在朝廷居要职的人比谢家多得多，且始终与最高权力者保持着紧密的关系。而谢家从西晋末期的谢鲲起始，就已把家风确定下来，经谢尚、谢奕，到谢万、谢安，再到后来的谢灵运，其心灵是以老庄的放达为根本，仕途只是偶尔路过的灌木小径。或者，仕途仅仅是为了保持门第荣耀的延续方法，是冠冕而非肢体。王家子弟走上仕途多是主动的，谢家则是被动的，不得已而为之，稍有行为便落荒入于山林，在那里擦洗沾满泥泞的鞋子，梳洗落了风尘的冠冕。从历史看，谢家在政治漩涡中的运作方寸远不如王家游刃有余。及至南朝儒家重建，君主的绝对权威恢复，皇帝们再也不允许那些纵情使性的名士们耍酷，谢家子弟一时难以适应，才有了谢灵运、谢朓等人的悲剧，也有了山水诗。

虽然大谢小谢是后来事，非本传之紧要，但此处略略提及，有助于说明谢氏家风的式微因果。谢灵运的母亲是王羲之的外孙女，他才华横溢，与陶渊明、颜延之齐名。"池塘生春草，园柳变鸣禽"就出于谢灵运之手。谢灵运曾言："天下才共一石，曹子建独得八斗，我得一斗，自古及今共用一斗。"这话可是很牛啊！此人崇尚清谈，乐在田园，沉湎山水，有高士之志。后来他在山阴以南天台山一带极力扩大自己的庄园，与乡民发生土地纠纷，至于成为被告，后判决发配南粤，途中又多发不满之语，终于被杀。

王谢冶城之辩简而又简，却看出了二人的不同。需要说明的是，当时两人的处境也不同。羲之现任庾亮幕府里的参军，北伐初动，羲之对胜利充满期待，所以才有那种积极问世的豪情。而谢安此时还是山阴隐士，偶尔来一次京城，老觉得俗世嘈杂急着想回到他那世外桃源里，心境自然不同。二人都是南渡人物，但王旷死于战乱，北国对于羲之有杀父之恨，谢安没有这份体会。这些不同之处和各自心情有着很大的关系。后来谢安出仕，羲之隐遁，两人好像交换了位置，是以见出"此一时彼一时"的哲学意味来。

这次冶城之辩，两人都表达了自己，同时也受了对方的影响。我们不妨这样推论此次辩论的效果。正是因为羲之的一席话，挑动了谢安"天生我材必有用"的潜在价值观，后来成为挽救东晋的历史英雄（他指挥打胜了淝水之战）。反过来，王羲之晚年却恰如谢安今日所表达所追求的，成了隐遁山林的世外之人。人生就像旋风一样，左右交换，前后倒置，今日的我就是明天的你，这也许就是无常。屈原有一首诗，叫做《悲回风》——二人的转变就像回旋之风一样——可叹也夫！

不久庾冰为中书监、扬州刺史，参录尚书事。庾冰以谢安有重名，必欲致之（当时政客都喜用名士），多次催促谢安所在的郡县官员敦促，大有逼之就范的气势。谢安不得已只好赴召。此时谢安刚刚二十岁，虽属"已冠"，出仕不为违例，但比起羲之二十五岁起家实在嫌早。谢安应庾冰之召"出西"而到建康，与在京担任丞相长史的王濛清谈一番，当是顺便之事。谢安隐居会稽东山，这次赴建康应命时间很短，史书称："月余告归"。

江州刺史

咸康六年（340），庾亮卒，时年五十二。

庾亮去世前，曾经上疏朝廷，称羲之"清贵有鉴裁"。皇帝下诏，任命王羲之为宁远将军、江州刺史。此事在咸康五年腊月。羲之有一书信云："庾虽疾笃，谓必得治力，岂图凶问奄至……"这说明，王羲之刚到江州刺史任不几天，庾亮就去世了。

羲之对庾亮的英年早逝深感悲痛。"半年之中祸毒至此，寻念相摧，不能已已！"半年祸毒，是指咸康五年王导、郗鉴之丧至本年庾亮之死，其间整整是半年时间。王导是从伯，郗鉴是岳父，庾亮是府主。三人中，就家族关系说，王导是一堵挡风的墙；岳父郗鉴既是羲之的政治依靠，也是至亲，翁婿之间必定无话不谈；作为个人的心性知己，庾亮为最，二人关系至切，故羲之闻庾亮卒，深悼之。

江州刺史这一职务变换频繁，反映了东晋政局变动之急剧。在东晋时代，扬、荆、江是三个大州，不仅是军事上的前方重镇，也是最重要的财政来源，其刺史几乎可以左右整个国家形势，所以执政者对此三州多存志在必得、势所必争的想法。"所用或非亲，化为狼与豺"——李白《蜀道难》里句子，用在这里，不为过。

王羲之在江州任上，曾经铸造过一个大鼎。梁代虞荔《鼎录》云：

"王羲之于九江作书鼎，高五尺，四面周匝书遍，刻之，沉于水中。真、隶书。"这里没有说明王羲之为什么要做那个书鼎，又为何要沉入水中。一种猜测是：这个大鼎和长江洪水有关。那场大洪水给江州特别是鄱阳湖一带造成巨大的损失。为了祈祷水神水怪不要再来侵扰百姓，可能有道家中某人物得神灵暗示，建议铸造一个大鼎投入江中。果如此，那大鼎上的铭文则十有八九是王羲之所撰，内容是祈祷水神的一篇诗文。

另一种可能，是和炼丹有关。羲之信奉道教，大鼎是炼丹家必用的器具。据葛洪《抱朴子·内篇》记述，道士炼丹的容器用鼎或釜作为反应、冷凝、搅拌的装置。药料置于鼎中，其外以火加热。鼎有金鼎、银鼎、铜鼎等多种。王羲之在九江任江州刺史，"书鼎"或是道家炼丹之用，也未可知。但是，如果做为炼丹用的器具，似不应投入江中。

还有一件怪事，为什么钟鼎上的文字用了真书和隶书两种呢？一般地说，一个铸件上只用一种铭文足矣。如果用了两种文字，则其一种可能是铸鼎的本事主题，另一种文字则是功德表，写了谁谁出资捐助等等。从这一时期出土的文物看，王羲之不习或习而不写方笔，很可能因为方笔的"稚拙板滞"。如果鼎铭文字是王羲之写的，书体要么是真书，要么近似行楷。

咸康七年，年近不惑的羲之在江州刺史任上，他很想做些实事，实际上确有很多大事要做。当时鄱阳湖水面宽阔，每到洪水季节，四周良田和村庄常被淹没，防洪排涝保护农业是第一要务。许多地方的水路需要疏通，陆路也多有断绝阻隔，亟须整治。羲之当时居寻阳，他筹划了好几件亟待解决的行政大事，但是真正施行的并不多，既缺资金，也缺人力。当时的豫章（即今南昌）只有四万多人，江州稍大一点儿，也不过十万人。羲之将江州的政务要事上疏朝廷，希望得到国家的财政支持，但迟迟没有回音。此时的朝政昏庸混乱，根本没人在正经事上下功夫尽力量。

有一个例子很能说明问题。是年二月，燕王慕容皝的长史，名叫刘翔，风尘仆仆来到建康。刘翔多年守卫边疆，深知策略，进退都有根据。他提出，为了安抚北境，求朝廷封慕容皝为大将军。这本是很简单也很明确的事，可是，"朝议岁余"，始终不得决定。刘翔在建康住下等着，拿到的却是朝廷的一纸空文。那段时间，他目睹了江南士大夫以骄奢酣纵相尚的恶劣风气，十分气恼。有一次，刘翔参加当朝贵族人物的一次宴集，所用器具、食物、饰品、美酒，无不豪华阔气，宾客、主仆无一不是衣着鲜丽。与会者饮酒赋诗，清谈玄理，逗趣戏谑，无不尽情纵欲，完全没有国难当头的意味。刘翔见此十分伤感，他对何充等人说："四海板荡，奄逾三纪，宗社为墟，黎民涂炭，斯乃庙堂焦虑之时，忠臣毕命之秋也。而诸君宴安江沱，肆情纵欲，以奢靡为荣，以傲诞为贤；謇谔之言不闻，征伐之功不立，将何以尊主济民乎？"

这真是一篇振聋发聩、义正词严、慷慨激昂的檄文，讨伐贵族、批判上层、直指朝廷的正义呐喊，千古不能掩其铿锵之声！试想，燕王北扼强敌，其手下的长史来京，按理应当给予很高规格的优抚。即便赏给慕容皝一个将军的虚名，得一方安定，朝廷又何乐而不为呢！这一事关安邦定国之良策，在朝廷上下群臣来来回回议论了一年多，依然没有决断。何等荒唐！想内外士族多少，封爵封地往往轻易与之，而今给重镇边将一个空名将军竟如此难以定夺，昏庸至极！刘翔是一位具有政治眼光的优秀人才，报国热情极高，见识也在上乘，他的建言全是为了国家。面对上层的铺张挥霍麻木不仁，刘翔毫不留情地谴责了京城贵族的奢靡，也向后人描绘了当时朝政之腐败。刘翔如此论及黎民涂炭，坦率表述了他的焦虑，不愧为耿耿忠臣、高尚志士，一百个清谈家也顶不上这么一个边关守将。

刘翔的强烈反应让何充等人哑口无言无以相对，他们只是打哈哈，劝刘翔喝酒喝酒，叫他不要着急继续等待朝廷的回音。但是，过于麻木的朝廷依然没有反应，刘翔企图说服大臣们，但是江左的豪强、官僚、名士对他依然是一副漠不关心的样子。他们沉醉于灯红酒绿的奢靡之中，醉生梦死的挥霍也不曾因刘翔的尖锐批评而有所收敛，有人甚至将刘翔的激烈反应看做是庸俗的、可笑的、缺少风度的、没有派头的、非名士所为的愚憨粗鄙。他们根本不以收复北土为要务，"宴安江沱，肆情纵欲，以奢靡为荣，以傲诞为贤；謇谔之言不闻，征伐之功不立"。这样的局面，"将何以尊主济民乎？"

世风遍于朝野，羲之对此深有同感。

他知道，急也是白急，什么事也做不了。

咸康七年（341）四月，朝廷下诏，落实编户，王公以下至庶人，实行土断，设立白籍。《通鉴》卷九十六胡三省注："时王公庶人多自北来，侨寓江左；今皆以土著为断，著以白籍。"这段话，不仅具有经济学的意义，也道出了东晋的病根。北人流寓江左者，就是南渡的那些人口。他们过江以后，往年皆为临时户口，今年要他们立为当地正式户籍。为什么？因为临时户籍可以不缴纳赋税。这么多贵族不纳税，国力如何强大？又，南渡士族这么做，怎能不与当地人发生矛盾？

此举固然为了便于征调赋税和劳役，但也说明，江左朝野再也没有恢复中原之想了。这里还须说明，北人迁徙江左之后注以白籍的，不光士族，还有一些为士族做佃农、做役工的。他们合起来是数量很大的人口，一律免于田赋劳役，可见当时豪族特权之一面。由于国家财政十分拮据，现在要他们重新登记户口，增加税源，是合理合法的。

母丧守制

大约这一年的下半年，母丧，羲之离职守制，此时距其任江州刺史只一年左右。

羲之母亲与籍之、羲之的感情，至为深厚。王旷庶出，家族中阴影常在，此不待说了。王旷早逝（所谓下落不明，等于没有这个人了），羲之母年轻守寡，又是一层大痛切。此后籍之遭人弹劾，诸事忐忑，其母一直过着惴惴不安的日子，忧心如焚，夙夜辗转，焦灼之情，难以述之。大伯王导威权咄咄，羲之母即使有些心事，也无缘解说。内外棘手，动辄炎凉，独自无人商量，羲之母的一生中承受了多少霜雪悲情！而这些，都只能暗自吞声。羲之自幼紧随母亲，灾祸接踵，坎坷辛酸，不胜书写，难以描绘。兄弟俩成年成家，母亲总算松了一口气。老人家此时本应安享晚年，可是家国动荡，兄弟俩聚少离多，让母亲少了许多天伦之乐，如今戛然永别，羲之的心情必定有大凄凉、大悲号、大苦痛。

四十岁，羲之的不惑之年，从此完全失去了双亲，心中那无边无际的荒凉啊，让羲之悲号不已。在江州为母守制期间，羲之一直沉湎于丧母的痛苦之中，外事不屑闻问，笔墨也废止了。

此时，朝廷因三大重臣相继去世，政治上出现较大的真空，争权夺利，矛盾愈演愈烈，各方人物上蹿下跳、殚思竭虑、机关算尽，到了不择手段的程度。

曾经担任过江州刺史的王允之和豫州刺史庾怿之间有矛盾。有一天，庾怿给王允之送来一坛子美酒，附带的书信措辞热情很是客气，但王允之自知彼此尚不至于如此亲密，总觉得这突如其来的赠与有些乖张，既缺少名义也没有必要。王允之怀疑其中有毒，以犬试饮，犬死。王允之大惊，当即将此事密奏于晋成帝。成帝闻之，震怒，着有司查明严办，一旦落实，定要严惩。

庾怿何以下这等毒招呢？是因为两家的积怨未解。王允之当过江州太守，在政治上和庾怿同处一个档次。如果不是庾亮专权，像庾怿这样的庸才，根本不可能接手那么重要的重镇大权。庾怿自觉才不如王允之，生怕对方提拔了，让他没有面子，于是下了毒手。庾怿策划阴谋毒计妄杀朝廷大臣的做法，实在令人发指。此事在朝廷上下引起强烈的反应。庾怿畏罪自杀，他饮下的是鸩酒——正如他陷害别人的手段，卒时年五十。此事是王、庾两家争权斗争达于极端的反映。

当时，庾翼在武昌其兄庾怿的杀人行径引起士族乃至平民社会的普遍谴责，庾家人都觉得没有面子，交往少了许多。庾翼的大宅中荒凉沉寂，长期无人走动，荒草灌木，杂树怪石，阴气浓重，多次有妖怪作祟。一开始，庾翼没有重视，以为是家人虚张。后来连他自己每晚都能听到鬼叫，深宅中动静诡异，让人好生恐惧，庾翼着人昼夜看守并仔细搜寻，一无所获。庾翼于是去请教道士，道士说此宅有鬼，庾翼也心生疑窦，打算移镇乐乡（今湖北松滋县东北、长江南岸的沈市）。

王述此时在庾冰手下任职，他听说庾翼要移师他地，以为鬼神之事不可为凭，写信给庾冰，力劝不要移镇。庾冰着力劝阻，庾翼乃止。王庾两家的矛盾，在王导、庾亮在世时，未曾发展到这等程度，除了首领的涵养之外，还有郗鉴的斡旋平衡。现在这些人都走了，小一辈一旦交手就来狠的。庾翼移师的想法被王述劝止，可见二人关系非同一般。

六月，成帝司马衍死，时年二十二。琅邪王司马岳即位，是为康帝，时年二十一。七月，王恬服阕（王导去世已三年），受命豫章郡守。豫章本非什么重镇，又是郡守，级别不高。王允之闻之，大为惊愕，遂向执政官庾冰陈述，说王恬乃丞相王导之子，父子对国家忠贞服务有贡献，理当被优遇，怎么只给了这么个小官？于法理不符，于情不合，建议改派。于是朝廷改以王恬为吴郡内史。以王允之为卫将军、会稽内史。这两个地方的内史都是当时的要职肥缺。八月，郗愔服阕（其父郗鉴卒至此三年），袭爵南昌公，征拜中书侍郎。

十月，王允之卒，时年四十。

康帝建元元年（343），羲之四十一岁。这年四月，益州刺史周抚举兵讨伐西蜀李寿，败其将李恒于江阳。时，庾翼以灭胡取蜀为己任，派遣使节，东约燕王慕容皝（即上述刘翔之府主），西约凉州牧张骏，刻期大举，试图收复北方失地。这是庾亮去世后的又一次北伐谋划。

关于这次北伐，朝议多以为仓促，取胜的希望不大，因此没有几个人赞成支持。实际上，东晋的北伐不仅受制于国力，也受制于人心。贵族士族此时都不想打仗，他们唯愿偏安江南，很少有人存收复失地之想，唯庾冰、桓温等志存远大的人赞成之。庾翼不管这些，执意兴兵，大有气势。

七月，后赵汝南太守戴开因其内部矛盾，闹分裂，率数千人向庾翼投降。朝廷见形势不错，于是下诏讨论经略中原的事。庾翼见自己尚未出师先有人来降，以为威风所向可以披靡，既然声势可以屈人之兵，就打算率领绝大部分军队大举北伐，上表请求委派桓宣都督司、雍、凉三州及荆州之四郡诸军事，梁州刺史，前趋丹水（今河南省淅川县，此是西路军）；以桓温为前锋，假节，帅众入临淮（江苏泗洪县东南，此是东路军）；并调发所统六州后勤部队、伧奴及车牛驴马。

从以上谋划看，庾翼的北伐好像有板有眼，给人以良好的期待。此时庾翼欲移镇襄阳，恐朝廷不许，乃上奏假说移镇安陆（今湖北省安陆县）。朝廷听说封疆大吏有移师之想，顿时感到紧张（大部队的动向直接影响朝廷的安危，前有王敦的覆车之鉴），立即遣使譬止，不准动。为此事，庾翼很是不满，于是不顾朝廷的指示，违诏北行，九月十九日发自武昌，二十四日抵达夏口。

庾翼此时复上表，请镇襄阳，朝廷乃许之，诏加庾翼都督征讨诸军事。这事再次看出朝廷的软弱——怕庾翼不高兴带兵像王敦那样打进来；当然，这也看出庾翼的忠心并不地道。庾翼本想小心翼翼地弄点儿小好处，上边不给；待其一意孤行径自取了个大好处，上边就默许了，还要封官加爵，这反过来鼓励了庾翼。实际上，庾翼此举另存想法，朝廷明白他意欲何为，所以才有了先前那个"遣使譬止"。

王羲之对庾翼及其操持的北伐抱什么态度呢？庾翼北伐之前，有书信致羲之，故羲之有书云："昨得安西（将军庾翼）六日书，无他，无所知说，故不复付送。《让都督表》，亦复常言耳。"庾翼此举，朝论多弗以为然，所以羲之说"以为常言"。实际上，羲之对庾亮、庾翼兄弟一直是敬重的。在庾翼筹划北伐时，羲之的内心洋溢了兴奋和希望。庾翼大举北伐移镇襄阳，兴师动众，又有北方来降，羲之受了鼓舞，对收复失地大抱希望。此时羲之有书致朝廷执政者司马昱云："稚恭（庾翼字稚恭）遂进镇，东西齐举，想剋定有期也！"

羲之对收复北方失地一直心存渴望，一旦有所进展，就会按捺不住内心深处的激情。一个人迷恋某种目标，向往某一愿景，往往会显得天真，好像孩童一样。多少年，多少个日日夜夜春夏秋冬，羲之无时不心系中原，魂牵梦绕，几近痴情。对此，清代王澍有评论："晋自渡江后，中原沦没。右军深痛惜之，故于庾稚恭经略中原，桓宣武北伐入洛，切切经心，屡书及之。忠爱之意盖可见矣。"羲之此时虽然还在守丧期间，但他并未淡漠国家大事，并未忘记家国之痛，时时听闻，处处留心，有所进则鼓舞欢呼，无所为则怅然有失，其忧心焦虑之情状，全是赤子胸襟。这样说，一点儿都不过分。

建元二年（344），羲之四十二岁，是年服阕（守丧期满）。

康帝司马岳疾笃，庾冰、庾翼欲立会稽王司马昱为嗣，中书监何充建议立皇子司马聃为太子。九月丙申，康帝死，时年二十三岁。何充便以皇上有遗旨为由（谁也没见过那诏书），奉太子司马聃即位，是为穆帝。同时尊皇后褚氏为皇太后，以帝幼冲，太后临朝称制。何充于是加官中书监，录尚书事。这样，朝中大权便落在褚家与何家手里。由是，庾翼、庾怿二兄弟深恨何充。

东晋皇帝，大多在位时间不长，而寿夭者多。皇帝短命，政权更迭自然就会频繁，这对于一个不很强大的王朝来说绝不是好事。一个帝王上朝，两三年就死了，新登基的皇子往往年幼，便需重臣辅政或由内戚掌权。若是一班人都能出以公心或贤能兼备，国家尚能稳定，政策法令也可以保持一定的连续性。倘若是各怀名利之心，便会引起朋党族群的纷争，诸多祸乱，皆由此起。

本年，羲之第七子献之出生。这个儿子，未来的书法成就几近其父。

羲之四十三岁那年正月，皇太后褚氏设白纱帷于太极殿，抱穆帝司马聃（二岁）临朝。四月，皇上诏会稽王司马昱为抚军大将军，录尚书六条事，执政。司马昱字道万，清虚寡欲，尤善玄言，常以刘惔、王濛等为谈客。其八岁任会稽王时，羲之曾是他的王友。谢安评司马昱是

"惠帝之流"（差不多是个痴呆儿）。此人执政，东晋事可知矣！注意，谢安敢于这样评价当朝皇帝，不仅见其胆识，也可见魏晋清谈家臧否人物的刻薄、尖锐与准确。

司马昱委派郗愔之子郗超（郗璿之侄）为抚军掾，谢万（谢安之弟）为抚军从事中郎。又引郗昙（羲之内弟）为抚军司马。羲之《十七帖》云："郗司马未去……""司马"即指此。老一代走了，新手上来，不知他们有何能耐，是马是驴，拉出来遛一遛就知道了。谢安在山阴那边静心旁观，以为这帮毛孩子弄不出什么好风景来。

七月，庾翼卒，年四十一。庾翼为人慷慨，喜功名，善书。琅邪内史桓温娶明帝女南康公主，此君豪爽有风概（可知桓温也是驸马）。庾翼与桓温友善，曾经相互约定共同献身于国家。庾翼曾向成帝推荐桓温："温有英雄之才，愿陛下勿以常人遇之常婿畜之；宜委以方、邵之任（典出周宣王重用方叔、邵虎而中兴），必有弘济艰难之勋。"庾翼和桓温是东晋两个杰出的文臣武将，惺惺惜惺惺，同有报国壮志，可惜他们的雄才大略受了朝廷的多重掣肘（主要是当朝的何家不信任），以至于桓温屡胜而屡败；庾翼则"有志无年，徒奋十倍之气，而蔑一统之功；此志士所嗟叹者！"

此二人的才能、品德、情操，以及他们的遭遇，王羲之十分清楚。王羲之对庾亮、庾翼兄弟俩的北伐一直持赞成支持态度。王羲之不听王导的指令，甚至不拜朝中任命却甘愿做庾亮的参军，主要是敬佩庾亮的才情。庾翼虽多次说及羲之的书法是"野鹜"，还扬言要进京和羲之比画比画，羲之都能谦逊对待，也是存了相惜相敬的意思。当然，羲之对桓温也极为尊重。在积极收复中原方面，这些人持了一致的热情，此为根本。

然而，这样的英才毕竟为数不多，大部分名士都在做着狗苟蝇营之事，且自封清高，恬不知耻。刘惔是有名的高士，时为丹扬尹，许询也是名士。有一次，许询离开首都建康，路经丹扬，就宿刘惔处。许询见刘家床帷新丽，饮食丰甘，很是羡慕。许询感叹道："若保全此处，殊胜东山。"意思是，若能长期过着这样的生活，真比东山修炼还要好呢。刘惔说："卿若知吉凶由人，吾安得不保此！"意思是，老兄你要是有未卜先知的本事，我哪里不想永久拥有这些财富呢！

当时王羲之在座，听了他们的对话，怫然说："令巢、许遇稷、契，当无此言。"二人听了这话，并有愧色。这是一段很有意思的对话，三人的品格跃然纸上，雅俗泾渭，高下分明。巢父、许由，皆古代传说中的高洁之士。稷，谷神。《礼·祭法》："厉山氏之有天下，其子曰农，能殖百谷。夏之衰也，周弃继之，故祀以为祭。"契，高辛氏之子，舜时官司徒，佐禹治水有功，封于商，为商之祖。羲之是在以古讽今，用以讥笑刘惔和许询之类贪图安逸、爱财如命，只图个人享受，全无报国献身之念的丑陋行径。

其时，这种人在官场几近多数。

永和二年（346），羲之四十四岁，朝廷多次召他赴京任职，羲之不就。一直渴望为国家做事的羲之为什么此时不肯赴任呢？东晋偏安江南，江州几乎成为国家的生死咽喉。王羲之虽在江州赋闲，却依然密切关心着时事，希望不日有所作为。但他不想陷入朝廷中无聊的宗派之争，也不屑入鲍鱼之肆混口饭吃。

时机就要来了。

何充卒，朝廷的派别对立稍有缓和。朝廷以蔡谟领司徒，与会稽王司马昱共同辅政。皇后之父褚裒举荐顾和为尚书令，殷浩为建武将军、扬州刺史。顾和固辞不起。殷浩亦迟至七月方就职。当时，这种一再辞让官职的做法是通例。十一月，安西将军桓温帅益州刺史周抚等讨伐蜀汉，临行前，委任安西长史范汪留守一应事务。

羲之再次看到北伐的希望，他对此事曾有一书信："十四日诸问（信息）如昨。云西（指安西将军桓温）有伐蜀意，复是大事，速送袍来！"这封书信最能看出王羲之的内心——一听说安西将军桓温要伐蜀，羲之立即感到这才是真正的国家大事，是一次关乎大局的战略壮举，以至于呼人速送战袍来！何等的激情，何等的畅快，言语之中大有同仇敌忾的浩然之气。

可见，羲之并非喜欢赋闲，他想把满腔热情倾注到心目中的大事上。何谓大事？就是收复失地，收回家园。王羲之秉性清雅，平时很少用这样急切的口气写信。今作如是表达，实因心中豪气已经憋闷良久，不吐不快，哪还顾得上计较口气，豪壮直白中见出了真性情！另一方面，由此也可看出王羲之对桓温的赞许。

此年，王羲之和许迈有交往。许迈，字叔玄，一名映，丹扬句容人。王羲之造访之，未尝不弥日忘归，相与为世外之交。诗书往复，多论服饵。就是在交往许迈之流后，羲之开始服食药石。古时医疗条件差，多有短寿夭折之人，五十岁以上就算长寿了，人们苦于疾患难忍，于是服食仙丹草药的做法大行其道。此为道教之一脉，后竟至于显学。现代医疗条件如此完备，保健药品尚且望风披靡，古人之局限，亦可想而知焉。

第八章

晓梦终于近黄粱

安葬父母兄长

永和二年（346），羲之四十四岁，仍在江州赋闲。

从永和元年到永和四年的上半年，羲之服阕后，完成了一件大事，即把父、母、兄长的灵柩迁往会稽。关于此事，羲之有好几封信说及：

"四月五日羲之报：建安灵柩至，慈荫幽绝，垂卅年，永惟崩慕，痛彻五内，永酷奈何！"

"得长风书。灵柩幽隔三十年，心想平昔，痛慕崩绝，岂可居处！"

"兄灵柩垂至，永惟崩慕，痛贯心膂，痛当奈何！计（以下抬头）慈颜幽翳十三年，而吾匆匆，不知堪临始终不？"

"不得临川问，悬心不可言！"

"仆故有至临川意，尚未定……"

"坟墓在临川，行欲改就吴，吴中终是归所。"

"今与王会稽、丘山阴借人，想故当有所得。又语丘令，临葬必得（人）耳……"

这七封书信，断断续续，中间相隔时间或短或长，但仍可看出，这些书信都涉及有关羲之父母、兄长的灵柩和迁葬事宜。"建安灵柩"，应是羲之父亲王旷的灵柩。永嘉三年（309）四月，淮南内史王旷率将军施融、曹超，抵拒刘聪等，战于长平之间，先胜后败。王旷没于匈奴。施融、曹超皆死。从此以后，王旷在史籍中没再出现。王旷大概后来死在北方，其家人曾遣人寻找骨骸。

《晋书·礼志中》载有这样一段话："二亲为戎狄所破，存亡未可知者，宜尽寻求之理。寻求之理绝，三年之外，便宜婚宦……"可见当时父母沦没北方，子辈是可以去、也应该去"寻求"的。从王旷之弟王廙致王旷的长子王籍之的信中亦可看出这一迹象："七月三日告籍之等：嫂何如？阿母蒙恩，上下悉佳，宜可行……今遣使未北返，书不具。廙疏。"

籍之、羲之是亲兄弟，"籍之等"显然包括羲之在内。"嫂何如"，是王廙问候其嫂，王旷妻卫氏；"阿母"是籍之、羲之母，和"嫂"同是一人。"蒙恩"，是皇帝赐予的恩典。什么恩典？想是赦免了王旷降敌之罪，也未曾因此而株连其家属。这对全家人都是大好事，所以说"上下悉佳"。王廙说的"宜可行"，其意为打算"遣使"到北方寻求王旷骨骸。

从王廙的书信中可以得知，这位叔叔对嫂夫人一家是相当关照的，许多事他都挂在心上，这也照应了他主动承担子侄们的教育并传授书法的行为，这是何等的伦理亲情啊。最后一句，"今遣使未北返，书不具"，说明已经派人去北方打听王旷的下落了。所谓"未北返"，可能是去了一次没得到什么落实的信息，派去的人回来了，但还没有再次返回北方，所以"不具"——没什么可细说的。

王旷的骨骸后来大概还是"寻"到了，但时间拖了多年。由于王旷是被俘（或降敌），不便（或不许）葬于京都建康（后来王廙、王彬都得葬于建康人台山），灵柩只好暂厝建安。那时（315年左右）羲之的次叔王彬任建安太守（《见晋书·王彬传》）。所谓"建安灵柩"，即指此。王彬为人厚道，富有同情心，胸怀仗义，敢于担当，能救人于危难。三二二年王敦反叛朝廷时王彬抗颜直谏几乎被杀，已见其凛然大气；王敦入侵京城杀害忠良周顗，王彬先拜周顗灵堂而后见王敦，又差点儿被王敦杀，没有一腔热血是不会公然冒犯淫威的。后来王敦再反失败，其子王应欲逃奔王彬（时任江州刺史），王彬"密具船以待之"，心胸何等的旷达，何等的担当！这些虽是前往后来的事，但都说明王彬是个豪侠仗义之人，和王含父子投奔王舒时却被后者害死沉入江中的行为大相径庭。像王彬这样的人，可以信赖，值得依托，羲之识人无数，坚信他这个叔叔必能接受王旷的灵柩"暂厝建安"。

上文所说的"兄灵柩"，是指王羲之的兄长王籍之的灵柩。关于籍之，史料不多。籍之可能死在安成太守任上。当时羲之任临川太守。临川和安成（今江西安福县）相距不远，所以羲之把兄长的灵柩安厝于临川。褚遂良《右军书目》中有"兄安厝情事长毕"一句书信片段，可以为证。咸康六年（340），羲之任江州刺史，母亲随任在寻阳。大约在第二年去世，也是暂厝临川。儿子在寻阳而母亲的"故墓在临川"，大约是羲之刚就任江州刺史，家眷一时不能安顿，母亲等年老体弱所以暂住临川古宅，死后就地成殓，以待机会成熟再将父母合葬于适当之处。以上书信中三次提到临川，其情殷殷，缘故在此。

守制三年服阕，羲之居家赋闲（从殷浩邀请羲之出任护军将军的信可以看出），到永和四年，羲之逐步将其父、母、兄的三个灵柩从建安、临川陆续迁到寻阳会齐。所谓"建安灵柩至"，"兄灵柩垂至"，这里的"至"，地点应是江州治所寻阳。羲之卸任江州刺史就地守制，如王述母逝即在会稽守制一样。

"垂卅年"，是从羲之三四四年服阕并筹备迁葬，自此上推到王彬任建安太守、王旷葬于其地的三一五年，是二十九年，恰合"垂三十年"之数。"十三年"，是从羲之服阕上推到羲之任临川太守的三三一年，此时其兄籍之已去世于安成。这些数字都是合榫的，可见史料不妄。所谓"仆故有至临川意"，"坟墓在临川，行欲改就吴，吴中终是归所"云云，说的都是迁葬事宜。此一时期继任江州刺史的依次是：王允之、褚裒、庾冰、谢尚、庾翼等，他们都与羲之关系密切，当会提供帮助。羲之还写信给"王会稽"、"丘山阴"（山阴县令丘某）借人借船，请求帮助。这个"王会稽"就是丞相王导的次子王恬。王恬从永和元年至三年任会稽太守。恬、羲之不仅是从兄弟，且感情尤深；羲之书信多次提到他。这次迁葬事宜，王恬自必尽力支援。

将以上所述三人的灵柩汇总到一起并最终安葬吴中会稽，是一件旷日持久而且细节繁冗的大事。羲之念兹在兹，惨淡经营，许多事都须躬亲谋划，一点儿都不能疏忽，其间必定耗费了许多精力。羲之之所以服阕以后还在江州"赋闲"那么长时间而且多次推辞拒绝朝廷的任命，除了当时朝廷的派别对立令人厌烦之外，很大一个原因是羲之还没有把父兄三人的灵柩安葬之事弄妥当，而这是羲之的心头大事。待羲之父母及兄长的灵柩在江州寻阳会齐后，乘船沿江而下，终葬会稽。此时羲之的家事算是有了段落性的了结，他也终于松了一口气。

永和三年（347），羲之四十五岁。是年二月，桓温伐蜀，军至青衣。三月攻成都，克之。当时的蜀王是李势，李势既降，益州遂平。四月，蜀人邓定、隗文举兵再反，桓温又击败之，并使益州刺史周抚驻军彭模。桓温在成都驻留三十日，举贤旌善，振旅还江陵。以上资料虽言简而意赅，然数十字中足可见桓温的大将风范。"克之"，"击败之"，只有五个字，想其中有多少谋划、多少辛劳、多少危险与厮杀！拿下成都后，桓温举贤旌善，安抚民心，重用贤能，表现出政治上的清醒和对蜀人的重视。《世说·豪爽》："桓宣武平蜀，集参僚置酒于李势殿，巴蜀缙绅莫不来萃。桓既素有雄情爽气，加尔日音调英发，叙古今成败由人，存亡系才，其状磊落，一坐叹赏。"羲之对桓温一贯崇敬，亦可谓慧眼识英雄。

桓温兼备军事、政治、文化等多方面才能，是中国历史上伟大的军事家之一。他重视人才，遇有德才兼备之士，必大力推荐，或延揽聘请用于本营，或荐于朝廷使之高就，惜才爱才之情殷殷然胜过父子同胞。所以桓温所到之处士民归心，社会安宁，军队也没有乱杀无辜、侵略奸淫之类丑事。《三国志·蜀志·谯周传》裴注引《晋阳秋》曰："永和三年，安西将军桓温平蜀，表荐谯秀。"又云："谯周长子煦，煦子秀，字元彦。""秀性清静，不交于世。常冠鹿皮，躬耕山薮。"桓温有《荐谯秀表》云："窃闻巴西谯秀，植操贞固，抱德肥遁……若秀蒙蒲帛之征，足以镇静颓风……"此为一例，其余不赘。

羲之也是这样的人，故与桓温之间有同类相惜的心灵照应。凡羲之信任敬重的俊才，不论出身高低，桓温都十分关心。羲之在致益州刺史周抚的书信中曾经这样问："云谯周有孙秀（此字原缺），高尚不出，今为所在？其人有以副此志不？令人依依。足下示。"又问："严君平、司马相如、扬子云皆有后不？"羲之闻桓温、周抚平蜀后搜罗人才举贤旌善，欣喜之余，致书问及蜀中诸英杰才俊，亦足见其爱才之美意。羲之虽年长于桓温，但在与桓温的书信中皆称"州将"、"桓公"，而不称"足下"，这也见出羲之对桓温的尊重之情。此后数年，羲之与周抚多有书信往还，具问蜀中山水、人物、古迹，其求贤求知之情跃然纸上。

大约在本年的下半年，扬州刺史殷浩致书羲之，邀请其出任护军将军。书曰："悠悠者以足下出处足观政之隆替，如吾等亦谓为然。至如足下出处，正与隆替对，岂可以一世之存亡，必从足下从容之适？幸徐求众心。卿不时起，复可以求美政不？若豁然开怀，当知万物之情也。"何谓万物之情？意思是说万物都有生发兴衰之道，人在年富力强才华横溢的时候应当为社会贡献力量，也就是说，人也应当顺应万物之情理。

《易·系辞》："君子之道，或出或处。"所谓"出"，是指出仕；所谓"处"，是指隐居。古文中"处"多为此用法，宋范仲淹《岳阳楼记》中有"处江湖之远则忧其君"，亦是。羲之为母守制服阕后，本拟隐居不仕享受"从容之适"，终老于"草泽之乐"。由于当局多次催逼，不得已只好"恭命"出任护军将军。联想到羲之与谢安的冶城之辩，想来也符合王羲之的入世情怀。羲之在致友人的书信中云："六日，昨书，信（使者）未得去。时（指执政者司马昱）寻复逼，或谓不可以不恭命，遂不获已。处世之道尽矣，何所复言！"又一书云："遂当发诏催吾，帝王之命是何等事！而辱在草泽，忧叹之怀，当复何言！"草泽，指居家赋闲，屏居未仕。

应该说，此次殷浩邀请羲之出任护军，态度是真诚而迫切的。自从在武昌庾亮幕中共事，殷浩就非常欣赏羲之其人其才。殷浩曾经诚恳地说："逸少，清贵人，吾于之甚至，一时无所后。"意思是：王羲之才情高尚，我与之非常契合，对待羲之抱有厚望，论事论人总把羲之置于优先考虑的地位。殷浩之所以看重羲之，诚如《世说》注文所言："羲之高爽有风气（风度），不类常流也。"物以类聚，人以群分，此言大致不差。考羲之之所交，大率为德才清贵之士，龌龊之人很难近之，也少有契合。羲之与王濛相善，就是一例。王濛字仲祖，太原晋阳人，"风流雅正，外绝荣竞，内寡私欲"。其父子几人皆与羲之相友善。林公（和尚支遁字道林）谓王右军云："长史（指王濛）作数日语（指谈玄），无非德音，如恨不苦。"王曰："长史自不欲苦物。"羲之的意思为：王濛谈玄时轻易不以言词窘人，君子与人为善，只有像王濛那样心地宽厚的人才能做到不说让人下不来台的刻薄话。王濛善隶书。羲之论之："王濛书亦可比庾翼。"这个评价是很高的。

赋闲时期的书法

羲之在江州赋闲的时间长达七年（约341—348）。人们难免有这样的疑问：羲之何以赋闲如此之久？在这段时间里，他都做了些什么呢？

七年时间，头三年守丧，后四年主要是办理父母和兄长籍之的灵柩集合安葬之事。然而，四年是个相当长的时间，羲之不至于将全部精力都花在灵柩之事上。即使守制，也不可能老是待在家里什么事都不做吧？从现存史料看，这七年中，除以上所说的两件大事，羲之还走访了一些地方，其他时间都用在读书、养生和书法上。还有，就是和妻子郗璿一起抚养八个儿女——这不是一件轻松的事情。

虽然大户人家必有仆人使唤，但是八个儿女的饮食起居、启蒙教育、每日安全、待人接物、礼仪培养，以及孩子们随时出现的种种问题，还是要靠父母去对付去解决啊。凡做父母的都知道，孩童的很多事是仆人代替不了的。如孩子往往直接向父母问及生活或学业上的事，父母就无法回避，别人也很难替代。他们的八个孩子年龄跨度大，郗璿从二十一岁生第一个孩子，一直生到将近四十岁。大孩子十几岁进入青春期了，小的还在襁褓之中。照应他们，需要多少精力！即或有片刻安静，做父母的依然无法放心坦然地去操持别的事情，总是存着担心和挂念，生怕其中哪一个出了麻烦。从羲之两个孙女相继夭折到大儿子王玄之的死，加上十几口人的疾病健康之类琐事，可以想象，羲之夫妇何等辛苦，有时免不了手忙脚乱，甚至还有许多烦恼。而且，羲之本人还有癫痫病，不能劳累，不能苦闷，不能愤怒，稍不留心就会发作。这也是他迷恋养生的因由之一。

所以说，将羲之的长期赋闲完全归于看不惯上层官场的说法是不全面的。一个有力的证据是，王羲之后来受殷浩邀请出任右军将军，当时社会并没有发生多大的改变，有些方面甚至不如先前，羲之为什么竟出仕了呢？显然，外部因素不是主要的，这里有家庭的、健康的、个人心情等诸多因素存在。王羲之在母亲去世时曾有这样的感叹："慈颜幽翳十三年，而吾匆匆，不知堪临始终不？"这里有对母亲的一份愧疚之情。羲之于青少年时期陪伴母亲，深切感受到母亲此生艰难，而他出仕后即赴会稽，哥哥籍之远在安成，母亲在京城家中一定多有郁闷，所以羲之才有"而吾匆匆，不知堪临始终不"的伤感。羲之是个极重视家庭生活的人，他深知缺少父爱的孩子是什么心情，所以宁肯多在家和孩子共处，也不愿让孩子像他那样饱尝失怙的孤独与痛楚。权衡出外做官和居家天伦，他宁选后者。这一推想，符合王羲之一生的为人信条。

居家七年，羲之将相当多的时间放在书法上。这一时期，羲之的书法有了质的飞跃。或者说，羲之在这一时期全面完成了他的行书创新。从史料看，行书自三国时期即有之，但是不成熟。纵观羲之四十五岁以前的作品可以发现，大约在十五岁，羲之完成了对前人书法的全面继承，在笔法上奠定了坚实的基础，行书尚未见高妙。羲之先得益于父母后得益于卫夫人，也得益于他所浏览、所临摹的各种书帖，包括钟繇的《宣示表》。这一阶段，所习除真书、隶书外，主要是章草，较少篆体。从风格上看，既有汉隶的严谨，也吸收了卫夫人书法的妍美、温婉、端庄。羲之的作品中总有那么几分柔和风雅、蕴藉清丽的贵族女性之美，这得益于书法导师卫夫人。

此后在叔叔王廙的指导下，羲之逐渐把自己的个性融进书法中去，开始了自由创新的实践。这首先得益于王廙的"自书自画"说，即不拘泥于古人的笔墨，自由发挥自己的真性情，不惮于自成一体，敢于突破流行时尚创造新风格。其次，羲之的书法得益于碑帖。王羲之青少年时期就发现了碑帖的劲道之美，因而加强了书写的内在筋力，并将这种筋力含蓄在已经具有的妍美体势之中，用线条构造了一种"羚羊挂角无迹可寻"的曼妙境界。也就是这时，他实现了艺术的顿悟，发出了觉今是而昨非的感慨。再次，得益于他的个性。王羲之的内心充满了积久的压抑，有许多苦闷和孤独，而书法艺术正是他宣泄这种激情的渠道，于是内在的炽烈熔铸成书体的筋力，精神的灵光照亮了"焕若神明"（庾翼对王羲之章草的赞语）的章草，其间所含力道，绝非作秀者所能达至。

实际上，上品书法，此三者缺一不可。今日之书家受了时尚的裹挟，多有忽视心性培养而将精力过多投入于炒作者，或自吹自擂，或买卖阿谀，或狐假虎威，都不是正路。勉强自称大师，拿捏了姿态去做什么有力状、潇洒状、矫健状，得一时的挥洒快感，作品却终不免于杂耍。王羲之的经验告诉我们，一个人的艺术的灵感既不可能凭空而来，也不可能随时随地陪伴左右，只有那些积累扎实、才情茂盛、不吝心血的人才能有所成就。

　　赋闲七年间，羲之将早年的工整、妍美和后来的筋力、方笔进一步融合，此后复归于安静，含蓄了更多的温情，内心的波涛回浊转清，精神上出现了一种律吕调阳的新气象。羲之该时期的字看上去更加平静，劲道充足但不外露，体势妍美却无丝毫的放肆炫耀，也看不出虚荣与焦躁。这份风致，就是南唐后主李煜所称赞的"蕴藉态度"。

　　艺术高峰的达至和沉思有关，也和激情有关。过于忙碌的人，急功近利的人，事务繁冗的人，很难有那种自在自觉自为而不哗众取宠、无可无不可的非效率状态。花香寂寥处，人俗热闹时，写字也是如此。艺术虽然并不排斥忙碌，但更青睐悠闲与淡然，书写一段时间后必须有所反思，方能有所领悟。这不仅需要经验和悟性，也需要"不很忙碌的闲暇"。经验和闲暇可以帮助人靠近哲学和艺术。这一时期，羲之夫妇经常去山林旅行，有时带着孩子去乡间友人处小住。大自然的精气神有助于陶冶艺术家的朴素情操，天伦之乐则有助于启发天性锁钥，加上对道家及玄学的理解，羲之的书法因此有了英雄信步、骏马闲游、蛟龙戏水、游刃有余的绰约姿态。

　　《十七帖》中的若干书信，是这一时期的作品。纵观羲之成熟期的书法，其用笔方圆兼备，方处锋棱可截铁，圆处婉转若飘带，方圆转换自然调和，全无桀骜突兀，可谓表里莹润，骨肉和畅，有法有致，最为合作。有人说，"方笔特征"是王羲之书法雄强的一面。此说不妥。艺术是各种因素平衡对应存在的，比如绘画，倘若没有焦墨枯笔，很难衬托出飞白高光，也无从谈起墨分五色及气韵化成。书法也是如此，方笔之外还须有柔和周转、潇洒顾盼、若无其事的笔墨配合，才能显出内在的筋力来。艺术是多种元素的协和，很难说某一点最好、最重要、最得力。

　　赋闲时期的王羲之在行草书创作上达到了成熟。这是心游万仞、广纳百川、博观约取的结果，也是复归沉静、陶然世外、品味平凡、享受天伦的心理归宿。王羲之《题卫夫人〈笔阵图〉后》说："其草书亦复须篆势、八分、古隶相杂。"可见，他这个当学生的不仅深得卫夫人书法的个中奥妙，而且成为贯穿一生的艺术营养。《书论》中说王羲之"凡作一字，或类篆籀，或似鹄头"，可见王羲之取法之广泛。康有为评羲之书法说："圆笔用绞，方笔用翻。圆笔不绞则痿，方笔不翻则滞。"相比圆笔，方笔技巧似乎更为复杂，或落锋切翻、或揭腕抢入、或外逆翻回、或振笔快入，不一而足，这些特征在王羲之墨迹中都可寻见（见胡抗美《〈十七帖〉之我见》）。

关于《十七帖》，我们将在下一章中说到。

护军将军

永和四年（348），羲之四十六岁，在建康。

是年八月，朝廷论平蜀之功，加桓温征西大将军，开府仪同三司，封临贺郡公。桓温既灭蜀，威名大振，朝廷于是惮之。这是老话题了——大臣每有功，必止于猜忌陷于谤议。封建专制制度本身具有这样的弊端：其制度之核心在于培养仆从和寄生者，故平庸常胜于杰出，木秀于林风必摧之。某人一旦功高灿烂，便会遭到怀疑；另一方面，文武俊杰倾心于报国立功，对平庸之人多有不屑，常有直谏和批评，于是就成为猜忌的口实，忠信被说成异端，而被猜忌者却无从申辩，只能任人咀嚼，稍有反抗，便为贰臣。

司马昱以扬州刺史殷浩有盛名，朝野推服，于是引为心腹与参综朝权，欲以此对抗桓温。这么一来，桓温当然就不高兴了，于是渐相疑贰。俗话所谓的"功高震主"实际上应当改为"上妒功臣"。桓温为国家立了大功，反而招来朝廷的猜疑，这是什么逻辑啊！有人曾问谢安：司马昱这人德才如何？谢安说：我看他就是草包一个。从这个权倾朝野的执政官对桓温大将军的做法，可以印证谢安对他的评价——惠帝之流——果然不差！

殷浩以荀羡、王羲之有很高的社会声誉，擢升荀羡（此人即曾巩在

《墨池记》中提及的荀伯子的父亲）为吴国内史，羲之为护军将军，以为羽翼。护军是朝廷任命的高官，专领监护军营之职，有时也奉命出征。羲之上任伊始就向殷浩建言：方今之时，应内外协和，然后国家可安。他诚恳地规劝殷浩：不宜与桓温将军构隙。可惜殷浩意气用事，不肯听从王羲之的劝诫——可见是个不懂政治大局的书生。《全晋文》卷二十二录有羲之书信之断句："下官又劝令（殷浩）画廉、蔺于屏风……"羲之奉劝殷浩画蔺相如、廉颇的故事挂在每日可见的屏风上以为借鉴，其用心何等昭彰——羲之希望的是将相和，而不是各持猜忌。

此次出仕，羲之是认真的。上任后，他深入兵士之中，遍访下层，纠察利弊，希望尽快严肃军纪，提高军队战斗力以备将来北伐之用。羲之上任护军将军后，曾有《临护军教》。此文是一篇告示，篇幅很短，其中可见羲之的带兵领军的风范：

> 今所任要在于公役均。其差太史忠谨在公者，覆行诸营，家至人告，畅吾乃心。其有老落笃癃，不堪从役，或有饥寒之色，不能自存者，区分处别，自当参详其宜。

告示的大意是：在我军中，一切工役都须遵守公平之原则。各营都要做到，不得有违。若有老弱病残不能做事者，或羸弱无力不胜役使者，皆应参详其宜，区分对待，不可勉强服役，或去或留，都要斟酌，根据具体情况分别对待。

从这篇告示中我们可以看出羲之治军从严的精神要旨，且讲究实事求是，对士卒中不堪从役的要给予关照，不可勉强派给任务。当时各地为了充抵征兵数额，青壮年不足，就用老弱病残之人顶替，故多见"不堪从役不能自存者"，此可见当时军队之一斑，也可见羲之的实干精神。用这样的老弱病残去打仗，军队是不会有战斗力的，徒耗军费，增加累赘。再就是，从这一布告也可以看出羲之的慈悲与公道。

约在本年，羲之唯一的女儿嫁给余杭人刘畅。女儿待嫁时，羲之有一次去友人诸葛恢那里做客，见人家新妇"威仪端详容服光整"，不由得想起自己将要嫁女之事，心里盘算着，我家女儿出嫁时一定也要弄得这么好，必不能让女儿受了委屈。凡为人父、为人女的，读了这句话，没有不受感动的。俗话说，陪送不尽的女儿置办不完的年。做父母的总想为女儿多有陪嫁，希望女儿将来日子过得好，在夫家享受到应有的尊严。羲之非常注重家庭伦理，凡事务使周到尽善，用情真挚，不辞辛劳，绝非那种专心钻营个人地位不顾家庭的官虫子。

该时期羲之的书法在风格上已经完成了自己特有的体势。本年末，羲之书《乐毅论》付官奴（献之小字官奴）。时献之五岁，刚要学书。羲之尝谓人曰："我书《乐毅论》，有君子之风，写《道德经》，有神仙之态。"这是羲之对其书法的自我评价，实为不虚。所谓君子之风、神仙之态，指的就是艺术品的端庄气韵与飘逸神采——书法之美感者是也。作为一门独特的艺术，书法有语言之不能描述之美，横竖撇捺中有图画不能表达之韵，篇章布局中有几何不能测量的完整性。后学者当在笔画体势烂熟于心之后，反复琢磨字里行间所虚存的不可名状的氤氲之气，以期得到熏陶。严格地说，理解这种化成于艺术品之中的流韵意蕴，不能单凭技巧，还需要学识和人品的内在支撑。书法艺术不仅是写好字，还要有一种不可言及的精神境界。

王羲之很关心子女的学养。张怀瓘《书断》云：子敬五六岁时学书，右军潜于后掣其笔，不脱，乃叹曰："此儿当有大名！"遂书《乐毅论》与之。有趣的是，此时卫夫人依然健在，而且很关注王献之习书的事。宋代姚宽《西溪丛语》云："卫夫人，王逸少师，善钟（钟繇）法，能正书，入妙能品。王子敬年五岁已有书意，夫人书《大雅吟》赐之。"这里的夫人，指的是卫夫人，羲之的姨母，献之的姨祖母。看来卫夫人是羲之、献之父子两代书法老师。这位夫人对王家父子的书法可真是尽力尽心了。

心系北伐

永和五年（349），正月，后赵石虎称皇帝。这个石虎比石勒差远了，他虽然继承了前人留下的地盘、军队、幕僚等，但是本身能力不及，把个国家弄得乱七八糟。他这个皇帝的命不长，只当了三个月就死了，其子石世嗣位。这时段，北方内部纷争迭出，彼此打得不可开交。

桓温认为这是个好机会，于是上疏朝廷，请趁后赵之乱大举北伐。然而朝廷对此却持了漠然麻木的态度。桓温知道，这是朝廷仗了殷浩那边的力量以抗己，甚为愤怒。这事放在谁身上都会生气——我这里发现了进攻的机会，要求出击，目的是为了国家！可是朝廷却怀揣猜忌之心，不仅不肯正面回答，还倚仗了别的军事力量有意贬抑我、冷淡我、猜忌我——真乃竖子不足与谋也！如果朝廷贤明，此时应当加强各方面的团结，积极化解纷争，将全国的军力整合起来……怎么说呢！

既然等不来上边的支持，桓温决定自己干。六月，桓温自江陵出屯安陆，遣诸将讨伐河北。七月，加褚裒为征讨大都督，督徐、兖等五州诸军事。褚裒帅众三万径赴彭城（今徐州），大有打回老家去的气势。北方士民纷纷归附。此时朝野皆以为中原指日可复，独光禄大夫蔡谟以为"今日之事，非时贤所及"——看看再说吧。

八月，褚裒大败，退屯广陵（今扬州），上疏乞自贬，诏不许。此事足见满朝文武不及蔡谟一人清醒，许多幕僚都是吃闲饭的货色。褚裒不得已退兵，还镇京口，征讨都督的职务也被解除了。这次失败给予褚裒很大的打击。不久，褚裒因心中淤积的愤懑太多，终于生病，发疾迅速，十二月，卒。

羲之闻知此败，深为叹惋。有书信痛悼云："褚侯遂至薨！"褚裒之败北，有其客观的必然，也有人为的因素。当时的东晋国力薄弱，已经无力进攻淮河以北，军事力量捉襟见肘，后勤粮草也跟不上，故蔡谟有"非时贤所及"之语。王羲之此时也有"退淮保江"的战略建议。另一方面，朝廷对此抱消极态度，殷浩不予配合，褚裒孤军深入，焉能不败？褚裒郁闷发病，其原因十有八九在于后者。

此次北伐虽然失败，王羲之对褚裒还是充满敬意，对其去世表示了极大的哀痛。羲之未必赞成这一次军事行动，但他赞赏桓温、褚裒等人不丧救国之志的精神。羲之的哀悼在于褚裒的"惭愤发疾"。褚裒的愤懑也是羲之的愤懑，他们都深恶痛绝上下离心、彼此不团结的状况，失败因乎此，可他们无力回天。

《姨母帖》

据《书断》：本年十一月，羲之姨母、书法启蒙教师卫铄卒，享年七十八岁。卫铄是江州刺史李矩之妻，中书李充之母，侍中李定、李式之婶母。羲之书云："十一月三日羲之顿首顿首：顷遭姨母哀，哀痛摧剥，情不自胜！奈何！奈何！因反惨塞，不次。王羲之顿首顿首！"

此即羲之著名的《姨母帖》。

因为书中未曾明确此姨母为谁氏，多有猜测。刘茂辰先生按：经查《泰康王氏谱》，羲之母是河东安邑卫氏。卫夫人也是河东安邑人。她不可能无缘无故地到王家教羲之父子书法。因羲之母与卫夫人是姊妹，也是永嘉南渡的士族，姐妹两个又都年轻守寡，同命相怜，陌生处无所依托，亲情尤其显笃，所以两家过从甚密。明陶宗仪《书史会要》云："王旷与卫氏世为中表。"从羲之书信中感情之深厚而强烈可以看出，他们是至亲，不仅仅是师生关系。

卫铄是中国历史上最杰出的女书法家之一。羊欣《古来能书人名》云："晋中书郎李充之母卫夫人善钟法（钟繇书法），王逸少之师。"《书断》亦云："卫夫人隶书（即今楷）尤善，碎玉壶之冰，烂瑶台之月，婉然芳树，穆若清风。"宋代陈思《书小史》引《唐人书评》说："卫夫人书如插花舞女，低昂美容。又如美女登台，仙娥弄影，红莲映水，碧沼浮霞。"

《法书要录·传授笔法人名》云："蔡邕受于神人，而传之崔瑗及女文姬，文姬传之钟繇，钟繇传之卫夫人，卫夫人传之王羲之……"由此可见，卫夫人在中国书法传承上占有重要地位，其书法对羲之有重大影响。虽然青出于蓝而胜于蓝，但从羲之妍美流便的书风仍能看得出含有卫夫人书法的丰神。《法书要录》收有卫夫人《笔阵图》一篇。《淳化阁帖》有卫夫人《与释某书》帖。《玉台名翰》中录有卫夫人的《名姬帖》。

卫夫人是王羲之、王献之父子两代人的书法老师。卫夫人很早就发现王羲之的艺术才能，谓其将来在书法上的名声必将超过她。献之五岁学书，卫夫人见其"已有书意"，便书《大雅吟》与之。此时卫夫人已是七十七岁的老人，以古稀之年还能为孩童少年作书法范本，这老太太的心地是多么的慈祥，真是个惜才爱才、诲人不倦、循循善诱的大家闺秀啊！由此可以推想，与卫夫人同出一家的羲之母亲，其家风所致，修养与性情大致也差不多。长辈德才兼修，遂至后来者杰出优秀，二王得天独厚，冥冥处似有神人安排，此亦我辈之所不能及者！

对这位姨母的离世，羲之十分悲痛。在他所有的书信中，羲之表达悲情之最强烈的言辞，一是关于父母的，一是关于姨母兼老师的卫夫人的，一是关于黎民百姓生活艰难的。羲之在这里用了"哀痛摧剥，情不自胜"的句子，可见其哀伤之甚！后边又附加了"奈何！奈何！"真是一篇之中三致志焉。最后一句"因反惨塞"，可以有两种理解：姨母的离世令其回忆起曾经的那些岁月。在忍受失怙之痛的时候，年幼的羲之得到姨母无微不至的照顾和循循善诱的教导，给他破碎的心以极大的安慰，也让他学业有进。许多情景浮现在眼前。如何握笔用墨，如何调整心神，如何建构字形，如何表达气韵……姨母的音容笑貌如在眼前，栩栩如生。如今，那个爱我如慈母一般的姨母走了，爱我的人和我爱的人一个个远去，再也不会回来，留下我的身影越来越孤独。生命的树林如此稀疏，尽头似乎近在咫尺。当大树倾倒之时，小树并不因为获得更大的天空而欢喜，失去了庇护，直面烈日与风雨，其中多少伤感！这样的离去可不是俗世常人的远行，她再也不会回来，再也听不到她那温暖厚意的话语了，剩下偷生者依然辛酸……

"因反惨塞"四字的含义，还有一种可能，是羲之犯了癫痫病。这种病最怕刺激，最怕愤懑忧郁而无可表达，遇到这种情况癫痫就会发作，四肢僵硬，口吐白沫，不能自持。果如此，羲之的这封书信有可能是感到不适、癫痫即将发作时放下笔墨的，或是在癫痫发作之后带着极度的忧伤，吃力地拿起笔来向亲友诉说此时的感受。无论是发作前还是发作后，那情景都是极感人的。羲之带着浑身的病痛，满含热泪，在纸上倾泻心中流淌的感怀，字字都是血字字都是泪啊！作为姨母，作为老师，卫夫人在天之灵假若看到弟子的情状，当作怎样感想？

让我们陪她、也陪他一起哭泣吧。

永和六年（350）闰正月，冉闵弑石鉴，自立为皇帝，国号魏。而石鉴的弟弟、后赵新兴王石祇则称帝于襄国。同室操戈，祸起萧墙，五胡十六国时期的北方远不如南方安定——尽管南方也是积弊重重。东晋朝廷此时闻知中原大乱，复谋进取，遂以扬州刺史殷浩为中军将军、假节、都督扬豫徐兖青五州诸军事。十二月，蔡谟因三年不就司徒职，殷浩欲加之大辟（视为重罪要处以严刑），会徐州刺史荀羡入朝极力劝止，蔡谟因此被免为庶人。蔡谟这个人论事严谨心地平正，对重大举措常抱清醒态度，是个难得的政治人才，其三年不就司徒职必有隐衷，而殷浩欲加之的罪，确非仁智之举。

羲之继续担任护军将军，住建康。此时他的书法已经成为风靡全国的楷模。虞和《论书表》云："羲之常自书《表》与穆帝。帝使张翼写效，一毫不异，题后答之。羲之初不觉，更详看，乃叹曰：'小子几欲乱真！'"此事具体时间不详，估计是羲之在京任护军时。由此可见当时羲之的书法已被奉为楷模，世人争相仿效，就连晋穆帝也时不时地让臣子们依样临写。以本例来说，张翼之所以能写得"几欲乱真"，必是下了很大功夫，这说明王体（主要是行书）当时已经获得社会的普遍认可。

本年，王珣生。王珣字元琳（本传云，小字法护），丞相王导之孙，领军王洽之子也，少以清秀称。王珣有《伯远帖》，流传至清代，为乾隆皇帝收为"三希堂"珍藏法帖之一，今存北京故宫博物院。

会稽内史

永和七年（351），羲之四十九岁，出任会稽内史。

《晋书·王羲之传》："羲之既拜护军，又苦求宣城郡，不许，乃以为右军将军、会稽内史。"苦求宣城郡，意为希望担任宣城太守。朝廷不许，转而任命他担任会稽内史，该郡的最高行政长官。会稽郡属扬州，辖山阴等十县，地位极重要，但在行政级别上位于扬州之下，类似临川之于江州。东晋初年，诸葛恢曾为会稽太守，临行时，元帝司马睿为诸葛恢置酒，谓之曰："今之会稽，昔之关中，足食足兵，在于良守。以君有莅任之方，是以相屈。"元帝曾封其长子司马衷为琅邪王，食会稽、宣城五万二千户。其少子司马昱后又为会稽王，可见其地位之重要，因此，会稽郡的长官不称太守而称内史。羲之二十五岁时曾任会稽王友，现在会稽王司马昱当朝执政，旧情深挚，故以其封地托之。

羲之临行，致书司马昱道别："复蒙殊遇，求之本心，公私愧叹，无言以喻。去月十一日发都，违远朝廷，亲旧乖离，情悬兼至，良不可言！且转远，非徒无咨觐之由，音问转复难通，情慨深矣！故旨遣承问，还愿具告。羲之死罪。"这封信，一是感谢，二为告别，还望多有沟通，真是情深意切。

羲之为会稽内史的时间，史无明文记载。《王羲之传》云："王述先为会稽（内史），以母丧居郡境，羲之代述。"《世说·仇隙》："蓝田（指王述）于会稽丁艰，停山阴治丧。右军代为郡。"据《晋书·王述传》："迁建威将军、会稽内史……母忧去职。"又据《晋书·穆帝纪》：王述遭"母忧"，应守制三年。从永和十年二月上推三年是永和七年二月。这应该是王述"去职"和"羲之代述"的时间。也就是说，王述居丧期为永和七年到永和十年。

羲之到任以后，接受官邸事务，安置家人生活，着实忙活了几天。这里是他的旧地，在任王子友时就熟悉了会稽的士农工商、山川地貌、风土人情，今复来此，可谓故地重游，心情自然轻松。此时桓温北伐有所进展，而南方暂时免除了手顾不了脚、脚够不到手的狼狈，人心较为安定。八月，冉魏国的豫州牧张遇带许昌等几个郡县前来投降，民心鼓舞，东晋大有中兴之势。九月，峻阳（武帝司马炎墓在此处）、太阳（惠帝司马衷墓在此处）二陵崩塌。朝廷派遣赵拔等一班人马赴洛阳修复山陵。二陵之崩毁全因无人照护，此番派人修复，赖有桓温北伐之功，向使洛阳未克，二陵墓即使湮没瓦解也不会有任何修葺的机会。

动乱时期，江左处于战火前线，士族畏怯，许多人在山阴一带置办田产以为后路，各类僧侣如影随形麇集到浙江东部和南部，一时间"迁客骚人多会于此"的盛况，文化上呈现出史无前例的丰富性。羲之到会稽后，陆续遇到许多名士名僧。康帝时，庾氏掌权，一度限制佛僧寺庙的发展，许多原在京师中活动的高僧便纷纷远避山阴，遂至形成剡中佛寺比邻、名僧多多的气象。这一宗教大转移给山阴地区增加了一道文化新风景。当时高僧中最为有名的有两人，一是支遁，一是竺道潜。

支遁（314—366）字道林，又称支公、林公、林法师，俗姓关，陈留人（一说河东林虑人）。二十五岁出家，尝于余杭山沉思道行，泠然独畅。后居吴支山、会稽石城山、剡之沃州等处，对般若学造诣很深，他同时又是一位清谈名士。支遁是般若学说"即色论"的代表人物。他以佛解庄，认为"夫色之性也，不自有色。色不自有，虽色而空。故曰色即为空，色复异空"。他还说："夫逍遥者，明至人之心也。"至人是佛教的理想人物，其心神能达到顺随万物而不执于万物的境界，这就是"逍遥"。只有把世界万物看成空的，彻底摆脱功名利禄、长生久在的牵累，使精神完全处于悠游自在、了无挂碍的状态，才是真正的"至人"，才是真正的逍遥。由此可见，通过佛家的格义，佛道逐渐融合而自成一套——一种兼有玄学和佛学的、具有东晋特色或说中国特色的信仰体系。

竺道潜，也称深公。山东琅邪人，王氏族中人，与王敦、王导为从兄弟。此人少年出家，师从刘元真、竺法护。前者是鼎鼎大名的大师级高僧，后者被尊为敦煌菩萨，也赫赫有名。竺道潜比王羲之大十八岁，辞世却晚了十三年，可谓高寿。他原在京师活动，结交上层，常常穿了布衣草鞋出入宫殿内外。人问他：你们这些僧人为什么总喜欢跟高官来往啊，几乎每天都在殿堂宫阙中转悠，这符合佛理的本义吗？竺道潜说：那种地方，在你们的眼里是巍巍殿堂，我觉得就跟棚屋草寮一样呢。这人后来去了越东，在深山中修行三十年，求教者络绎不绝。

支、竺二人也有打交道的时候。有一次支遁托竺道潜在他那边买座山，以便建庙修行。竺道潜说：未闻巢、由买山而修——没听说像巢父、许由那样的真正超凡脱俗的人要买山建庙，修行难道非在大庭广厦中进行吗？竺道潜意在讥讽支道林的庸俗之念平凡行为。支遁于是大惭，遂止。此语流传开来，外人觉得还是竺道潜的佛性深厚。有一次竺道潜听支遁讲演佛教教义，别人都认为他会提问题向支遁发出驳难，可是竺道潜始终不发一言。有人就问：你老人家精通佛理，为什么光听不说啊？深公不语。支遁于是说：白檀香不是不香，哪能逆风！这话什么意思呢？支遁的意思是：白檀香，当然香气馥郁，之所以不香，是因为闻者在下风头。再好的檀香都是顺风飘散的，逆风哪里能闻得到呢！

支遁说这话，心底里是不大磊落的。他其实是想在这里向竺道潜的沉默不驳难表示道谢，但却提出了一个有漏洞的命题。说白了，支遁的用心就是：不要驳斥别人，给人方便才是聪明，说顺风话多好啊，何必与人为难呢！这一说法，深处有媚态，也不符合佛理，因为佛理是不怕驳难的。因此，竺道潜笑而不答，大有不屑与之争论的态度。时人推敲二人言行，认为支遁差一些，竺道潜的道行深邃，不可见底。

王羲之的妻侄郗超曾经问谢安：支道林谈名理，比嵇康还要高吗？谢安说："嵇公勤著脚，裁可得去耳！"意思是，嵇康须得双脚勤快不断地快跑才能赶上支道林呢。郗超又问：那么，支遁比殷渊源如何？殷浩字渊源，他将殷浩与支遁比较。谢安说：支道林这个人，不乏创新的见解，但双方若辩论，支公可能会被殷浩难住，因为他的口才不如殷浩。谢安学识渊博，论人准确，此可见支遁的影响还是蛮大的。

一批从中原、建康来到山阴的佛学传播者蜂拥于山林之间，行走于官宦门第，一时间在会稽一带形成了浓厚的宗教风气，后人谓之"支竺遗风"。支，大月氏的音译；竺，天竺国。支和竺分别指阿富汗和印度两个流派的僧侣。汉人将僧人的名字前加上支竺，有点儿以国为姓的意味，也因此区分了他们的师承关系。还有一些佛徒姓安，他们是来自安息国的，也是中国给予的译意。王羲之最初并不看重佛学，后来经不住甚嚣尘上的世风浸淫，也接触了一些高僧，主要是支道林。

关于王羲之与支道林，有一则趣闻。《世说·文学》："王逸少作会稽，初至，支道林在焉。孙兴公谓王曰：'支道林拔新领异，胸怀所及乃自佳，卿欲见不？'王本自有一往隽气，殊自轻之。后孙与支共载往王许，王都领域不与交言。须臾支退。后正值王当行，车已在门。支语王曰：'君未可去，贫道与君小语。'因论《庄子·逍遥游》。支作数千言，才藻新奇，花烂映发。王遂披襟解带，留连不能已。"

是时庄子学说大行于世，其中以《逍遥游》最难理解。玄学大师郭象、向秀都曾为之作注，但亦有所未尽。支道林卓然标新理于二家之表，立异义于众贤之外，皆是诸名贤寻味之所不得。此后很多人解释《逍遥游》，都用支道林的说法。但从以上故事可见，羲之原本是看不上支遁的，经不住支遁的死乞白赖，终于接受了后者的演讲。支遁逮着这个好机会，兴致盎然，一口气作数千言，"才藻新奇，花烂映发"，声情并茂，着实把羲之给忽悠了一番。羲之于是"披襟解带留连不能已"——将支道林看成了朋友——传道确实需要这种精神和毅力！

本年，羲之在会稽听支道林以佛理阐释《逍遥游》。支道林自会稽回剡（今新昌一带），在天台山一带活动。羲之有一次经过剡县时还去造访过支遁，二人谈玄论佛很是投机。羲之请支遁多去郡上活动活动，最好能住在灵嘉寺，那里和羲之的官邸相近，有所请教也可方便。灵嘉寺在会稽山阴，今名戒珠寺，是羲之的别业。

口才超凡的清谈家殷浩于佛经上有所不了，派人到支道林处，自称浅陋需要请教，让支遁方便时到殷家寒舍去讲解佛经。支道林一听这话，十分高兴，乃虚怀欲往，希望到那里大讲特讲一番，若能拿下殷浩，就等于吸收一个重量级人物入了佛门，功德大焉。王羲之听了，不以为然，劝支遁说："殷渊源思致渊富，既未易为敌，且己所不解，上人未必能通，纵复服从，亦名不益高。若佻脱不合，便丧十年所保，可不须往。"

羲之真是个大好人！他对支道林说：殷浩学识渊博，又是演说天才，尤其善于驳难。一旦发生争论，口才上你先不是他的对手。况且，他不懂的你未必就懂。即使他服了你，你也不会因此增加多少名气。倘若争得面红耳赤，彼此分不出胜负高低，你经营十多年的高僧之名怕是要受损了。这还不要紧，我担心你传播的佛理也要因此受到伤害呢，所以，这样随意的安排最好不要答应。

支道林听了羲之这一番话，背后升起一股子寒气，深以为然，遂止，不去见那个自称浅陋实为挑战的殷浩了。这里姑且不论殷浩、支遁二人孰高孰低，至少我们可以看到羲之的为人厚道。他不仅对支遁这个友僧"爱人以德"，而且对佛理的传播也采取了郑重态度。羲之对殷浩的评价，见识精准，却没有轻薄的臧否。他对支道林满心爱护，劝诫中充满仁厚与诚恳。如果林公果真去了，关键处被殷浩驳倒，不是很没面子嘛。支遁到底是个聪明人，听了这番话，没去见那个殷大人。

羲之本是玄理双修的，但"兼得"之外也有"两害"。他极想用世，但又不得志；为求长生而服食药石甚勤，却百病丛生。前者让他灰心，后者让他痛苦，于是晚年就有了辞世之想。这一时期羲之转而研究佛理"本无论"，且有"小进"。多次听支遁阐释"逍遥"，羲之突有醒悟，妙境如在不远处。后来的辞官归隐和该时期的听禅信佛，也许不无关系。士人多为饱学之人，故有所信奉，而玄理纷纭难以取舍，辗转如风，令人惶惑，求诸另类的也不少。王羲之此时转习佛学，要么出于求知，要么是对儒道的兴趣有所淡漠，甚或对世事感到某种虚妄，不得已而在精神世界另辟蹊径。

本年献之八岁，徽之十多岁，新一代成长起来了。羲之的后辈人已经本地化了，说的话都是吴语。本书此前曾记述过支道林到会稽见王子猷兄弟后，回来说他们是"一群白颈乌，惟闻唤哑哑声"的故事。支道林原是江北人，听吴语不大习惯，因而取笑他们。永嘉南渡之后，北人虽然迁移江左，但讲话仍操"楚音"（琅邪一带曾为楚地）。过江若干年，王导为丞相，为了团结江南士人有时用吴语接待宾客，也算是入乡随俗、投其所好。子敬、子猷兄弟生于江左长于江左，终日与吴人相处，耳濡目染，故只作吴语，不用北方话了。

因乎此，终东晋之世，少有人复作中原之思。

看儿女及渡江后的一代人已不再使用乡音楚语，羲之当作何感想？

无可奈何花落去啊！

为民请命

永和八年（352）二月，东晋两位带兵大臣殷浩与桓温相互对立。殷浩上疏请求北伐，计划出许昌、洛阳，先伐石赵，然后扩大战果，收复中原。尚书左丞孔严诚恳言于殷浩，劝其深思廉、蔺屈身之义，与桓温将军和睦，同心协力，庶几可以保大定功。东晋国力有限，必须左右上下一起努力，才有胜利的可能，不然的话，困难重重。可是殷浩不从，一意孤行。他以安西将军谢尚（时镇寿春）、北中郎将荀羡（时镇京口）为都统，进屯寿春。

当时镇西将军张遇屯兵许昌，他属于谢尚的部属。张遇不久前刚刚投降东晋，心里很不踏实。此时的北伐安排，等于让张遇调转枪口向北攻打不久前还是故友的冉魏军队，无论从军事上还是常情上说，都有些不合时宜也不合情理。如果非要张遇做先锋，谢尚应当亲自前往慰问，以扩大政治上的凝聚力，给张遇打气，鼓励他在心情上尽快转过弯来。可是谢尚又看不起从北国反水过来的张遇，没有及时给予抚慰——不懂政治啊。张遇当然觉得担负重任同时也受了轻慢，自忖将来也没有他的立锥之地，胜利了也不会受到尊重，于是据许昌而反，派其手下大将上官恩前往据守洛阳。

于是乎，殷浩的北伐，第一步就因此而受阻。

国家大事，当出于理性，万不可意气用事。殷浩自恃才情茂盛、谈吐清越、名重士林，私下得到皇帝的面授机宜便以为天下没有别人了，妄自尊大，又存贪功之心，拿了国事当成内部斗争的儿戏，这很荒唐。殷浩的北伐原动力来自和桓温的不睦，希望先声夺人以压倒对方，因而是一次轻率的、狭隘的、理念不健全的出兵，政治上先就虚空，本人又刚愎自用听不进良言劝谏，犯了用兵之大忌。谢尚是个富贵骄横的公子哥儿，平日里生活浮华，动辄刑罚士兵，完全不懂政治韬略，也不注意抚慰下属将卒（其后有王羲之的忠言劝诫）的重要性，完全是花瓶贵族的一套习气，安能不败！

如此用心，如此军队，如此将领，不知羲之作何感想？殷浩将要北征，右军将军王羲之以为必败，并以书止之，言甚切至。殷浩以为功劳就在前边，幻想着此一战胜利了就可以压倒桓温，独领风骚，扬名千古，哪里听得进羲之的劝阻？羲之此年五十岁，是知天命的年纪，对政治军事诸方面大事都相当清醒。同时他对殷浩、谢尚的为人风格、长处短处也非常了解，所以作出了必败的判断。国事当前，胜负关乎国运民生，作为重要地方官的王羲之不能不说出自己的看法。再说，殷浩曾是他的府主，关键时刻，须进以忠言。

六月，谢尚、姚襄一起攻张遇于许昌，两军战于颍水之诚桥，谢尚大败，死者一万五千人。这个数字在那个时代可是不小啊！谢尚狼狈逃窜奔还淮南，平时只晓得锦衣玉食的公子哥儿惶惶然如丧家之犬。姚襄弃了辎重，护送谢尚至于芍陂。谢尚意志本来脆弱，一旦遭遇失败，就灰心丧气，个性乖张、中看不中用的主将此时只管自己逃命，把战争大事、军队管理以及各种事务都交付了姚襄——一败就撒手不管了。

殷浩听说前边谢尚大败，只好退屯寿春。

谢尚因败被降职——个人受罚倒是小事，那一万五千士兵的性命就那么白白地葬送了？整个北伐计划因为他而泡汤，这责任谁来负担?!

八月，羲之闻谢尚兵败，又致书殷浩：

> 知安西败丧，公私愤怛，不能须臾去怀。以区区江左，所营综如此，天下寒心，固以久矣，而加之败丧，此可熟念。往事岂复可追，愿思弘将来，令天下寄命有所，自隆中兴之业。政以道胜宽和为本，力争武功（此处指出殷浩用心褊狭），作非所当，因循所长，以固大业，想识其由来也。自寇乱以来，处内外之任者，未有深谋远虑，括囊至计，而疲竭根本，各从所志，竟无一功可论，一事可记（此语可见羲之对东晋的无所作为和将帅无能何其悲愤），忠言嘉谋弃而莫用，遂令天下将有土崩之势，何能不痛心悲慨也！任其事者，岂得辞四海之责！追咎往事，亦何所复及？宜更虚己求贤，当与有识共之，不可复令忠允之言常屈于当权。今军破于外，资竭于内，保淮之志非复所及，莫过还保长江（退淮保江是羲之审时度势的正确主张，见后文）。都督将各复旧镇，自长江以外，羁縻而已。任国钧者，引咎责躬，深自贬降以谢百姓，更与朝贤思布平政，除其烦苛，省其赋役，与百姓更始（此为羲之此信的核心，即多为百姓着想，不要只求个人虚名），庶可以允塞群望，救倒悬之急。使君起于布衣，任天下之重，尚德之举，未能事事允称，当董统之任而败丧至此，恐阖朝群贤未有与人分其谤者。今亟修德补缺，广延群贤，与之分任，尚未知获济所期。

若犹以前事为未工，故复求之于分外，宇宙虽广，自容何所？知言不必用，或取怨执政，然当情慨所在，正自不能不尽怀极言。若必亲征，未达此旨，果行者，愚智所不解也。愿复与众共之。复被州符，增运千石，征役兼至，皆以军期，对之丧气，罔知所措。自顷年割剥遗黎，刑徒竟路，殆同秦政，惟未加参夷之刑耳。恐胜、广之忧无复日矣。

这是一封披肝沥胆的血泪之书，也是振聋发聩的为民请命之书。在王羲之的书信中，此篇的情绪最为放达最为激烈，也是少有的长文。从这封信中，我们可以见出羲之对军事情势的分析是多么的精辟。王羲之不仅是位杰出的艺术家，在政治上军事上也有卓越的天分。假如羲之能够穿越历史进入今日，见国人只知他是大书法家，一定会说：我心之皎皎处，在于家国；书者，小数也，世人不当罔顾我的《致殷浩书》啊。或者，他默然不语，怫然而去，也说不定。

殷浩对于羲之，不仅是知己，也有知遇之情。当初是殷浩苦口婆心劝羲之尽快结束赋闲生活出来为国家做事的，因了这一层，羲之对殷浩也就特别关注，言语如同掬示，既为感情，也为国家。羲之不仅将政经军事分析得十分明确，同时也指出了殷浩的缺点，有些句子等于当面指责：像你这样拿了国家大事当儿戏的就应深刻反省。"未达此旨，果行者，愚智所不解也"——谁都不明白、谁都不赞成的事，你为何还要刚愎自用一意孤行！羲之特别指出，这次行动不仅是军事问题，在治国方略上也弊端多多、沉疴深深。"自顷年割剥遗黎，刑徒竟路，殆同秦政，惟未加参夷之刑耳。恐胜、广之忧无复日矣！"

这段话，千古以来，少有士大夫能够说出！译成白话就是：近年来政策昏庸，只晓得盘剥百姓，压榨黎民，苛政严刑，路上的行人中多是刑徒，这和秦始皇有什么不同？照这样下去，我看陈胜吴广那样的起义很快就要出现了！

试问，千古以来有几人能发出这样的呼喊？

羲之太明白了，太悲愤了，痛心疾首，几近拍案而起。

羲之多次劝止，殷浩曾一度回心转意，羲之甚感欣慰，以为亡羊补牢未为晚也。可是殷浩到底还是求功心切，而用意不在国家而在抑制桓温，利令智昏，以至于误判局势继续错误行径，文人的一味任性最终糟害了国家。羲之曾有书曰："源书已发，吾欲路次见之；亦不欲停……"源，即渊源，殷浩也。羲之甚至想于殷浩出兵时拦路谏止。即便这样，殷浩亦不欲停止其走向深渊的错误步伐。

羲之有一书："得都（下）五日书，今送。谢即至。想源得免豺狼耳。"谢即至，指谢尚从许昌败回的事——这个草包将军大概快到了。此时，羲之仍希望殷浩能中途收场避免全局之惨败，"得免豺狼"四个字就是"庶几不至于十分狼狈"的意思，其中有关切也有讥讽。尽管如此，羲之的希望还是落空了。无能之人且执于偏狭之心，岂能有成？羲之反对殷浩轻率北伐的态度之坚决、情绪之激烈，显示出他对国家大事的极端焦灼，殷浩不听劝阻，亦可见这位书生气十足的将军之冥顽不化。不久，前方有山桑之败，东晋军队损失殆尽，殷浩仅以身免。

这一时期，羲之十分关心国家军政大事，曾多次致书司徒司马昱。在其给司马昱的第一封信中，王羲之曾力陈殷浩之不宜北伐，同时论及经国达治之道，言辞恳切，其情其意，如杜鹃啼血：

羲之死罪：荀、葛（此处指荀彧、诸葛亮）各一国佐命宗臣，观其辙迹，实奇士也。然荀获讥于忧卒，意长恨恨。谓其弘济之心，宜被大道。诸葛经国达治，吾无间然。处事而无玷累，获全名于数代。至于建鼎足之势，未能忘己。所谓命世大才，以天下为心者，容得尔乎（难道不值得我们学习吗）？前试论意，久欲呈，多疾愦愦，遂忘致。今送，愿因暇日，可垂试省。大期贤达兴废之道，不审谓粗得阡陌不？

当年羲之在会稽做司马昱的王子友，过从甚密，彼此信赖，故有此建言。只可惜司马昱（后来当了皇帝）政风浮薄，昏于大事。当初做会稽王，年纪小，幼稚顽皮一点儿也就罢了，如今执掌经国之大事，却依然故我，羲之对此不能不忧心忡忡，所以写了这封信，劝其向曹魏的荀彧学习，学习人家那种境界高远、头脑清醒、运筹帷幄、决胜千里的精神，学习诸葛亮那种"处事而无玷累"的高尚情操。对于位极人臣的司马昱，羲之敢于直言若此，是冒了风险的。学者麦华三对羲之以上两件书信曾有如下评论："其经国抱负，抗衡谢安。至于披肝沥胆，剀切陈辞，其辞则戁，其意则诚。两笺词情，荡气回肠，与《兰亭》一序，为一生三大杰作。"

麦氏此论，可谓明心见性之语，近代学者少有达到这等水平的。他将王羲之的《致殷浩书》看做和《兰亭集序》同等分量的作品，实是高人之见。如果将羲之写给殷浩的两笺加上致司马昱的两书，更可见羲之的卓然不凡处。可惜他的忠言没能受到足够的重视，这也从侧面证实当时东晋政权的昏庸无能。北伐事败后，王羲之的心情极为悲伤，为国事而悲伤，为未来而悲伤！

距上次致书不远，羲之又对司马昱提出了退军保淮的战略建议：

古人耻其君不为尧、舜，北面之道，岂不愿尊其所事，比隆往代，况遇千载一时之运？顾智力屈于当年，何得不权轻重而处之也？今虽有可欣之会，内求诸己，而所忧乃重于所欣。《传》云："自非圣人，外宁必有内忧是。"今外不宁，内忧已深。古之弘大业者，或不谋于众，倾国以济一时功者，亦往往而有之。诚独运之明足以迈众，暂劳之弊终获永逸者可也。求之于今，可得拟议乎！夫庙算决胜，必宜审量彼我，万全而后动。功就之日，便当因其众而即其实。今功未可期，而遗黎歼尽，万不余一。且千里馈粮，自古为难，况今转运供继，西输许、洛，北入黄河，虽秦政之弊，未至于此，而十室之忧，便以交至。今运无还期，征求日重，以区区吴越经纬天下十分之九，不亡何待！而不度德量力，不弊不已，此封内所痛心叹悼而莫敢吐诚。

往者不可谏，来者犹可追。愿殿下更垂三思，解而更张，令殷浩、荀羡还据合肥、广陵，许昌、谯郡、梁、彭城诸军皆还保淮，为不可胜之基，须根立势举，谋之未晚，此实当今策之上者。若不行此，社稷之忧可计日而待。安危之机，易于反掌，考之虚实，著于目前，愿运独断之明，定之于一朝也。地浅而言深，岂不知其未易。然古人处闾阎行阵之间，尚或干时谋国，评裁者不以为讥，况厕大臣末行，岂可默而不言哉！存亡所系，决在行之，不可复持疑后机，不定之于此，后欲悔之，亦无及也。殿下德冠宇内，以公室辅朝，最可直道行之，致隆当年，而未允物望。受殊遇者所以痌瘝长叹，实为殿下惜之。国家之虑深矣，常恐伍员之忧不独在昔，麋鹿之游将不止林薮而已。愿殿下暂废虚远之怀，以救倒悬之急，可谓以亡为存，转祸为福，则宗庙之庆，四海有赖矣。

这封书信的大意是：作为人臣事君之道，谁不想效法古人建构千古隆业呢，况且现在就有这样的机会。羲之在这里谈及的千载难逢的机会，指永和五年夏后赵首领石虎死，中原大乱，东晋因此获得进攻黄河流域收复失地的机会。古人有倾一国之力而成大业者，无不是审时度势，上下努力而有所成就的。一个国家的战略决策，必宜审量彼我，万全而后动。现在看，全部收复失地的大功并没有把握，也未可寄予过多的期望。实际上，我们的军力严重不足，多年战争，遗黎歼尽，万不余一。而且后勤补给也是问题，千里馈粮，自古为难，况今转运供继，西输许昌、洛阳，甚至达于黄河以北，这是极为艰巨的、几乎不能企及的军事目标。多年来赋税严苛，人民食不果腹衣不蔽体，如今再要他们拿出最后一点儿力量支持战争，派出仅有的男丁去打仗，日子怎么过啊？虽秦政之弊，未至于此。基于当下的现实，王羲之指出：现在征税征兵的负担日重，整个国家处于竭尽状态，照这样下去，以区区吴越之地企图经纬天下十分之九，不仅没有胜算，且必定失败，一旦国力耗尽，必会引起民愤进而动摇国家。根据我朝实际情况，现在绝没有力量一举拿下全部失地，应当及时地将战略方针从退黄保淮改为退淮保江。

王羲之深恐当朝不采纳他的保淮主张，说了很多谦恭的话，意在表明自己的忧虑不能自已。王羲之说：会稽不过是后方一郡而已，给您说以上这些话与我这个地方官的身份不符，我之所以妄言国家军政大事，实在是心有焦虑，不吐则寝食难安。实际上我这些话都是因为顾惜担忧国家的安危啊。常恐伍员之忧不独在昔，麋鹿之游将不止林薮而已——引用的是一则吴越典故。越国人曾向吴国提出要求，希望能自由出入吴国以便购买吴国的大米，吴王夫差觉得很好啊，打算批准越国人的出入境要求，伍子胥却说，不要可怜敌人。"虎不可以喂以食，蝮蛇不可恣其意"，如果顺从敌人之欲，麋鹿将游于姑苏。此话暗喻吴国将会因此政策而亡国，到那时王城的姑苏台将荒废得四下里都是麋鹿。羲之试图以此警告当政者：以上的建议绝非危言耸听！

结果怎么样？完全应了王羲之的担忧：没有那么大的国力，没有那么强的军队，将领素质也不行，妄想一口吃下中原，结果弄得个灰头土脸，大败而归。殷浩北伐，未大动而大败，事未成而先折，给予王羲之很大的打击。羲之心中向往的、筹划的、赞美的北伐是那种全国动员的正义之举，而非出于宗派的炫耀争夺；是那种深思熟虑、志在必得、一往无前的战略壮举，而不是草率从事、进退逍遥、小孩子过家家似的花拳绣腿。这样的军事行动，这样的军队，应有同仇敌忾、上下齐心、灭此朝食的气概，而不是像谢尚那样不负责任地草率胡来。为此，羲之事前向殷浩等关键人物衷心相告反复规劝，还向司马昱提出如何革除弊政的请求，其心可掬，其情可叹！

欲为圣朝除弊事

羲之在会稽内史任上，对政务十分关心。

刚上任那年，正值东土饥荒，赋役繁重，人民不堪忍受，吴兴、会稽诸郡尤甚。时谢尚新任尚书仆射，羲之和他是好友，于是致书谢尚，力陈时弊，慷慨陈词，揭露时弊，为民请命，并指出救正的具体措施，其忧国忧民之心，俨然如在目前。

羲之《致谢尚书》：

顷所陈论，每蒙允纳，所以令下小得苏息，各安其业。若不耳，此一郡久以蹈东海矣。

今事之大者未布，漕运是也。吾意望朝廷可申下定期，委之所司，勿复催下，但当岁终考其殿最。长吏尤殿，命槛车送诣天台。三县不举，二千石必免，或可左降，令在疆塞极难之地。又自吾到此，从事常有四、五，兼以台司及都水御史行台文符如雨，倒错违背，不复可知。吾又瞑目循常推前，取重者及纲纪，轻者在五曹。主者茌事，未尝得十日，吏民趋走，功费万计。卿方任其重，可徐寻所言。江左平日，扬州一良刺史便足统之，况以群才而更不理？正由为法不一，牵制者众，思简而易从，便足以保守成业。仓督监耗盗官米，动以万计，吾谓诛翦一人，其后便断，而时意不同。近检校诸县，无不皆尔。余姚近十万斛，重敛以资奸吏，令国用空乏，良可叹也。自军兴以来，征役及充运死亡叛散不返者众，虚耗至此，而补代循常，所在凋困，莫知所出。上命所差，上道多叛，则吏及叛者席卷同去。又有常制，辄令其家及同伍课捕。课捕不擒，家及同伍寻复亡叛。百姓流亡，户口日减，其源在此。又有百工医寺，死亡绝没，家户空尽，差代无所，上命不绝，事起或十年、十五年，弹举获罪无憁息，而无益实事，何以堪之！谓自今诸死罪原轻者及五岁刑，可以充此，其减死者，可长充兵役，五岁者，可充杂工医寺，皆令移其家以实都邑。都邑既实，是政之本，又可绝其亡叛。不移其家，逃亡之患复如初耳。今除罪而充杂役，尽移其家，小人愚迷，或以为重于杀戮，可以绝奸。刑名虽轻，惩肃实重，岂非适时之宜邪！

这是一篇反映王羲之行政理念的文字，其大意为：此前我曾向朝廷提出过若干陈论和建议，每每得到您的推助采纳，让我会稽百姓得免饥寒之苦，各安其业，深表谢意。若不然，此一郡人大概早就出东海逃命或竟喂了鱼鳖矣。当下事之大者，主要是漕运。我的意见是，从水路运送粮食供应京城和军队，此事一定会办好，但望朝廷勿复日日催逼，容我渐次筹措，务必完成。等到年终，会稽这边将视漕运完成情况分别予以奖惩。做得最差的，命槛车送诣朝廷处置。三县如果不能完成，其二千石的俸禄必免，有的要解除或降低职务，令在疆塞极难之地供职或劳役。

接着，王羲之描述了很多时弊，其中谈及粮仓督监耗盗官米者，数量巨大，动以万担计。羲之说，我以为诛剪一人，声色俱厉，以儆效尤，其后便可绝此恶行，可是来自朝廷的意见却不同。为什么要对这种监守自盗的罪犯仁慈有加呢？这不是姑息养奸吗？近来检校诸县，无不皆尔，这种罪恶很普遍啊。余姚有个官仓盗米的案子，涉及粮食近十万斛，他们盗用这些粮食，目的是重资贿赂奸吏以求封官加爵。这些人的行为导致国用空乏，经济拮据，朝廷依然按照地亩赋税，其实是不知道下边的难处，不知道老百姓可怜到什么地步啊！

近年战事不断，征发的劳役越来越多，打仗阵亡的，叛散不返的，越来越多，为了补充军力，州县往往强行抓壮丁，人民纷纷逃离，以至于田园荒芜，所在凋困，莫知所出，饥寒交迫者多多。百姓流亡，户口日减，其源在此。又有百工医寺，死亡绝没，家户空尽，遇到事情想找个差役都找不到啊。现在法令多如牛毛，群众动辄获罪，进一步伤害了农业生产！我以为，凡判五年以下刑罚的，可长充兵役，五年的可充杂工医寺，皆令移其家以实都邑。现在都邑中人烟稀少，万户萧疏，如何为政？都邑既实，是政之本，如果不能让百姓安居乐业，逃亡之患将和过去一样难以杜绝。减免刑罚而充杂役，让当事人参与生产居家生活，比杀戮和监禁要好得多。

此时羲之只是个地方官，与朝廷之间还隔了州一级，仅是个郡守，按说不应当越级奏章，但他是个忧患意识很强的人，对国家大事时刻关心，唯恐上有所失，故不揣冒昧，以至于越级进言。羲之虽是一位地方官，但他并不甘于蜗居一隅，自感天下兴亡义不容辞。而且，他对社会基层了若指掌，其建议无不切中肯綮，不愧为有"鉴裁"的人。还好，他的一些建议被谢尚采纳，羲之感到"甚善甚善"。羲之其人，真可谓国之大器也！

有人批评羲之"弃淮保江"论是"怯懦之尤"。这不公允。判断是非不可脱离实际，当时东晋王朝并无实力恢复中原，屡战屡败的事实已经充分证明这一点。如不接受教训，继续蛮干，则"不亡何待"！况且羲之此议并非消极避战，而是主张"审量彼我万全而后动"。首先执政者应"引咎自责以谢百姓，更与朝贤思布平政，除其烦苛，省其赋役，广延群贤与之分任……"就当时的情势看，"根立势举谋之未晚"，而不是轻举妄动，劳民伤财，徒费国力。这些都是积极稳妥的建议，岂可以"怯"诬之！

此时羲之对恢复中原的意愿尚在，但审时度势，也无奈地认识到本朝已经力不从心。这是实事求是之谋，绝非那些心高气盛、言行虚妄、不懂装懂者可比。国家要想收复失地，须从根本做起。什么是根本？这就是积蓄国力，鼓励民心，上下戮力。为达此目标，须发展经济，轻徭薄赋，休养生息，让利于民，抑制豪强，效法越王故事十年生聚十年教训，待军力充实，兵强马壮，庶几可以挥师北伐一举拿下中原失地。

羲之一定有过沉重的叹息，因为他的这些措施很难施行。东晋大地主大官僚一直不肯放弃特权，大肆兼并土地，纷纷营造私园，巧取豪夺，逃避赋税，挥霍无度，丝毫不肯收敛。大官僚偏安自保，纵使羲之有治国良策，也很难推行下去，羲之痛感到无望。良策不行，北伐屡次受挫，中土难以复归，他的美梦慢慢近于黄粱，岂不让他感慨万千。于是，他将许多愤懑压下去，将部分精力转到书法上去。辛稼轩词："想当年，金戈铁马，气吞万里如虎。"而如今，"却将万字平戎策，换得东家种树书。""遥岑远目，献愁供恨，玉簪螺髻。""阑干拍遍，无人会，登临意"——南朝多诗人，诗人多悲切，稼轩之心与羲之情怀何其相似乃尔！

北伐大业无望，羲之感怀万千，却也无可奈何。

第九章

兰亭一曲成绝唱

永和九年（353），羲之在会稽内史任上。

此前，王述为会稽内史。王述母丧，按晋朝礼制，须辞官就地守丧三年，王羲之代王述任此职。二十多年前，王羲之曾在这里任会稽王司马昱王子友，如今重返故地，时过境迁，不仅身份有了变化，心理积淀也更厚重了。在过往的岁月中，羲之担任过三地太守，又在庾亮和殷浩麾下任过参军和右将军，仕途沉浮让他的内心有了深刻的沧桑感。

按理说，五十一岁的羲之此时担任会稽内史，应是驾轻就熟、游刃有余了。但是，世情的变化让他无法轻松。会稽这个曾被称为东晋后方粮仓的地方，经过二十年的折腾，经济、政治、社情等诸方面已远不如前。徭役繁重，苛捐杂税过多，人民生活不仅没有得到改善，反而更苦了。豪强侵占大量土地，许多农民成为失地的流民，治安状况很差。大量增加的只有寺庙和僧众，救苦救难的菩萨大概偏爱苦难深重的地方，佛寺的钟声与百姓的哀号交响融合，汇聚成动荡南朝的序曲。

玉汝于成

王羲之把主要精力放在处理政务，操办司法，防灾救灾，兴修水利上，公务耗去了大半的精力。最难办的事，就是朝廷不断下达的征兵和赋税指标。自庾亮北伐到殷浩北伐，大量征发江左及会稽一带农民去打仗，劳动力的缺失直接导致农业的减产，而军需费用却不断增加，基层州县不得不加大赋税征收额度，人民不堪重负。有些农户不得不破产，像毋丘俭、卢循那样的大小起义此起彼伏，社会极不安宁。王羲之既同情农民的疾苦，又不能违抗朝廷的指令，身心如处夹板之中。用今天的话说就是：工作很难做。

殷浩北伐失败后，国家暂无征伐大事，山阴一带在征兵服役方面稍得喘息。羲之上任后，上书朝廷，陈述百姓难处，赋税得以减轻。对于大量犯罪者（其中很多是战争中在前线败散或开小差的），王羲之都给予从轻处罚，多数都是一边从事生产活动一边服刑，这有利于经济的恢复。在前章所述《致谢尚疏》一文中可以看出，当时的都邑人口稀少，以至于不像城市。经过治理，会稽一带的经济有了重生的气象。

政务之余，羲之的兴趣在书法和养生上。经过多年积累，切磋琢磨，心领神会，不断完善，他的书法已经达到炉火纯青的程度，并形成了自己的理论体系。存世的王羲之书法理论著作主要有《自论书》、《题卫夫人笔阵图》、《书论》、《笔势论十章》、《笔势论十二章并序》、《草书势》、《用笔赋》、《天台紫金传授笔法》、《笔经》等。按照这个顺序，我们大体上可以看到羲之在书法艺术上强调什么，提倡什么。这也是魏晋时期中国书法史的发展脉络。

《自论书》可能是羲之写给一位亲友的书信，其中虽有"不让钟张"的意思，但也算不上自诩。羲之对自己的书法有恰当衡量，虽为夫子自道，其实很中肯。在说到前辈学书的刻苦勤奋时，羲之自语道："若吾耽之若此，未必谢之。"这也是实在话。从《题卫夫人笔阵图》，可看出羲之在书法上不断创新的胆略，而其舍弃姿媚、力求淳古、寄情拙朴、涵蓄气韵的审美取向，是从卫夫人的书法基础上完成的超越。青出于蓝而胜于蓝，艺术本身的基因推动着王羲之去追求更高的境界。正所谓：师不必贤于弟子，弟子不必不如师。闻道有先后，术业有专攻，如此而已。

《书论》则强调了创作的基本要领和心态："意在笔先，字居其后，未作之始，结思成矣。"该篇文字对字的大小、长短、强弱、偃仰、疏密、曲直、欹侧、起伏以及横竖相向、明媚相成，都作了富有辩证意味的阐述。《笔势论十章》、《笔势论十二章并序》，则详细讲解了形态、节制、观形等有关书法艺术的方方面面，而他所强调的，是悟性。至于《笔经》，强调的则是神采和气韵，不再提及具体的笔画、结构、字距、行距了。

以上作品的真伪，有些争论，仁仁智智，各有说辞。

下录的三篇，是争论较少的。

草书势

昔秦时，诸侯争长，简檄相传，望烽走驿，以篆隶之难，因求其速，遂作赴急之书。盖今草书也，其先出自杜氏，以张为祖，以卫为父，索范者伯叔也，二王父子可为兄弟，薄为庶息，羊为仆隶。目而叙之，亦不失苍公观鸟迹之措意耶。但体有疏密，意有偶觉。或有飞走流注之势，惊竦峭绝之气；滔滔闲雅之容，卓荦跌宕之志，百体千形，巧媚争呈，岂可一概而论哉！皆古英儒之撮拔，岂群小曹吏之所为？

因为之状：疾若惊蛇失道，迟若渌水徘徊。缓则鸭行，急则鹊厉。抽如雉踞，点如兔掷。乍驻乍引，任意所为。或粗或细，随态运奇。云集水散，风回电驰。及其成也，粗而有筋，似葡萄之蔓延，女萝之繁萦，泽蛇之相绞，山熊之对争。若举翅而不飞，欲走而还停。状云山之有玄玉，河汉之有列星。厥体难穷，其类多容。婀娜如削弱柳，耸秀如袤长松。婆娑如同舞凤，宛转而似蟠龙。纵横如结，联绵如绳。流离似绣，磊落如绫。㫗㫗晔晔，奕奕翩翩。

或卧而似侧，或立而似颠。斜而复正，断而还连。若白水之游群鱼，丛林之挂腾猿。状众兽之逸原陆，飞鸟之戏晴天。象乌云之罩恒岳，紫雾之出衡山。巉岩若岭，血脉如泉。文不谢于波澜，义不愧于深渊。传志意于君子，状款曲于人间。盖略言其梗概，未足称其要妙焉。

用笔赋

秦汉魏至今，隶书其惟钟繇，草有黄绮、张芝。至于用笔神妙，不可得而详悉也。夫赋以布诸怀抱，拟形于翰墨也。辞云：何异人之挺发，精博善而含章。驰风门而兽据，浮碧水而龙骧。滴秋露而垂玉，摇春条而不长。飘飘远逝，浴天池而颉颃。翱翔弄翮，凌轻霄而接行。详其真体，正作高强。劲实方员，穷金石之丽，纤粗尽凝脂之密。藏骨抱筋，含文包质。没没汩汩，若濛汜之落银钩；耀耀晞晞，状扶桑之挂朝日。或有飘飘骋巧，其若自然，包罗羽客，总括神仙。季氏韬光，类隐龙而怡情；王乔脱屣，欻飞凫而上征。或改变驻笔，破真成草，养德俨如，威而不猛。游丝断而还续，龙鸾群而不争。发指冠而眦裂，据纯钩而耽耽。忽瓜割兮互裂，复交结而成族；若长天之阵云，如倒松之卧谷。时滔滔而东注，乍纽山兮暂塞，射雀目以施巧。拔长蛇兮尽力，草草眇眇，或连或绝。如花乱飞，遥空舞雪。时行时止，或卧或蹷。透嵩华兮不高，逾悬壑兮非越。信能经天纬地，毗助王猷。耽之玩之，功积山丘。

吁嗟秀逸，万代嘉休。显允哲人，于今鲜俦。共六合而俱永，与两曜而同流。郁高峰兮偃盖，如万岁兮千秋。

天台紫真传授笔法

天台紫真因及余曰：子虽至于斯，仍未善于斯。若书之器，必达乎道，同混元之理，似七宝之贵，垂万古之名。阳气明而华壁立，阴气大而风神生。把笔抵锋，肇乎本性。力圆则润，势疾则涩。贵紧而劲，忌险而峻。内盈外虚，起不孤，伏不寡。面迎非近，背接非远。望之惟逸，发之惟静。兹法也，尽妙矣。言讫，真隐子遂镌石以为陈迹。维永和九年九月五日，晋右军将军王羲之记。

如上几篇文字，都是谈书法的，有心钻研者不妨深入切磋，无意于此者不妨忽略而过。从王羲之的这些文字中我们能够看到的是：经验上升到理论并不是平铺堆积的功夫，其中要有艺术升华。一个愚钝之人也许写一辈子字都说不出个所以然来，王羲之则不同，他不仅书法精妙，而且对这一门艺术拥有独到的见解和系统的总结。这得益于一生的实践和参悟，也有赖于禀赋。第三篇中所谓的"天台紫真"仙人，指的是王氏祖先周王子晋，又称子乔。传说此人曾在金庭、华顶附近的白云洞里吹笙，作凤凰之声。这里虽是假托祖先传授，但所言书法大道，玄理深邃，非凿空之论。"真隐子"则是羲之自指。

继承秦汉，出乎篆隶，王羲之完成了书法艺术史上的伟大创造。王羲之的书法是基于实用而求新法，体势妍美，并自称一派；出于独立之精神，所以能冲破藩篱，不屑野鹜之讥，终成大家。

关于艺术和实用的关系，看似一个哲学命题，其实是艺术的本质。近代以来，新式书写工具替代了传统的笔墨，汉字书法不再那么实用了。虽然说不实用的东西可能更近乎文化，但是普及程度的减弱也损害了文化的另一面。古人，不要说很古的古人，就是今人的父辈祖辈还多有使用毛笔书写的，所以那时很多人都能写出一手好字。现在不同了，书法作为一门艺术而单独存在于欣赏层面，虽然谈不上衰落，但和古人与笔墨之间耳鬓厮磨须臾不可离开的情形到底差了很多。我们的先人每天都用毛笔写字，熟能生巧，业精于勤，灵性高妙又有胆识的人便将写字引领到艺术的范畴，让我们今天看到了形形色色的体势和精神。如今书法的实用性几近阙无，很多人写毛笔字只是出于个人的兴趣爱好，书写的大都是古人的诗词名句，从内容到形式都局限于遣兴（有些是因为市场），书法的原生精神因而发生蜕变，功力不如古人深厚了。

或问，魏晋也有时尚，难道王羲之未曾卷入？王羲之当然也不能免俗，但是天作之合，他的书法恰恰受益于当时的自由思想、文人精神和科技成果，如当时已经普及的优质纸。一种时尚造就一种文化尤物，古今既无须攀比，也无须责难。今人自有今人的创造，这也正是文化长河风景迷人之所在。我们需要深思的是：书法的实用性虽然大大减弱，但是书法艺术的精神内核依然是今人的不可忽视的参照，王羲之就是最生动的例子。

王羲之以其特有的艺术敏感和不拘一格的自书自画精神，创造了大家喜闻乐见的书写形式，可谓与时俱进。当艺术家的前瞻性和独创性与当时环境相契合时，就会引领新风尚。王羲之的书法成就是靠老老实实的继承和敢于创新的胆识逐步脱颖而出的，是凭借个人禀赋和终生不渝的勤奋劳动建造起来的艺术大厦。高山苍茫，令人仰止，当知其下边是坚实的大地，上边是缭绕的白云，其间气象依赖着无垠的空间和脉脉流淌的时光。实践证明，只有那些在崎岖小路上不懈攀登的人有希望到达顶峰，随意玩弄笔墨，很难成为大师。

王羲之经历了许多名师，王旷、卫夫人、王廙的指教和点拨起了很大的作用。而最重要的，还是他个人的学识和胆魄。羲之精读经典，兼修儒道，又涉猎佛学，内修丰富，底蕴深厚，书法的奇葩依赖了优质土壤、充足的肥料、合适的温度、不多不少的水分，还有时代的阳光和个人的修行。有了这样的努力，书法焉能不姿态绰约、风情万种！倘若仔细斟酌推敲，我们还可以看出，羲之的耿介人品，坎坷经历，忧国忧民之心，在他的书法之中都有表现。促成书法艺术博大精深的因素诚然很多，但良苦用心不如良知灿烂，笔墨美丽不能代替内修高尚。《诗经》

有歌曰："彼黍离离，彼稷之苗。行迈靡靡，中心摇摇。知我者谓我心忧，不知我者谓我何求。悠悠苍天，此何人哉！"这就是艺术家的底蕴之所在。今之学书者，当作如是观。

兰亭修禊

是年三月，上巳日，羲之应友人之约，来到会稽山阴之兰亭，行修禊之会。

魏晋文人强调志趣学识，性情各有分别，虽然政治严苛，但纷乱的外部世界促成了非主流思想的活跃。这种情况，往往正是艺术的土壤，在气温、水土、环境保护都极好的平地上往往看不见苍劲拙古的松树，根根枝条一律直立的林子缺少艺术的情致。中世纪的欧洲规定女人的长裙必须盖住脚面，所以有了故意将裙裾踢飞的舞蹈以便亮出女人的美腿。思想文化也是如此，专制盛行的缝隙里必有多彩的盆景植物出现。

至少，魏晋人的思想构成比两汉要丰富得多，文化人的创造空间也自由得多。当时的文人们常常隔三差五地聚集一处，或谈书论画，或讨论学问，或评议人物，或辩证伦理，其机锋之聪明，悟性之灵动，近似春秋情景，其中很多文人多才多艺，性情挥洒处，凭空给那个时代增添了许多故事、色彩和趣味。这种文人聚会，时称"修禊"，亦叫做雅集——也就是现代人所说的文艺派对（art party）。

雅集的形式多种多样，有时傲啸于山林之中，饮酒作诗，与鸟兽同乐。有时泛舟湖上，吹拉弹唱，忘情于声色之中。竹林七贤常去林间漫步，其实是一种雅集。贾谧豪庭宴饮，也是雅集，分别只在江湖与庙堂。石崇、潘岳他们搞过金谷雅集，是为兰亭雅集的滥觞抑或先例。参加雅集的人大都是同类，彼此看得上才行，并非什么人都可以随便进入那个小圈子。唐人王勃在《滕王阁序》中所说之"四美具二难并"，其中二难，就是指主贤客雅。不论是在林间散步，在树下饮茶，在草坡辩论，有几样元素是少不了的，那就是酒和诗。

当年之兰亭，确切地址在什么地方，说法不一。王羲之《兰亭集序》仅曰"会于会稽山阴之兰亭"，并未确指何村何镇哪个路口有什么地标性建筑物或能让今人判定方位的东西。郦道元《水经注·浙江水注》说："浙江，东与兰溪合，湖南有天柱山，湖口有亭，号曰兰亭，亦曰兰上里。太守王羲之、谢安兄弟，数往造焉。吴郡太守谢勋封兰亭侯，盖取此亭以为封号也。太守王羲之移亭在水中。晋司空何无忌之临也，起亭于山椒，极高尽眺矣，亭宇虽坏，基陛尚存。"

郦道元为公元五世纪人，距此时——羲之兰亭雅集——并不远。这里讲的湖，所指当是镜湖，兰溪即兰亭溪。当时的镜湖范围很大，水面辽阔，波光旖旎，流域广及兰渚山。从这则记载可知：兰亭在晋宋之间已数次迁移，有时在水中，有时在山顶。文献中有关兰亭的记载有：《寰宇记》卷九十六，越州条目中引顾野王《舆地志》曰："山阴郭西有兰渚，渚有兰亭，王羲之谓曲水之胜境，制序（指《兰亭集序》）于此。"可见，历史上的那个兰亭是在湖之中，而非山上，也不是在城市里。

今兰亭有专业的研究会。作者曾赴兰亭，拜访该会研究员毛万宝、陈德洪两位先生。毛先生有专门的论著，内容极广博，对当时雅集地点作了细致入微的分析，对参加雅集者逐一作过考证。当时之兰亭是秦汉沿袭下来的一个驿站，因驿站的周边多兰草，古人因此名之。既是驿站，必为交通要道，上传下达的文书都要经过这里。官府在这里专人负责，郡里有负责驿站交通的官员——当时是分量不小的官呢——张翼德、陶渊明都曾和督邮发生过矛盾冲突。

选择这样的地方举行雅集，可得车马方便，易于纠集。更为重要的，这样的地方比较安静，雅集不至于被俗人打扰，风景也好。驿站旁有山林溪流，那时水质好，过往人等可以在这里引水解渴稍作休憩。山石起伏，溪流曲折，因地制宜，稍加改造即可用做曲水流觞，不像今日之项目总要天翻地覆除旧布新当作大工程去做，把一个好好的自然环境搞成千篇一律的水泥丛林。

首倡此次雅集的应是王羲之。羲之时任会稽内史——当地最高长官，又是名人，他有这个号召力。但是光有职务和名望还不够，雅集主办人的号召力还要靠了大家认可的德行。当代有位学者给自己定了这样的座右铭：不吃不明不白的饭，不见不三不四的人。这两句话也可以作为古人雅集的注释。兰亭雅集的时间，永和九年（353）三月初三上巳节。这一点，十分确定。参加雅集的是一批名士及其子弟门生，还有高僧，一共四十二人。届时，他们会于山阴之兰亭（今浙江省绍兴市西南十许公里处）。这些人中，有谢安、谢万、孙绰、王凝之、王徽之、王献之等。会上共得诗三十七首。

当时的情景是何其优雅，何其逍遥，何其闲适啊！文人相聚，趣味相投，这样规模的雅集很稀罕也很不容易呢，必得好好地乐一乐。参加者一个个衣冠楚楚，或车马，或杖藜，或小轿，走过灌木小径，翻越芳草山坡，蹚过潺潺溪流，一个个飘飘然如仙子之会瑶台。这些人无一不是饱读诗书的学子或学者，胸中逸气洋溢，吐纳宛若幽兰，言语不凡，字字珠玑，其中亦有争强好胜、不肯让人之辈。见面后，彼此寒暄，殷勤问候，说些俗人不说的话，一时虽然见不出学问高低，但礼数风度都是一副高士派头。待主持人宣布了本次雅集的主旨，大家按长幼列了先后，分别找了合适的地方坐定，曲水流觞就此开始。

暮春三月，正是江南杂花生树的时候，坡地上野花似锦，山林中清风徐来，与会者心情无不爽快。山阴一带，风景秀丽，古来天生，至今依然。想当年没有工业，人迹也不似现在稠密，那青山葱茏、绿水澄碧的风光，比今天的更加幽深清美。《世说新语》记："顾长康从会稽还，人问山川之美。顾云：千岩竞秀，万壑争流，草木朦胧其上，若云兴霞蔚。"顾长康即顾恺之，中国画家的鼻祖。这话从一位高标的艺术家口中说出，非同一般。而且，他的话不是平铺直叙的描述，还有极兴奋的感叹在其中。

山阴之美早就为世人所知。刘孝标注引《会稽郡记》曰："会稽境特多名山水，峰嵎隆峻，吐纳云雾，松栝枫柏，擢干竦条，潭壑镜澈，清流泻注。"《世说新语》记：王子敬云，"从山阴道上行，山川自相映发，使人应接不暇。若秋冬之际，犹难为怀。"这里所谓的秋冬之美，不仅有萧疏的寒林、嘈杂的暮鸦，还有那漫山遍野的红枫。即便是清雪飘扬、山谷泛白的季节里，这里也有青翠欲滴的松柏，有清香馥郁的梅花，有温泉喷薄的白雾，有寺庙散发的钟磬，有茅寮飘出的炊烟，到处生机盎然。山阴之美极尽南国之风情，绝非中原黄土或北国荒漠的景致可比。即使没有到过那里的人，推理也能想见其迷人惊人以至于让人失语的妖娆——雅士聚集的地方风景绝不会差——他们可是些非常挑剔的人呢！

　　说着，笑着，曲水上有酒杯慢慢游过来了。酒杯中盛了上好的酒。绍兴的黄酒天下闻名，尤其是那里的老酒——花雕、加饭、女儿红——哪个不是响当当的牌子！当酒杯轻悠悠漂移过来，大家便兴奋起来，王献之等一班小少年更是欢喜雀跃。盛满黄酒的酒杯轻盈地漂浮在清清的、光可鉴人的流水上，熟褐色的、琥珀一样的好酒飘散出一阵阵的酒香，人们等待一首好诗，或看某人不诗而饮。已经打好腹稿的，巴望那漂泊的精致酒杯停在自己面前，如此便可将新酿的佳句向众人吟诵，倾吐心情第一，也希望得些喝彩。没有找到感觉的，则希望酒杯继续前行，等诗意和诗句凑齐了，它再来也不迟。倘若不巧，诗未就而酒杯前来做耳鬓厮磨状，就只好说天命青睐，权当有个红金翠袖前来添香，那就只好喝酒了。坐中也有刘伶之徒，心里有诗却不想跟人唱和，喜欢将备好的诗藏于腹中，先饮下几杯再说——他们觉得还是酒要紧——诗可以不歌，酒是不能不喝的。

　　酒杯在清冽的水中漂荡，优哉游哉，终于停在王羲之的面前。他微笑着，态度安详。侍者从水中端起酒杯，呈到内史大人面前。羲之款款地接了，笑道：诗如潜龙，无酒不行，我还是先饮了这一杯，庶几可得司马相如的指点或八斗子建的启发。于是一饮而尽。众人鼓掌长诺，很是热烈。羲之颔首微笑，将飘飘长髯一拂，那表情宛若世外之人。其时，座中多有子侄辈人，羲之促他们多多表现，以助大家之兴。

文人的矜持是有限度的，一旦进入某种合适的情境，艺术内在的贡献欲望便会因情而发。得意时，即便没有人导引，他们也会自娱自乐起来，忘我的境界就像蒙太奇画面凸显出来，压都压不住。此时，青山渐渐远遁，清风在耳畔轻抚，宛如天使的羽毛扫过额头。水上的流觞渐渐成为大家注目的焦点，在场的人全都进入了兴奋状态。当那甘洌馥郁的好酒流进心田，新成的诗篇就像揭开面纱的新娘似的，面色绯红地站在众人面前，美目盼兮，巧笑倩兮，自信技压群芳，不怕众人不赞美。于是乎各逞其能，纷纷有所表现。

第一轮酒杯迤逦而来，想必是饮酒者多而吟诗者少。刚刚进入情境，许多与诗歌有关的元素还没有调动起来呢，粗成的好辞还须打磨，艺术的出场也需要热身，绝妙从来都是需要修饰的。所以，此时人们大率都是优哉游哉的样子，先喝两盅再说，好东西不是那么容易现身的。这和曹子建七步赋诗不同，子建当时已被人逼入死角，生死就在分秒之间，满腹的怨愤早已堵于心口，蹿于舌尖，不吐不快，他的悲情就像喷泉一样涌流出来。今日的情景不同，大家一开始都还是一副心不在焉的样子，才能的融化需要温度，压力能提高熔点，但也易于喷发和爆炸。

待流觞循回数次，饮者的心情畅快起来，诗就有了落脚处。

当酒杯第二次漂移到羲之面前，他吟诵了刚酿就的一首诗。

代谢鳞次，忽焉以周。

欣此暮春，和气载柔。

咏彼舞雩，异世同流。

迺携齐契，散怀一丘。

这首诗就像是一篇开场白，温文尔雅，不慌不忙，诉说着自己的欣喜，动员人们放开心扉，散怀一丘，不要辜负了这良辰美景。是啊，四季轮回，又是一年春草绿。在这么美好的暮春三月，和风载负了莺飞草长的情意，给我们无限遐思，这实在是难得的时光啊！人生苦短，世事无常，许多人经过了宿命般的颠簸流离，平时聚少离多，难得一见，今天是个表达心灵的好机会。看，青山为我们聚首，溪流为我们歌唱，人生毕竟是美好的，这样的好时候一辈子没有几次啊。孔子当年与弟子各言其志的情景，想必都还记得吧。我们和先贤虽然不在一时，但志趣的流脉是一样的。能和诸位一起来到这美丽的地方，消遣心情，歌以咏志，实在是极有意思的事，大家都不要错过这良辰美景啊。

众人齐声称赞，说内史大人这首诗如何好，如何坦然安稳，如何寄情山水，如何感时怀古，等等。虽说魏晋文人追求独立精神，但文人圈子里也流行臭味相投便称知己的"雅兴"和"美例"，其中也不乏逢迎和吹捧。两晋文人乐于评议人物，这不是恶习，而是贵族的功课。贵族与士人求名逐利，论人时常常夸大其词，好的捧上天，差的踏在地。羲之有时亦好之。羲之的几位朋友，王敬仁、孙绰、支道林等，都是喜欢捧人的。因为王敬仁爱说好话，羲之甚至将传家宝《宣示表》借给他看，最后竟做了后者的殉葬之物。

今日的盛举，王羲之是中心人物。作为雅集的主持人，不仅需要雅兴，也要做许多相关的组织工作：书函相约，其一吧；交通工具，其一吧；酒食肴馔，其一吧；服务人员，其一吧；笔墨纸砚，其一吧。各类细事，都需筹备，羲之为此付出的劳动，为此所秉持的善心雅意，理应受到在场人的称赞。即使他没有作诗，即使他没有参与这些预备，即使他不是内史，作为一位年近花甲的老艺术家能参加这样的聚会，也应得到亲友们的尊敬。如今，这位内史，这位长者，率先拿出新诗来，且诗味浓郁，修辞清雅，当然地获得了一片喝彩，这是应得的赞美，也是料想之中的。

于是乎，这个一杯酒，那个一首诗，赞许声不绝于耳，监酒人四下里观察，任何人不得作弊也不屑于东张西望。曼妙的诗情画意因了这横竖不能通融的律法，更显出对比的美感。好诗有人喝彩，差评也时而有之，欢声笑语，平日寂寥处——驿站通常很寂寞——突然有了这兴致盎然的文人盛举，显得格外热闹。天上的仙人们此时如果看见他们，说不定也要下来凑一番热闹呢。

坐中也有不爱随波逐流的大雅之人。他颔首向羲之微笑，羲之也报以谢意。此人不仅饱学渊博，磊落潇洒，而且沉雄独立，从不轻率臧否人物，一有言论便能语出惊人，又能切中肯綮。他尊敬羲之，彼此早就是挚友诤友，惺惺相惜。建康冶城之辩，让两位君子有了更深的心神之交。他不喜欢附和别人，常将庸俗的誉美视为乡愿，更看不上愚顽烧包的颟顸。每当与人论及当下，人物、诗文、大事，他要么说出自己的见解，一针见血。要么一笑置之，一副不关我事的飘然姿态。这个不畏权威、无视流俗、卓然高标的人，就是谢安。

谢安此时隐居山阴，应羲之之邀参加今日的雅集，心情恬淡，风度翩翩，饮酒赋诗对他来说犹如小菜一碟。曲水周旋，美酒浮荡，此时的他也免不了心动神移，将一片心情付与了蓝天白云，天上的仙子们立即就给他送来了美妙的诗歌。漂流的酒杯一路走来，一个婀娜转身，如美人与他擦肩巧笑，然后俏皮地停在他的面前。谢安站起来，长袖翩翩，面对崇山峻岭，在清流急湍的流韵中吟诵了两首新诗。

> 伊昔先子，有怀春游。
> 契兹言执，寄傲林丘。
> 森森连岭，茫茫原畴。
> 迥霄垂雾，凝泉散流。
>
> 相与欣佳节，率尔同褰裳。
> 薄云罗阳景，微风翼轻航。
> 醇醑陶丹府，兀若游羲唐。
> 万殊混一理，安复觉彭殇。

即便今人视之，这也是两首极有味道的诗。然而今人多有所不知，五言诗是汉魏时代的大创造。此前，中国诗歌的传统主脉是春秋以降的四言诗，孔子编撰的《诗经》是其代表。至于汉，开始出现赋，华丽的辞章中偶尔也包含了或长或短的句子，初步突破了以往四言诗的束缚，但并没有形成成熟的五言诗。到曹魏时期的建安文学，也还是四言为主，曹操的《观沧海》、《龟虽寿》，都是如此。由于魏晋南北朝时期，传统崩坏，思想得到解放，文体也发生了变化，五言诗如春笋出土，一问世就获得了广泛的好评和支持，像"池塘生春草，园柳变鸣禽"这样的句子，不单修辞高妙清丽，而且具有文体上的历史性创造，实是难能可贵。

两晋南北朝时期诗歌的另一个突出特点，是突出了作者的主体感受。《诗经》的诗，国风的主体是社会层面的民间歌咏，虽然不乏个人心情与命运感叹，但四言诗到底过于简约，不够酣畅。五言诗虽然只比四言诗多了一个字，但其内容含量与修辞自由度，大了很多。后来的七言诗其实是根基于五言诗生发旺盛起的，以至有了"草木摇落露为霜"那样的佳作。此次的兰亭雅集，参加者不仅作四言诗，也作了五言诗，可见风气所致，已成时尚，参与者个个得心应手，佳作连连。

新诗吟罢，侍者将他面前的流觞轻轻一拨，酒杯继续前行，悠悠然、荡荡然、款款然去寻找下一个诗人。这下一个作诗的，是才子孙绰。孙绰字兴公，太原中都人。初为著作佐郎，后任庾亮的征西参军，征拜太学博士，迁尚书郎，转永嘉太守，迁散骑常侍，领著作郎，拜卫尉卿。从这一系列的官职，不难看出，此人仕途很是畅达。孙绰有《至人高士传赞》二卷，《列仙传赞》三卷，《孙子》十二卷，集二十五卷。《晋书》有其传。孙绰为中国文学史上著名的辞赋家。他的兰亭诗作包括五言诗、四言诗各一首。其诗云：

流风拂枉渚，停云荫九皋。

莺语吟修竹，游鳞戏澜涛。

携笔落云藻，微言剖纤毫。

时珍岂不甘，忘味在闻韶。

春咏登台，亦有临流。
怀彼伐木，宿此良俦。
修竹荫沼，旋濑萦丘。
穿池激湍，连滥觞舟。

气氛越发热烈起来，许多新诗出来，王玄之、王徽之、孙嗣（孙绰之子）也都吟诵了自己的诗作，且颇得好评。就连和尚支道林，也是一副跃跃欲试的样子。这个和尚虽然长得丑陋，但是性格开朗，热情活泼，于传道、诗文、格义、上层交往诸方面都十分主动相当积极，加上说话爽直，机智幽默，叫人觉得他很是可爱。这种融洽的、和谐的、洋溢着文人情趣的氛围着实感染了王羲之。当酒杯来到面前时，他再次赋诗——一首较长的五言诗：

悠悠大象运，轮转无停际。
陶化非吾因，去来非吾制。
宗统竟安在，即顺理自泰。
有心未能悟，适足缠利害。
未若任所遇，逍遥良辰会。
三春启群品，寄畅在所因。
仰望碧天际，俯盘绿水滨。
寥朗无厓观，寓目理自陈。
大矣造化功，万殊莫不均。
群籁虽参差，适我无非新。
猗与二三子，莫匪齐所托。
造真探玄根，涉世若过客。
前识非所期，虚室是我宅。

远想千载外，何必谢曩昔。

相与无相与，形骸自脱落。

鉴明去尘垢，止则鄙吝生。

体之固未易，三觞解天刑。

方寸无停主，矜伐将自平。

虽无丝与竹，玄泉有清声。

虽无啸与歌，咏言有余馨。

取乐在一朝，寄之齐千龄。

合散固其常，修短定无始。

造新不暂停，一往不再起。

于今为神奇，信宿同尘滓。

谁能无此慨，散之在推理。

言立同不朽，河清非所俟。

　　如果说，王羲之在上一首诗中还有歌颂孔子、依偎儒家的正经风脉，这首长诗所流露的，更多的是道家风骨及玄学情趣。"合散固其常，修短定无始"，这两句已经有《兰亭集序》的意蕴了。"造真探玄根，涉世若过客"，此二句则深刻反映出羲之人生观的复杂性。人生如梦，天道轮回，大家都是过客而已——一种无名的悲伤从冥冥中飘来，让人感到无奈、无力也无助。那是和蔼可亲的云霞，那是面目狰狞的雷电，那是倏忽聚散的光影，你捉不到它，但是无法拒绝。既如此，那就让我们把有限的生命寄托到偶然的快乐之中吧。这是彻底的洒脱，主动的升华，也是性灵的奋力挣扎。

　　谢万也参加了今天的雅集。谢万字万石，文才隽秀，器量不及哥哥谢安，而善自炫耀，很会炒作自己，故早有时誉。谢万工言论，善属文，叙渔父、屈原、季主、贾谊、楚老、龚胜、孙登、嵇康等四隐（四）显为《八贤论》，弱冠后辟司徒掾。会稽前任内史、当下正在服丧的王述就是谢万的丈人。谢万后任豫州刺史、领淮南太守、监司豫冀并四州军事。王羲之曾在与桓温的信中写道："谢万才流经通，处廊庙，参讽议，故是后来一器。而今屈其迈往之气以俯顺荒余，近是违才易务矣。"羲之此处大有为贤者鸣不平的意味。后来谢万受任北征，矜豪傲物，常以啸咏自诩自高，未尝有抚众之心领兵之能，众遂溃散，狼狈单归，被废为庶人。可见羲之也有偏爱失当之处。

谢万的兰亭吟咏包括五言诗、四言诗各一首。其诗云：

> 司冥卷阴旗，句芒舒阳旌。
> 灵液被九区，光风扇鲜荣。
> 碧林辉英翠，红葩擢新茎。
> 翔禽抚翰游，腾鳞跃清泠。

> 肆眺崇阿，寓目高林。
> 青萝翳岫，修竹冠岑。
> 谷流清响，条鼓鸣音。
> 玄崿吐润，霏雾成阴。

孙统、郗昙、王玄之等，也各有新作。

春风吹散诗酒之气，飘浮于山色之中，流水传友情于葱茏之上，彼此呼应，人间的高雅酬答与自然的兴旺生气相互融合，天地间一时热闹，不必一一记述。其时献之方九岁，他在父亲身边坐了一会儿，就到溪涧中玩去了。众人呼他，他不理不睬。这孩子自小娇惯，养成了恃才自傲、孤芳自赏、自视高标的品性，谢安曾赞许他的寡言，后来也直评他的行为有拿捏造作之嫌——高贵过分，便失于流俗。

献之在幽静处玩了一会儿，又回到众人那里，他向父亲诉说了林子里各种好玩之物，还带回了一些野花和石子儿。羲之正要与幼子打趣说笑呢，一只酒杯居然在他们面前停驻了。王献之没有征求父亲的意见，也没有作诗，却端起酒杯来一饮而尽。孙绰叫好。羲之却说：小孩子，莫令其逞能于杯觥之间。谢安说：逸少教子，何其严也。羲之小声感叹：聪而甘于简朴者，是为大智。慧而不甘于淡泊者，是为浮萍。

流觞陆续，一而再，再而三，众人越发兴奋，大有一发而不可止的样子，就连高僧支道林都觉得如此饮酒赋诗煞是快活，竟忘却了他须臾不离口的布道事业。待众人都献了诗，酒意也有了七分八分，此时已是当午，便稍作休息，以遣倦意。

小憩时，孙绰提议将今天的诗作各自写下来，也好留个册页。谢安说是个好主意，支道林也鼓掌叫好。于是大家便各自就了笔墨纸张，将方才吟诵的诗正经写了，交给监酒人。监酒人将各位的诗作收在一起，算来有三十七首之多。谢安提议（假定是他说的吧）：今日雅集，得诗不少，且不乏佳作佳句，若是各自拿回，难免有形只影单、落叶无绪的味道，枉费了今日精神。依我看，大家共推一位贤者，将诸位大作收结成集，装订后人手一册，纵然灌木野花，到底是个景致嘛。

众人一齐赞同。孙绰问：将何以名之？谢安说：因地而名，不妨号之为《兰亭诗集》。众人又是赞同。谢安又说：人有冠冕之美，雁有领衔之歌，此集乃众人和声，若有君子为之序，方称全美啊。本人提醒各位贤者：不妨请一贤德之人给此诗集撰一篇序，记述今日之事，非为传世，聊志今日情形也。谢安的这个建议再次获得了众口一词的称赞。

于是，谢安推举王羲之为该诗集作序。他说：此事非右军不可，别人不必掠美。窃以为，内史文笔俱佳，为今日之事多劳，责无旁贷，诸位以为如何？孙绰当即附议：右军德才兼备，又是长者，此事非将军莫属。王献之此时十岁，跟在父亲旁边，也拍手支持自家老子。王羲之面带几分微醺，自觉责无旁贷，便笑吟吟答应下来：诸位且去游玩，待我稍作斟酌，须臾便好。

千古绝响

谢安、孙绰等人便去附近的山林散步。

正所谓能者多劳，又说，难者不会，会者不难。羲之见众人一致赞同谢安的推举，与会者无论长幼，异口同声，心诚意切，他也只好当仁不让了。众人散去，羲之开始酝酿腹稿。他远眺近观，沉心静思，过滤了飞扬的兴奋，安稳了酒意掀起的微澜，感念今日诸贤盛会以及一篇篇感情真挚、辞藻华美、朗朗上口的诗句，一时竟生发出许多感慨。

他随手翻看了那些墨迹未干的新诗，心绪渐渐平缓下来。半日的兴致，竟收集了三十多首诗歌，或写游赏之乐，或赞山水之美，各有情致，不吝抒发。在山水陶冶中，大家忘记那一时忧愁，诚为斯世之盛举；体悟自然生生不息的力量，抒发万物浑一、不辨彭殇的玄理，从清幽的景色中获得心灵自由，感叹世事沧桑和人生短暂，在俯仰中领略宇宙之茫茫、心田之浩瀚，感慨生命之无常，其中多少寄寓多少责任多少无奈！

天地精华，文学熏染，造就了文人雅士，留下这连珠妙语。孙统的"时禽吟长涧，万籁吹连峰"、谢安的"万殊混一理，安复觉彭殇"、玄之的"松竹挺岩崖，幽涧激清流"、蕴之的"散豁情志畅，尘缨忽已捐"，都是妙手偶得的好句子。然而所有这一切，都不过是过眼烟云，孰能留得住时光！今日过去，还有另一个今日；昨日不再，也有人怀旧辗转。多么强大的手也攥不住分分秒秒，再好的诗篇终究只是一时笔墨，后人无法体会我等心情，后人的后人也无法认知他们。这轮回中到底蕴含了几多幽深，很难说明白。有人说彭祖活了八百年，有人说生死是一回事，谁信啊？我等聚散，本无异于鸟兽，一时间尽情尽兴，其实都只是瞬间的快乐，生灵全在无可把握之中，于是逍遥也就有了意义。我今天作如此想，明日复有人如我一样感叹，所有这些，都是重复。色即空，空即色，看来支公所言确也有些道理……

　　漫无边际的寂寞突然袭上羲之的心头。他环顾四周，见山川秀丽，林木葳蕤，流水淙淙，心中升起难以抑制的情感，他觉得有话可说，如同块垒在胸。春花秋月，枯荣交替，没人可以抵抗，人的生老病死如草木一样，这轮回天道哪里是个人所能说了算的呢。羲之忽然想起不久前在刘惔家的那次小聚，当时许迈和他一起在刘家饮酒。许迈见刘惔家中器物优雅，饮食丰甘，床帏鲜丽，情不自禁地说："若保全此处，殊胜东山。"刘惔也感慨："卿若知吉凶由人，吾安得不保此。"当时羲之就说："令巢、许遇稷、契，当无此言。"羲之的这句话当时弄得两位高士有点儿下不来台呢。那情景瞬间即逝，却让羲之不由得再生感慨。人生不过百年，生前的名利财富都是过眼云烟，一时引发兴致就不错了，若要终生拥有或竟万世不灭，那只能是可笑的妄想。如果没有这些俗念，彭祖是否能享年八百？反过来说，也许正因为没有这等俗念，彭祖才活了那么久呢。啊，反正都是问题。空寄玄思，在寂寥中品味终极，生命是何等短暂何等的冷凉。所以，人活着也许需要有借口，而借口恰恰就是俗。什么是俗？俗就是等级，是歧视，是面子，是没完没了的名利追逐，是失去了精神内涵的行尸走肉，难道这些就是人活着的借口和支撑吗？好啊，到此打住——既然理解了他们，今后我将不再讥讽，让他们得过且过好了。可是我不能勉强自己，我不能放弃桨橹一任生命的扁舟随波逐流，违我天性，即我痛苦，与其委曲求全倒不如我行我素，我还是强调品格，我相信具有高尚情怀的人必定与众不同，也应当与众不同。什么是美，美就是不同……

　　好，有了，我有话可说，不吐不快。

　　既然责无旁贷，那就只好各言其志了。

　　一股激情涌上心头，羲之挥笔写下那篇千古传诵的《兰亭集序》。

兰亭集序

永和九年，岁在癸丑，暮春之初，会于会稽山阴之兰亭，修禊事也。群贤毕至，少长咸集。此地有崇山峻岭，茂林修竹；又有清流激湍，映带左右，引以为流觞曲水，列坐其次。虽无丝竹管弦之盛，一觞一咏，亦足以畅叙幽情。是日也，天朗气清，惠风和畅，仰观宇宙之大，俯察品类之盛，所以游目骋怀，足以极视听之娱，信可乐也。

夫人之相与，俯仰一世，或取诸怀抱，悟言一室之内；或因寄所托，放浪形骸之外。虽趣舍万殊，静躁不同，当其欣于所遇，暂得于己，快然自足，曾不知老之将至；及其所之既倦，情随事迁，感慨系之矣。向之所欣，俯仰之间，已为陈迹，犹不能不以之兴怀。况修短随化，终期于尽！古人云："死生亦大矣。"岂不痛哉！每览昔人兴感之由，若合一契，未尝不临文嗟悼，不能喻之于怀。固知一死生为虚诞，齐彭殇为妄作。后之视今，亦犹今之视昔。悲夫！故列叙时人，录其所述，虽世殊事异，所以兴怀，其致一也。后之览者，亦将有感于斯文。

译文：

永和九年，岁星在癸丑，三月初三，我们在会稽郡山阴县的兰亭集会，举行袚禊活动。许多著名人士统统来了，年轻的和年长的都聚集在一起。这里有高峻的山岭，茂盛的树林，修长的竹子。还有澄清的急流，在左右映衬环绕，引来作为流觞的曲水。大家依次坐在水边，虽然没有琴、瑟、箫、笛演奏的盛况，但边喝酒边赋诗，也足够畅叙衷情。这一天，天色晴朗，空气清新，和风温暖。抬头看到天空的广阔，低头看到万物的众多，藉此放眼观赏，开畅胸怀，可以尽情享受耳目的乐趣，确实是欢乐的。

人与人的相处，时间很短暂。有的把自己的抱负倾吐出来，和朋友在一间房屋里谈论；有的凭借爱好的事物寄托志趣，过着放纵性情的生活。虽然各人谋求的和抛弃的千差万别，性格的安静和浮躁也不一样，可是当他们对接触到的事物感到高兴，一时间很自得，就自满起来，不知道衰老即将来到。等到他们对谋求或者取得的事物厌倦了，心情就随着事物的改变而改变，感慨也随之而来了。从前所喜，跟着自然界变化，终究要走向结束。古人说："死生也是一件大事啊。"难道不令人悲痛吗！每次我看到前人发生感慨的原因，同我们好像契约一样相合，面对着前人的文章悲伤感叹，可是心里又不明白为什么会这样。本来就知道把死和生看做一样是虚妄的，把长寿和短命看成等同是荒诞的。后来的人看现在，也像现在的人看从前一样，这是多么可悲啊！所以我把与会的人一个一个地记下来，并且把他们所作的诗抄录下来。虽然时代不同，事情也两样，但是人们产生感慨的原因，那情景还是一样的。后代阅读的人，也会对这些诗文有所感慨吧。

羲之神情专注，文思洋溢，下笔如有神助，一气呵成。

待其放下手中的笔，不由得长叹一声，心中积存多年的块垒顷刻瓦解。

众人回来，聚于书案前后，一一阅读羲之的美文，无人不赞叹，无人不称许。谢安说：千年之后，我等尸骨朽尽，此文将依然灿烂，甚或超过今日。羲之不好意思地说：但言心中感想而已矣，不胜谬奖。羲之的几个儿子吟诵了父亲写的诗文，王献之对其兄长王徽之说：人书俱老，不知我等尚有立脚处不。王徽之说：大道成于沧桑，我等有所不及，及是大道，不及亦大道也。

《兰亭集序》果然如谢安之所期，自那以后，便成为经典名作。这是一个人百年积累的精华，营养来自肥沃的土壤，也吸收了人性魅力、日月精华。多少年的心血投入，才造就了这美轮美奂的佳作。多少年的坎坷历练，推敲琢磨，且歌且泣，不离不弃，方才凝集出如此光彩夺目的精品！这是中国艺术史上无可替代的奇葩，也是全体中国人的骄傲。

想此事已过一千六百多年，物不是，人亦非，枯木朽烂，山河改貌，而兰亭之名却历久弥新，何也？大江东去，浪淘尽千古风流，此文章、此笔墨、此盛举，却日益深刻地铭记于文艺史上，胜似勒石，也胜似各种各样的纪念碑。是以古人云：王侯将相，文治武功，而今何在哉？唯神仙故事、文人墨迹延绵不朽，足见百年事功不如方寸文章。是也，非也？

《兰亭集序》，又名《临河序》、《禊序》、《禊帖》、《兰亭记》。不论叫什么名字，东西就是那一个，人物就是那一个，书法就是那一个，无可代替，无法比拟，不可重复，称得上千古绝唱，一曲响彻于云霄，绕梁千古，播撒于中华民族的历史中、血液中、自豪中！兰亭雅集是中国文人自由吟咏的一次绝唱，是魏晋士族文人生活的典型写照，也是那个时代的文化体现。后人虽有模仿，终因时事有异，很难形成同样美妙、同样高标的艺术品。《兰亭集序》是中国书法艺术史上一颗璀璨的明珠，是一座难以超越的顶峰。

非如此不足以描述这一旷世杰作的基本面相。

君以为如何？

蕴藉态度——羲之书法的形而上之美

自那以后，历代都有学王羲之、摹写《兰亭集序》的。

尽管这倾心尽力的学习也产生了许多可圈可点的好作品，但就整体风格而言，至今还没有哪件作品超越《兰亭集序》。假若有人说：一人一风格，我的作品已超过王羲之。这种磅礴的口气足以惊人耳目，但艺术不是一个人的孤芳自赏，尽管它千姿百态，但客观上还是有标准的，说大话没有用，公论也得有时间的附议，才能成为公认的经典。诚然，很多后学者在笔画、体势、结构诸方面已经达到或接近了与《兰亭集序》惟妙惟肖的程度，但就作品的气质说，到底还缺少一种潇洒、一种情致、一种风雅清贵又浑厚质朴的气息、一种根基于自然却又气象万千的态度、一种超凡脱俗又胜似闲庭信步的自信自适、一种深沉冥思却也荡遥浮世的感觉。何也？

要想弄清这个问题，须先讨论《兰亭集序》是何以产生的。

《兰亭集序》的产生，是综合文化因素的曼妙产物，是一种艺术云层在某个特定地域落下的雨水。虽然那只是数十人的雅集，但却是一个时代的文化缩影，也包含了许多的偶然和必然。从大的方面看，这里有艺术家对于山水的赞叹，有以诗言志的快感，有个人心情之乐，有自由散漫的放达，有感悟生活的群体趣味，甚至还有自觉不自觉的对生命无常的哲学思考，等等。这些因素，虽见诸文字和书法，但其内在精神却难以模仿。今人学书，不应刻舟求剑，而要从根本上探求奥妙。得到内在奥妙的，即使写出来不像《兰亭集序》，也不枉为书法家。这看起来像是悖论，其实逻辑上并无相左之处。

造就《兰亭集序》的因素极为丰富，如雅集的形式，如笔墨条件，如曲水流觞，如人才济济，这些，后人不难具备，模仿者足可至于酷肖。但是，就时间来说，《兰亭集序》有其风云际会的成分，这就不易凑得齐。当时的文人气息，不可能为当代人所具有。那种放浪形骸的清高，那种尽情挥洒的飘逸，那种世风披靡我自独立的精神，甚至还有现实所压抑的逃避，今日世界，何人有之？何处可以照搬？魏晋时人那种挥斥方遒、探幽寻微、极尽玄理的表达，那种不屑于风俗的高贵，谁能比附？谁能模仿？魏晋风度是文化史上的一次绝代风华的演出，绝不是背诵几首诗词、放几声狂言就能学到的。是以有言："一种风流吾最爱，六朝人物晚唐诗。"魏晋风度诚如过往秋风，难以复原，勉强模仿，大多似驴非马，为大家笑。

即便魏晋人物穿越到今天，让他们重做此事，未必就能得到当日之风情、当日之诗文、当日之感慨、当日之成果。时过境迁，彼时彼地的人文因素都已变化，没谁能重现当时的全部信息，大江东去，所有的元素几乎都改变了。《今古奇观》中有一则故事叫"转运汉巧遇洞庭红"，说的是一个穷人偶尔弄到一只巨龟，原不以为奇珍，后来漂洋过海，被行家发现大龟的脊椎间有很多大珍珠，于是乎那人发了大财，倒运汉变成了转运汉。故事末尾有作者题记："若与痴人说知，便思海外寻龟。"兰亭故事与此类似，其中有很多必然和偶然，后人只能会心。《兰亭集序》绝不是一件侥幸之作，而是一个八面来风的艺术事件，今人可以学习其笔墨精神，但无须执意泥古、拷贝原作。

如果出一道题，问：你说《兰亭集序》哪里好？

也许没有人能全面、清晰、恰如其分地说出个所以然来。很多人面对那一旷世绝响，只有颔首微笑，滋味心中有之，美丽眼前摇曳，可就是说不出来。一旦说出个一二三四甲乙丙丁，听者会觉得你几乎就要够到了，但就是没有搔到痒处。这种只可意会不能言传，似有似无，见首不见尾的东西，实际上就是形而上美感。

书法的形而上美感与魏晋风度正好形成一对相互照应的表述关系。哲学上的形而上是个博大繁复的概念，敝人浅陋，不敢深究。这里只能说，形而上的东西就是"尽在不言中"的艺术气韵，一种幽深的启发和怦然的感动，一种抚慰读者心灵的风采妙义。

书与画皆有形而上的元素，但是二者很不同。绘画是用形体表达的，即使抽象画也有具体的形状，读者总能根据"似与不似"的形体去引申想象感受趣味。书法则不同，书法完全是用线条组织而成的艺术，其美感更多的在于形而上。

若用画来表现诸如"逸"这样的意思，总须先有形态，有物体，有留白，有远近高低浓淡大小，而一旦有了形，那"逸"便会散失十之五六，粗劣者甚至于被形体所勒死，所以，绘画虽有色彩图形之便，但也有形而上之难。书法是单纯用线条的组织、运行、平衡、变异、差别、对立，去表达美感的。这种美感的表达极为复杂，拙笨不行，聪明也不行，自在的情怀全在笔墨之中流淌，笔墨间有如清水潺潺，不迟不滞，似枯亦荣，似流云散淡烟，如大海呼吸，似飞鸿一瞥，那种满不在乎而又精微妙极的味道在不经意间浮现出来，字里行间宛有流韵倾泻，不好描述，但读者可以确切感觉到那个东西——其实它又不是东西。李商隐诗"此情可待成追忆，只是当时已惘然"，其中的惘然就有形而上的意思。

如果用绘画表示"幽深"，尽管明暗之间存在了形体的浓淡深度，但落笔处必有其不逮之难：完全漆黑并非就是幽深，留白与之相较，分寸又难掌握。时空万般丰富，有形的工具难以解释无形，书法的"不具体"、"无形象"、"不拟人不状物"，正适合了表达抽象意蕴的要求。一幅书法作品，三五句子，看似简朴，其中蕴藏着、散发着、摇曳着无穷的意思，任人遐想，绝非仅是字面的文本的含义。这个笔墨造就的线条空间可以填补读者各色各样的想象，其中款曲，无法尽述。西方人老是觉得——或东方人常常认为——汉字书法难以捉摸，其中那个"须捉摸"的东西，正是书法中的形而上之美。

文本的《兰亭集序》，并不难理解：前一半的叙事写景，时人皆可为之，风景描述很简约很精练，（斗胆说一句）其文并非高妙得不可企及。下半部分突然转入人生感悟，道自我之悲情，言万物之本来，就有了独特的、唯一的、前无古人的东西。但是，这些文本的意思都是可以用语言叙述的。古往今来，许多注释，许多版本，训诂考证，几乎无微不至。虽然有些争论，但仁仁智智，基本还可以用语言说清。但就书法之《兰亭集序》而言，则有"用话说不清楚"的难处。这个难处，就是它的形而上美感。

《兰亭集序》的书法之美与玄学思辨有关。玄而又玄，众妙之门，思想可以借助逻辑和概念说明白，但有穷的文字无法点拨无穷的、混沌的、如来如去的美感。王羲之的书法将这种玄妙意蕴进一步幻化，读者每览此书总觉得眼花缭乱，不知自己是在理解文字呢还是在赏鉴书法。当文字的描绘企图表达心绪中那虚渺的叹息时，如果没有书法的精妙配合，往往给人一种皮肉分离的尴尬。只有那些能洞悉文本内在的人才能深刻理解王羲之的书法，也只有如此，才能将书法本身的蕴藉态度和作者的苍茫感慨融合为一。在这里，天籁纶音几乎完全取决于听者的修行，于是整个作品从文字的内容到书法的韵致都具备了形而上的元素。

魏晋风度是难以用文字完全表达清楚的文化风格。那里满是天马行空式的啸傲，也有大步流星的省略，文人的俏皮充满机锋，幻想犹如夏日的云霞，灿烂中也有黯淡，郁闷中也有阳光，真诚中也有造作。积极入世，潜心隐遁的，空谈玄理的，务实做事的，沉湎美酒的，扬言要死的，追求长生的，都有，甚至也有修饰过的现实俗气。直言敢言的人上不畏天子之威严下不怕杀伐之残忍，王敦造反，谢万浮华，王导老于世故，刘隗阿谀伪装，确非白丁夯汉之所为也！纵观魏晋，高贵与卑贱共存，独立与依附同生，这里没有清晰的线条，耿介一贯如羲之者，其实凤毛麟角。那个风云诡谲的时代，给书法的涅槃变化提供了背景音乐。

我们的传主——羲之先生——内心一定存放了、堆积着沉重的孤独与寂寞，而《兰亭集序》所表达的，恐怕不足万分之一！这就是魏晋文人的特点，非同凡响，但很难拿捏。即或竹林中人，相互不能倾心者也不乏其例。与山涛绝交的嵇康将子女托付前者，看似荒诞悖论，其实深处有着质朴的欣赏和坚实的信任，那不是潦草的即兴之言，也不是肤浅的幽默玩笑，魏晋人的浪漫其实建立在传统的基础上，书法亦如此。

魏晋人物之可取处，首在直率，张扬质朴达到不尊礼法的程度。那里容不得伪装，一不小心就会流于造作，惹人耻笑。独往独来，终生隐居山林的，并非都是胆怯。他们的心中充满了厌恶，于是采取了自我放逐的自虐，也许还有自爱。有人笑王戎俗不可耐，王戎却不以为丑——将自己打开，自以为是，敢于自嘲，也就酷似了"虽千万人吾往矣"的英雄，看似不知羞耻，又有说不出的坦率。魏晋人那种纠结而任性的精神，那种放浪形骸但又谨小慎微的心理，加上大背景中的专制、杀伐、恐惧、士族亲疏、朝野倾轧、个性冲突，命运舛错，构成了一个时代的丰富性。如此纷繁的气象，只有像书法、音乐、宗教这种具有较高抽象能力或思辨本事的形式，庶几能表达个五六七八。

即便从形而下的角度看，临摹复制《兰亭集序》，也不是件易事。书法是以线条、墨色、字体、结构等因素形成的艺术品。《兰亭集序》虽然只有三百多字，但这三百多字如何排列，用什么字体，行文速率如何安排，即时的过失如何纠正，等等，即使羲之本人恐怕也难得说清楚。当然，作品大体写什么，羲之心中当然有数，但他彼时彼地似乎没有详细的预案，有些词句，有些书写，是随意的，蓦然间灵光乍现，糊里糊涂写下那些，意识未必条理，字句大多来自心理情势的自然流淌。可以猜想，羲之本人事先未必知道自己竟会写出那么好的一篇文字，事后也未必清楚为什么能写得那么好。这就是为什么是"这一个"《兰亭集序》而不是"那一个"《兰亭集序》。这不仅是书法本身存在的偶然之美，也是一切具备形而上特点的艺术形式的精妙之所在，几率只在千万分之一。何谓能品？能品就是能者可以为之；何谓妙品，妙品就是那种即使能者也不见得有把握作得好的作品。妙在何处？妙在难言之中，多说就是饶舌。

有一位山东画家说：书法之美在于整体精神，绘画之美在于糊涂一笔。这位画家道出了书画艺术的形而上的真谛和创作的偶然因素。《兰亭集序》的美恰恰在于整体精神，那是一个综合性的文化产物，一种羚羊挂角无迹可寻的随时飘风。严格地说，那也不是王羲之一人完成的。向使没有当地秀美的山水，向使没有趣味盎然的曲水流觞，向使没有那些有意思的文人以及他们所展现的才情笑貌，向使没有好友谢安等人的推举，没有众多子侄的簇拥，不可能有王羲之的"信可乐也"，也不会有他的"死生大事"的感慨。可以这么说，在《兰亭集序》整篇作品中流淌着当时当地的全部文化信息。王羲之本人后来也写不出第二份《兰亭集序》，充分说明了书法佳作不是单纯的笔墨问题。时过境迁，那份熏陶他、感染他、让他身在其中而又不知其所之的情态没有了，哪还能写得出第二片"完全同样的树叶"？涸辙之中，何处能寻游鱼之乐？潮湿不在，谈什么相濡以沫？

艺术创作的即时兴奋和偶然性，对于作品的成功具有不可或缺的重要性。这里不仅需要知识和技能，更需要的是作者心灵表达的自由——自由是一种能力。自由未必来自理性思维，未必来自高雅情怀，世俗的成分有时也能促成一种兴奋，也能提供一部分创作条件。中国书画几乎都有写意的成分，这种深刻浸润在中国艺术中的元素，往往来自于浑然不觉的个人情绪以及基于经验之上的得意忘形。俗话所说的"烧包弄景"，其中虽有雅俗讥讽，但创作者都不敢轻视这种所谓的"烧包"，因为"弄景"之妙不光依偎着清高和雅趣。

以笔者之俗，试作如下推想:《兰亭集序》的成功，和羲之当时的职务多少也有点儿关系。其时也，羲之身为会稽内史，是当地最高行政长官。虽说当官未必就能写好字，但来自地位上的居高临下，有助于作者在创作时获得某种轻松感。这种人之常情的潜在意识至少可以让他减少拘谨，放大自如，强壮得意，展现信心。来自周围的赞美和推举（其中未必没有奉承），对他这个地方官加名人加长辈的捉刀者会形成一种似真似幻的愉悦。即便其中有些恭维，对创作者也不无助益——带有沙尘的雨水照样也能浇灌花木，虚幻的神灵有时也能成为灵丹妙药。如果此时他不是最高长官，即使字写得一样好，即使有同样的情怀，不见得就能写出今天我们看到的这个《兰亭集序》。试想，身为会稽内史的他，面对众口一词的推举，本来的自信此时会幻化为兴奋，无人置喙的高手情怀让灵感纷至沓来，当事人有如天助，写什么都好，怎么写都行。那是一种责无旁贷的允诺，义不容辞，舍我其谁! 这里不需要左顾右盼，不需要虚与委蛇，而是当仁不让，"看我为尔等示个范儿"! 于是，羲之在暮春三月的暖风中，肩负大家的美意，带着美酒的微醺，记下这次盛会，顺便挥洒了一点儿关于生死的感慨……在许多的必然和某些不自知的因素作用下，旷世绝品《兰亭集序》完成了。

虽然如此，意犹未尽。

书法作品无一不是独立完成的，因此，书法的内在精神应是独立的、自我的、内敛的。王羲之的书法成就主要在于创新，而继承则是题中应有之义。秦汉以来，小篆犹存，汉隶主流，羲之舍弃秦篆，不仰方笔，借助新材料（普及的纸和改进的笔），放怀行笔，终于完成了自章草而进入行楷的英勇探索，这里边有其个性独立的固执之美。什么叫做精神？精神就是追求，就是偏好，就是俗话说的"一根筋"。这位自少年时代就被王敦赞誉的"佳子弟"，内心深处积累了太多的悲情，层叠的苦难造就了他傲世独立的胆气和深藏不露的叛逆情怀。王羲之是一个敢于同世俗较量的大角色，是一位反潮流的艺术家，单是这种精神，后人就难以望其项背。《兰亭集序》中，作者用"一死生为虚诞，齐彭殇为妄作"这十二个字，表达了自己的世界观。这种思想，在当时的文人圈子里并非主流，魏晋的时髦是以清谈、出世、玄道、隐遁为雅，而以入仕为俗。王羲之并不这样看，他明确指出：所谓长生不死、超然物外的想法是虚妄的，人生短暂，应当珍惜。能做多少事就做多少事，时不我待，竭尽全力，不指望浑浑噩噩的长生不老。

《兰亭集序》是中国书法艺术的伟大交响曲，绕梁千年，至今依然美丽。

殉葬——《兰亭集序》的宿命

王羲之深知此作的重要，将之视为传家宝。他曾经想多写几份，留给子孙做范本，但他一写再写，总是不能如愿。为此，他很苦恼——这可以想象得出——难道说自己写的字却不能自我再现一次吗？王羲之还是那个王羲之，笔墨也未曾变化，怎么就是写不出第二个《兰亭集序》了呢？事实像冰冷的生铁一样，沉甸甸的，没有迎合主人的笑脸，也没有安慰主人的烦恼，就是如此——他再也没能写出令自己满意的另一份。此郁闷，此烦恼，折磨了羲之好长时间。真正令羲之欣慰的，是他的儿子王献之。王献之继承了父亲的书法艺术，并有所发展。让后人感叹唏嘘的是，世上早已没有王羲之的真迹，却有不少王献之的手迹在流传。

《兰亭集序》作为书法史上的瑰宝，曾在王家代代相传，一直传到王家的七世孙智永手中。智永在绍兴云门寺出家为僧，没有子嗣，圆寂前将祖传真本传给了弟子——辩才和尚。唐朝初年，李世民大量搜集王羲之书法珍宝以便经常临习，他将《兰亭集序》奉为至宝，只可惜只闻其名未见其面。出于仰慕，唐太宗李世民曾多次重金悬赏，一直没有结果。帝王，封建社会的万能之人，他想得到一件东西、一个人、一片土地，自视为天经地义之事。如果不能遂愿，便会若有所失，沮丧、失望，其心快快。

一天，太宗对宰相房玄龄言及他的这块心病，叫宰相无论如何想想办法把那个宝贝弄来，哪怕看一眼就死，也无憾了。房玄龄此时正在编修《晋书》，参与编撰的共二十一人，其中监修三人，为房玄龄、褚遂良、许敬宗。内容涉及天文、律历、五行、人物，等等。房玄龄除担任总编撰外，还亲自撰写人物传记，《晋书·王羲之传》就是由他撰写，而后经唐太宗修订的。

房玄龄非常理解皇帝的心思，而且，他本人正在编修的《晋书》中一定要写《王羲之传》，书法《兰亭集序》应是传记中的重要部分，所以他也很想看到那份真迹。既然皇帝发下旨意，房玄龄哪里还敢怠慢！他当即派人，深入江左，明察暗访，先弄清这珍宝在谁手里，然后再说。不久，房玄龄得知《兰亭集序》现藏于浙江绍兴永欣寺僧人辩才手里。

房玄龄多次派人去"借"去"看"，辩才和尚总是装憨卖傻，一口咬定说自己根本没见过那东西。辩才和尚知道，那件传家宝可是稀世珍宝，决不能示人——俗话说，看进眼里拔不出来。李世民见心爱之物老也弄不到手，煞是焦急，经常催问他的宰相：那事你办得怎么样了？房玄龄只说正在想办法——其实他也很挠头，没有什么好办法。

后来房玄龄发现监察御史萧翼熟谙书法，尤其喜爱二王，对王羲之的每件传世作品都如数家珍。而且，此人善于计谋，是朝中一位屈指可数的能臣干将。于是房玄龄就向皇帝推荐萧翼去办这件事。李世民也知道萧翼是个会办事的人，亲手写了圣旨，让萧翼随身带好，前往搜寻旷世珍宝《兰亭集序》。

萧翼并没有立即出发。他反复琢磨，仔细谋划，终于制订了一个大致的方案，还向皇帝讨得王羲之书帖真迹三五件，辗转推敲，烂熟于心，做足了功课，然后着了一身便服，打扮成一个平常书生的样子，径至会稽山阴。盘桓数日后，萧翼大体了解了当地的情况，便宿于永欣寺附近的驿站里。这个老先生开始了窃取书法瑰宝的无间道行动。

萧翼每日至永欣寺看壁画，读佛经，一副真诚入心的样子，引得了辩才的注意。一日，辩才经过禅房，萧翼以山东口音与之打招呼。此时的都城长安在西北，京都来人，多操秦音，辩才没闻萧翼有西北口音，先就有所放心，以为此人可能是南渡士人之后。萧翼用山东口音讲话，辩才少了警惕，彼此寒暄，说了些佛道文学之类的话题。辩才见这个书生斯文平淡，又颇通玄道，便引至内室。萧翼以琴棋书画、诗词歌赋与之言，史书称他们相知之情为"甚稔"——很快就混熟了。

逾日，两人谈话更加投合，至晚，留萧翼宿于寺中，引灯长叙，竟类知己。一个是处心积虑，一个是仁厚待人；一个是心怀鬼胎，一个是老乡见老乡两眼泪汪汪。渐渐地，辩才就进入了阴谋家的圈套。史料有记：萧某出王帖与之观（从皇室里拿来的，当然是真迹），辩才云：帖乃真迹，却非精品（老人家一旦兴奋便有了一时的糊涂）。萧某叹曰：惜乎！《兰亭》虽为精品，今不得再见（激将法用上了）。辩才使气（萧翼要的就是这个使气），从房梁处取得《兰亭集序》以观之（萧翼此时必双目灼灼似贼）。萧某云：假（是故意言之啊）。二人争论好半天，辩才说不假，萧翼说须仔细推敲，方可定夺真伪，云云。一日，乘辩才不在，萧某取之（这家伙简直就是个贼），寻得驿长，以真面目示之（何谓真面目？钦差大臣专取《兰亭集序》者是也），驿长担心连累而获不义之名，不敢放他走。萧翼遂取绢三千匹、粮三千石予寺（大约只是允诺，抑或写了个欠条也说不定）。

萧翼何许人也？其出身乃江南大姓萧家，南朝梁元帝的曾孙，祖上是山东琅邪附近的兰陵（今山东苍山县兰陵镇）。唐贞观年间，萧翼任谏议大夫，监察御史。这个官大致相当于现在的总检察长。一个小驿站的站长见了这么大的官，又有圣旨——是奉了王命的啊——哪里还敢怠慢，况且，给这个人方便还能得那么多赏赐呢，于是急忙备了马匹，星夜送萧翼回京城长安。

有人演义此故事如下：辩才自从将兰亭帖拿给萧翼看了之后，就不复将之回藏到屋梁上。他把《兰亭集序》和萧翼带来的御府二王杂帖一起放在书桌上，仔细对照阅读，奇货可居，很是高兴。一天，萧翼趁辩才外出做客，悄悄来到方丈室，请小和尚打开门，谎称自己将书帖忘在辩才和尚的床上了。小和尚见他是经常出没在大师禅房的萧翼先生，不假思索，就给他开了门。萧翼于是便将兰亭帖和御府二王杂帖全都放进蓄谋已久的衣袋内，转身就走——撒丫子跑了。

萧翼智取墨宝，回到京城长安，唐太宗欣喜若狂，大摆宴席招待萧翼及群臣。宴席上，唐太宗当众宣布：房玄龄荐人有功，赏锦彩千尺。萧翼加官五品，晋升员外郎，并赏给他一处豪华住房及许多金银宝器。辩才犯欺君之罪，本应加刑，念其年迈，又多年保存羲之真迹，将功折罪，获免。唐太宗宽大为怀，赐给他谷物三千石。辩才深感皇恩，将赐物变卖，建造了一座精美的三层宝塔，置于永欣寺内。但他终因兰亭帖一事欺君受到惊吓，身患重病，一年后便去世了。这是为《兰亭集序》殉道的第一人。

唐太宗对《兰亭集序》爱惜至深，终日临摹，书法不无长进。弥留之际，他将太子唤至耳边，说：我死后，有一事，希望你能做到。太子忙问何事。李世民就把心愿说与太子：将《兰亭集序》原迹陪葬昭陵。太子至孝，哪能不听老子的话？于是，《兰亭集序》真迹就成了太宗的殉葬品，深藏黄土之下，至今未见天日。这段故事更增添了《兰亭集序》的传奇色彩和神秘气氛。

兰亭雅集及其《兰亭集序》，不仅是中国书法的顶峰，也是王羲之一生的最高点。

生活还在继续，王羲之面临着人生的晚景。

第十章

金庭日落曹娥江

咄咄怪事

永和九年（353）九月，姚襄屯历阳，考虑后燕、前秦的势力方强，不敢有北伐之举，乃在淮河南北两岸广兴屯田，训励将士，一时士气旺盛，颇有一种沉着稳健、有所作为的样子。殷浩此时在寿春，对姚襄的强盛很是嫉妒——可见殷浩不配做将帅——竟然将姚襄的弟弟给囚禁起来，还屡次派遣刺客想暗杀他。这样下作，真愧为饱学之士。这还不算完呢，殷浩又派遣魏憬帅众五千袭击姚襄。姚襄此时已经军力充实，且军心团结，一举击败魏憬，姚襄斩憬，并警告殷浩不要自相残杀。

姚襄不仅具有军事才干，而且政治上也相当稳妥，进退都有分寸，他的举止受到很多人的赞扬。殷浩于是更加憎恨姚襄。手下有这么好的大将，不加以褒奖，反而处处陷害之，他到底要干什么呀！殷浩自恃权高位重，竟然以最高军事领导的名义将姚襄迁于梁国之蠡台，在今河南商丘市南古睢阳城内，上表授姚襄梁国内史。这等于将姚襄剥离出军事大局之外了。

十月，"殷浩自寿春帅众七万北伐，欲进据洛阳，修复陵园"。殷浩的想法实有沽名钓誉的成分。他要给外界一个感觉，自己是个名副其实的大将军。有史书云：殷浩曾进据洛阳，修复陵园。这不是事实。盖因此论忽略了一个"欲"字。殷浩不曾考虑自己的行径早已深深地伤害了姚襄，为了进一步削弱姚襄的军力，竟然以姚襄的部队为前驱去攻打洛阳。姚襄突然得到这样的军令，立即行动起来，但他不是去攻打洛阳，而是以伏兵出击殷浩。这一招完全出乎殷浩的意料，两军战于山桑，殷浩大败，尽弃粮草辎重，慌忙逃往谯城，坚守以自保。这就是一个不成器的文人将领应得的下场。

十二月，"姚襄济淮，屯盱眙，招掠流民，劝课农桑"，同时遣使到京城建康，一一陈述殷浩的罪状。当然，他也作了检讨，说攻打殷浩确实不好，但主要过错在殷浩，在于殷浩无视大局陷害忠良，他实在是忍无可忍才这么做的。朝廷没有谴责殷浩，反而下诏以谢尚都督江西、淮南诸军事兼任豫州刺史，镇历阳。这么做既是安抚，同时也防备姚襄造反。古人有言：用人不疑，疑人不用。这样的小心眼，对本来秉持忠心的姚襄是不公道的。殷浩三番五次地出歪招，让带兵的姚襄寒了心。姚襄既然能够"自陈谢"，朝廷就当以诚相见，奈何一再姑息殷浩将国家大事与个人好恶搅和在一起呢？

魏晋以来，怪事虽多，未有出于此者。

对于殷浩此次北伐，羲之切切关心。其一书信云："得孔彭祖（孔严）十七日具问，为慰。云（姚）襄径还蠡，是反善之诚也。"就是说，人家姚襄打败了你殷浩后能够派人上朝谢罪，然后乖乖回到自己原先的驻地没有采取进一步的报复行动，可见并非意在反叛夺权之人。羲之之所以见识准确，因为他用心中正，从国家大局出发，实事求是而非意气用事。羲之因此作出估计：既然姚襄不再为难，殷浩必得速还京都，"无复道路之忧"。羲之时在会稽内史任上，对前线形势洞若观火，对姚襄之看法如此准确，诚属难能可贵。可惜殷浩执迷不悟，不懂政治也不懂军事，继续错误行为。

次年正月，殷浩又搞了几次北伐，屡次出师，屡次败北，都像过家家似的，空自消耗了大量国力军力，没打过一次胜仗，还把军队搞得彼此怨艾，几近四分五裂。这一来，朝野上下对殷浩都很不满。征西将军桓温抓住把柄，上疏朝廷历数殷浩之罪，请求皇上下诏废除这个徒有虚名的家伙。桓温此时镇守荆州，势力广及今两湖、安徽、江西至四川，他的奏疏代表了大多数人的意见，很有力量。

二月，朝廷废扬州刺史殷浩为庶人，令他迁出建康，到东阳之信安（今浙江衢州）去居住。殷浩既被废黜，当然是满心的愁怨，只是无处发泄。他的实际作为让自己威信崩析，没人愿意听他解释诉说。殷浩不得已只能咀嚼失败品尝痛苦，好像得了忧郁症。他经常指手画脚地在空中一遍遍地写字，人不知其所书，仆人仔细推敲他的手势，发现殷浩反复空书的是"咄咄怪事"四个字。这也是成语"咄咄怪事"的出典处。这消息传到桓温耳朵里，桓温对其掾郗超（羲之妻侄）说：殷浩这个人不能说没有学问，也不是德行有多么差，他就是小心眼，不懂政治，不会用人，虚荣心强。这样的人假若当初任命他当个检察官什么的，足以仪刑百揆，也不妨碍大局。然而朝廷却叫他带兵去打仗，还要他统揽全局，那就是用违其才了。

由此可见，桓温之本心与殷浩并无成见。桓温评论殷浩之语，何等中肯，何等宽大，又是何等的磊落！桓温不仅是一位军事天才，政治上也相当老练，分析大都客观。可以这么说，政治上不行的人，难以成为优秀的军事家。相对于桓温，羲之对殷浩的看法则稍逊三分。桓温的豁达大度、不计旧恶、爱才惜才、处事恰当，于此处可见。

此后，殷浩以庶人的身份居于东阳附近山野中。桓温觉得一个人才老这么放着，也是一种浪费。虽然他不能打仗，做个文官还是可以的嘛。朝廷听从了桓温的建议，打算任命殷浩为尚书令，桓温将这个消息告知殷浩。殷浩知道此乃桓温的举荐之力，欣然自喜，对桓温以德报怨的行为十分敬佩十分赞许。他打算好好写一封回信，向桓温表示真诚的感谢并倾诉一番衷肠，以表惺惺相惜的意思。

殷浩过于看重这封信了，生怕有错，生怕表达不充分。他心事重重，脑子里乱哄哄的，老是顾虑信中的措辞有什么不当之处，多次修改，几经增删，还是觉得有些字词欠妥当，反复修改抄写了好几遍。最后，他把写好的信笺装进信封中，稍作喘息，心内稍安。可是不一会儿，他又觉得刚才装进去的那份可能不对，于是拆开重装。这样开开合合，反复多次，最后装进去的竟是几张空白信笺！

这又是一件咄咄怪事，百分百的怪事！一个久经官场、文场、沙场的人，因为写一封回信竟然完全乱了方寸，这样的心理素质也太差了吧。一封信修改十几遍，至于吗？有话则长无话则短，把心意说明白，把事情写清楚就行了呗！最可笑的事，后来装进去的竟是空白信笺！给人空白信笺，无论当时还是现在都是一种侮辱——我对你没有什么好说的——等于让对方自重、闭嘴——我这里理不着你看不上你！

桓温看了来信，当即大怒。这事放在谁身上都是如此。试想，你殷浩多年来烧包弄景，跟朝廷一起压制我桓温，我看在经国大事的分上，未曾给你难堪。你的北伐失败了，理应受到处罚，我念你是个文才，好心举荐你，你给我的却是这等侮辱，简直是莫名其妙——殷浩你这个东西还是人吗？还有一点点儿良心吗！

当然，这是一次误解，但误解的根源来自殷浩。这个无意中形成的错误构成了历史上有名的一次恶作剧，后果当然是严重的，二人的关系"由是遂绝"（见《晋书》）。羲之与殷浩的友谊颇为深厚，多次对其提出忠告，极力善导之，未被采纳一二。羲之此时深为殷浩的悲剧而惋惜。在一信中，羲之云："殷废责事便行也，令人叹怅不已！"

东晋文人中多有如殷浩者，他们精于文理，崇尚清谈，却不谙世事。这些人个个都自命不凡，本事都在咬文嚼字上，一旦面对现实，或意气用事，或用人不当，嫉贤妒能的有之，刚愎固执的有之，五色杂陈，不一而足，组成了两晋文人的众生相。作为个人，听不进忠言，害己也倒罢了，倘若负了大责，就会贻害国民罪莫大焉。呜呼，夫复何言！

结怨王述

这里要说一说王羲之和王述，因为后者关系到前者的最后抉择。

王述，字蓝田，羲之和他的关系素来不佳。羲之瞧不起王述，《世说新语·仇隙第三十六》记："王右军素轻蓝田。蓝田晚节论誉转重，右军尤不平。"《晋书·王羲之传》中也有类似的记载："时骠骑将军王述少有名誉，与羲之齐名，而羲之甚轻之，由是情好不协。"《晋书·王述传》载："年三十，尚未知名，人或谓之痴。"其实，王述是个诚朴耿直之人，三十岁没有出名，一因其语言表达能力不强，二因其缺少官场名人的提携。

提携王述进入仕途的贵人，是大名鼎鼎的王导和庾亮。"司徒王导以门地辟为中兵属。既见，无他言，惟问以江东米价。述但张目不答。导曰：'王掾不痴，人何言痴也？'尝见导每发言，一座莫不赞美，述正色曰：'人非尧舜，何得每事尽善！'导改容谢之。"庾亮评价王述："清贞简贵，不减祖父，但旷淡微不及耳。"

这事很有意思。王导问王述江东地区的米价怎样，王述支支吾吾答不上来，由此可见这人有点儿憨呆，或者，他根本就不了解百姓的日常生活不关心市场情况。然而王导却以为王述是个关心大事而不在乎柴米油盐的大才，于是得出相反的结论——其有心提携王述之意，由此可见一斑。然而王述对大恩人王导却不怎么领情，反而当面讥讽王导。有一次，当大家异口同声赞美丞相的美德时，王述竟嘟嘟囔囔地说：他又不是尧舜，哪能什么事都做得好啊，你们也真是会逢迎捧人！王导听了王述这话，不但不生气，还赞佩他的耿直。

庾亮对王述也多有褒奖，到处说王述的好话，王述于是顺利进入官场。庾亮对王述的优点有夸张，而王导则故意偏袒王述。有一次，王述犯了贪污受贿罪，王导出面为其开脱，说王述之所以贪污是因为家里穷，且朝廷给他的官职太小了，俸禄不足以养家，王述是因为发泄不满情绪才贪污的。王述的回答就更混蛋了，他说：等我贪够了就不贪了，有什么大惊小怪的。《世说新语》记："初，述家贫，求试宛陵令，颇受赠遗，而修家具。为州司所检，有一千三百条。王导使谓之曰：名父之子不患无禄，屈临小县，甚不宜耳。述答曰：足自当止。时人未之达也。"

王导是羲之的从伯，如此提携袒护王述，羲之觉得有些郁闷。

王述嘴很笨，不善于玄谈，庾亮对此有评，说他"旷淡微不及耳"。王述以性格急躁而著称，到处流传着他的二百五式的段子。《世说新语·忿狷第三十一》记："王蓝田性急。尝食鸡子，以箸刺之，不得，便大怒，举以掷地。鸡子于地圆转未止，仍下地以屐齿碾之，又不得，瞋甚，复于地取内（内，相当于纳入）口中，啮破即吐之。王右军闻而大笑曰：'使安期（王述父亲王承字安期）有此性，犹当无一豪可论，况蓝田邪！'"《晋书》所记略同，唯不提王羲之嘲笑王述之事。此处议论，王羲之有些过分——嘲笑王述倒也罢了，把王述之父王承也扯进来，就显得过于率性也不怎么厚道了。

尽管史书对王述多有贬斥，时人多有讥讽他的段子，但是魏晋时期的评议臧否未必都端正全面。王述心直口快，性情憨朴，这在清谈之风盛行的东晋也算是难得的秉性。王述必有他的独到之处，只是史官偏好，未曾记录。王述先羲之得任会稽内史，除家族背景之外，必定有他的能力和手段。此时王导已去世，家族的庇护大不如前，王述要么投奔了新后台，要么在行政上有些成绩，不然不会名声超过羲之而引起后者的嫉妒。

王羲之曾求任宣城太守，不得。此时恰好王述因守丧而离职，由羲之接任会稽内史。二王之间本就有嫌隙，此时的相互报复也就显现出来。王羲之首先出招。《世说新语》载："蓝田于会稽丁艰（即守丧），停山阴治丧，右军代为郡，屡言出吊，连日不果，后诣门自通，主人既哭，不前而去，以陵辱之。于是彼此嫌隙大构。"《晋书》的记载大致相同："述先为会稽，以母丧居郡境，羲之代述，止一吊，遂不重诣。述每闻角声，谓羲之当候己，辄洒扫而待之。如此者累年，而羲之竟不顾，述深以为恨。"

封建社会里，国之大事在于宗庙祭祀、社稷安全、人民幸福；而家之大事，在于家族荣誉、仕途俸禄、功名德行。王羲之在王述母丧时如此侮辱对方，确实有些过分。前任地方官丁忧守丧，现任地方官理应前往祭奠，这不仅是个人的礼节，也是一份礼法的尊重。王羲之不拜或拜而不全，害得王述在家里岁岁年年苦等。王述每每听到附近有车马声就以为是现任长官前来拜谒祭奠，忙忙火火地打扫庭除虚位以待，到头来却是空等，这实在是教人不堪的窝心事。

既然不睦，彼此就应少言及对方，更不要伤害对方的自尊心。可是，在王述服阕期间，王羲之出言不逊，常谓宾友曰："怀祖正当作尚书耳，投老可得仆射。更求会稽，便自邈然。"意思是：像王述这样的人，到京城做点儿文字工作还可以，好好地熬日月，老了也许能提拔个仆射什么的，若想服阕之后继续担任会稽内史，怕是不可能了吧。王羲之的这些话，说得既不中听，也为时过早。今日读来，字里行间还能瞥见当时羲之的口气中多少有些自鸣得意。

果然，王述服阕三年期满，时来运转，官职升为扬州刺史。会稽是个郡，属于扬州管辖，王述因此成了王羲之的顶头上司。用现在的话说，王羲之跌破了眼镜。不难设想，朝廷对王述的这一安排，让羲之十分难堪。

王述离会稽去扬州赴任前，一一拜访了会稽的亲朋好友、社会名流、耆老高僧，却偏偏不理王羲之。地方长官故意将一个人闪避，显然是一种打击，而这个人现任着此地的第一长官！王述此举，想来也是王述对羲之"母丧不拜"的报复。当地名流都看得清楚，这是王述故意为之。众人都是"能扶竹竿不扶井绳"的，眼见王述将走马上任扬州刺史，站在羲之这一边的就少了。羲之在公然的炎凉中忍受着被羞辱的痛苦。

　　及王述上任扬州刺史正式展开公务活动，和羲之的上下级关系就成为不可回避的现实。有一次，王述检查征兵和赋税事宜，到所辖各郡县巡视了一遍，唯独不去羲之所管的会稽郡。后来王述听人劝说，去还是去了，但像闪电一样匆匆过往，一别而去。这明摆着呢，你王羲之当年让我不堪，现在本刺史哪还有心情理睬你啊！

　　顶头上司的报复欺凌，让羲之既无法回避也无力反抗。这样下去，绝对没有他王羲之好果子吃。羲之思来想去，决定另辟蹊径先发制人，便向朝廷提出一个行政区划方案：分扬州一部分（即会稽）为越州，建立一个不受扬州管辖的行政区。果如此，他这个会稽内史就不必再受王述的欺负，羲之也省得再跟那人怄气了。

　　可惜，羲之派去办事的人很不得力，不但事没办成，反而走漏了消息。这种出于个人恩怨的政治活动本身就有些暧昧，其实质又带有政治上"落荒而逃"的企图，应当保守秘密。成则好，不成也就罢了。如今整个计划胎死腹中，部下的举止失措遂成为一时笑柄。《世说新语》："初得消息，遣一参军诣朝廷，求分会稽为越州。使人受意失旨，大为时贤所笑。"《晋书》："及述蒙显授，羲之耻为之下，遣使诣朝廷，求分会稽为越州。行人失辞，大为时贤所笑。"

　　王羲之一再受挫，却不思己过，反过头来怪罪儿子们。这似乎是琅邪王氏的家风。王导年迈时见庾氏家族兴隆，不从自身反省却怪罪子侄辈，而今王羲之犯了同样的毛病。史书记载："既而内怀愧叹，谓其诸子曰：吾不减怀祖，而位遇悬邈，当由汝等不及坦之故邪！"王羲之于清谈方面当属高标，艺术上也卓有成就，但在政治方面确实不如王述等人。面对王家江河日下的情势，羲之应首先检讨反省自己：是不是自己过去看低了王述？是不是我的举止有些瑕疵？甚或，我们这些人在政治上是否未曾像伯父王导王敦那样专情用心？等等。但他没有那么做，反而责怪子侄们。贵族的一大致命伤就是喜欢粉饰自己，老觉得自己的羽毛最漂亮，绝不肯回观自己的错失。

　　人各有长短，纵然你有万千美德，决不可因此就将别人看得一无是处。你在努力，人家也在努力；你有你的优势，别人也不都是只晓得吃干饭的。尺短寸长，各自都有生存的本领。事实难道不是如此吗？羲之估计王述不会重回地方政坛重掌会稽了，可是人家提拔了；羲之满以为自己所提的那个剥离扬州、新立越州的方案很妙，可是办事的人却走漏风声以至于画虎不成反类犬。这说明，羲之在行政方面并非无懈可击，用人也不总是恰当。

王述得知王羲之有划地自治的想法，企图把会稽分离出去建立什么越州，大怒——我还没给你小鞋穿呢，你倒先来给我上眼药，是可忍孰不可忍！王述于是借视察工作的名义，大摇大摆，前呼后拥，心存芥蒂地来到会稽。他故意刁难，吹毛求疵，找了王羲之工作上的许多"错误"，盛气凌人地斥责羲之说：这就是你的政绩吗？会稽怎么搞成这个样子？念在同侪分上，我这里就不多说你了，自己看着办吧！《世说新语》载："蓝田密令从事数其郡诸不法，以先有隙，令自为其宜。"《晋书》："述后检察会稽郡，辩其刑政，主者疲于简对。"这里说的主者，就是王羲之。"疲于简对"，意思是怎么解释都没有用——上级一旦对你下级横挑鼻子竖挑眼，你能有什么招儿？

在处理与王述的关系上，羲之多次失当，这让我们不能不延伸思考：羲之一代名士，在官场颠簸多年，处事本应圆融，为何会在王述一事上举措失当呢？解释应是：王羲之的内在基本还是一个文人，而非政客。文人崇尚志趣，强调好恶，对看不中的人多有不敬之词。又因文人多知多思，出言之尖锐往往超出常人口舌。此其一也。世人论人多以现实作权衡，利好则是，利空则否，即使本意不如此，也会随波逐流附和强势。文人则不然，意气所致，常常罔顾得失，信口发表意见，图个口舌之快，往往因此得罪同侪，甚至给小人提供口实。此其二。其三，王羲之患有癫痫，这种病会给人造成短时间的偏执。王羲之的某些行为是否和他的疾患有关，不得而知。

是以，文人处事，亦当谨言慎行，王羲之与王述的不和就是一个教训。

诀别仕途

永和十年（354），四月，朝廷以安西将军谢尚为尚书仆射。桓温与苻秦战于蓝田（今陕西蓝田县）。温亲自督众力战，秦兵大败。将军桓冲（桓温之弟）又大败前秦丞相苻雄于白鹿原。桓温转战前进，至灞上（今陕西省西安市东白鹿原北）。三辅郡县皆来投降。桓温抚谕居民，使安堵复业。老百姓箪食壶浆迎劳桓温的军队，男女夹路观之，耆老有垂泣者，曰："不图今日复睹官军！"（想不到今天还能看到官军啊！）

桓温不愧为中国历史上的十大杰出军事将领之一！

五月，江西流民郭敞等起义，造反的烈火熊熊燃烧，建康大为震骇，豫州刺史谢尚自历阳还卫京师，固江备守。本月，桓温与苻雄等战于白鹿原，失利，死者万余人。秦人进而芟麦清野，温军无粮可食，不得不撤军。这一次从中西部出兵的北伐，最终又以失败告终。说到底，东晋在中原已经没有基础了。

羲之对所有的北伐行动都充满激情与憧憬。殷浩的两次北伐，羲之都有过强烈的意志表达，并提出了完整的进退方略，态度极为鲜明。这一次，羲之对桓温伐秦也十分关注。他有一书云："二十三日发至长安。云渭南患无他，然云苻健众尚七万，苟及最近，虽众，由（犹）匹夫耳。即今剋此一段，不知岁终云何守之？想胜才弘之，自然有方耳。"羲之早就为王师远征、粮运不继深深担忧，这一次果然为其言中，没到岁终，桓温即因粮尽引还。这次北伐的失利，还是因后方支持不力。

此时的前秦，正在兴旺时期。秦王苻坚采纳谋士王猛等人谋划，发展农业，广积军马粮草，重用良将，奖励军士，上下协力，很快占有中国北方大部分土地。如果秦王继续听从王猛的建议，继续积蓄力量，发展生产，巩固北方，不会有后来的淝水之战。即使有，胜券未必操于谢安手中。可是秦王苻坚急于求成，犯了骄兵必败的错误，失去了统一中国的历史时机。不然的话，东晋将无法延续，甚至不会有后来的宋齐梁陈。果如此，后来中国出现的大一统将不是隋唐，而是又一个秦——苻坚领导的秦。

这次失败，说明东晋已经没有充足的军力收复所有失地了。战争是烧钱的游戏，没有足够的经济力量不可能打赢一场像样的战争。钱从哪里来？羊毛出在羊身上，每一个铜子儿都是老百姓的血汗。

作为会稽内史，羲之深知军事行动对人民群众是极大的负担和痛苦。权衡得失，斟酌利弊，他提出了退淮保江的战略。政治的精髓在于现实，光有愿望不行，中原不是说拿下就能拿下的。当人民已经无法承担日益严苛的赋税和徭役，战争也就失去了意义。王羲之对人民群众的疾苦表现出极大的关心与同情，对统治者的残酷剥夺非常抵触，对形势的弊端极为忧虑。羲之并非一个冷眼旁观者，他在大事上从不缄默，常常挺身而出，一再进言，为民请命。他甚至恳切地吁请朋友们、同事们"极言"、"苦言"于当朝，劝说执政者改弦更张，"要为居时任，岂可坐视危难"——凛然正气，令人肃然起敬。

王羲之清醒地看到司马氏王朝已衰朽不堪，政治上很难有所作为。"不知何方以救其弊"，"不知何以为治"——这是他发自内心的万端焦虑、无可奈何的慨叹。"吾无故舍逸而就劳，叹恨无所复及耳"，明显是萌发了引退之意。可以想象，一位老人（那时五十多岁就算老人了）三更鸡鸣，晓月寒霜，回想半个世纪的焦虑和奔波，他累了。现实让他感到无能为力，萦绕心头的那个愿望将付诸东流。羲之知道，北伐大业已成为非分之想，对着双鬓染雪的形容，免不了要长吁短叹。此时他身心疲惫。

羲之开始筹划着买些田地，做归老隐遁之地。《淳化阁帖》中有羲之《宅图帖》，文云："丘令送此宅图，云可得（田）四十亩，尔者（何者）为佳？可与水丘共行视，佳者决便当取，问其价。"其实，羲之早就有退隐之想。永和十年前后，他曾遣人去剡县（今浙江省嵊州市）选购土地。剡县山水优美，金庭是绝好的隐居胜地。据方志说，金庭王家宅院建有居室、家祠、书楼、亭阁、墨池等。

本年，羲之次子凝之娶谢奕之女谢道韫。道韫名韬元，以字行，是谢安的侄女。道韫"清心玄旨，姿才秀远"。《晋书·列女传》有《王凝之妻谢氏传》记其事迹。有一天下大雪，谢安与儿女子侄们一起赏雪。谢安说：今日好雪，你们能否各作一句诗形容这雪景啊？谢安自己先说：白雪纷纷何所似？谢奕的儿子胡儿说：撒盐空中差可拟。女儿谢道韫则说：未若柳絮因风起。

谢公大笑。

此即典故"咏絮之才"的出处。

永和十一年（355），羲之五十三岁。

与王述的矛盾引发了一系列不愉快的事，最终让羲之作出一个决定。

三月九日，羲之在父母墓前发誓，辞去会稽内史职，且永不做官。

这篇与仕途最后诀绝的《誓墓文》如下：

> 维永和十一年三月癸卯朔，九日辛亥，小子羲之敢告二尊之灵。羲之不天（意为不得上天的眷顾），夙遭闵凶（此处暗指父亲王旷的不幸遭遇），不蒙过庭之训。母兄鞠育，得渐庶几，遂因人乏，蒙国宠荣。进无忠孝之节，退违推贤之义，每仰咏老氏、周任之诫，常恐死亡无日，忧及宗祀，岂在微身而已！是用寤寐永叹，若坠深谷。止足之分，定之于今。谨以今月吉辰肆筵设席，稽颡归诚，告誓先灵。自今之后，敢渝此心，贪冒苟进（贪恋地位苟且存身之意），是有无尊之心而不子也。子而不子，天地所不覆载，名教所不得容。信誓之诚，有如皦日！

文中"老氏周任之诫"，语出《老子》第十四章："知足不辱，知止不殆，可以长久。"周任，古代史官。《论语·季氏》中有记载他的话：

"陈力就列，不能者止。"意思是，有能力的人就应纳入做官的行列，没有能力而勉强做了官的，就应辞职。羲之在这里用此典故，并不全是自谦，而是出于一种幽愤，就好比今人赌气辞职：你说我干得不好，我不干就是了，谁有本事让谁干去！

一位五十多岁的老人，一位饮誉天下的大艺术家，在行将走完仕途的最后一站时突然撂了挑子。这在以吏为荣、仕途第一、虽执鞭之士吾亦为之的主流价值观面前，显得格外桀骜不驯、意气尖锐。王羲之发下如此的毒誓，说明他的辞官态度异常的决绝！即便今日读此誓文，还可见其难以抑制的悲愤之情，义无反顾，无须讨论，不可动摇，拒绝劝慰，至死不渝！我们只能说，老人家生气了，较真了。

我们不禁要问，羲之在辞官隐遁一事上何以如此斩钉截铁呢？

答曰：不堪羞辱。

真正的贵族，重视的是家族和个人的荣誉，而不是金钱和地位。古今中外，多有因羞辱而决斗的。普希金和一个流氓决斗，不是因为女人，而是为了捍卫自己的荣誉。人在荣誉和尊严面前的选择是不同的：奴才会忍气吞声，磕头求饶，甚至自己打自己的嘴巴子；贵族不同，他们一旦受到精神的侮辱，就会怒火中烧拔刀相见，决不能忍气吞声。一个人，一个民族，只要具备了这种精神，就是高贵的。

羲之受了王述的羞辱，自知无法立足于官场，非壮士断腕不能保全名声，非远离官场不能疗治心灵创伤，故有此举。深究此事，部分原因也是咎由自取。因从口无遮拦，轻率臧否，不经意处生了忌恨，最终让羲之本人蒙受此辱，所以这件事也不能完全怪罪他人。既然事已至此，无法修补，不如干脆脱身，这倒不失为聪明抉择。再说，羲之心中原本就有"跳出三界外不在五行中"的凤愿，此番终结，也是题中应有之义。

史称："朝廷以其誓苦，亦不复征之。"

学者麦华三先生论说："羲之誓墓去官，主因在于所谋不用，国事日非，乃借口与王述争意气事而辞职，其用心亦良苦矣！"麦说固是，然其直接原因则如《世说·仇隙》所云："蓝田（王述）密令从事数其郡诸不法，以先有隙，令自为其宜。""令自为其宜"，无异于下了逐官令。羲之素"以骨鲠称"，岂能容忍此等奇耻大辱！《誓墓文》言辞激忿，缘由在此。向使没有与王述的龃龉，即使王羲之如麦先生所说"国是日非所谋不用"，也不会这么决然辞官吧？

另外还有原因。《晋书》载："羲之雅好服食养性，不乐在京师，初渡浙江，便有终焉之志。"这种说法可以解释羲之何以安家落户于山阴，却不足以解释其发毒誓辞官之举，其中多少有"为贤者讳"的意思。假如没有与王述不和这件事，即使羲之"雅好服食养性"，未必此时就实施其"终焉之志"，而且态度如此断然。

羲之发誓辞官归隐，是因了许多的必然和偶然，是多种因素综合而成的个人选择。内与外相冲激，道与情相挟持，郁闷至极，以至于突发断然之想，其中有"一不做二不休"的意味。仕途至于此，再纠缠下去实在没有意思了，主动终止，索性跳出，虽然看上去有挥斥意气的成分，但就思想构成和终极关怀看，倒也顺理成章——既然早晚要走这一步，何不自今日始？

无官一身轻

永和十一年三月羲之辞官后，暂居会稽山阴蕺山原宅，即今戒珠寺。优游山水，等待金庭的新居所竣工。大概到升平三年（359）左右，全家迁往金庭。羲之在另一些书信中曾提到"丘山阴"、"丘令"。张彦远《帖录》云：此人是羲之所辖之山阴县令，但不知名字。参与兰亭修禊的人中有"行参军事印丘髦"，此人或许即是丘令。

"羲之既去官，与东土人士尽山水之游，弋钓为娱，遍游东中诸郡，穷诸名山，泛沧海，叹曰：'我卒当以乐死！'谢安尝谓羲之曰：'中年以来，伤于哀乐，与亲友别，辄作数日恶。'羲之曰：'年在桑榆，自然至此。顷正赖丝竹陶写，恒恐儿辈觉，损其欢乐之趣。'"羲之虽然心中多有不乐，但他生怕因此影响了子女，故有意不操丝竹——这足见其对家人的温情、慈祥与爱心。羲之有许多大可称道的美德，爱心普及家庭，是一项。

羲之辞官后闲居山阴，过着优游的日子。他喜欢旅行，渴望尽山水之乐。他也喜欢钓鱼。会稽东部南部的几个郡，他都游遍了。羲之自叹：这日子多么有意思啊，我看自己早晚要快乐死了！他曾泛舟海上，一叶扁舟，颠簸于浪花之上，念天地之悠悠，观沧海之渺茫，深感个人生命不过尔尔。倘若不曾辞官恋栈官场，哪里会有这份快乐啊！

该时期，谢安心情不怎么好，族中人陆续辞世，害得他痛苦万状，以至于生病多日不起。羲之劝慰他，这都是自然而然的事，天道轮回，谁能抵挡得住年龄的催逼啊！我有时心绪波动，很想操丝竹以解颐，只是担心孩子们听了悲音会心生不快，所以我只能自己咽下那些伤感，真不行就出去游逛几天，散散心解解闷儿，如此而已，岂有他哉。

羲之曾给当时的吏部郎谢万书写了一封抒情言志的信。此书云：

> 古之辞世者，或被发阳狂，或污身秽迹，可谓艰矣。今仆坐而获逸，遂其宿心，其为庆幸，岂非天赐！违天不祥。顷东游还，修植桑果，今盛敷荣，率诸子，抱弱孙，游观其间，有一味之甘，割而分之，以娱目前。虽植德无殊邈，犹欲教养子孙以敦厚退让。戒以轻薄，庶令举策数马，仿佛万石（指汉代的石奋，父子五人皆为两千石以上的官，时人称之万石）之风。君谓此何如？比当与安石东游山海，并行田视地利，颐养闲暇。衣食之馀，欲与亲知时共欢宴，虽不能兴言高咏，衔杯引满，语田里所行，故以为抚掌之资，其为得意，可胜言邪！常依陆贾、班嗣、杨王孙（都是汉代重臣，陆贾铲除吕氏有功，班嗣有不挂圣人之望不嗅骄君之饵之言，杨王孙治黄老之术，家累千金，厚自奉养，要求死后裸葬）之处世，甚欲希风数子，老夫志愿尽于此也。君察此当有二言不？真所谓贤者志

于大，不肖志其小。无缘见君，故悉心而言，以当一面。

这封书信，真实反映了王羲之辞官后的心情。

羲之辞官后的故事，民间的传说则更多一些温暖。山阴曾有一说：羲之辞官后，居于会稽蕺山之下。某日，羲之见一老妪拿了十几把六角竹扇出市零售。羲之问：一把扇子多少钱？老妪答云：一把扇子也就值二十文吧，多也多不到哪里去，少也少不到哪里去，挣点儿小钱养家糊口而已。羲之又问：靠这扇子生意日子过得怎样呢？老妪答：平常寒暑，温饱而已，一旦遇到家人生病或水旱闹灾，就很难过。家中原有点儿田产的，近年来因为田赋过重，不堪负担，大宅子变卖了，幸有这点儿手艺，勉强度日而已。

羲之听了，深知百姓生活艰难，不由得感慨唏嘘。他向老妪要了几把扇子，就着她家的书案，取笔在那些扇子上题了字，每把扇上也就五六个字。老妪看了，很怅然、很惋惜、很不爽地说：举家人的早餐晚饭就靠这几把扇子呢，你给弄成这样子啊，叫俺怎么卖呢！羲之说：正因为你家吃饭唯仰于此，所以我才给你写了这么多字啊。老妪看了那些黑墨涂鸦，疑惑地问：你在上面划拉了这么多黑墨，谁还会要啊！王羲之安慰她：老太太你放心，只要说这扇子上的字是王右军写的，每个字索一百文，保证你卖得出去。你可得数清楚了啊。老妪将信将疑，拿了那几把扇子去了市场。人们听说那扇子上的题字是王羲之的亲笔，不一会儿，扇子就被竞相买走。

老妪因此大为高兴，没想到王羲之的字竟这么值钱。一个字一百文，了不得！她复以十数扇来请王羲之书，羲之笑不答。这则故事表明，羲之对下层人极富同情心，遇到困苦之人，心下常有不忍，总想尽力为他们谋一点儿福利。此例也说明，羲之的书法当时已普及到群众，受到广泛的欣赏和追捧，要想得到他的亲笔，已经不是那么容易了。老妪的扇子当初是每把二十文，羲之的一个字就是一百文，一字抵得五把扇子。照此为例，今日一把精巧的折扇若是二十块钱，羲之的一个字就等于一百块钱，且轻易买不到。这个价格，应当说不低了。

此时，王献之的书法也受到追捧，大有父子齐肩的势头。桓玄爱重二王书法，每逢宴集，常常拿出二王的书法朝宾客显示。客中有人刚吃过鱼肉，仍以手捉二王书，将书帖弄了许多污点，桓玄很是心疼。后来每逢这种宴集，拿出法书前，桓玄都要让宾客先洗手再来欣赏书法，餐食中也不再有荤腥鱼肉以免弄脏二王书法。桓玄，桓温之子，后篡晋自立，数月后被刘裕打败。后者自立为王，是为南朝的宋。

世人每读此，如见当时情景——二王书法，何其宝贝乃尔！事实上，二王书法作品在当时就有了市场交易。有个叫康昕的人，与南州惠式道人都是学二王的，因为模仿得惟妙惟肖，后来二人就把自己写的书法拿出去卖，世人多有花重金买他们赝品的，史书称为"谬宝此迹"。这至少说明康昕与惠式的书法水平也不低，竟可以冒充羲之、献之的作品书而牟利。这有点儿像今日市场上的高仿品。

是年五月，羌人姚襄归降北方，与东晋反目成仇。这大率为东晋的错。姚襄是一位良将，而殷浩等人多次害他，姚襄不肯跟东晋继续合作，于是叛变，不久帅众攻外黄，进而据许昌。同月，朝廷以领军将军王彪之为尚书右仆射。十月，进升豫州刺史谢尚督并冀幽三州军事、镇西将军，镇马头。马头城在今安徽怀远县淮河南岸，当时为建康西藩，故以国戚（谢尚是康献皇后之舅）镇之。

东晋的天下仍然岌岌可危。

《十七帖》

羲之退隐山林后，主要精力放在养生、游乐、管理田产上。要想真切了解他所关心的、爱好的、日常做的事情，根据就是他在这一时期里所写的书信。著名的《十七帖》，就是研究羲之晚年书法与生活的绝佳依据。当代著名学者、新昌梁少膺先生的《归去来兮》对王羲之的《十七帖》有深入精到的研究，本节文字参照了梁少膺先生、刘茂辰先生等学者的作品。

《十七帖》是王羲之草书代表作，因卷首有"十七"二字而得名。原墨迹大部分早已散佚，只有《远宦帖》、《游目帖》等少数临摹墨迹（也是拓本）还有流传。《法书要录》记载了《十七帖》原迹情况："《十七帖》长一丈二尺，即贞观中内本也，一百七行，九百四十三字，是煊赫著名帖也。太宗皇帝购求二王书，大王书有三千纸，率以一丈二尺为卷，取其书迹与言语以类相从缀成卷。"就是说，这是唐人的一个王羲之书法作品集成本。据考证，《十七帖》中的大部分书信是写给益州刺史周抚的。书写时间从永和三年到升平五年（347—361），时间长达十四年之久，是研究王羲之特别是其晚年生活与书法的重要资料。

《十七帖》幅面大小不一，字迹多有不清者，今人分辨，多有歧义。今取新昌梁少膺先生之说。梁先生是一位严肃的学者，其对《十七帖》的研究可谓探微纠理，广征博引，极尽其妙。梁先生认为，《十七帖》中很多地方用了"省缩削减""简笔速写"法，因收信的一方与之熟稔，料其必定明白其中微言，点到为止。这是魏晋时期语言走向自由化的一个标志。今人在电脑上用箭头符号表示左右上下，亦为类似笔法。

《十七帖》的用语用字吸收了很多新词。有些是汉魏以前不曾有的。比如"小大"指儿女娃娃们，意与"上下"同。又如"即便"、"不面"、"从事"等，也是新词。这种现象反映出当时语言方面南北交融的状况。《世说新语》中有北人南渡后学习南方语言的情景。宋许观《东齐记事》中有关于"卿"字用法的变化，说三代秦汉都是君称臣为"卿"，到了魏晋，亲友之间也有彼此以"卿"相称的。唐以后复归古典，"卿"又成为皇帝称呼臣下的专用语。

《十七帖》中的某些字词来自佛教经典，大致都是汉语在译作佛经时创造出来的，是格义的产物。比如便了、从来、功夫、尔来、庶几、行药、不问、亦复、分张等语，都和佛经翻译有关。东汉以降，佛经大量译作汉语，新词纷至沓来，丰富了汉语词汇。至于魏晋，译者队伍壮大，他们来路有别，诵经者各自加入了地方话，带有方言性质的新词语也产生了。词语的丰富促进了语言的发展，《十七帖》使用这些新词，如同今日我们使用晕菜、给力、灌水、吐槽等网络语。

王羲之到晚年还保留了儿时使用的琅邪方言，《十七帖》中多有见之。最明显的是疑问词"不"，临沂方言大都用此字表示疑问，如：吃不？要不？抬得动不？喜欢不……都是典型的方言疑问词。文人的书面疑问常用"否"、"可乎"、"何如"之类，与此不尽同。又如"顽顽劣劣"，临沂方言指情况不好、不妙、随时都有倾覆意思。"寻思"，也是临沂方言。由此可见，羲之还保留了一些童年印记，不经意时会流露一二。

就风格看，《十七帖》可谓冲和典雅，不激不厉而风规自远，绝无一般草书狂怪怒张之习，透出一种中正平和的气象。南宋朱熹说："玩其笔意，从容衍裕，而气象超然，不与法缚，不求法脱，其所谓一一从自己胸襟流出者。"全帖行行分明，但左右之间字势相顾；字与字之间偶有牵带，但以断为主，形断神续，行气贯通；字形大小、疏密错落有致，真所谓"状若断而还连，势如斜而反直"。

《十七帖》的用笔基本是方圆并用，寓方于圆，藏折于转，而圆转处则含刚健于婀娜之中，行道劲于婉媚之内，外标冲融而内含清刚，简洁练达而动静得宜，这些都是习草书者必须领略的境界与法门。从笔意法式上看，《十七帖》在点、横、撇、捺、波磔捺、带钩捺等诸种笔画的运笔上都已经达到炉火纯青的程度，且富有变化。即如立竖中的垂露、悬针，也是因字而异，并非千篇一律，尤其是圆转和波磔方面，其温润平和给人一种"不如此可奈何"的感叹。

从结字的体势看，羲之晚年的草书已经完全自成一体，了却张芝的拘谨，从而达至自然而和谐的美。羲之采取点画照应、端正姿势、平衡左右、间隔疏朗、偏正有方、粗细和谐、缩放适度、虚实依托、开阖适中等多种结构方式，完成了他那款款莲步的风姿。遇有特殊字，难以平衡或过于平正者，他会以侧取势或故意分解该字中的死板成分，使之透出几分逸气来。这些手法如同画家文学家描述人物，一颦一笑都要精到，务必各尽其妙。如此功夫，字怎能不栩栩如生！

艺术必是精致的，独特的，渗透了创作主体的精神并给人以心灵感动的作品。羲之对每个字都下了功夫，不曾有个别的缺失或忽略。例如帖中有"堂"、"告"等字，这种字上下端正，最易写成呆子模样。羲之故意将上下部分取了斜势，整个字形看上去很危险，但深究起来，又觉趣味横生，反让人觉得非如此不好。帖中对一些左右结构的字也作了平衡处置。如"汉"字不但有高低之差，且左边倾斜，右边上宽下窄，很有动势；"讲"字的妙处在右边，依次向右倾斜，显得生动多了。草字最忌呆板，如果写得四平八稳，会给整篇的章法处理带来困难，所以一定程度的倾斜是必要的。

从章法结构看，《十七帖》有其匠心独运的地方。草书的章法是指作品的谋篇布局，是集点、线而成字，进而集字成行、列行成篇，最终达至一种艺术气象。《十七帖》集字成行的方法不像后来的大草、狂草书法那样依靠字与字之间的牵连来强化整体感，而是依靠字形的大小、单字姿态的斜正搭配、笔画的粗细变化来达到气脉贯通。如《十七帖》中的第一帖，共三行，字字独立，当属章草格局。王羲之对这种格局进行了改造，显得更为灵活。第一行"十七"两字笔画厚重，给整个作品确立了基调。其他字或正或侧，如"郗"字做侧势，"司"字又变为端正，"马"字倾斜，"未"字又复归端正，最后的"去"字又为斜势，所以整行看上去虽然字字独立，却又笔势相承。其他两行，除有这种立意外，还有字形宽窄上的变化。

《十七帖》列行成篇的方法，是让每一行保持一定的距离，但是左右之间的意态要互相照顾。由于每一行字形的大小、宽窄、正侧都不同，所以放到一起非常和谐。加上一些牵连的组合，使章法更显灵动，犹如围棋中的"打眼"，透气透光。应该注意的是，《十七帖》是一部小型的汇帖，不是同一时间所写，所以每帖的章法都各具特色，各帖的风情笔意并不完全一致。《十七帖》给予今人的教益很多，最主要的是：

形具而神生。

终极关怀

汉字书法，自秦篆汉隶至于隋唐，走过了从"不衫不履"到"衣冠楚楚"的过程。宋人不满唐人法度，走向尚意。而魏晋书法即有秦汉的质朴放达，又尚未坠入法度森严的桎梏中，故此成就了中国书法的一个独特阶段。王羲之是其代表。

文牍书札是领悟王羲之书法的最佳途径，也是了解其晚年生活的最为切实的根据。彻底离开仕途后，王羲之有了"无官一身轻"的感觉。他到处游山玩水，到过临海，到过永嘉，那时这两个地方的长官是他的子侄或门生。有这些晚辈作陪，加上谢安、孙绰等，既有山水之乐，又有文人唱和，轻松自由，信可乐也。

羲之十分向往蜀中山水、人物、风俗、古迹，以及花草、树种、动物等。神往之余，他很想亲自去那里畅游一番。《十七帖》的大部分书信是写给周抚的。周抚与王家关系密切。后来周抚跟随桓温，攻蜀，而后镇守天府之国，时间长达三十年。王羲之任临川太守时，周抚任豫章刺史，地位比羲之要高一点儿。两人过从甚密，曾同游过三清山、庐山、衡山等名胜。羲之辞官前后的十年中，两人书信来往颇多。《十七帖》仅是其中的一部分。

王羲之关心巴蜀山川、盐井、火井、秦汉遗迹、名人后代，信中都有提及。如《蜀都帖》："省足下别疏，具彼山川诸奇。扬雄《蜀都赋》，左太冲《三都赋》，殊为不备悉。彼故为多奇，益令其游目意足也。可得果当告卿求迎，少人足耳。至时示意，迟此期真以日为岁。想足下镇彼未有动理耳。要欲及卿在彼，登汶（岷岭）峨眉而旋，实不朽之盛事。但言此心，以驰于彼矣。"

上文大意是：你信中所说的奇异山川，扬雄《蜀都赋》、左思《三都赋》都没有记述呢，那雄奇的山川，只有游览后才会意足而心得。如能成行，我当告知，望请迎接，如迟误时机，那真是度日如年啊。你镇守巴蜀，朝廷当无调动之理，我真想与你一起登汶岭、峨眉而还，那会是一件不朽的盛事啊。

王羲之对巴蜀情有独钟，有两个原因：一是他求知欲强，"欲广异闻"。另一方面，和他的道教信仰有关。中国早期道教派别之一五斗米道是张道陵在四川鹤鸣山（今成都市大邑县北）创立，后传子孙，他的孙子张鲁在巴蜀布道三十多年。巴蜀是道教乐土，自然成了王右军的向往之地。据道教教义，"得道者上能竦身于云霄，下能潜泳于川海"。对山川景色的神往，可以产生类似得道升仙的"移情效应"。作为道教信徒，羲之向往巴蜀山水，既有文人雅士的浪漫，更有宗教信仰的原因。

羲之热爱农事，对园林树木奇花异草很有兴趣。在给周抚的信中，他感谢周抚所送的胡桃、青李、樱桃等种子，说这些东西都可在会稽一带种植，没有水土不适应的问题。羲之还告诉对方，这些树种怎么盛放，如何邮寄最好。有人认为，羲之所述的这些东西多是做药石的材料，目的在于制药。笔者以为，羲之千里之外索取植物种子，主要用途可能是繁殖培育。羲之退隐前后，在会稽一带置办了一些田地，其中有大片的荒地山林，他想弄些异域异地的品种广种荒山以取经济效益，兼得好奇之乐，用于制作养生修道的药石，还在其次。

王羲之十分重视友情。他写信给周抚说："足下今年政七十耶？知体气常佳，此大庆也。想复勤加颐养。吾年垂耳顺，推之人理，得尔以为厚幸，但恐前路转欲逼耳，以尔要欲一游目汶岭，非复常言。足下但当保护，以俟此期。勿谓虚言，得果此缘，一段奇事也。"羲之希望七十岁的周抚好好保养身体，对年近花甲的自己能否有幸成行，则有所担心，但仍希望能去巴蜀游历，希望成就这段佳话。这一年，王羲之五十九岁，是其仙逝之年。因此有专家推断，此帖可能为他的绝笔之作。

羲之最终未能实现入蜀一游的愿望，问题在于他健康状况不佳。溯流而上，长江万里烟波，加上舟楫颠簸，没有好身体，实难成行。羲之的死，和其过于投入的道教信仰有直接关系。有病不去求医问药，却求助于道士杜子恭，杜道士开出的方子多是"虎狼药"，就连羲之本人也明白这种做法无异于"速毙"。既然如此，羲之为什么还要执于药石呢，难道他年老糊涂了？不是。

王羲之少尝患癫，癫痫即羊角风。这种病即使放在今天，也是无法根治的。一千七百年前的医术简陋，就更不消说了。王羲之希望用道教的办法减缓癫痫的发病频率，也是无奈之举。王氏家族中多人信奉道教并服食药石丹丸，羲之的次子王凝之（谢道韫的丈夫）也是因信道教常用药石而断送了性命。郭沫若先生曾讲："王羲之的思想是儒家和道家的混合物。"羲之的道家思想在《十七帖》中的多封家书中生动而具体地透露出来。

《十七帖》的美在于自在，在于它是当时随手使用着的书法艺术。这些写给家人和朋友的私人书信或便条，每封寥寥数行，但无一不赤心诚恳，其间无半点儿造作。王羲之不以其为作品，也无现代人要发表、要展览、要收藏之念头，他完全是在极放松的心态下信手拈来，随意挥洒而成的，言简意赅，没有矫饰，也无官场寒暄、文场俏皮、公文套话。内容则全是生活细事，没有军国政治，没有立论雄辩，"吊哀候病，叙暌离，通讯问"而已，家常得近于琐碎。因为写信人和收信人之间有许多心照不宣的用语，我等不解处，收信人却无不清楚，更让人感受到古人的诚朴悠游。正因为《十七帖》都是随手写来，不计文式，令宋代大文豪、大书法家欧阳修赞叹不已："使骤见惊绝，徐而视之，其意态如无穷尽，使后世得之，以为奇玩，而想见其为人也！"

宗白华先生将这种随心随意信手写来的书法美感归之为个性价值的发现。晋人书法，或妍或丑，大都个性鲜明，成为个性主义的代表艺术。因乎此，它们都是难以复制的、唯一的、精妙的作品。只有这样，作品才能千载之后依然让读者感受亲切，因其字想见其人。今人读《十七帖》，只要大致疏通文字本意，然后能于字里行间品味当事人的语气、心情、友谊、悲欢，就足够了。

念兹在兹何由之

永和十二年（356），羲之五十四岁，辞官之第二年，在山阴闲居。

二月，桓温请移都洛阳，修复园陵。奏章上了十余次，而朝廷不许；朝廷只是拜桓温为征讨大都督，督司、冀二州诸军事，以讨姚襄。三月，姚襄入于许昌。羲之有一书信云："得无奕（谢奕字）、阿万（谢万）此月二日书，甚近清和月（四月），羌贼（指姚襄）故在许下，自当了也。桓公未有行日。阿万定吴兴。"桓温北伐胜利，请求东晋王朝将首都从建康移至洛阳，但朝廷不肯如此，此议只好作罢。可见东晋朝廷完全没有回中原的想法了。

七月，姚襄自许昌攻洛阳，逾月未克。同月，桓温自江陵北伐，遣督护高武据鲁阳，辅国将军戴施屯（黄）河上，自帅大兵继进。是时，桓温与其僚属一起登上平乘楼（一种大船），远眺中原大地，叹曰：当年西晋朝廷腐败，清谈家舞文弄墨，"遂使神州陆沉，百年丘墟，王夷甫（衍）诸人不得不任其责！"桓温以为王衍等人徒尚清谈不务国事，遂使夷狄入侵，北国陆沉，当负历史罪责。

八月，桓温军继续前进，大军行至伊水（今河南洛阳市南），姚襄撤围，拒水而战，桓温结阵而前，亲自披甲督战，姚襄的军队大败，死者数千人。桓温于是攻克西晋当年的首都洛阳，屯兵于太极殿前。然后，拜谒先王先帝诸陵墓，有毁坏者修复之，并各置守护陵寝的官员——陵令。此后，桓温上表请镇西将军谢尚都督司州诸军事，出镇洛阳。因为谢尚迟迟未至，桓温派颖川太守毛穆之、督护陈午、河南太守戴施等，以两千人卫戍洛阳，保卫山陵，迁徙降民三千余家于长江、汉水间。

北伐大胜，羲之极为鼓舞。多年来，其拳拳之心一直系于北伐大事，梦中多是复回中土的情景，如今桓温将军让他实现了梦想，因此颇有些心驰神往、欲上前线的热情。由此可见，羲之虽然退隐，但他依然心系国家。为了北伐的胜利，他研讨方略，常常为粮运不继而忧虑，为谢尚疾笃而焦心。羲之有书云："得都下九日书，见桓公当阳去月九日书，久当至洛，但运（粮）迟可忧耳！得仁祖（谢尚）二十六日问，疾更委笃，深可忧！"羲之继而得知桓温大军告捷，故都已经克复时，大为振奋，喜悦之情溢于言表。他有一书云："得谢、范六日书，为慰。桓公威勋，当求之于古，令人叹息！比当集（聚歼）姚襄也。"

这一阶段，羲之还有二书，云："知虞帅云，桓公以（已）至洛，即摧破羌贼。贼重命，想必禽之。王略始及旧都，使人悲慨深！此公威略实著，自当求之于古，真可以战，使人叹息！知仁祖小差（病愈），此慰可言！"又，《十七帖》中有"虞义兴适送此（书信）。桓公摧寇罔不如志。今以（已）当平定（姚襄）。古人之美，不足比踪，使人叹慨！"这就是千古传诵的王羲之的《破羌帖》。

宋代黄伯思《东观馀论·跋逸少破羌帖后》云："《破羌帖》今在米淮阳（芾）家，崇宁癸未春，米在都下，以泉十五万得之。后有'开元'印记，及陶谷等题字。余尝跋之云：晋穆帝永和十二年秋，桓温破姚襄于伊水，遂至洛。时将以谢尚镇之，属病不行。此帖所叙桓公摧破羌贼，及喜仁祖小差，正当时事也。是时，逸少去会稽内史已岁余，方遁迹山水间，宜不复以世务经怀，而此书乃叹宣武之威略，悲旧都之始平，忧国嗟时，志犹不息；盖素心如此。惜其一愤远引，使才猷约结，弗光于世。独区区遗翰，见宝后人，览之深为兴叹。"

可见，山水可以隐遁其身，但不能遮蔽其心。

这次桓温克洛，到升平五年羲之去世前，有五六年的时间，许昌、洛阳都在东晋的掌握之中，江南人士往返者不少。有人说羲之在这期间曾经去许昌、洛阳一带观碑学书。果有此行，羲之的书信中当有所记述，可惜未见。八九月间，徐州刺史荀羡将兵，随段蕴救援镇北将军段龛，军队"至琅邪"（此古琅邪，即今临沂，羲之祖籍也），"进攻阳都"（今山东临沂市沂南县，比邻羲之家园都乡南仁里，诸葛亮故乡）。由此可见，羲之故里一度为王师所克复。如果羲之去洛阳等地旅行，浏览碑帖还在其次，其首要关怀应在凭吊先贤、拜谒祖庙、告慰祖先等。也就是说，既然老家已经克复，羲之能去洛阳等地，也应回祖籍去看看。那是他的出生地，也是琅邪王氏的家庙所在，不回乡看看，于理不通。但是，史料对此并没有明确的记载。

是年十二月，谢尚以疾笃，朝廷以丹扬尹王胡之代之，因病未行。此时羲之有几封书信说及此事。本年，殷浩卒，享年五十二岁，羲之写信"哭之"。这一时期，王羲之写了不少有关书法创作的论著。本年四月十二日，羲之书《笔阵图》。羲之还给王修（字敬仁）写过一篇《东方朔赞》，这是敬仁"求右军书"。永和十二年五月，在山阴写了《黄庭经》。黄伯思引虞和《论书表》云："山阴县瓖村养鹅道士谓羲之曰：久欲写河上公《老子》，缣素早办，而无人能书，府君若能自屈，书《道德经》两章，便合群以奉。"于是羲之便停半日，为写毕，携鹅去。此事前章有述，不赘。

羲之家"世奉五斗米道"，应道士之请，为之书写《黄庭经》，此事会有的。近代学者陈寅恪云："东西晋、南北朝之天师道为家世相传之宗教，其书法亦往往为家世相传之艺术，如东晋之王、郗，是其最著之例……学道者必访寻真迹以供摹写，适与学书者之寻访碑帖无异。是书法之艺术，实供道教之利用，而写经又为一种功德，如《太平经》记，郗昙之性尚道法，多写道经，是其一例……至王右军为山阴道士写经换鹅故事……实以道经非倩能书者写之不可。"此论大有见地。据说，羲之还写过嵇康所著之《养生论》、《太师箴》和阮籍的《劝进表》。羲之书写嵇、阮的作品，不仅为了练字实用，盖亦钦慕其为人。

晚　年

升平元年（357），羲之五十五岁。辞官第三年，居山阴。

其时，东晋仍为北方各族所侵扰，战火不断，羲之忧心忡忡，废"庆年之乐"。

本书多次说到"北方隔阻异族侵扰"等，以现代视角看，此论不无偏见。为什么？因为汉人留存下来的资料往往站在"中原正统"的角度看历史，我等后人不分皂白而用之，常常陷入误区，某种程度上说，这也是没办法的事。不过，这里有必要给"北方民族"作个严肃郑重的正名。由于封建王朝大封臣僚，以至于形成"遍地贵族"的局面，各王国诸侯的封地越来越小，而赋税却逐日增加，以应付皇室即贵族们的奢侈铺张的生活，终于酿成"八王之乱"。混战期间，各地水利失修，吏治糟糕透顶，加上天灾不断，各地都有大量的流亡人口。史书记载，这一时期，关中一地就有十多万人流入汉川、河东、平阳、弘农，上党诸郡人民则流入颖川、汝南、南阳等地，多达数万户。《晋书·王弥传》记：刘琨上疏，陈述其所见之流民情况，"臣自涉州疆，目睹困乏，流民四散，十不存二，扶老携幼，不绝于路"。流民来到人生不熟的地方，生活本就艰难，在最需要帮助和同情的时候，他们面临的却是来自地主和官僚的沉重剥削，除了抓丁，还有铺天盖地的歧视。流民处于绝望之中，便起而暴动。

内迁各民族，以北方匈奴、鲜卑为多。据西晋人江统的估计："关中之人，百余万口，率其户口，戎狄居半。"这些杂居的民族往往受到汉族官吏和地方豪强的欺辱，京邑贵族曾多次大规模掠夺并州胡人。匈奴人右贤王刘宣曾愤愤地说："自汉亡以来，魏晋代兴，我单于虽有虚号，实无尺土之业。自诸王侯降至编户。"又说："晋为无道，奴隶御我！"愤懑之情，溢于言表。羲之出生的前二年，李特在益州起义，建立了独立的大成国。不久，匈奴人刘渊起兵反晋，旬日之间集兵五万人，势如干柴烈火。羲之出生次年，刘渊即汉王位，表明有意承继汉代正统。唐代帝王李氏为鲜卑人，后成为正统，为什么刘渊就不能呢？刘渊的起义风起云涌，在河北一带几乎没有遇到像样的抵抗，很快就占领了河南、山西诸多郡县。这一事实说明了什么？一是起义者勇敢善战，二是晋政权已经不得人心。同时期，石勒在东部起兵。石勒是羯人，上辈都是部落小首领，靠微薄的收入维持生活，没有俸禄。石勒幼时做过商贩和田客，田客，就是流动的农业短工。惠帝末年，石勒被卖到山东荏平县从事农耕，后来师懽开恩放免了他，做了田客，类似于得到自由权的奴隶。后来石勒与牧人汲桑起兵，所集部将大都是失地的农民、牧人、囚犯及山泽亡命者，他们中绝大多数是汉族劳动人民。所以说，北人侵扰，看起来好像民族矛盾，实质上还是阶级斗争。向使国泰民安，各族人民都丰衣足食，哪里会有什么北方侵扰啊！

晋时北方有坞堡制度。所谓坞堡，就是村民自治军事防御组织。过于频繁的战乱，人民不得安全，政府不仅不可依靠，有时候当地官吏——那些强征兵乱收税的——就是坞堡所抵御的对象。坞堡有大有小，稍大些的，有一定的军事能量。世事一旦无法迁就，他们就变身为聚众起义的地方武装。河南林虑的庾衮曾是一个大坞堡的头领，平时在山下种地，自给自足，一旦有了战事，就啸聚民众，共同据守坞堡。这样的情况很多，各地不乏其例。势力大些的队伍，以攻打兼并坞堡的方式扩大势力。永嘉四年（310），刘曜在河南东部曾经一口气攻下坞堡一百多处。同年，石勒在襄阳一带攻下坞堡三十多处，后来又在河南鹿邑县击败晋军主力，晋军死伤十余万人。同年，刘曜攻陷洛阳，烧杀掳掠，纵兵放火，洛阳城化为灰烬。晋朝官民实在无法应付这样的危情局面，于是才有了永嘉南渡。史籍所言，大都简单地将动荡杀伐归咎于"北方侵扰"，是只见树木不见森林。对此加以说明，有利于全面客观地了解历史，避免文化上的偏见。

此年，献之十四岁，为秘书郎，转秘书丞。献之起家，比其父羲之早了整整十年。此足见羲之出仕之晚，个中原因，叫人颇多遐想。是王羲之清高不肯出仕吗？以王家当时孤儿寡母的情状，这样的理解未免有些书生气。是否当时王羲之因为"患癫"而不宜出仕？有这个可能。更有可能的是，王旷"下落不明"，王导担心外界非议，故意不作此安排。无论如何，羲之在那个十年里想必忍受了许多苦痛。

五月，镇西将军谢尚卒于历阳，时年五十。六月，朝廷以谢尚的从弟谢奕（谢道韫之父）为安西将军以代谢尚。谢尚开率颖秀，辨悟绝伦，脱略细行，不为流俗之事，博综众艺，羲之以为至友，并寄以很大的希望。可惜他英年早逝，羲之殊堪惋惜。谢尚患病时，羲之即有书信云："得仁祖二十六日问，疾更委笃，深可忧！当今人物眇然，而艰疾若此，令人短气！慨览今昔，末运所乘，贤俊并坠，致足摧感！"及谢尚病卒，羲之更为悲痛，一书云："仁祖日往（去世），言寻悲酸，如何可言！"对于谢尚的丧事，羲之亦极为关心，有书云："仁祖家欲至芜湖（搬运灵柩），单弱伶俜何所成？君书得载停郡迎丧甚事宜。但异域之乖，素已不可言！何时可得发？"羲之为人"清真"，特重友情，此亦其高尚之处。

七月，苻秦大将军张平遣使请降，东晋拜其为并州刺史。十二月，燕主慕容俊自冀徙都邺城。这一来，缘黄河一带的东晋诸将如鸟兽散，河北之地于是尽陷。羲之伤心至极，连过年的兴致都没有了。

本年，王修卒，年二十四岁。王修字敬仁，小字苟子。司徒长史王濛（字仲祖）之长子。"明秀有美称，善隶书，号曰'流奕清举'"，年十二作《全贤论》。曾任琅邪王文学，转中军司马，未拜而卒。羲之对王修其人十分爱重。《语林》："敬仁有异才，时贤皆重之。王右军在郡（会稽）迎敬仁、叔仁（王修之弟），辄同车，常恶其迟，后以马迎敬仁，虽复风雨，亦不以车也。"

王修与羲之友善，但他死后发生了一件令羲之很不高兴的事。陈思《书小史》卷五："始王导爱钟氏（繇）书，丧乱狼狈，犹衣带盛《尚书宣示表》过江，后以与右军。右军借（与）敬仁。及敬仁亡，其母见此书（为王修）平生所好，遂与入棺。"这件事做得很不好，不合情理，非君子之所为。人家的东西，好心善意借与你，你长期拒不归还，已是大错。死后又将此物殉葬于地下，更是龌龊之举。这《宣示表》是大书法家钟繇的佳作（亦称《宣示帖》），而且是羲之的伯父王导在危难中好不容易从中原带过江南来的，特意赠与羲之，非独为书法，其中还有亲情可鉴。王敬仁母子这等做法，无礼之甚，几近无赖。此事可见当时书法作品何等珍贵，而王修殉葬《宣示表》，是为殉葬书法艺术品之滥觞。

《世说·规箴》："王右军、王敬仁、许玄度（询）并善。二人亡后（许亡在升平五年），右军为议论更克（难免有些愤激之词）。孔严诚之曰：'明府昔与王、许周旋有情，及逝没之后，无慎终之好，民所不取。'右军甚愧。"孔严字彭祖，山阴人。羲之为会稽内史，孔严为其部民，故自称"民"，而以"明府"尊称羲之。王、许亡后，羲之对他们多有指摘，孔严劝之，羲之立即悔悟。

归隐之后，羲之纵情山水，修真养性，时间慢慢平复了心头的创伤。除此之外，就是家事，主要是儿女、读书、书法与田产经营。这一时期，各种书体并行，北方流行的方笔开始影响江南，楷书中多有魏碑形象。羲之较少用篆隶，继续在行书、楷书、今草、章草方面前行，且越来越得心应手。书家评羲之书"暮年多妙"，说明其常用的字体已经臻于完善。从羲之的书法遗作中可以发现，不管是摹拓的墨本还是刻本，绝大多数是今楷、今行、今草。与诸多碑刻对照，只能说明东晋时代有多种书体并行。

次年十月，朝廷诏谢万，使之驻军下蔡（今安徽省凤台县），郗昙则驻军高平（今山东省巨野县南），互为犄角，以击燕。十二月，北中郎将荀羡与慕容俊战于山茌（今山东省长清县南），先胜后败。荀羡有疾，以郗昙为军司。顷之，征荀羡还朝。此次出军远征，羲之权衡敌我力量，预料此战必无胜理。羲之尤知郗昙并非将才，非常担忧这次战役的后果。先是羲之有书云："司马（指郗昙）疾笃，不果西（未能西征），忧之深：公私无所成！"在羲之眼里，他这个小舅子什么事都做不好。不久羲之又有书云："重熙（郗昙字）旦便西（指奔赴下邳），与别，不可言！不知（谢）安所在（时谢安在其弟谢万幕中，以白衣随军，羲之未悉）。未审时（指当时执政者司马昱）意云何，甚令人耿耿！"又一书云："荀侯（羡）疾患想当转佳耳。若熙得勉（免），此一役当可言。浅见实不见，今时兵任可处理？"羲之希望郗昙能小胜，然亦预见非败不可。

本年，司马昱为相，以王彪之为会稽内史。王彪之是羲之次叔王彬的儿子，二人过从甚密。在羲之辞官后四年又有本家兄弟来此任职，羲之自然高兴不迭。约在本年，羲之致书宰相司马昱："羲之死罪：去冬在东郡，因还使白笺，伏想至。自顷公私无信便，故不复承动静。至于咏德之深，无日有隧。省告，可谓眷顾之至。寻玩三四，但有悲慨。民年已西夕，而衰疾日甚，自恐无暂展语平生理也。以此忘情，将无其人。何以复言？惟愿珍重。为国为家，时垂告慰。绝笔情塞，羲之死罪。"

这是一封"绝笔"信。羲之应已意识到自己将不久于人世，故致书会稽王司马昱，感谢其"眷顾之至"。羲之青年时代曾为会稽王友，情谊深厚，自言无以为报，深感不能再见面"语平生理"为叹。信末"为国为家"四字语意深长，岂止是祝愿会稽王，亦是羲之至死不忘国家情怀之揭示。

王献之

就在羲之书法走向顶峰之时，又一颗明星出现了，他就是羲之的第七子王献之。

献之出身书法世家，家学自不必说，加之本人聪慧，书艺进步神速，而后独领风骚，后世称其父子为"二王"。《献之传》："桓温尝使献之书扇，笔误落，因画作乌驳牸，甚妙。"张彦远《历代名画记》卷五云："子敬少有盛名，风流高迈，草隶继父之美，丹青亦工。桓温尝请画扇，误落笔，因就成乌驳牸牛，极妙绝。又书《牸牛赋》于扇上。此扇义熙中犹在。"献之自幼聪慧，学习书画，颇露才华，盖亦出自家教。其从祖父王廙，父羲之皆兼善书画，献之得天独厚。

王献之出身贵族，风度超乎常人，多有故事流传。《世说·雅量》记载了这么一则故事：王子猷、王子敬（即王徽之、王献之）曾经一起盘坐在竹榻上喝茶，兴致正高。突然间，徽之发现房顶失火，大惊失色，急忙逃避，紧迫中连鞋子都忘了穿，就那样赤脚跑出去，好一副狼狈相。献之不然，他神色恬然，不紧不慢地发号施令，召唤左右过来，扶着家具和门廊的栏杆款款而出，那神情简直无异于平常情态，好像没有发生失火这件事似的。故事传开，世人以此判定这两个兄弟器宇有所不同，徽之不及献之。

檀道鸾《续晋阳秋》有这样的话："献之虽不修常贯，而容止不妄。"此言献之遇险时沉着冷静，不惊慌失措。《本传》又载："夜卧斋中，而有偷人入其室，盗物都尽。献之徐曰：'偷儿，青毡，我家旧物，可特置之。'群偷惊走。"读来叫人觉得好爽啊！小偷在那里忙着搬东西，年幼的王献之竟然特别忠告小偷，说那件青毡是我家祖传之物，好歹给我留下，别的你随便拿就是了。此亦说明献之处事之沉静持重。《本传》叙此二事先于"七八岁时学书"，愈见献之少年时代品性之不凡。

献之为秘书丞不知多久，《晋书》不载其职。唐代张怀瓘《书议》记：子敬年十五六时，尝白其父云："古之章草未能宏逸。今穷伪略之理，极草纵之致，不若藁行之间，于往法固殊，大人宜改体；且法既不定，事贵变通，然古法亦局而执。"这段话实在是天才之语，而竟出于一个十五六岁的少年之口，令人惊异。王献之指出，古代延续下来的章草未能宏逸——不够潇洒流畅。王羲之一改旧体，多有放纵之笔，是以有了行书、今草的创造。但王献之却指出了父亲书法"极草纵之致，不若藁行其间"，而且提出了卓越的见解：法既不定，事贵变通。

《世说·品藻》："谢公（安）问王子敬：'君书何如家尊？'答曰：'固当不同。'公曰：'外人论殊不尔。'王曰：'外人那得知！'"刘孝标注引宋明帝《文章志》曰："献之善隶书，变右军法为今体，字画秀媚，妙绝时伦。与父俱得名。其章草疏弱，殊不及父。或讯献之云，羲之书胜不？莫能判。有问羲之云：'世论卿书不逮献之。'答曰：'殊不尔也。'他日见献之，问：'尊君书何如？'献之不答。又问：'论者云，君固当不如。'献之笑而答曰：'人那得知之也！'"

　　王献之真是个冷静客观又非常自爱的人，别人说他的字不如其父，他说"外人那里懂得呢"。家父羲之问他：你爹的字怎样？献之就是不肯说话，其实他是不想赞美父亲。羲之又说：评论者认为你的字比我还是有些差距呢。王献之说：那些人哪里懂书法啊。当人问羲、献书艺谁高时，献之的回答是"固当不同"，即献之书体较羲之又有革新。羲之继承和发扬了蔡邕、钟繇和张芝的书法传统，改革书写费烦的隶书和章草，创造了今楷、今行、今草；此诚为历史创举，怎么估价都不会过高。但献之对书法的改革步子更大，以致"父子之间又为今古"。所以，在汉字字体改革史上，献之亦与有力焉。

　　羲之与孩子们的关系极好，全家人和睦相处，多有趣事。《晋书·列女传·谢道韫传》："凝之弟献之，尝与宾客谈论（玄学），词理将屈，道韫遣婢白献之曰：'欲为小郎解围。'乃使青绫布障自蔽，申献之前议，客不能屈。"此事可见，献之青年时代就参与了谈玄论道。他与道韫之间的叔嫂关系是极融洽的，谢道韫见献之被人驳难而窘，甚至出面为小叔子解围。不过那时的妇女似乎不能参与谈玄，所以谢道韫出场时要用青绫布遮挡障蔽。

　　王献之长成，于升平四年娶高平郗昙女，名道茂。郗道茂是献之二舅郗昙之女，彼此为姑表兄妹。他们何时结婚，史籍缺载。两人结婚，是在其岳父郗昙去世之前。这桩美好的婚姻，后来成为悲剧。有说，郗道茂不能生育，所以献之不得不与之离婚。另有一说，皇帝的女儿看上了献之，非要给献之做老婆不可。朝廷逼迫献之与郗道茂离婚，献之为了对抗这个钦赐婚姻，曾经把自己的腿故意弄伤，可是公主那边放言"即使献之砸断自己的腿我也要嫁给他"——谁敢违抗朝廷啊——献之无奈娶了公主做了驸马。离婚多年后，有人问献之，什么事最让你伤心？王献之说：唯一的错事就是和郗道茂离婚，那件事经常让我在噩梦里哭泣。

金庭落日

升平三年（359），羲之五十七岁，辞官已是第五个年头了。

这年十月，晋遣西中郎将谢万进驻下蔡，北中郎将郗昙奔赴高平以击燕，结果，大败。此时，晋军有三大缺陷：一是晋室腐败，民不聊生，许多流民加入了大大小小的起义军，各地又有很多坞堡。这些坞堡抵制征兵和劳役，兵员不足。其二，后勤补给跟不上，这并非全因交通，而是无法及时征收到那么多粮食。三是将帅无能。郗昙虽然有文采，书法也不错，但是不懂打仗，羲之说他的这个小舅子"公事私事都办不好"。

统兵的将领谢万也是个银样镴枪头。他矜豪傲物，但以啸咏自高，未尝抚众。他的兄长谢安"以白衣随军"——不在军籍的人。谢安对这个弟弟带兵打仗感到十分担忧，因为谢万不光不懂军事，也不懂如何团结将帅士族戮力奋斗。谢安谓万曰："汝为元帅，宜数接对诸将，以悦其心。岂有傲诞如此而能济事也！"谢安批评得对，主将不知道体恤部将，怎么能打胜仗呢！

谢安听了哥哥的话，召集诸将开会。到了会上，谢万竟然一无所言，直以如意指四座云："诸将皆劲卒。"他的本意是说，你们都是好样的！可他此时不该用这个"卒"字，因为"卒"的另一个意思就是"死"。将士最忌讳此字。他这么一说，"诸将益恨之"。谢安忧虑谢万终不免要失败，便亲自到各营鼓励安抚，从将领到基层班组，谢安一一拜访，以真诚的心意和动人的语言厚相亲托，鼓励大家务必尽力奋战。羲之曾有一信云："不知安所在？"此时谢安正在谢万军中为他那个不争气的弟弟代劳呢。

既而，谢万帅众入涡阳（今安徽省北部）、颖水（今河南省许昌市附近）以援洛阳。郗昙因为生病后退，驻扎彭城（今江苏徐州市）。谢万误以为是燕兵大胜导致郗昙退兵彭城，当即吓坏了，遂引兵后退，急匆匆还至下蔡。主将后退，军心立即涣散，众遂惊溃不止。谢万见兵败如山倒，于是狼狈逃窜，一个人单骑而归，撇下成千上万的士兵不管了。实际上，晋军诸将此时厌恶战争，加上主帅不仁，大家希望郗昙失败，然后因其败而图之——借此安个罪名杀了谢万。

这次兵变最后没有付诸实施，全是因为谢安的缘故——要不是诸将看了谢安的面子，谢万早就被手下将士给弄死了。谢万回到京城，因罪，朝廷下诏废其为庶人。同时降了郗昙的职，号建武将军。接着许昌、颍川、谯、沛诸城相次皆沦没于燕。那个曾经受过不公平待遇的姚襄及其部队获得大胜，东晋用人不明，屡次自食恶果，姚襄为一例。

这段历史太沉痛了。谢万一介书生，只因出身贵族，有那么一点儿文采，便次第委以重任，至于让其带兵打仗、镇守边防、出击强敌，这不是拿国家大事当儿戏吗？太荒唐了！太不可思议了！谢万就是那种只会高谈阔论，目中无人，骄横自大，完全不懂做事的纨绔子弟！在军营里，他不研究如何打仗，不分析敌我情势，不注意抚慰将士，就知道好吃好喝天天宴乐，还时常体罚士兵，全不把部属的生死尊严放在眼里。这等人怎能带兵作战！大敌当前，看敌方人多便以为是敌方胜了自己败了，竟莫名其妙地单骑落荒而去！这还能算个将军吗？匹夫都不如啊！

由此也可见谢安的高明处。他虽然是书生，但他不光会读书会谈玄，也懂政治，懂人心，懂得如何打仗如何取胜。谢安平时注意研究历史，对过往的战例精熟于心。他不是那种忽视现实好高骛远的人。他所涉猎的典籍，军事政治经济文学无所不有，且善于将学问用于实践。他本为高士，许多人劝他出仕，都被拒绝。如今什么官职都不要，白衣随军，为何？他必是洞察了谢万带兵的种种弊端，深知谢万的不堪重任，所以"深忧之"。他知道这不是谢家的小事，若不及时改正必将祸及国家，当然也会影响到家族的声名。谢安对谢万早有规劝，而谢万不听。谢安知道这样下去失败在所难免，于是竭力修补谢万的错误，好歹在军中留下一点儿温暖和好名。谢安从军这段故事，预示了后来淝水之战谢安打败苻坚的历史性胜利。

《世说·品藻》："谢万寿春败后，司马昱问郗超：'万自可败，那得乃尔失士卒情？'郗超曰：'伊以率任之性，欲区别智勇。'"这不是笑话嘛！大将军率性胡来，以为失败中可以区别部将的智勇高低——谁的智勇？战争失败了，分出个高低又怎样？谢万平时飞扬跋扈，喝鸡撵狗，朝令夕改，动辄刑罚，关键时刻竟然用这等办法区分将士的智勇，这不是疯子吗？所以说，魏晋南北朝的用人制度尤其是九品官人法等士族特权制度已经腐败透顶，到了非改革不可的地步。

《世说·轻诋》："谢万寿春败还，以书与王右军云：'惭负宿顾！'右军推书曰：'此禹、汤之戒。'"原注引《春秋传》："禹、汤罪己，其兴也勃。"意思是，夏禹、商汤能够严于自责，所以其事业蓬勃兴起。羲之评谢万："军国大事，非其所长。"读者依然能看出，贵族之间还是脉脉含情，纵使铸成军国大错，彼此也只是轻描淡写地说一说，无非是瑕不掩瑜、惩前毖后、效法先贤之类的话，并无切实的训诫与苛责。

在识人上，羲之不如谢安清明冷峻，也不如桓温、祖纳洞察明了。《郭子》一书记载这么一段话："祖士少道右军：'王家阿菟，何缘复减处仲（王敦）？'羲之小名阿菟。"祖约，字士少，（祖）逖之弟也。祖约这段话有明显的奉承之嫌。他当着王羲之的面说：你羲之哪一点比不上大将军王敦！

祖约的异母兄祖纳有识人之能，曾密言于元帝司马睿："祖约这人心术不正，常有凌上之心。"祖纳看得很准，祖约确实是个口蜜腹剑的小人。咸和二年，祖约与苏峻一起反叛朝廷，失败后投降石勒，和那个惯于逢迎的刑名师爷刘隗一样同为狡狯邪恶之徒。然羲之却与祖约互相赞美。上文祖约将羲之比王敦。羲之听了，欣然于心，颇为受用。余嘉锡云："王氏父子假借士少者，感其奖誉之私耳。此正晋人互相标榜之习。逸少贤者，亦自不免。"祖约评羲之不减王敦，羲之评祖约"凤领毛骨"，相互恭维，难免有昏昏之责。实际上，王敦有不及羲之处，羲之也有不及王敦处。余嘉锡所言甚是，祖约所言极不是。古今贵族都有自恋的毛病，相互吹捧，羲之虽为贤者，也不能免俗。

升平四年（360），羲之五十八岁，由山阴移居剡县金庭。

是年正月，燕主慕容俊卒。朝廷闻之，皆以为中原可图。桓温曰："慕容恪（燕之宰相）尚在，忧方大耳！"桓温与北方敌人周旋多年，深知燕国政情——虽然那边慕容俊死了，但是宰相慕容恪贤明智慧，治国有方，所以晋军切不可轻举妄动。桓温虽无日不思北伐，但时机是否成熟，他有清醒的见识。桓温深知南方的力量尚不足对抗强敌消灭燕赵，他现在要做的是广纳贤才扩充力量。在他计划延揽的人才中，首先是谢安。

谢安，字安石，陈国阳夏人。少有重名，前后征辟，皆不就；寓居会稽，以山水、文籍自娱。谢安虽为布衣，时人皆以公辅期之（期望他将来当辅政大臣），士大夫至相谓曰："安石不出，当如苍生何！"谢安要是不出仕，老百姓可怎么办啊！谢安每游东山（此山在上虞县西南四十五里），常以妓女自随。司徒司马昱闻之，曰："安石既与人同乐，必不得不与人同忧。召之必至。"司马昱的逻辑很有意思：谢安这个人既然喜欢与人同乐，必定也能与人同忧。当国家有了灾难，他一定会出手相救的。

谢安的妻子是刘惔之妹，刘惔就是前文曾记述的那个家财多多老想终生保有富贵的俗而又俗的清谈家。谢安的老婆见谢家富贵至极——当时谢尚、谢奕、谢万等皆做着东晋的大官，而谢安独自守静不求进取，就对丈夫说："丈夫不如此也！"谢安好像闻到一泡臭粪似的，掩鼻对老婆说："我恐怕也不能免俗（亦得做大官）耳。"及弟谢万废黜，谢家似有凋零之兆，谢安始有仕进之志。谢安年四十一岁时，征西大将军桓温请他为司马，谢安乃赴召。桓温大喜，深礼重之。史书在记录谢安出仕这件事上这么说："以世道未夷（平），志存匡济。年四十起家应务也。"可见，谢安出仕非为本家本族，而是志在匡扶天下。

升平五年（361），羲之五十九岁，卒于剡县金庭隐居之所。

同年，郗昙（王羲之的内弟）、谢万（王羲之的好友）去世。

据《剡录》卷四载："古奇迹：王右军墓，在县东孝嘉乡五十里。"《剡录》即《嵊县地方志》，为宋代高似孙编纂。"孝嘉乡"即今嵊县之新合乡，距此三里有华堂村，华堂村有一处道院——金观庭。南朝梁沈约《金庭观碑文》说金庭"高崖万沓，邃涧千回，因高建坛，凭岩考室"。唐代裴通称："越中山水奇丽，剡为最，剡中山水以金庭为最。"又云："王羲之领右军将军，家于此山，书楼墨池，旧制犹在……书楼阙坏，墨池荒毁，话于邑宰王公，王公瞿然，徵王氏子孙在者，理荒补阙，传其不朽。"

诗人白居易曾游此地，有文字记述："越有桐柏之金庭，养真之福地，神仙之灵墟，亦三十六洞天之一。"白氏并说："高士名人许玄度、孙绰、王羲之等十八人或游焉或止焉。""右军爱金庭之胜，胥宇于此，殁，遂埋玉于居宅之旁"，"是为王氏始迁祖"至"五世孙（王）衡（字孟平），舍宅为观"。

王羲之在剡，遍历剡中山水，今嵊西之独秀山、嵊东晋溪之灵鹅村，都有他的遗迹和传说。早先，独秀山下有桃源乡主庙，奉王右军为乡主，四时香火不绝。《奉化县志》载有王羲之以六诏为别业。《新昌县志》则说羲之到过王罕岭，均为羲之居剡之佐证。当时王操之亦慕金庭之胜，随父来嵊，安家于此，卒葬于距羲之墓仅二里的百岩冢山麓。今华堂附近十多村的王姓均是王羲之、王操之的后裔。以上资料，见张秀铫《王羲之墓地考》。

笔者尝访金庭，为其山水清丽所迷，流连不能舍。自绍兴赴剡中，山峦绝佳，远近皆黛色，流泉时隐时现，山涧落水，其音清凉飞越。当时正是秋天，山坡多稻田，橙黄夹在草绿中间，又有牛羊散于坡上，极是天然风景。遥岑远目，山峦间云雾缭绕，让人妄想云中仙人。车在山中行，见昔时荒径，多有新植树木花草，又有南竹多多，秋风中荡摇着无限流韵。溪水曲折处，多有水塘，渔人捕捞其中，甚是入画。想当年羲之游览此山，仰观俯察，体会烟霞氤氲，虽不能得道成仙，亦可悟大道于须臾之间，故其始游剡中"便有终焉之志"。

瞻仰过羲之墓葬，余等久久不肯离去，小坐石阶之上，领略山川气息，浊气几近清除。时清风徐来，山谷中若有古人吟啸，铮铮然似嵇中散操琴于幽深处。想见羲之弥留之际，奄奄一息，脑海中必有幻觉出现。是童年的欢乐吗？是父亲的怜爱吗？还是诣台谢罪时的悲切？籍之遭弹劾时的愤懑？生命的蒙太奇如画册翻动，其中有绚烂也有凄惨，有得意也有悲哀，无尽无休，轮回周旋，有一种力量渐渐远逝，那是生命的薄云。

羲之一定意识到生命之烛将尽，身心却没有了再生之力。那就任由灵魂飘荡吧，无数的仙子在云间召唤呢。最后一缕气息伴随着美好的幻影，袅袅飘逝，如同炊烟。他不能再说什么，眼睛也无力启明，冥冥之中似有神仙在邀约。啊，该做的大都做了，没做的自有别人去做，不管那么多了，是非功过也不必细究，生命的脚印清晰可见，就这样走来，就这样走去……四无量无常无我，三法印如来如去……人生当作如是观。

去世前的细节，史料阙如，但不难想象。一位伟大艺术家，一位饱经风霜的知识分子，一位终生秉持一致的文化贵族，就此寿终正寝。按虚岁算，此为羲之花甲之年。在乱世中走完六十个春秋，颠沛流离，到处是刀光剑影，活下来可真不容易啊。看周围亲人、同侪、朋友，能活到六十岁的寥若晨星。虽然国事不如人意，但他，作为个人，已经为自己钟爱的国家、艺术、亲人鞠躬尽瘁了，一副皮囊能榨出多少精华呢——此生无须慨叹。尽心尽力于家庭，抚养七子一女，舐犊之情已尽，留下他们各自珍重吧。忠孝节信，自信此生磊落，虽有些微瑕疵，不掩其志乃尔。毕其功于一生，创造如此美轮美奂的书法，为今人后世的楷模，羲之应感安慰。

羲之如有遗言，一定会提前对子女们说起，他是个细致的爱心洋溢的父亲，是一位洁身自好忠于妻子的丈夫，一生没有绯闻。羲之不是急症去世的，渐行渐远的生命允许他把要说的话交代清楚。长期服食药石，加剧了他身体的不适。虽然史书没有记载他晚年是否还有癫痫发作，但那种终老不愈的疾患必是他一生的连绵不绝的痛苦。羲之当会因此想到不幸的童年、充满恐惧的南渡和曾经受到的屈辱和惊恐。

谁是他最爱的人？第一是他母亲，卫氏。其次，是哥哥王籍之。羲之终生不忘兄长给予他的关怀，书信中多有提及。还有就是他的妻子郗璿。自东床袒腹的浪漫故事后，羲之与郗璿婚后生有七子一女，这耗尽了妻子的生命。羲之十分感念爱妻，天作之合，命运给予他们完美的安排，同时代人多有不及。他的岳父郗鉴，内弟郗昙、郗愔，都曾给予他无私的帮助。郗璿完美地履行了一个女人对夫家的责任，皎洁如同天上明月。她唯一的不满就是夫家对她娘家人有时不够热情。郗璿曾对娘家人说：你们以后不要多到王家来，他们见到谢家那些人十分亲热，见了咱们家的人好像无话可说似的。王羲之听到妻子这话后，十分惭愧。虽然妻子看法未必准确，但不能说她的感觉不对。自那以后，羲之对郗家人多加尊敬，未曾有丝毫的慢待。二人终生同心彼此相爱，如同大字石刻。如今就要离开妻子了，生离死别，这是羲之的最动心最伤心处。如果此时他还想睁眼看看世界，盼望进入眼帘的第一人，应是郗璿。

弥留之际飘荡眼前，又倏忽远去的，还有他的父亲、叔叔和书法启蒙老师卫夫人。父亲的形象还是在童年刻印在脑海里的，无时不想，不曾忘却，却难以提起。那个身体强壮、性情率直、具有雄才大略的人早已消失在北国的山峦之间，战火夺走了他的生命，给子女留下无限的苦痛。羲之想到偷看父亲藏于枕下的《用笔诀》，想起父亲温和的充满期冀的微笑，垂死之心依然充满感动。代替父亲关怀他们的，是叔叔王廙。正是他的关心和教导，给了羲之无限的温暖，叔叔的自书自画之说让羲之受用匪浅。还有卫夫人，那个高雅温婉的姨母，她为羲之奠定了坚实的书法基础，树立了信心，成就了结构，润饰了秀色。羲之永远忘不了这些在书法之路上教导、鼓励、鞭策他的人，他们都是至亲至爱的人！

　　没有正式遗嘱，遗嘱就是那些论著、书法、书信，以及他曾经说过的话。他的遗物就是那些表章、诗歌、文房四宝及日用之物。羲之一生简朴，留下的家业不算殷实，传给子女的是精神、学识和才华。这足够他们支撑一世的生存了。

　　如果有留恋，羲之会留恋那些多年倾心交谊的朋友。他们大都是志同道合、才华横溢、德行高尚的人。有些已经仙逝，如先走一步的游人，等候在天堂之上。依然健在的人还有不少，如谢安，如桓温，他们都是国之栋梁，羲之感到欣慰。在羲之一生中，支撑他精神的最大支柱是朋友。他想念他们，爱他们如爱家人，如今即将告辞，生命的轮回不可阻挡，正如《兰亭集序》中说的，"一死生为虚诞，齐彭殇为妄作"。既然如此，去留都是大道，卿卿我我，不必说了。

　　在金庭的院舍中，这位伟大的艺术家停止了呼吸，合上了眼睛。一颗明星就这样陨落了，好像秋天里的一片叶子，从树枝上掉下，在秋风中飘荡，潇潇洒洒回到松软的土地上，如婴儿回到母亲的怀抱。虽然人之一生本没有贵贱，但就社会贡献而言，确有多少轻重之分。就精神品格来说，也有高低之分。一个人的德行，近一千七百年过去，依然被人称颂；一个人的书法，近一千七百年过去，依然被奉为楷模。仅此两项，可以说，羲之的一生是灿烂的。

　　一位伟大的艺术家走了。

　　他的背影消失在历史的风烟之中。

　　而他的高尚德行和艺术精神，依然光照千秋。

附录一　王羲之年表

西晋惠帝太安二年（303）　一岁

生于琅邪，今山东临沂。父王旷、叔王廙、从伯王导是年均二十八岁。

时中原仍处于"八王之乱"中。

西晋怀帝永嘉元年（307）　五岁

北方大乱，琅邪王司马睿南渡，镇建邺，附从过江者达百族之众。王导携钟繇《宣示表》、王廙带索靖《七月二十六日帖》过江。由此，中原书风大播于江南。

王羲之随家族从中原迁到江南。

西晋怀帝永嘉二年（308）　六岁

随王氏一族居建邺乌衣巷。王旷时任淮南内史，以屏障江左。

王羲之开始从父学书法。

西晋怀帝永嘉三年（309） 七岁

司马越派王旷率将军施融、曹超至上党拒刘聪。王旷军大败，施融、曹超战死。王旷下落不明。

大约此年，王羲之从姨母卫夫人学书法。王导赠以钟繇《宣示表》。

西晋愍帝建兴元年（313） 十一岁

刘聪杀晋怀帝。司马邺在长安即位，为晋愍帝。王导为丹阳太守、振武将军。

丞相司直刘隗弹劾王羲之兄长、琅邪王世子文学侍从王籍之。

西晋愍帝建兴三年（315） 十三岁

王廙为荆州刺史。

吏部尚书周顗大宴宾客，以烤牛心先啖王羲之，破格厚待，王羲之始知名。

东晋元帝大兴元年（318） 十六岁

王导为开府仪同三司，从伯王敦为江州牧，王廙为辅国将军。

王羲之祖母卒，王廙去职守丧，王羲之从王廙学习书画。此为其书法长进之又一重要时期。王廙画《孔子十弟子图赞》与之。

东晋元帝永昌元年（322） 二十岁

王敦举兵造反。王导率宗族子侄二十余人，每日诣台待罪。王羲之亦在待罪行列之中。

十月，王廙卒。

十一月，元帝死，太子司马绍即位，是为晋明帝。

东晋明帝太宁元年（323） 二十一岁

帝以王导为司徒，王彬为豫章太守，郗鉴为尚书令。

郗鉴选婿，王羲之袒腹东床，被选中。

王羲之与郗鉴之女郗璿（璇）成婚。

东晋明帝太宁二年（324） 二十二岁

王敦败死。

东晋明帝太宁三年（325） 二十三岁

闰七月，明帝卒。太子司马衍即位，是为成帝。因成帝年幼，由太后庾氏临朝，司徒王导、中书令庾亮、尚书令卞壸等七人辅政，事决于亮。

东晋成帝咸和元年（326） 二十四岁

王导称病不朝。

王羲之起家为秘书郎，当在此年。

东晋成帝咸和三年（328） 二十六岁

陶侃、温峤、王舒讨伐苏峻，苏峻战死，乱平。

琅邪王司马昱（八岁）徙封会稽王，王羲之为会稽王友随任，共赴会稽。

东晋成帝咸和五年（330） 二十八岁

由会稽王友授临川太守。第五子王徽之生。

东晋成帝咸和七年（332） 三十岁

由临川太守改任吴兴太守。

东晋成帝咸和九年（334） 三十二岁

应庾亮召赴武昌，任征西参军，迁长史。参与南楼理咏。

东晋成帝咸康二年（336） 三十四岁

叔父王彬卒，王羲之赴建康助王彪之料理丧事。

东晋成帝咸康四年（338） 三十六岁

坚拒丞相王导召其入朝做官之命。

大约此年，由征西参军累迁征西长史。

东晋成帝咸康五年（339） 三十七岁

七月王导卒。八月郗鉴卒。王羲之赴建康奔丧，与谢安共登冶城，此为"冶城之辩"。

武昌北邾城为后赵攻破，庾亮之北伐计划受挫。

六子王操之生。

东晋成帝咸康六年（340） 三十八岁

正月，庾亮卒。临终上书举荐王羲之为宁远将军、江州刺史。

王羲之有《庾疾笃帖》悼之。

东晋成帝咸康七年（341） 三十九岁

在江州刺史任上，居寻阳。或在下半年母丧卸职，在江州为母守制。

东晋康帝建元元年（343） 四十一岁

安西将军庾翼谋划北伐，王羲之大受鼓舞，有致庾翼《安西帖》，又有致司马昱《稚恭进镇帖》。

东晋康帝建元二年（344） 四十二岁

九月，康帝卒，穆帝立。

王羲之第七子王献之（字子敬）生。

时王羲之守制期满，赋闲处理儿女婚嫁之事。

东晋穆帝永和二年（346） 四十四岁

筹措并终于将父母兄长灵柩迁葬会稽。

桓温等伐蜀。王羲之有《速送袍来帖》。

与道士许迈共修服食，采药不远千里。

东晋穆帝永和四年（348） 四十六岁

应殷浩邀请出任为护军将军，居建康。有《临护军教》。

献之时年五岁，羲之书《乐毅论》与之，卫夫人亦书《大雅吟》赐之。王羲之约在本年嫁女。

东晋穆帝永和五年（349） 四十七岁

姨母卫夫人卒，年七十八岁，有《姨母帖》悼之。

东晋穆帝永和七年（351） 四十九岁

出任右军将军、会稽内史，移居会稽山阴。有书致司马昱辞行。

听支遁以佛理阐释庄子《逍遥游》。

东晋穆帝永和八年（352） 五十岁

殷浩北伐。镇西将军张愚反于许昌，北伐受阻。王羲之有《上司马昱笺》、《致殷浩书》等，谏止北伐。

时东土饥荒，王羲之开仓赈济，关心民众疾苦，政声甚好。有《致谢尚书》。

东晋穆帝永和九年（353） 五十一岁

三月上巳日，王羲之与孙绰、谢安等四十二人，在会稽山阴之兰亭举行修禊集会。众人多有赋诗，王羲之为该诗集作序，是为传颂千古、世代摹写的《兰亭集序》。

殷浩北伐，因姚襄反叛，晋军大败。

东晋穆帝永和十年（354） 五十二岁

二月，扬州刺史殷浩被废为庶人，王羲之有书叹怅。

次子王凝之娶谢奕女谢道韫。

东晋穆帝永和十一年（355） 五十三岁

因与扬州刺史王述不和，王羲之称病去职。

三月九日，在父母墓前宣誓辞官，有《誓墓文》，发誓永不再仕。

桓温大败姚襄于伊水，克复旧都洛阳，修复陵墓。王羲之有《丧
乱帖》、《桓公当阳帖》、《破羌帖》、《清和帖》。

东晋穆帝升平元年（357） 五十五岁

辞官第三年，隐居山阴，教养子孙。

有与周抚《州将桓公告慰帖》。

谢尚卒。王修卒，以羲之所借之《宣示表》入棺。

东晋穆帝升平三年（359） 五十七岁

闲居会稽之戢山，在金庭购地，建隐居之所。

东晋穆帝升平四年（360） 五十八岁

由山阴移居剡县之金庭。

第七子王献之十七岁，与郗昙之女郗道茂成婚。

东晋穆帝升平五年（361） 五十九岁

穆帝卒。司马丕即位，是为晋哀帝。

下半年，王羲之卒于剡县金庭隐居之所。

（根据刘茂辰先生《王羲之书事编年》与《王羲之、王献之生平
简表》整理）

附录二　参考文献

1.《史记》，司马迁，中华书局。

2.《汉书》，中华书局。

3.《世说新语》，刘义庆撰、刘孝标注，上海古籍出版社。

4.《晋书》，房玄龄等，岳麓书社。

5.《资治通鉴》，司马光，中华书局。

6.《琅邪王氏考信录》，王汝涛，群言出版社。

7.《王羲之王献之全集笺证》，刘茂辰，山东文艺出版社。

8.《王羲之传》，刘占召，东方出版社。

9.《王羲之评传》，郭廉夫，南京大学出版社。

10.《兰亭学探要》，毛万宝，安徽教育出版社。

11.《〈兰亭〉综合·版本研究》，王照宇、陈浩编著，浙江人民美术出版社。

12.《华丽血时代》，梅毅，陕西师范大学出版社。

13.《王羲之研究论文集》，浙江美术学院出版社。

14.《王羲之家世》，王云根，北京出版社。

15.《兰亭的故事》，故宫博物院编，故宫出版社。

16.《归去来兮》，梁少膺。

17.《支竺遗风》，陈百刚。

18.《新全球史》，（美）杰里·本特利、郝伯特·齐格勒，北京大学出版社。

19.《品中国文人 3》，刘小川，上海文艺出版社。

鸣谢

在此书完稿之际，我想向"中国历史文化名人传记"丛书的组织者、各位批阅拙作的师友以及作家出版社的编辑们表示由衷的感谢。他们所提供的指导和批评，帮助我顺利完成了本书的写作。

在采集有关王羲之生平资料的活动中，临沂市文联李凤军先生、朱奇文先生，嵊县华堂村的王柏胜先生，新昌的陈百刚先生、陈晓晖与何晓玲夫妇、梁明与赵盈夫妇，绍兴兰亭研究会的陈德洪先生，都曾给予我帮助。朱奇文先生、杨春堂先生为本书提供了王羲之故居、南京乌衣巷图片（惜未用），在此一并感谢。

特别感谢临沂大学中文系教授刘茂辰先生及其家属。刘先生倾十年心血写成的《王羲之王献之全集笺证》对我的这次写作助益甚多。刘茂辰先生是我高中语文老师、班主任，连续教我三年。刘先生身材魁梧，一身劳动布衣服总是浆洗得干干净净。讲课时，他喜欢双手抱在胸前，侃侃而谈。有一次他在课堂上讲"咄咄怪事"，说到殷浩书空时，忍俊不禁地笑了，而我们这些十几岁的孩子竟不知他笑从何来——凭中学生的学识哪能神会老师啊！刘先生还讲过"卿卿我我"、"袒腹东床"、"王与马共天下"的故事。在写作本书时，我和这些典故再次不期而遇，刘先生五十年前的音容笑貌便蓦然显现——师徒之间在学问上的些微共鸣在近半个世纪之后方得实现，这让我痛切地感到：上代人的学识根基，诚非吾辈之所能及。

由于本人学识有限，书中不无粗陋之处，欢迎行家和读者批评指正。

第一批已出版书目

图书在版编目（CIP）数据

书圣之道：王羲之传 / 王兆军 著. -- 北京：作家出版社，2014.1（2021.5重印）
（中国历史文化名人传）
ISBN 978-7-5063-7130-8

Ⅰ. ①书… Ⅱ. ①王… Ⅲ. ①王羲之（303~361）-传记 Ⅳ. ①K825.72

中国版本图书馆CIP数据核字（2013）第236913号

书圣之道——王羲之传

作　　者：王兆军
传主画像：高　莽
责任编辑：田小爽
书籍设计：刘晓翔＋韩湛宁
责任印制：李卫东　李大庆
出版发行：作家出版社有限公司
社　　址：北京农展馆南里10号　　　　邮　　编：100125
电话传真：86-10-65067186（发行中心及邮购部）
　　　　　86-10-65004079（总编室）
E-mail:zuojia@zuojia.net.cn
http://www.zuojiachubanshe.com
印　　刷：北京汇林印务有限公司
成品尺寸：152×230
字　　数：290千
印　　张：21.25
版　　次：2014年1月第1版
印　　次：2021年5月第4次印刷
ISBN 978-7-5063-7130-8
定　　价：50.00元